JN008402

編集部より

ÉDITO

「食」を通して豊かな時間を分かち合うために、
ここに『ゴ・エ・ミヨ 2023』をお届けします。
今年は、新たに東北地方を加え、日本版の創刊以来はじめて全国 47 都道府県を掲載地域とし、501 軒の店舗をご紹介します。

1972 年、フランス人のアンリ・ゴとクリスチャン・ミヨによって発刊されたこのガイドブックは、現在、世界 15 ヵ国で展開し、その国の食文化を掘り下げることで見える「今」を伝え、高い信頼と評価をいただいています。日本では、2017 年版の発刊以来、その土地ならではの食文化の中で、食材づくりに励む生産者、それを料理として表現するシェフ、レストランや料理店を支える人々など、食を取り巻く様々な分野に目を向け、顕彰してきました。その精神は、次のように集約されます。

まず、テロワールを大切にすること。特に、日本の多様な風土の中で生まれる食材、その調理法、酒やワインなど、これらに現代の感覚を反映しつつ、どのように食に生かしているかに注目します。
そして、新しい才能を見つけ出すこと。これは、ゴ・エ・ミヨの重要な役割の一つです。次のステージへと挑戦し、明日の料理界を担っていく、若い才能を応援します。

このガイドブックを通じて、「食」を愛する皆様が新たな景色に出会い、過ごすひとときが特別な、輝きに満ちたものとなるよう願っています。

ゴ・エ・ミヨ ジャポン

Gault&Millau

日本料理かんだ（東京）©Gozen Koshida

目次

SOMMAIRE

エスキス（東京）

1960年代以降、ゴ・エ・ミヨは常にレストランやビストロ、その土地のワインや酒、様々なスタイルのホテルで出会う「特別な時間」を探し求めています。
ゴ・エ・ミヨは、調査員による客観的な評価によってレストランをセレクトしています。それは、以下により保証されています。

ゴ・エ・ミヨの倫理

NOTRE ÉTHIQUE

1. 対象レストランに対して完全な独立性を保ちます
2. 厳正で、食を愛する食通の調査員を起用しています
3. 調査員により、匿名で評価をしています
4. 調査は特定の利害関係を排除しています
5. 一般のお客様と同様に、食事代を支払います
6. 年間を通じた調査により、定期的に情報を更新します
7. 読者から寄せられる情報を大切にします

ガイドの使い方

評価基準について

ゴ・エ・ミヨは「予約の電話から見送りまで」、
レストラン体験全体を評価対象とします。
レストランに何を求めるか、それは人により様々です。
しかし、行って良かったと思えるレストラン、
それは皿の上の印象だけではないはずです。
ゴ・エ・ミヨは、料理はもちろんのこと、料理に合った酒やワインの提案、
サービスとホスピタリティ、店の設えやカトラリー、器など、
食まわりのすべてをトータルに評価します。

トック

このガイドでは最高5つから1つまでのトック数でレストランを評価しています。さらに細かく20点満点の採点もおこなっています。これらはゴ・エ・ミヨ インターナショナルで定められた採点基準のもと、匿名調査員による精細な調査に基づくものです。時に厳しい指摘もありますが、基本は食べる喜びと感動を伝えること、レストランの未来に対する期待の表明でもあります。

5	全てに卓越したレストラン	19～20点
4	非常に素晴らしいレストラン	17～18.5点
3	素晴らしいレストラン	15～16.5点
2	料理人の個性を感じるレストラン	13～14.5点
1	良いレストラン	11～12.5点
トックなし	美味しいレストラン	10～10.5点

トックとは…フランス語で「帽子」。白く長いコック帽のことです。

レストラン

各都道府県で、西洋料理・中国料理・日本料理・その他の料理をジャンルごとに評価の高い店舗から掲載しています。♡マークは、カジュアルな設えでありながらも、料理の質が高く、試みに工夫が見られ、リーズナブルな値段でガストロノミーが楽しめる店舗を表しています。

POP(ポップ)

料理やスタイル、店の雰囲気など、特筆すべき美点のある店を紹介します。数品と1杯、という楽しみ方から、気の置けない仲間との食事まで、ガストロノミーをよりカジュアルに楽しむためのセレクションです。各店舗の紹介では、ランチ・ディナーのコースの有無も記載しています。

その他

店舗情報

本ガイドに掲載されている店舗の営業日、営業時間、料金、メニュー内容などは、2022年12月までに実施した調査に基づいています。また、季節限定の食材もあり、通年提供されていない場合もあります。最新の情報については、各店舗へお問い合わせください。

料金

記載している料金は基本的に税込のコース料金です。各店舗で提示している価格に基づいており、別途サービス料がかかる場合があります。

ご注意

本ガイドに掲載されている情報は、予告なく変更されることがあります。変更に関して、ゴ・エ・ミヨは一切の責任を負いかねますので、予めご了承ください。

マークのご説明

クレジットカード…会計時にクレジットカードが使用できる店舗です。

個室あり…個室がある店舗です。個室利用には別途料金がかかる場合があります。

バリアフリー…車いすに座ったまま食事が可能、かつ多機能トイレを備えた店舗です。

※いずれも詳細につきましては各店舗へお問い合わせください。

『ゴ・エ・ミヨ 2023』出版によせて

ÉDITO OUVERTURE GUIDE JAPON

2022 年、食を愛する人々からイエローガイドと呼ばれ、大きな信頼を得る『ゴ・エ・ミヨ』が 50 周年を迎えました。
この間、他の創造的なプロジェクトと同じように、私たちも数々の変遷を経てきました。しかし、ゴ・エ・ミヨスタッフのエネルギーと継続的なコミットメントにより、洗練された考え方と鋭いペンの持ち主であった２人の非凡なジャーナリスト、アンリ・ゴとクリスチャン・ミヨの、美食の旅への熱意とその精神は変わらず受け継がれています。
ゴ・エ・ミヨは、常に、真っ直ぐ前を見据えているのです。

私は、この素晴らしいブランドの価値を分かち合い、伝えていく、日本版『ゴ・エ・ミヨ 2023』をお届けできることを誇りに思います。

今年、ゴ・エ・ミヨ ジャポンは、東北地方を新たに加え、日本全国の店舗を掲載します。すなわち、47 都道府県のすべてを網羅し、毎年出版される唯一のガイドブックとなるのです。まだまだ様々な厳しい状況が続く中、日本のチームは鋭い視点と思慮深いセレクションで、この刊行を達成しました。

日本の皆さまが、より良い美食体験に出会えますように！
このガイドブックを通じ、ゴ・エ・ミヨの DNA を感じ取っていただけますと幸いです。

Patrick Hayoun

Gault & Millau　CEO

ゴ・エ・ミヨ フランス

歴代「今年のシェフ賞」受賞者

1985
ジョエル・ロブション
Joël Robuchon
ジャン・バルデ
Jean Bardet

1986
ミシェル・ブラス
Michel Bras
ピエール・ガニェール
Pierre Gagnaire
ベルナール・ロワゾー
Bernard Loiseau
ミッシェル&
ジャン=ミシェル・ロラン
Michel et
Jean-Michel Lorain

1987
アラン・シャペル
Alain Chapel
ミシェル・トラマ
Michel Trama
ピエール&ミッシェル・
トロワグロ
Pierre et Michel Troisgros

1988
ミシェル・ブラス
Michel Bras

1989
ジャック・シボワ
Jacques Chibois
マルク・ヴェイラ
Marc Veyrat

1990
ポール&
マルク・エーベルラン
Paul et Marc Haeberlin
ベルナール・ロワゾー
Bernard Loiseau
マルク・ヴェイラ
Marc Veyrat

1991
ミシェル・トラマ
Michel Trama

1992
ジャン・バルデ
Jean Bardet
ジェラール・ボワイエ
Gérard Boyer

1993
ジャン=ミシェル・ロラン
Jean-Michel Lorain
ピエール・ガニェール
Pierre Gagnaire

1994
オリビエ・ローランジェ
Olivier Roellinger

1995
ロジェ・スブレン
Roger Souvereyns

1996
パトリック・アンリルー
Patrick Henriroux

1997
ジャック・シボワ
Jacques Chibois

1998
ジャック&
ローラン・プルセル
Jacques et Laurent Pourcel

1999
ギィ・マルタン
Guy Martin

2000
ブルーノ・オジェ
Bruno Oger

2001
レジス・マルコン
Régis Marcon

2002
ニコラ・ル・ベック
Nicolas Le Bec

2003
ミッシェル・トロワグロ
Michel Troisgros

2004
ジャン=ポール・アバディ
Jean-Paul Abadie

2005
パスカル・バルボ
Pascal Barbot

2006
ティエリー・マルクス
Thierry Marx

2007
ジャン=フランソワ・
ピエージュ
Jean-François Piège

2008
ジャン=リュック・ラバネル
Jean-Luc Rabanel

2009
マウロ・コラグレコ
Mauro Colagreco

2010
ウィリアム・ルドゥイユ
William Ledeuil

2011
エドゥアール・ルベ
Édouard Loubet

2012
ミシェル・ポルト
Michel Portos

2013
フィリップ・ラベ
Philippe Labbé

2014
アルノー・ラルマン
Arnaud Lallement

2015
ヤニック・アレノ
Yannick Alléno

2016
アレクサンドル・ゴティエ
Alexandre Gauthier

2017
アレクサンドル・クイヨン
Alexandre Couillon

2018
ジャン・シュルピス
Jean Sulpice

2019
アレクサンドル・マジア
Alexandre Mazzia

2020
アルノー・ドンケル
Arnaud Donckele

2021
クリストフ・エイ
Christophe Hay

2022
ユーゴ・ローランジェ
Hugo Roellinger

2023
オリヴィエ・ナスティ
Olivier Nasti

ゴ・エ・ミヨ ジャポン
歴代「今年のシェフ賞」受賞者

2017

オリヴィエ・シェニョン
(ロオジエ)
Olivier Chaignon

都志見セイジ
(ツシミ)
Seiji Tsushimi

谷口英司
(レヴォ)
Eiji Taniguchi

2018

リオネル・ベカ
(エスキス)
Lionel Beccat

小泉瑚佑慈
(虎白)
Koji Koizumi

川島 宙
(アコルドゥ)
Hiroshi Kawashima

2019

山本征治
(日本料理 龍吟)
Seiji Yamamoto

2020

岸田周三
(カンテサンス)
Shuzo Kishida

2021

米田 肇
(HAJIME)
Hajime Yoneda

2022

谷口英司
(レヴォ)
Eiji Taniguchi

Gault&Millau

ゴ・エ・ミヨ ジャポン 2023 受賞者

今年のシェフ賞

・神田裕行（日本料理かんだ）

明日のグランシェフ賞

・黒森洋司（楽・食・健・美－ KUROMORI －）
・ダニエル カルバート（セザン）

期待の若手シェフ賞

・糸井章太（オーベルジュ オーフ）
・児玉智也（アシッド ブリアンツァ）

トランスミッション賞

・深谷宏治（レストランバスク）

ベストパティシエ賞

・延命寺美也（エンメ）

ベストソムリエ賞

・若林英司（エスキス）

ベストサービス・ホスピタリティ賞

・井上真理子（レストラン ウオゼン）

トラディション賞

・佐々木要太郎（とおの屋 要）

テロワール賞

・浅野悦男（シェフズガーデン エコファーム・アサノ）
・奥田政行（アル・ケッチァーノ）

日本料理かんだ

神田裕行

Hiroyuki KANDA

©Gozen Koshida

「時代の感性を生きるということが大切だと思うのです。70歳までは感性を磨き、体力を維持して現役でいたい。これから10年、年間270日の営業として2700回、一日一日を大事に、自分を奮い立たせる意味で、70歳を一つの区切りと考えています」

日本料理界を牽引し、語学力を生かし海外にも「日本」を発信する神田氏は2023年に還暦を迎える。その料理を支える重要な要素として、まず挙げるのが「感性」だ。「感性を磨くには、そういう空間に身を置くことです。新しい店舗を杉本博司さんに設計してもらい、自分もスタッフも動きが綺麗になった気がします。『空気を読む』といいますが、調理はもちろん、掃除をしながらでも日本的な感性を喚起している。意識を高めることによって表現できる世界があるのです」

2022年2月、元麻布から虎ノ門へ移転するにあたり、神田氏は日本を代表する現代美術作家の一人で建築家・写真家の杉本博司氏に設計を依頼した。

「まず私が好きだということがありますが、杉本さんは海外の人が憧れる日本的要素を持っていらっしゃいます。古き良き、侘び・寂びの佇まい。侘びというのは、謙虚で慎ましやかな日本人の美徳、寂びは時間の経過によって生まれるエイジングの美しさだと私は理解しています。石の配置、木の柵、釘の位置、全てが清潔感と日本人の謙虚さに裏打ちされている。それこそが、私が求める日本料理の世界観でもあるのです」

神田氏は、1963年、徳島市で鮮魚店から料理・仕出し店となる家の長男として生まれる。18歳から大阪の「昇六 喜川」で修業。23歳の時、パリで初となる板前割烹「TOMO」の料理長として渡仏する。1989年発行の「ゴ・エ・ミヨ マガジン」に、その店の名を見ることができる。

「出版パーティーには羽織袴で出席して、ロブションさんや有名シェフに声をかけていただき、フランスの料理人とのコネクションもできるという貴重な機会をいただきました。しかし、点数は 14 点、当時の 1 トックです。それがアジア料理の最高峰と言われました。これが一番ということは、自分はどれだけ小さな頂を目標にしていたんだ、日本に帰って富士山の山頂を目指すしかない、と思いました」

この頃、神田氏は海外で日本料理を作る難しさに直面していた。

「まず、水が違う。出汁が出ない。ワカメが戻らない。野菜は似て非なるもの。魚は魚市場で買うのですが、和食で使えるレベルの鮮度はほとんど望めない。それが1987 年の現実でした。まず、水から、食材の根源的なところから見直しました。日本料理はメーテルリンクの『青い鳥』だと思います。別の世界へ持ち込もうと、籠から出すと死んでしまう。海外出店の誘いは、お断わりしています。日本料理は日本でしか作れないと思うからです」

©Gozen Koshida

神田氏が考える日本料理とはどのようなものだろう。

「フランス料理がオーケストラだとすると独奏です。単一の楽器で 1 つのミスも許されず奏でていく。音と音の間とかが、とても重要になってくる。それが、絵画でも、料理でも、全てに通じる日本の美学だと思います。そして、足し算ではなく引き算。西洋のように、何を加えて旨くするかを考えるのではなく、何を引くか。日本語で『美味しい』は美しい味と書きます。繊細な出汁を引こうと思えば、どこで美味しさを止めるか。感性と味覚のぎりぎりのところを狙っていくのが日本料理だと思います」

「シンプルに表現しようとすればするほど素材の良さが浮き立ってきます。料理は右手で食材に触れ、その人間の身体を通って、左手から出てくる。そんなイメージです。自分のフィルターで料理を作っているという感覚がありますから、自分が変われば料理も変わってくるのです」

神田氏は70歳という節目に向け必要なものとして、感性とともに体力と気力を挙げる。
「毎日、プールやジムで体調を整えていますが、体力と気力がないとスタッフを引っ張っていけません。それぞれのスタッフは良かれと思って何かを自分で判断しようとします。それを違うのだと、この店はこの道をいく、と言い続けることはけっこう体力、気力が要るのです。スタッフ全員の感性のズレをなくす、これが店をやっていて一番難しいことだと思います」

©Masatomo Moriyama

©Gozen Koshida

「私の原点は、料理人を目指すことになった両親の店ということになりますが、それはノスタルジックな、気持ちの問題です。私は、原点は常に移動していると考えています。現在の自分を構築しているのは、この10年くらいの経験値ではないでしょうか。独立して自分らしい料理ができ始めた頃、それが今の原点です」

その言葉には、10年後、虎ノ門の静謐な空間に身を置いた2022年を自分の原点とし、更にその先を究める神田氏の姿が見えてくる。

（P77掲載）

楽・食・健・美
－ KUROMORI －

黒森洋司

Youji
KUROMORI

「中国料理は、本能的な感性でしか表現できない、ものすごく大雑把に見えて、実際は繊細な料理、そこが私に合っていたのだと思います」

黒森氏は 1976 年、横浜市生まれの北海道育ち。実家は養豚業を営み、小学生の頃から料理は身近なものであった。
「家では豚肉がブロックで置いてありますから、バラとかロースとか、作る料理によって自分でカットするしかありませんでした」
18 歳で札幌のホテルに就職。すぐに頭角を現し、周囲から「天才」と称され、上京。「香港ガーデン」で周国生料理長と出会う。
「周さんは生涯の師です。ゼロから叩き直され、『素材を見なさい、触れなさい』と教えられました」

黒森氏は、18 年間で 15 軒ほど、次々に店を移っている。
「この店でお前が一番だ、と頼られたり、次のシーズンに同じ料理が出るようなら辞めると決めていました。料理を創るのではなく、こなすようになる、それでは駄目だと思うのです」

その中で 1 軒、現在に続く重要な経験をする店がある。「福臨門 魚翅海鮮酒家」である。
「日本でも香港の本店と同じフカヒレや干し鮑をふんだんに使いましたので、高級食材の扱い方を覚えました。今、私がこれらを地産地消しようとしていることが必然だと思うのは、この店での 2 年半があったからです」

大きな転機は 2011 年 3 月の東日本大震災だ。
「被災地から来た友人が『こんな温かい料理が宮城でも食べられたら』とつぶやくのを聞き、料理人として何か手伝えることはないかと、9 月には店を辞めて仙台に向かっていました」
餃子を中心とした店を開いたところ、あまりの繁盛ぶりに体調を崩し、鍋が振れなくなる。店を譲り、1 年間、出張料理人をしながら産地や生産者のもとを訪ねた。そこで再確認したのが、自分が今、フカヒレ・干し鮑・干しナマコという、世界に通用する食材の産地にいるということ。
「この店では、『今の宮城』を食べてもらいたい。ここでなければ手に入らない食材を使って宮城を売り込み、生産者のモチベーションを上げたいと思っています」

中国料理の最高の食材を生み出す東北地方に、最高の技術を磨いてきた料理人が移り住んで 10 年余りになる。
「宮城を中国料理でトップの街にしたい、それは私一人ではできませんから、仲間が欲しい。料理で宮城を盛り上げること、それが私の役割だと思っています」

(P125 掲載)

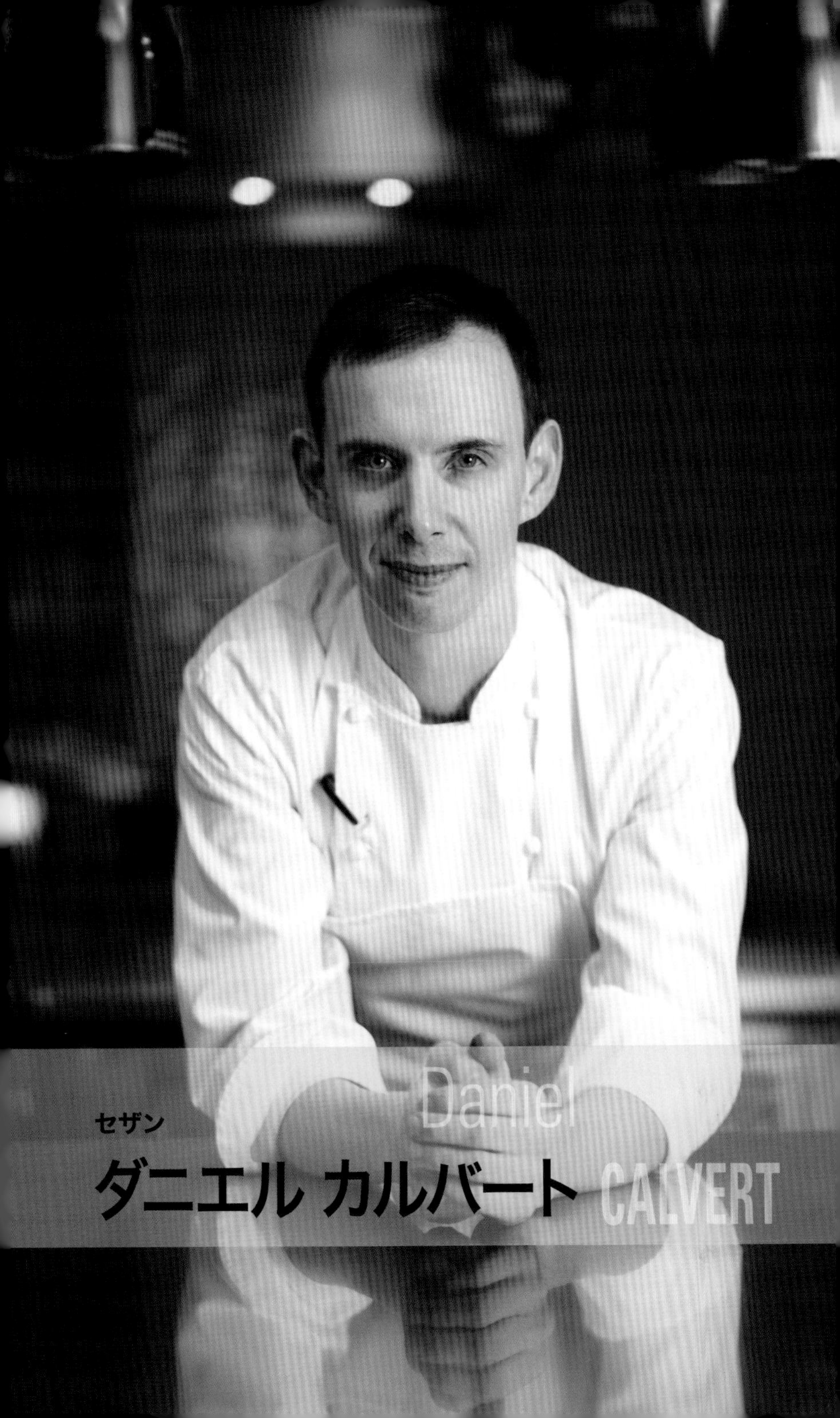

セザン

ダニエル カルバート

Daniel CALVERT

「私たちが創り出そうとしているのはタイムレスな料理。今だけの新しい感覚ではなく、20 年後にも皆さんが素晴らしいと言ってくださる料理です」

カルバート氏は 1987 年、イングランド南東部のサリー州に生まれ、16 歳から 21 歳までロンドンで腕を磨く。ニューヨークで最高評価を受けている「パ・セ」を経て渡仏、名門「ル ブリストル パリ」の「エピキュール」で研鑽を積み、香港「ベロン」ではヘッドシェフを務めた。2021 年 7 月の「セザン」オープンに向け、2020 年、現職に就任。

「『フレンチ・ランドリー』のトーマス・ケラー氏が率いる『パ・セ』は、100 席で、毎日メニューが変わり、スキルの高い人たちと 5 年間、それを繰り返しました。その経験が、どれだけ私の身になったことか」

「パ・セ」で最年少のスーシェフに抜擢されたカルバート氏だが、フランス料理を究めるには一度はフランスへ、と「エピキュール」に移る。
「パラス内のレストランは、これまでとは全く違う世界でした。ニューヨークでは 30 人で 100 人の、パリでは 30 人で 40 人のお客様に対します。一皿にかける手間は、この数字を見れば分かります」

カルバート氏の料理は、鮮やかな色の対比、繊細な味の積み重ねと、クラシカルな中に現代的な軽やかさを感じるソースに定評がある。
「『パ・セ』は、クリーンで綺麗なソース。『エピキュール』は、どこか懐かしさを感じるソースです。私は、これまで学んだものを自分の感覚を通して表現しています」

香港の「ベロン」で注目され、2020 年、「フォーシーズンズホテル 丸の内 東京」の総料理長として招聘される。

カルバート氏は、開店までの 9 ヵ月間、食材の産地巡りやコンセプト固め、また直前までチーム作りやオペレーションの徹底に費やす。
「当初はヨーロッパから食材を輸入しなければフランス料理はできないと思っていました。そうではなく、日本の優れた食材に、これまで 17 年間の私の経験を活かして、最適な調理を施し、料理を温かい状態でお出しすること、それが重要だと考えました」

カルバート氏が大切にすることは何か。
「『generosity』、素材やゲスト一人一人への目線、そしてそこに心を尽くすことです。お客様に喜んでいただくため、素材をどう表現するか、惜しみない努力をすること。これは、サービスなど色々な場面で必要なことです。高く評価されている店はそれができています。スタッフ全員で、意識を共有し、より良い店作りに努めていきたいと思います」

（P39 掲載）

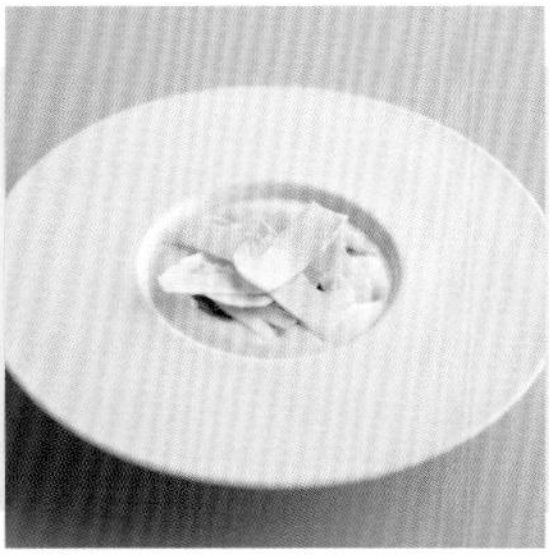

Shota ITOI

オーベルジュ オーフ

糸井章太

「『オーフ』とはフランス語の『水』と『火』を合わせた造語で、私が提案しました。水の綺麗な観音下の地に、平均年齢25歳の私たち若者が、火を点して地域を盛り上げようという思いを込めています。ここで血の通った、何かを感じてもらえるような料理とサービスを提供したいと考えています」

過疎化が進み廃校になった小学校を丸ごとオーベルジュとして活用しようという官民連携のプロジェクト。その中核を担う糸井氏は1992年、京都府生まれ。

辻調理師専門学校フランス校を卒業。高山英紀シェフのアシスタントとして、ボキューズ・ドール国際料理コンクールに参戦という経歴を持つ。

「1度目は、まだ21歳でした。ボックスに入って、日の丸を背負って戦い、表彰台を目指しましたが、全体5位という成績で、とても悔しい思いをしました。しかし、より『世界』を強く意識するようになり、日本人の料理人として何が出来るかを考えるようになりました」

その縁により高山氏がシェフを務める「メゾン・ド・ジル芦屋」に2年半勤めた後、フランスの「レストラン・グルーズ」で1年間、研鑽を積む。

「フランスではソースを任され、クラシカルですが、プレゼンテーションや仕立て方は現代的という料理を学びました」

帰国後、再び高山氏とともにボキューズ・ドールに出場し、国内では若手料理人コンペティション「RED U-35」でグランプリを受賞。さらに海外修業をという矢先にコロナ禍で延期を余儀なくされ、このプロジェクトに誘われる。

「初めて、ここに来た時、直感的に良い場所だと思いました。アルザスやブルゴーニュで働きましたので、都会を離れて料理することに惹かれていました」

糸井氏は、山に入り、山菜や茸を採り、河原の石を器にし、沢蟹を捕って料理に使う。

「自治体という『官』とともに、食を中心にビジネスとして成立させるということは、今までの料理人があまりやっていないことです。私の創造性が発揮され、軌道に乗るということが、まず1つ目の成功です。それが出来た時、その先に何が見えるのか。今はフランス料理とかジャンルではなく、『個の時代』だと思います。一目で『糸井の料理だ』とわかるような自分のスタイルを作りあげること、それが将来の目標です」

（P163掲載）

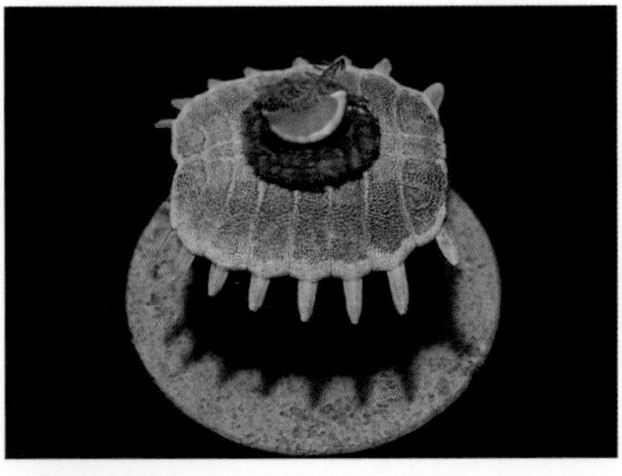

Tomoya KODAMA

アシッド ブリアンツァ

児玉智也

「ほぼ全ての皿に、発酵による酸が入っています。その酸に強弱をつけながら、フランス料理のテクニックを使って表現するのが私の料理です」

2022年6月、東京・麻布十番に登場した、「ACiD（酸）」を店名に頂くレストラン。これまでにない素材の組み合わせを、発酵の酸と旨みでまとめ上げるのは、1990年、北海道小樽市生まれの児玉氏だ。その料理の基礎となったのは、2軒目の修業先、札幌の「レストラン ミヤヴィ」だという。

「横須賀雅明シェフは、食材を圧倒的に巧く組み合わせる方です。肉料理なのに食べてみると、まず、野菜ありきであったというように、野菜をベースにした、とても美味しい料理を作られます。最も大きな影響を受けたシェフです」

「ミヤヴィ」などでスーシェフとして経験を積み、渡仏。そこで出会ったのも組み合わせの妙を見せるシェフ、「Sa.Qua.Na（サカナ）」のアレクサンドル・ブルダス氏であった。

「アレックスは天才だと思いました。洞爺湖の『ミシェル・ブラス トーヤ ジャポン』でもシェフを務められた方で、特に魚料理が素晴らしく、5皿くらい続くのですが、どうしてこんな組み合わせが浮かんでくるのだろう、頭の中を見てみたいと思うほどでした」

次に選んだ修業先は、デンマークの「Kadeau（カドー）」。

「デンマークの食材は未知のもので、発酵にも興味がありましたので決めました。『Kadeau』ではコペンハーゲンの店に半年いて、夏の間だけ開くボーンホルム島の店にも半年行きました。島には森があり、木の新芽や花を摘んでピクルスやオイルにしてコペンハーゲンの店に送っています。ここで、発酵、ピクルス、オイルをベースに組み上げていく新しいジャンルの料理を学びました」

2019年に帰国。北海道で充電し、「ラ・ブリアンツァ」奥野義幸氏の誘いでシェフに就任する。

児玉氏は、素材と調理法が記されたメニューからは想像できないような意表をつく料理を生み出し、そのインパクトは2022年に開店したレストランの中でも群を抜く。

「まだまだ粗削りなので、次の1年はもっと料理の精度を上げていきます。ゆくゆくは生まれ育った北海道に帰り、食材の産地に近いところで、自分のテーマである『発酵とフランス料理』を生かした店が開ければと思っています」

（P70掲載）

Koji FUKAYA

レストランバスク

深谷宏治

「料理人が学会？　函館で世界？と、『世界料理学会 in HAKODATE』を開く際には、様々な意見がありました」

2022年に10回目を迎え、岩手や三重でも開催された「料理人による料理人のための学会」が、今日の隆盛をみるに至ったのは、深谷氏の料理界への真摯な姿勢と、そこに共鳴する周囲の大きな支えがあったからだろう。

深谷氏は1947年、函館市生まれ。大学の研究室助手から料理界に転じ、渡欧。スペイン・バスクで約3年間修業し、師匠のルイス・イリサール氏の「街づくりにまで関わる料理人の役割」という考えに強く感化される。

1985年、函館に「レストランバスク」を開き、その後も定期的にサン・セバスチャンを訪問していた。

「2004年の秋です。師匠から料理学会があると教えられ、会場のドアを開けると、スポットライトの中に『日本料理 龍吟』の山本征治シェフがいました。調理技術の公開が終わると世界各国のシェフが大喝采。私は身震いを覚え、これだ！　と思いました」

開催に対する不安は、深谷氏を中心とする函館の同業異種の会や2004年から始めたイベント「バル街」で積み重ねた人脈と実績が解消してくれた。

この「学会」は、あらゆる制約をなくすためスポンサーをつけず、参加も自費だ。

「成功させるには、有名シェフに来てもらわなければなりませんが、紹介いただいたシェフに電話すると『何故、店を休んでまで、函館へ行かなければならないんだ』とお叱りを受けました。でも、その方は参加され、『これは素晴らしい。次回も来る』と言われて、今は会の中心となって動いてくださっています」

2009年の第1回以降、アメリカやスペインのトップシェフも参加、文字通り「世界」の料理学会となる。何故、この会は成功したのか。

「料理人が自分の料理哲学を語る場がなかったからでしょう。料理を作る意味を見つめ直し、それを分かってくれる同じ料理人に話したい。そして、技術の公開と共有が図られることです。これによって料理界全体のレベルが上がると思います」

深谷氏が出合ったバスクは、食とワインを気軽に楽しむバル文化を基に、料理技術を上げ、「美食の聖地」とまで呼ばれるようになった。その歴史を知る深谷氏の「美食による街づくり」の夢は続く。

（P105 掲載）

Miya EMMEIJI

エンメ

延命寺美也

「記憶に残るものを作りたい。デザートで『贅沢』を感じてほしいのです」

延命寺氏は、昼はアシェットデセールを、夜はワインバーとしてソムリエの夫・信一氏と共に料理とデザートをと、日夜フル回転。さらに1児の母でもある。

生まれは、京都府長岡京市。「食べることに命を懸けるような家庭」に育ち、祖父も父親も狩猟を趣味とし、料理上手な母親の手によるジビエは、冬のご馳走であった。

パティシエの世界に憧れ、大阪の辻製菓専門学校からフランス校へ進み、最優秀賞を取り、帰国。東京に移り、古典的なフランス菓子の店などで腕を磨く。

2014年、「ツキ シュール ラメール」にシェフパティシエとして入社。

「大きな店ですから自分のクリエイティブな時間も取れました。そこで、たくさんのデザートを開発し、レシピを溜め込みました。その貯えが今、大きな財産になっています」

2016年、ジビエを中心に据えた「ラチュレ」を準備中の室田拓人シェフと出会い、パティシエに就任。室田氏と共に開発した「鹿のブラッドマカロン」は、店のシグネチャーとなった。

「『ラチュレ』は、私が育った環境と違和感のないジビエを扱っていましたので、自分らしさを引き出してもらえたと思います」

夫の信一氏と二人で店作りに入った矢先に、妊娠。出産・育児という、働く女性ならではの課題にも直面する。

「育児の中での一番大きな変化は、味覚が純粋になったことです。しかし、それを料理やデザートにそのまま出せば、お客様の期待に応えられません。母親の透明な味覚とパティシエとしての旨みの感覚、2つを客観的に巧く使い分けられるようになりました」

彼女の強みは料理のシェフも務めていることだ。得意の「ショコラロワイヤル」は、フォアグラを包み込んでいる。

「レストランですと、フォアグラはシェフの食材で、パティシエは使えません。でも、私は両方を兼ねていますので、デザートにもどんどん取り入れていく。昼間のアシェットデセールには、食事をした、という満足感も必要ですから」

現在は、群馬県前橋市「白井屋ザ・パティスリー」の監修も行う多忙さだ。

「人材育成、育児、やることはいっぱいです。でも、まずはこの『エンメ』を連日満席にすることです」

（P59 掲載）

Eiji

エスキス WAKABAYASHI

若林英司

「ワインを原価率ではなく、価値観で売っていかないと、この業界は上がっていけません。一杯のワインと料理がこんなに素晴らしいと、言葉に変えて売ることができる、それが私の求めるソムリエ像です」

若林氏は 1964 年、長野県生まれ。地元の観光ホテルに勤務している時、ワインに目覚め、トップソムリエの一人、木村克己氏の助言を受けながら各地のレストランでスキルを磨き、ソムリエコンクールで頭角を現す。仕事に対する姿勢で大きな影響を受けたのが、小田原「ステラ・マリス」で出会った吉野建シェフだ。

「妥協しないこと、信念を持って真っ直ぐ物事に向き合うことを学びました。ワインでも状態に不安があれば絶対に出さない。そのまま注ぐとリスクは 100 倍になって返ってきます」

若林氏のソムリエとしての大きなエポックは、恵比寿にあった「タイユバン・ロブション」のシェフソムリエ時代だろう。

「昼夜 80 席が満杯。売り上げが月に 1 億 3 千万円、その内、ワインが 3 千万円という世界でした。ほとんどの注文がボトルで、熟成したワインを抜く機会が多く、この料理には、どのワインの、どのヴィンテージが合うのか、ゲストの要望にフィットするものをお選びする。ワインをツールとしてコミュニケーションを図り、リピートに繋げる、そんな日々でした」

2000 年代には、コース料理が主流となり、ワインもペアリングを選ばれることが多くなる。

「マリアージュには、シェフとソムリエとの関係性が出てくると思います。どうしてこの一皿が生まれたのかをシェフに聞き、料理のどこにワインを合わせると輪郭がはっきりするのか、フィロソフィーを理解し、方向性を共有しなければ、美味しくはできても、感動させるところまではいけません」

2012 年から「エスキス」でタッグを組むリオネル・ベカ氏の料理に対する若林氏の飲料の組み合わせは、ベストの一つと評される。

「それは 10 年という年月があって生まれたものです。『旅をしているような』リオネルの料理のナビゲーターとして、お客様とどこかへ旅をし、新たな発見をしていただくのです。私は、出来る限り第一線にいたいと思っています。おもてなしは、一番好きな仕事、天職ですから」

（P34 掲載）

Mariko

レストラン ウオゼン INOUE

井上真理子

「サービスは、常に自然体でいようと思っています。ただ、当店の料理は食材や調理などのストーリー性が強いので、お客様にはしつこいと思われてもわかりやすくお伝えするようにしています」

狩猟も漁もする夫・井上和洋シェフを支える真理子氏は、明快な語り口でゲストを「レストラン ウオゼン」の世界へ誘う。

新潟県三条市の日本料理店「魚善」の娘として生まれた真理子氏は、幼少期から多くの時間を父親の調理場で過ごす。

「夕食は、いつも刺身や天ぷら、焼き物など店の料理が出てきますので、洋食への憧れが強く、フランス料理をやりたくて東京の調理師専門学校に進みました」

卒業後は、ホテルやイタリア料理、フランス料理の店などで6年間働く。

「街場の店は朝から夜遅くまで。女性の働く場としては厳しく、ワインサービスに転じて、2006年にソムリエ資格も取りました。上司から『資格は勉強すれば誰でも取れるけれど、本当のソムリエになるかどうかは、それからだ』と言われたことをよく覚えています」

フランスのグランメゾンの直営店などに勤務。池尻大橋「HOKU」でオーナーシェフの和洋氏と出会い、食事に通う内、店で働くことになり結婚に至る。

「有機野菜の店としてコンセプトも確立していましたので入籍後も経営にはタッチせず、給料をいただいてソムリエをしていました」

2013年、香川県出身で、東京の仕事のサイクルに疑問を感じていた和洋氏と、父親亡き後、母親が継いだ実家を心配する真理子氏は、新潟に戻り、「魚善」をフランス料理店に変えることにする。

「地方では、フランス料理もソムリエサービスもあまり認知されていませんから、まずレストランとして成立させることに力を入れました」

時には和洋氏とともに漁や渓流釣りに出かけ、自然に触れる真理子氏。

「近年、サステナビリティーということが謳い文句のようになっていますが、私たちは、いつも必要なだけ、感謝しながら『自然から分けていただく』という気持ちを大切にしています」

2023年、店は10周年を迎える。

「より一層寛いでいただけるよう、少し改装することも考えています。肩に力を入れ過ぎず、夫婦二人が出来る範囲でお客様に楽しんでいただく、それが私たちのサービスだと思います」

(P149掲載)

Yotaro SASAKI

とおの屋 要

佐々木要太郎

「どぶろくと、原料の米作り、稲作文化を究めれば世界と戦える」

盛岡で就職した後、遠野に戻り、父親の民宿を手伝いながら受けた「どぶろく特区」の免許講習会で、佐々木氏は生涯のテーマを見つける。

1981 年、遠野市生まれの佐々木氏は、醸造家・オーベルジュオーナー・料理人など、様々な顔を持つ。

どぶろくは、まず、３年間、慣行・有機・自然の３つの栽培方法で､戦前の米品種「遠野１号」を育て、試作してみた。

「すべては土です。自然栽培のスリムで健全な土で育ち、余分な栄養価のない米は、発酵がゆっくり進み、その間に酸味・苦み・甘みのバランスが整っていく。そんな土作りのために、昆虫や爬虫類、鳥類が弱肉強食の世界を繰り広げる昔の自然環境に戻してやる。精米で純度を上げるのではなく、土で米の余計な成分を削るのです」

その澄み切った飲み口で、どぶろくの概念を打ち破った佐々木氏は、今、米を余すところなく活かす米糠の醸造酒で、日本酒の常識にも挑んでいる。

「料理には、圧倒的な『暗さ』を出そうと思っています」

京都・大阪など関西の料理人として腕を振るい、京懐石を得意とした父親のもとで４年間、料理修業をした佐々木氏は、当初、華やかで「明るく見せようとする」料理を作っていた。

「お客様から『京料理を食べたい時は、京都に行くよ』と言われました。どぶろくの関係で欧州と行き来する中、外から自身を見つめ直し、岩手県人特有の我慢強さ、暗さを徹底的にやり抜くことにしました」

ほっこりとした佐々木氏の料理の背景には、京懐石の技法と 20 代から始めた茶道の心得がある。

「持ち味を理解した上で、表に食材の味がきちっと出せるような調理法。尖っても駄目ですし、郷土色は出しても郷土料理にしないことを心がけています」

器には露地栽培の野菜に交じって、田ゼリ・ヨモギ・ツクシ・井戸草など、田んぼの畦道に自生する植物も顔を出す。

「『地味深さ』というものを感じとっていただきたい。野に生える名も無きものの声を料理として届ける、そのための努力を日々重ねています」

柳田國男の『遠野物語』の舞台、民話のふる里で、伝統を踏まえながら新しい価値を生み出す佐々木氏に、現代の職人像を見る。

（P122 掲載）

Etsuo

シェフズガーデン
エコファーム・アサノ

ASANO

浅野悦男

「食べる、という意識を持たないで野菜を作っては駄目です」

シェフから圧倒的な信頼を得る浅野氏は、納屋を改造して設けたテストキッチンで自ら野菜を調理する。

「以前は生でしか味見ができなかったのですが、熱を入れると野菜がどうなるか、畑を見に来たシェフにも試してもらいます。自分は変わり者、人と違うことをやりたいのです」

1944年、千葉県八街市生まれの浅野氏は、高校を中退し、実家の農業を継ぐことにする。そこで、疑問に思ったのが、地域が皆同じ、麦と落花生しか作らないこと、価格が自分で決められないこと。

以後60年余り、浅野氏の農業人生は、まさに、我が道を行く。

「野菜と野草、どこが違うか、字が違うだけ。野草に肥料を与えますか？ ここでは、肥料は極力少なく、必要なミネラルだけ足してやる」

浅野氏は農研機構の依頼で「インカのめざめ」の試験栽培にも参加している。

「植物はその原産地に近い環境に置いてやるとDNAが目覚めるのです。じゃがいもは、土地が痩せて、雨の少ないアンデスと似た環境を作ってやれば良い。小粒で甘みの詰まった、この新品種に感動しました。慣行農法で試作した地域は、大きなジャガイモになって味が薄かったそうです」

浅野氏は、「定番の使い方では限界がある」と、シェフにサイズの提案もする。

「大豆の大きさの『インカのめざめ』にはビーンズポテト、栗の大きさはマロンポテト、と勝手に名前を付けました。マロンポテトと書いてあればお客さんが何ですか？と聞く、そこで会話も弾むじゃないですか」

浅野氏は人との繋がりが大切だという。

「シェフが畑を訪ねてくれますが、次回はスタッフも一緒に来てくださいと言います。皆で直接、畑を感じてほしい。スタッフが来たら、『私は取引先ではなく、スタッフです。だから何でも言ってください』と、お願いするのです」

浅野氏の活力の源は何か。

「好奇心を失くしたらお仕舞いです。多い時は230種類もの野菜を作っていました。今は土地の適性を考えて絞っていますが、それでも毎年、次の主力になる野菜や未知のものに取り組んでいます。2023年は、カラブリア州の唐辛子、ガーデンクレソン、メキシカンタラゴン…」

浅野氏から野菜への興味が尽きることは無さそうだ。

シェフズガーデン エコファーム・アサノ
千葉県八街市四木1595-1

Masayuki OKUDA

アル・ケッチァーノ

奥田政行

「恩のある鶴岡を『食』で元気にしたいのです」

今では全国からプロデュースの依頼が引きも切らない奥田氏だが、スタートは父親が残した借金の返済だった。
「家財も失った一家を、鶴岡の人たちは温かく迎えてくださいました」
自分には料理しかないと、東京で修業に励み、26 歳で地元ホテルのシェフに。次に農家レストランを繁盛店にして、2000年春、自身の店「アル・ケッチァーノ」を開く。
「実家の借金問題を引きずっていたのでお金がなく、野菜は山菜や茸を採って使いました。そこで気づいたのが、自然の摂理です。土や水の流れ、風の通り道、そこに人が住み、食文化が生まれる。庄内の土・海の仕組みからテロワールがわかると料理も変わって、調味料を必要としなくなりました。それが雑誌やテレビで取り上げられ、全国からお客さんが押し寄せたのです」

2009 年、東京・銀座のおいしい山形プラザに「ヤマガタサンダンデロ」を開くと、店は毎日満席、1 年で全ての借金を返済。

その後、プロデュース依頼が殺到する。
「シェフは店にいるべきだ、私もずっとそう考えていました。一方で、より多くの人に庄内の食材と料理を楽しんでもらうという道もあります。しかし、2002 年に起きた無登録農薬問題から、山形県の野菜が売れなくなり、生産者の悲痛な声を直接聞いていましたので、弟子のいるプロデュース店で山形の産物を使えば、農家が安心して生産を続けられる仕組みができる。私は困っている生産者を選びました」

奥田氏が現在、力を入れているのが「ガストロノミーツーリズム」だ。コロナ禍で立ち行かなくなった観光業を救うために、その拠点となる本店も 2022 年 7 月に新築、移転した。
「浜には魚供養の五重塔があります。そこで手を合わせた後、テロワールを庄内の生産者と学びながら、農耕信仰の寺の五重塔へ向かうツアーです。私は山形の観光客を 200 万人増やすと言っています」

新店舗にはアカデミー棟も設けた。
「現代の『松下村塾』を開きたいのです。ここには、全国から若者が修業に来ています。彼らに料理をより深く教え、世界、または出身地に帰していく。また、農家も参加する料理教室を開き、栽培されなくなりそうな野菜の新たな料理法を考え、庄内の伝統野菜を守る。
『庄内の幸福論』を考えること、それが私の鶴岡・日本・料理界への恩返しだと思っています」

（P127 掲載）

高評価レストラン

2023

LES GRANDES TOQUES
DE L'ANNÉE 2023

19/20

18.5/20

18/20

東京都目黒区
ジョエル・ロブション
Joël Robuchon …P35

東京都港区
茶禅華
sazenka …P73

東京都新宿区
虎白
Kohaku …P78

東京都中央区
日本橋蛎殻町 すぎた
Nihonbashikakigaracho Sugita …P91

大阪府大阪市
ハジメ
HAJIME …P202

京都府京都市
菊乃井 本店
KIKUNOI Honten …P220

東京都中央区
銀座 すきやばし次郎 本店
Ginza Sukiyabashi Jiro …P91

富山県南砺市
レヴォ
L'évo …P156

大阪府大阪市
本湖月
Honkogetsu …P204

京都府京都市
祇園 さゝ木
GION SASAKI …P220

京都府京都市
京都吉兆 嵐山本店
KYOTO KITCHO Arashiyama …P221

京都府京都市
瓢亭
HYOTEI …P221

17.5/20

東京都新宿区
神楽坂 石かわ
Kagurazaka Ishikawa …P79

東京都港区
新ばし 星野
Shinbashi Hoshino …P79

東京都品川区
まき村
Makimura …P80

17/20

東京都台東区
レストラン ナベノ - イズム
restaurant Nabeno-Ism …P36

東京都中央区
レストラン ラフィナージュ
Restaurant L'affinage …P36

東京都港区
レストラン リューズ
Restaurant Ryuzu …P37

東京都港区
レフェルヴェソンス
L'Effervescence …P37

冷却性能と拡張性抜群の
新時代ゲーミングPC

MADE IN JAPAN

MADE IN JAPAN（山口県）が
お届けする高品質パソコン

FRONTIERは1993年に誕生したパソコンのブランドです。
当初より、一環して国内での組み立て、検査体制を貫いてきました。

インテル®・AMD認定で安心の高信頼メーカー intel CORE AMD

オーダーメイドPCの最高峰へ。

FRONTIER

https://www.frontier-direct.jp
To the highest peak of made-to-order personal computers.

Gault&Millau

RESTAURANTS

レストラン

東京都

TOKYO

エスキス

ESqUISSE

シェフ リオネル・ベカ

18.5/20

フランス料理

Tel: 03-5537-5580

東京都中央区銀座5-4-6
ロイヤルクリスタル銀座
9F

定休日：なし

☼：12:00-13:00 (L.O.)
☾：18:00-20:30 (L.O.)

リオネル氏は、二通りに読める小説のような料理を提供することに長けている。全くフランス料理に詳しくない客も十分に楽しませるエレガントで華やかな料理。同時にそれは、静かに耳をすませた時に打ち明けられる秘密のような、極度に敏感な感性を持つ者だけに創作可能な料理でもある。シマエビが一尾横たわるだけのミニマルな１皿目からその期待は裏切られない。柑橘の爽やかさに胡椒がピチカートを奏で、ねっとりとした海老のテクスチャーが絡まり、一口の中に複雑で繊細な物語が語られる。鰆を羊乳でマリネし、ベルガモットをあしらった一皿は、魚がミルクの初々しさを纏う、生の弾ける味そのものだ。シェフを支えるユーゴ・ペレ＝ガリックス氏が焼く、日本の小麦とフランスの小麦の２種類のパンは、もちもちとした食感に、小麦の甘み、若芽のような香りで、フランスでも滅多に出合えない美味。季節感はもちろんだが、その季節も、四季というよりは日々の空気の移り変わりに、そこから感じられる気持ちを添えて料理に落とし込む、ニュアンスの深さがある。開店から 10 年を経た店の理想的な進化の形だろうか。上質な和食の店にあるような静かな時間がここには流れている。

☼：18,000 円～ 25,000 円　☾：29,000 円～ 35,000 円

カンテサンス

Quintessence

シェフ 岸田周三

18.5/20

フランス料理

Tel: 03-6277-0485

東京都品川区北品川
6-7-29 ガーデンシティ
品川御殿山 1F

定休日:日曜中心に月６日、
年末年始、夏期休暇

☾：17:00-23:30
(L.O.20:30)

哲学者アリストテレスは、土、水、空気、火という地上を形作る四つの元素に加え、天上に第五の元素があると考えた。それが「カンテサンス」である。地上にある食材を天の高みに昇華させる錬金術、それを料理と呼ぶのかもしれない。北品川にある美食の殿堂は、余分な飾りを削ぎ落とした上質さに満ちている。「食は五感を使ったエンターテインメントという側面はありつつも、あくまでも味が主役。トレンドに流されない、本質を貫きたい」という岸田氏。シュー生地を用いるモンサンミッシェルのムール貝を使ったヴォロヴァンは、ナイフを入れるとブールブランのソースが流れ出し、表面はクリスピーさを保った、香ばしく繊細な生地に染み込む。丸のままオーブンから何度も出し入れして丁寧に火入れをしたメインディッシュの肉や魚に、岸田氏はコレクションしているという古酒を生かしたソースを合わせる。ペアリングのワインはグラン・クリュのヴィンテージワインなど秀逸なもの。シグネチャー料理も常に進化を続け、更なる「美味」を追求する。いつ何時も厨房に立ち続ける真摯な姿勢に、アーティストではなく、ひとりの「錬金術師」としての岸田氏の哲学が見て取れる。

☾：33,550 円

ロオジエ

L'OSIER

シェフ オリヴィエ・シェニョン

18.5/20

フランス料理

Tel: 0120-156-051
/ 03-3571-6050

東京都中央区銀座7-5-5

定休日：日曜、月曜、祝日不定休、夏季（8月中旬）、年末年始

☼：11:30-15:00（L.O.12:30）
☾：17:30-22:00（L.O.19:00）

銀座・並木通りに邸宅のような美しい外観。ブロンズ色の入口ドアのレリーフにはオーナー企業のシンボルである椿の花が象られ、優雅にゲストを迎える。螺旋階段を下りると、艶やかなダイニングの装花と円形の吹き抜けがエレガントで開放的な空間を創り出している。ソムリエがグラスにワインを注ぎ、美しい絵画やアート作品に目を奪われる。この一連の流れに、日本を代表するグランメゾンに身を置く高揚感が湧いてくる。夏の終わりの日、オリヴィエ氏のスペシャリテ「房州黒鮑のバターポッシェ」は、黒鮑をその肝で和えた魚沼産コシヒカリ「雪椿」のリゾットやジロール茸、クレソンのブイヨンと共に。千葉の南房総で採れた黒鮑は、弾力のあるプリプリとした食感が魅力的で、バターの風味がリゾットの優しいとろみを引き出し、クレソンのソースが品良く口の中で溶ける。シェフの創造力が生かされた味わい深い一品だ。ゲストに挨拶して回るオリヴィエ氏は、フランス食材だけでなく、日本の四季を取り込み、素材のすべてを使い切ることでSDGsにも配慮しているという。2023年に創業50年を迎える老舗は、紡いできた美食の伝統を守りながら、現代の課題にも取り組んでいく。

☼：14,000円～18,000円　☾：27,000円～33,000円

ジョエル・ロブション

Joël Robuchon

総料理長 関谷健一朗　シェフ 坂部政磯

18/20

フランス料理

Tel: 03-5424-1338
/ 03-5424-1347

東京都目黒区三田1-13-1 恵比寿ガーデンプレイス内

定休日：不定休

☼：土・日・祝 11:30-15:00（L.O.13:00）
☾：17:30-22:00（L.O.20:00）

すべてに最高が求められるフランス料理の牙城。2022年、日本人シェフとして初めてM.O.F（フランス国家最優秀職人章）を受章した関谷氏は、「<ル・テタンジェ>国際料理賞コンクール」の優勝など、その技は本場フランスでも広く認められるところ。パリの「ラトリエ ドゥ ジョエル・ロブション」では26歳の若さでロブション氏よりスーシェフを任され、2010年からは六本木の「ラトリエ ドゥ ジョエル・ロブション」のシェフとして長く師の薫陶を受けてきた。ロブション氏が亡くなって4年、テーマは本質への回帰だ。アジアの調味料を多用せず、心に染み込んだロブション氏の味を日本の食材で生み出していく。関谷氏は厨房を引き継ぐにあたり、それぞれの技術の根本的な精度を見直したという。毎朝大鍋で仕込むジュやフォンは、その日のうちに使い切る。自らが挑戦し続けることで、若手にも技を引き継いでいく。心にはいつも、ロブション氏から教わった「味の要素は3つ」「目を閉じても何の料理かわかるものを」という言葉がある。過去を振り返るだけではない。未利用魚を使ったスープ・ド・ポワソンなど、シャトーは未来へのアプローチも着実に進めている。

☼：23,000円～70,000円　☾：28,000円～70,000円

Tel: **03-5246-4056**

東京都台東区駒形
2-1-17

定休日：月曜、他不定休あり

☼ : 12:00-15:00
☾ : 18:00-22:00

レストラン ナベノ - イズム

restaurant Nabeno-Ism
シェフ 渡辺雄一郎

17/20

フランス料理

隅田川に臨み、大きな窓に面したカウンター席やテラスからは東京スカイツリーの眺望。この駒形の地にあって独自の感性で磨き上げられた、日本を代表するフランス料理店だ。ポール・ボキューズ氏やジョエル・ロブション氏のもとでフランス料理のエスプリを身につけた渡辺氏は、雷おこしや最中をアミューズに取り込み、この土地ならではの斬新な組み合わせで、師やフランス料理へのオマージュとストーリーを紡いでいる。「そばがき」は、店のテーマカラーの器に盛り付けた渡辺氏の意気込みが伝わるスペシャリテだ。惚れ込んだ両国「江戸蕎麦 ほそ川」の蕎麦粉をバターで乳化させ昆布出汁のジュレでまとめたもので、キャビアや雲丹、山葵やウォッカで塩味や辛みを巧みに付加し、複合的で華やかな味と香りが鮮烈な一品となっている。オマール海老のポワレは、ロブション氏も好んだというモリーユ茸やグリーンアスパラガスを合わせ、ヴァン・ジョーヌの香りを纏わせる。天使の海老の旨みを抽出したコクのあるソースが力強く、美味しさの連続性と持続性が堪らない。渡辺氏が思い描くフランス料理のエスプリは、軸を確かに、この駒形の地域性を柔らかく受け入れて進化を遂げている。

☼ : 15,000 円　☾ : 25,000 円

Tel: **03-6274-6541**

東京都中央区銀座
5-9-16 GINZA-A5 2F

定休日：月曜、第 3 火曜

☼ : 12:00-15:30
(L.O.13:30)
☾ : 18:00-22:00
(L.O.20:00)

レストラン ラフィナージュ

Restaurant L'affinage
シェフ 髙良康之

17/20

フランス料理

日本のフランス料理はどうあるべきか、フランス料理らしさとは何か、髙良氏はそのことを日々問いかけている。「銀座レカン」総料理長を経て、2018 年、自身の店を開き 4 年。30 年を超えるキャリアを持つ髙良氏は、近年、業界全体を見据えた多くの活動に従事している。各種の料理講習や料理学会への参加、コロナ下での書籍出版などはすべて、自らが受け取ったフランス料理のエッセンスを次の世代に繋いでいきたいという思いからきている。訪問時のキハタのブレゼには松茸の香るソースが配されていた。ソースには松茸の軸でとったスープを加え、香りが飛ばないように仕上げている。酸味と松茸の香りを残した軽さのバランスが両立した見事なソースに、料理技術を突き詰め、クラシックを掘り下げる試みを真摯に続ける氏の長い時間を見る。日本でフランス料理を作る際に不可欠な、日本ならではの食材の風味やソースとのバランスを考えること。その探究に終わりはない。「これはフランス料理だね、と言ってもらえる料理にしたい」、その思いを胸に、髙良氏は今日も厨房に立っている。

☼ : 9,900 円　☾ : 22,000 円

レストラン リューズ

Restaurant Ryuzu

シェフ 飯塚隆太

17/20

フランス料理

店内の隅々にまで、シェフの考えと、愛と情熱が行き渡っている。料理は全体的に非常に手が込んでおり、時には創造的ともいえるものもあるが、伝統的なフランス料理をベースに、きちんとしていて、華やかで軽い仕上がりである。出身地である新潟を織り込んだ日本の食材を用い、テロワールを理解した、高度な技術を持つ料理人が腕を振るうと、最初の一口から最後の一口まで、完璧に美味しい料理でゲストに深い満足を与えることができる、という見本のような場所である。このようなシェフの食の世界観をよく理解したスタッフによる、丁寧で温かみのあるサービススタイルも、居心地の良さをつくり上げている。食材と料理に対しての理解が深く、１人でもグループでも会話が弾むため、いつ訪れても気持ちの良い時間を過ごすことができる。また、食器・小物・ナプキン・照明・調度品・花など、シェフの世界観を支えるすべてに関して、スタッフが知らないことがないのにも驚かされる。店を出て少しすると、ゲストはシェフの創り出した空間にほんのひととき、遊びに行ってきたのだなと、レストランの新しい「非日常」のあり方を、教えられるのである。

☼：7,000 円～　☾：14,000 円～

Tel: 03-5770-4236

東京都港区六本木
4-2-35 VORT六本木
Dual's B1F

定休日：月曜、他不定休あり

☼：12:00-15:00
(L.O.13:00)
☾：18:00-23:00
(L.O.20:00)

レフェルヴェソンス

L'Effervescence

シェフ 生江史伸　ヘッドシェフ 広瀬隼人

17/20

フランス料理

「泡」を意味する店名の通り、湧き立つような瑞々しさと共にオープンしたレストランは、12 年の時を経て、円熟の時を迎えている。そのクリエーションはより削ぎ落とされ、静謐ささえ湛えている。シグネチャーでもある、四季の蕪の変化を味わう一皿が示すように、ありのままの自然の美と風味を損なわないように細心の注意を払って生み出された料理は、「アルチザン」として生江氏が敬意を払う、日本の生産者の息吹をダイレクトに伝える。薪焼きの炉を導入したことで、主にメインディッシュの肉に、野趣のある薫香が加わり、これまで以上に素の姿に近づいた印象を受ける。そうした自然への賛歌を体験として盛り立てるのが、ホスピタリティー溢れるサービスだ。一つ一つの皿を丁寧に扱うその様子からも、「自然と生産者への敬意」というイズムがチーム全体に深く浸透していることが窺える。スタッフは研修の一環として茶道を習っており、コースに折り込まれた抹茶の道具の始末まで、茶の心を体現し、いずれの所作も美しく、そこにも「日本の美意識」が感じ取れる。無心で自然に仕えるかのような、奥ゆかしさと優雅さは、訪れたゲストに他のどこにもない体験を与えてくれるだろう。

☼：30,800 円　☾：30,800 円

Tel: 03-5766-9500

東京都港区西麻布
2-26-4

定休日：日曜、月曜

☼：11:30-15:30
(L.O.12:30)
☾：17:30-23:30
(L.O.20:00)

エスト
est

シェフ ギヨーム・ブラカヴァル

16.5/20

フランス料理

Tel: 03-6810-0655

東京都千代田区大手町
1-2-1 39F
フォーシーズンズホテル東京
大手町内

定休日：月曜

☼：12:00-15:00
(L.O.13:30
アラカルト 14:00)
☾：18:00-22:00
(L.O.20:30
アラカルト 21:00)

※営業時間は変更になる場合あり

温かなガストロノミー、というジャンルがあるならこの店を真っ先に挙げたい。フォーシーズンズホテル東京大手町の最上階に位置するコンテンポラリーレストランを形容するのに「温かみ」は、意外に思われるかもしれない。錚々たるレストランでの修業を積み、「キュイジーヌ [s] ミッシェル・トロワグロ」から「エスト」のシェフ・ド・キュイジーヌのポストに就いたギヨーム氏だが、この店では、日本のテロワールに自らの個性を寄り添わせることに努めている。鮑と椎茸を藁と昆布を敷いた上で蒸した一品には大葉があしらわれ、メインの鴨には癖の少ない紀州鴨を用い、蕎麦の実を添えて日本人にはどこか懐かしい味に仕上げ、食事が進むにつれ、心も体もリラックスする。「トロワグロ」時代からのシェフとの良きコンビであるパティシエ、ミケーレ・アッバテマルコ氏によるデザートは、マーク・ロスコの絵画からインスピレーションを受けた色彩感に富むクリエーションだが、その味はあくまでも優しい。このレストランは、世界各地から東京を訪れる旅行者の舌をほっとさせ、日本各地への旅への楽しみを呼び覚ますフランス料理を作り上げることに成功している。

☼：12,500 円～ 20,000 円　☾：25,000 円～ 30,000 円

エディション・コウジ シモムラ
Edition Koji Shimomura

シェフ 下村浩司

16.5/20

フランス料理

Tel: 03-5549-4562

東京都港区六本木3-1-1
六本木ティーキューブ 1F

定休日：不定休

☼：12:00-15:00
(L.O.13:00)
☾：18:00-22:00
(L.O.19:30)

「エディション」と名付けられたレストランには、設えやカトラリー、器に至るまで下村氏の渾身の力がエレガントに注がれている。下村氏はフランスの名店で８年間研鑽を重ねて帰国。日本の料理界の第一線で長く活躍しながらも、その立場に安住することなく意欲的に活動し、情報のインプットを怠らない。様々な地へ赴き、生産者や技術者に触れ、時にはアジアや南米などフランス以外にも目を向ける。そこで得たインスピレーションを糧に今なお進化を続けているのだ。料理は軽やかで気品があり、その中に素材へのリスペクトが滲み出ている。スペシャリテ「牡蠣の冷製海水と柑橘のジュレ」は、海の恩恵が豊かに表現され、柑橘との調和がゲストの里浜の記憶を呼び覚ます。「再構築した苺のタルト」は、苺で囲った中にクリームやクランブル、ピスタチオを詰め、口内で苺タルトを完成させる仕掛けだ。チャーミングな見た目と巧みな味の構成は、シェフの創造性と卓越した味覚バランスによるものだろう。脇を固めるサービス陣も実にスマートにゲストに寄り添う。すべてが洗練され、期待を裏切らない絶大なる安心感。下村氏のレストランは日々、版（エディション）を重ねている。

☼：15,730 円～ 31,460 円　☾：24,200 円～ 32,400 円

セザン

SÉZANNE

シェフ **ダニエル カルバート**

16.5/20

フランス料理

ダニエル・カルバート氏率いるチーム「SÉZANNE」の成長の速さに、ゲストもうかうかしてはいられない。定番の皿・本日の皿・季節の皿以外にも、ゲストお気に入りの皿、ひらめいた皿など、テーブルについた食べ手をいかに満足させるかだけに、厨房もフロアも全エネルギーを集中させている。日本の食文化とのすり合わせもうまくいっているようで、よりこの国らしい軽やかさのある皿が、日々、生み出されている。チーム全体の動きにも、滑らかさと程よい遊びが出てきて、「SÉZANNE」スタイルは順調に確立されていっているようだ。それにしても、第２の我が家のダイニングのようにリラックスでき、食べて楽しむこと以外は何もしなくても良い場所は、この世にそんなに多くは存在しないだろう。足を運べば運んだだけ、ベストチョイスのオンパレードとあれば、ハマってしまうゲストが多数いるのも仕方があるまい。しかし、すでにその虜となった美食家が世界中から訪問しても、ほとんど意に介さずに全速前進を緩めないシェフには、我々もまだ知らない、アワードの向こう側にある世界が見えているのかもしれないのである。

☼：20,240 円～ 37,950 円　☾：37,950 円

Tel: 03-5222-5810

東京都千代田区丸の内
1-11-1
パシフィックセンチュリープレイス丸の内7F

定休日：月曜、火曜、
他不定休あり

☼：12:00-13:30
（最終入店）
☾：18:00-20:30
（最終入店）

レ セゾン

Les Saisons

シェフ **ティエリー・ヴォワザン**

16.5/20

フランス料理

日本を代表するホテル内の老舗フランス料理店が提供するのは、日本食材を織り込んだ伝統的なフランス料理だが、常に欠かさぬアップデートにより、最先端の時代感覚を押さえたものになっている。店名の通り、ホワイトアスパラガスやアーティチョーク、帆立貝など、食材やソースに日本と世界の四季（レ セゾン）をふんだんに取り入れており、数々の皿はどれも、この場とシェフに相応しい完璧なものでありながら、少しも大げさなところはなく、国内外のゲストに深い満足感を与え続けている。着任から17 年が経過した今でも、ヴォワザン氏は、昼も夜も必ずテーブルをまわり、自身とゲストとをつなぐ皿の上で、気持ちの行き来ができているかを丁寧に確認する。その細やかな気遣いに呼応するように、スタッフも自然にパーフェクトな動きを見せるのだ。店内の隅々にまで行き渡る、このシェフとスタッフとの阿吽の呼吸こそが、ここを「一流のサービスが受けられるレストラン」たらしめる理由であろう。日本文化と食の探究に努め、謙譲の美徳を身につけたフランス人シェフという稀有な存在による仕事の真価は、繰り返しテーブルに着くゲストたちによって、今日も静かに証明され続けている。

☼：8,500 円～ 43,000 円　☾：21,000 円～ 43,000 円

Tel: 03-3539-8087

東京都千代田区内幸町
1-1-1 帝国ホテル東京
本館中2F

定休日：なし

☼：11:30-14:30
（L.O.13:30）
☾：17:30-22:00
（L.O.20:30）

Tel: **03-5847-9600**

東京都中央区日本橋兜町
1-4 M-SQUARE Bldg 1F

定休日：火曜、水曜

☼：土・日・祝
12:00-15:30
(L.O.12:30)
☾：18:00-22:30
(L.O.20:00)

アサヒナ ガストロノーム

ASAHINA Gastronome

シェフ 朝比奈 悟

16/20

フランス料理

日本橋兜町。この店は、日本経済の心臓部、モノトーンの金融街にあって銀色のスポットライトに照らされたユートピアのようだ。柔らかなシルバーのグラデーションで統一された空間に足を踏み入れ、ゆったりとしたソファに身を沈めると、「ジャルダン・エデン」という一面に草花が生き生きと描かれたクリストフルのカトラリーとショープレートが迎えてくれる。季節の花で飾られたアミューズにはチュイルの蝶が舞い、この店の扉を開く者だけが、その先に自然の色彩にあふれた秘密の花園が広がっていることを知る。フランス料理コンクールでの優勝経験もある朝比奈氏の料理は、寸分の狂いもない繊細な美意識に裏打ちされ、シグネチャーの「仔鳩＆フォアグラ」は、漆黒のラッケ・ノワールの中に仔鳩が真紅の身を覗かせている。フォアグラのムースや薄く切った牛蒡が端正に巻かれたモモ肉など、一つ一つの要素が完璧なバランスで配置され、まさに食べるアートという言葉が相応しい。ジョエル・ロブション氏のもとで学んだフランス料理の技法を活かして生み出される味は、あくまでもオーセンティック。皿に楽園を描く朝比奈氏の世界観を、エレガントなサービスが昇華させる。

☼：19,800 円　☾：33,000 円

Tel: **03-3214-1361**

東京都千代田区有楽町
1-9-4 蚕糸会館ビル B1F

定休日：日曜

☼：11:30-15:00
(L.O.13:30)
☾：17:30-23:00
(L.O.20:30)

アピシウス

APICIUS

シェフ 岩元 学

16/20

フランス料理

装飾文字の店名に躍る心を抑え階段を下りると、優美なグランメゾンの世界が広がっている。アール・ヌーヴォーを基調とした内装に名画がさらりと掛かり、大きく華やかに生けられた花の左手に華麗なメインダイニング。開業時（1983 年）からのレガシーとフランス料理の古典を守り、今も多くのゲストを惹きつけてやまない３代目料理長の岩元氏。初代・高橋徳男氏のもとでこの店の神髄を学び、2008 年から厨房を取り仕切っている。スペシャリテの中でも味わいたいのは、「小笠原産母島の青海亀のコンソメスープ シェリー酒風味」。希少な青海亀のコンソメは、芳しく官能的なほど濃厚な味わいで、とろりとした金茶の輝きが、正に琥珀を眺めるよう。甲羅の内側のゼラチン質を喰み、添えてあるパイをスープに浸しながら至福の時を愉しむ。逸話を持った数々のスペシャリテには、時代のアクセントが加わり、常に正確なチューニングも怠りない。銘醸ワインが網羅されたリストは、そのラインアップに加え最良の状態と適正な価格を維持している。居心地の良い配慮のあるサービスチーム、空間自体が芸術である館、欠くことなく全てが揃う奇跡、それが「アピシウス」だ。

☼：7,700 円～ 13,200 円　☾：24,200 円～ 39,600 円

アルシミスト

16/20

Alchimiste

シェフ 山本健一

フランス料理

Tel: 03-5422-7358

東京都港区白金台
5-17-10 1F・2F

定休日：水曜

☼：12:00-15:00
(L.O.13:00)
☾：18:00-23:00
(L.O.20:00)

高い天井とレトロなシャンデリアに純白のテーブルクロス。そこで繰り広げられる饗宴を演出する味の錬金術師（アルシミスト）たちがオープンキッチンで無言劇のように精確な動きを見せている。2021年、山本氏が移転にあたり全面改装を施した空間は、パリの年月を経たレストランのようにシックな趣きがある。2011年、フランス修業を経て独立した山本氏は、様々な形状のフォアグラを提示するなど大胆な調理と食材の「掛け合わせ」で新境地を開いたが、ここでは作業の「積み重ね」によって味の厚みとまろやかさを増し、料理の成熟を示している。「北海道根室バフン雲丹×菊芋」は、菊芋を低温で火入れ、そのピューレをスモーク、エスプーマで温かい泡にして注ぎ、雲丹との温度差で旨みを倍加する。「高知県 生本マグロ×発酵ビーツ」は、本マグロが青海波の文様のように薄くスライスしたラディッシュを纏い、自家製発酵ビーツのソースとラディッシュの皮の赤紫色が、白地の皿に映える。こうした精細な食材の積み重ねは、厨房に有能なスタッフを迎えられてこそ可能になった。スケールアップしたレストランはクレープ・シュゼットのパフォーマンスもあり、華やかなフランス料理の愉悦にも浸れる。

☼：12,000円～25,000円　☾：18,000円～25,000円

オード

16/20

Ode

シェフ 生井祐介

フランス料理

Tel: 03-6447-7480

東京都渋谷区広尾5-1-32
ST広尾 2F

定休日：日曜

☼：12:00-15:00
(最終入店 13:00)
☾：18:30-23:00
(最終入店 20:00)

階段を上るとグレーの落ち着いたファサードの前に大きな杉玉。扉を開けると、そこにも濃淡の効いた温かみのあるグレーの世界が広がり、ゲストはまずこの洗練された美しい空間に心魅かれる。開店から5年、生井氏が率いるチームは、日本の自然が生み出す食材を敬う「心」を全員で共有する。どんな端材も形を変え、料理の1ピースに加わり、余すことなく「いただく」、まさにサステナブルな料理世界だ。オープン当初からのスペシャリテ「グレー」は、青魚丸ごとと牛肉を使ったもので、秋刀魚の頭や骨をベースに作ったコンクリートの切片のようなメレンゲの中に、旬の秋刀魚と宮崎県の尾崎牛のタルタル、アボカドも加わり、様々な食感が楽しめる。また、丁寧にローストされた熊本・天草のホロホロ鳥は、妙高高原で収穫された香り高い香茸のバターソテーとともに。繊細な味の上品なムネ肉と風味の強い香茸のバランスが素晴らしい一皿だ。独創的なアイデアと遊び心溢れる料理、食材の組み合わせから生まれる深い味わいは、訪れる人に鮮やかな記憶を残す。食を昇華させる「抒情詩」という名のレストランは、生井氏の想いや世界観を表現する場として、多くのゲストを魅了し続けている。

☼：9,900円　☾：18,700円

Tel: **03-3874-1552**

東京都台東区浅草4-10-5

定休日：月曜、火曜

☼：11:30-15:00
(L.O.12:30)
☾：18:00-22:00
(L.O.19:30)

オマージュ

HOMMAGE

シェフ 荒井 昇

16/20

フランス料理

師匠レジス・マルコン氏に教えられたのは、技術や哲学はもちろん、家族やスタッフを大切にし、人と人のつながりを尊いものとすること。店名には生産者や訪れるすべてのゲストに対する、荒井氏のリスペクトが詰まっている。生まれ育った浅草に店を構えたのも地元に貢献できればとの思いからだ。土地柄、インバウンド客も多く、みりんなど和の調味料も忍ばせつつクラシックな技術を駆使し、下町から力強いガストロノミー文化を発信している。前半は趣向を凝らした野菜や魚介が彩りも美しくバラエティー豊かに登場し、魚は２種が異なる調理法で提供されるという贅沢さ。40 種もの野菜を配したサラダは一つ一つの小さなアイテムに巧緻な仕事が施され、全体としてのまとまりは自然を味わい尽くすかのように野趣に富む。対してメインの肉はシンプルな調理で、素材の持つ旨みがストレートに感じられる。少量多皿の時代にあっても、リクエストにより詰め物を施した鳩丸ごと１羽の古典の一皿を出すこともある。金箔のブランマンジェなど浅草をイメージしたデザートが次々と運ばれ、人形焼の型で作ったフィナンシェを愛でていると、旧くて新しいフランス料理の進行形が見えてくる。

☼：14,000 円　☾：28,000 円

Tel: **03-3274-2020**

東京都中央区京橋2-4-16
明治京橋ビル 1F

定休日：日曜

☼：11:30-13:30 (L.O.)
☾：18:00-20:30 (L.O.)

シェ・イノ

Chez Inno

エグゼクティブシェフ 古賀純二　シェフ 手島純也

16/20

フランス料理

時代を超えて語り継がれるであろう、故井上旭氏が生涯をかけたレストラン。真っ新なリネンのテーブルクロス、磨き上げられた銀のカトラリー、店名が誇らしく描かれたリモージュ焼きの飾り皿、アール・デコ様式で彩られたダイニング。店内には贅沢で上質な世界が広がっている。サービススタッフは賑々しくも和やかな食事の時間を演出。メニューには「仔羊のパイ包み焼き“マリアカラス風”」など名物料理が並ぶ。「ソースの井上」といわれた井上氏らしく濃厚で芳醇なソースがその精華である。軽い味わいが主流の現代の潮流からすればこの店は決して最先端のレストランではない。それでも格別の存在であるのは、古賀総料理長や伊東賢児総支配人をはじめ、井上氏の知見や技、哲学を次世代へと受け継ぐプロフェッショナルたちが偉大な店の伝統を守り、磨き上げているからだ。2022 年 10 月、和歌山「オテル・ド・ヨシノ」で 15 年間料理長を務めた手島純也氏が新たに料理長として加わった。クラシカルなフランス料理の探求を続ける手島氏が、日本におけるフランス料理の殿堂ともいえるこの店で、どう井上氏のレガシーを受け継ぎ、発展させるのか、その動向に注目が集まる。

☼：8,800 円～ 25,300 円　☾：19,800 円～ 25,300 円

シンシア

Sincère

シェフ 石井真介

16/20

フランス料理

扉を開けるとオープンキッチン。若いスタッフが動線滑らかに席へ導いてくれる。まずは、シェフから心づくしの手紙。モリーユ茸や筍という文字が躍る春薫るメニューに、食材の出自から調理法、味わい方まで優しい表現で、その日のストーリーが語られている。琵琶湖から泳いできてクレープに飛び込んだような新鮮な稚鮎、続いて伊勢海老のタルタルにオオミゾ貝、バフンウニ、甲殻類のムースにキャビア、と石井氏が注力する「サステナブル」な海の幸づくし。メインには伊勢海老の豪快なブイヤベース、鮑に蛤、カサゴなどぎっしり詰まって目にもゴージャス、舌にも贅沢。京都の七谷鴨は炭火でジャストのロゼに焼き上げられ、NOTO 高農園の野菜や山菜も主役に負けない存在感だ。締めのストウブご飯は６種、本日のセレクトには脂の乗りが最強の猪。群馬・ほさか農園のやよいひめ、和歌山・藏光農園の柑橘と、旬のフルーツ使いの凝った２種のデセール、最後の遊びは本物の石の中からの石に模したチョコレート探しだ。美味しさの先の楽しさ、時に驚き、感嘆を挟み込み、食材、ゲストに対してすこぶる「シンシア（真摯）」な石井氏。誰しもたちまちリピーターになるのも不思議ではない。

☾：16,830 円

Tel: 03-6804-2006

東京都渋谷区千駄ヶ谷
3-7-13
原宿東急アパートメント
B1F

定休日：日曜、
第 1・3・5 月曜

☾：18:00-20:00 (L.O.)

ナオト ケイ

naoto.K

シェフ 岸本直人

16/20

フランス料理

「美味しい」という言葉が過剰に消費される中、真の「美味しさ」とは何かを突き詰めていくと、隘路にはまり込んでしまう。しかし、13 年間、「ランベリー」を展開した岸本氏が 2021 年、神田錦町に創り上げた空間は、日本人シェフが作り出すフランス料理の「美味しさ」に一つの回答を示してくれるだろう。ゴールドに輝くビルの２階、螺旋階段を上ると黒のカウンターに８席のライブキッチン。「世界に誇れる日本の食材をできたてのうちに」という岸本氏の思いは、銅鍋で揚げる「天竜川の稚鮎」や「サクラマスの瞬間炭火焼」の熱々感で実る。北海道・鶴居村の蝦夷鹿肉のカルパッチョに同じ村のチーズと蕗の薹をあしらった一皿は、大地の早春の息吹が口中に溢れるようだ。「traditionnel」と題する２品では、まずピレネー産仔羊肉の火入れに、岸本氏が注いできたフランス料理への情熱が感じ取れる。続く「はしづめ麺」は、オマール海老のスープに和歌山の花山椒をたっぷり浮かべ、香川県の「澳オリーブ」を垂らす。日本の伝統の味とフランス風味が見事に調和する。フランス料理の本流を歩んできた岸本氏が、一旦その枠を取り払ったところに新たな美味が生まれた。

☼：22,000 円　☾：38,500 円

Tel: 080-7960-9445

東京都千代田区神田錦町
2-1-1

定休日：不定休

☼：日（月２回）12:00-
☾：18:30-22:00

※車いすのまま食事が可能

ピエール・ガニェール

PIERRE GAGNAIRE

シェフ 赤坂洋介

16/20

フランス料理

Tel: 03-3505-9505

東京都港区赤坂1-12-33
ANAインターコンチネンタル
ホテル東京 36F

定休日：月曜、火曜・日曜ディナー（祝日については要問い合わせ）

☼：12:00-15:30
（L.O.13:30）
☾：18:00-23:00
（L.O.19:30）

※営業時間は変更になる場合あり

パリの「ピエール・ガニェール」で働き始めてからほぼ20年になる赤坂氏は、フランスを代表するシェフの名を冠するレストランで采配を振るう大役を誠実に担い続けている。いぶりがっこの香るヴィシソワーズや、蛸とバナナの組み合わせなどは、ガニェール氏が日本にいたら思い付きそうなアイデアでいかにも楽しい。ラングスティーヌの海藻バターポワレなど、時におとなしく味をまとめすぎではないかと思われることもあるが、ガニェール氏の味の文法を日本の素材を使って翻訳した結果では、と納得もさせられる。また、デザートで気持ちが上がる店はいかにも嬉しいものだが、アニスのアイスクリームを添え、アスパラガスの穂先にピスタチオを散らし、グリーントーンで編み上げたブランマンジェや、マンゴーとパッションフルーツのジャムに黒胡麻を散らした、微かにカレーの香るミニャルディーズなど、ガニェールらしさを存分に生かした、先鋭と遊び心に溢れたデザートを軽やかに繰り出している。このレストランは、東京の都心を見下ろす絶景も相まって華やかな気分に浸ることができる、ファインダイニングとしての役割を十分以上に果たしている。

☼：11,187円～37,290円　☾：22,374円～37,290円

フロリレージュ

Florilège

シェフ 川手寛康

16/20

フランス料理

Tel: 03-6440-0878

東京都渋谷区神宮前2-5-4
SEIZAN外苑 B1F

定休日：水曜、他不定休あり

☼：12:00-12:30
（最終入店）
☾：18:00-18:30
（最終入店）

※半個室あり

ダイニングに入ると、黒を基調にしたモダンなスペースにコの字型のカウンターが広がる。中央に位置するキッチンには料理人兼サービス、ソムリエすべてが集まり、ハブ的に機能する。2015年の移転で生まれた空間は劇場型レストランの先駆けであった。調理スタッフが料理を直接ゲストに渡すため、会話はすべてカウンター越しの対面。和気藹々、ゲストとスタッフが一体となってレストラン全体を盛り上げていく。料理のバックヤードを眺めれば、自ずと生産者の想いも伝わってくる。常にエッジの効いたコンセプトを掲げるコース料理は、クラシックなソースを使うこともない。切り干し大根を忍ばせた茄子に煮浸しの出汁のヴルーテ、蝦夷鹿のパイ包みには昆布出汁のニュアンスを添える。川手氏は日本特有の食材を多用し、視覚や香り、食感、味わいを統合した日仏フュージョンに年々傾倒しているように見える。まだサステナブルの概念が語られる前から市場価値の低い経産牛や南米奥地のアマゾンカカオを使い、果敢に食の環境問題にも挑戦してきた。食材をいかに美味しくするか、新たな価値観をどう生み出していくか、自然体で取り組む川手氏の次のステップはどのようなものだろう。

☼：8,250円　☾：16,500円

ラルジャン

L'ARGENT

シェフ 加藤順一

16/20 フランス料理

クールなBGMが天井から降り注ぐラグジュアリーな空間。パリ「アストランス」やコペンハーゲン「AOC」で研鑽を重ね、帰国後、「スブリム」のシェフとして自身の料理を確立していった加藤氏が、銀座から「時代の粋を味わえる料理」を発信する。そのスタイルは明確なコンセプトに基づき、丁寧に食材を調理し、ソースを作り、ニューノルディック・キュイジーヌの技法や和食の香りが品良く添えられているが、決して難解な味ではなく、むしろ驚くほどシンプルで調和のとれたものだ。山口産甘鯛は、ふっくらとした蒸し焼きで香りを愉しませ、蛤とアサリの出汁に木の芽を刻んだソース、そこにアスパラガスや大根の桂むきを添えている。和風になりがちな山椒も、レモンのジュレと合わせることで、モダンフレンチという枠の中に見事に着地している。特筆すべきは、自然志向の時代を反映して、ビタミン豊富なシーベリーを鮪のカルパッチョに合わせたり、ミツバチが集めるビーポーレンでアイスクリームを作ったり、身体に優しい食材を軽やかに取り入れていることだ。テラスの夜景も贅沢な、日本が誇る一等地から世界に向けた加藤氏の料理は、舌にも身体にも嬉しい独自のフランス料理である。

☼：13,200円　☾：22,000円

Tel: 03-6280-6234

東京都中央区銀座5-8-1
GINZA PLACE 7F

定休日：月曜

☼：11:30-15:00
(L.O.13:00)
☾：17:30-23:00
(L.O.20:30)

ル スプートニク

le sputnik

シェフ 髙橋雄二郎

16/20 フランス料理

フランス料理の伝統を重んじながら新しさへの挑戦を続け、ゲストは、その同行者となり、創造的な「旅」を共にする…こうしたコンセプトを掲げ、2015年にオープン。「"薔薇" フォアグラ ビーツ」は、既にシグネチャーディッシュとして有名だが、髙橋氏の料理は変わらずアートのように美しい。福岡県の上野焼にスタイリッシュに盛られたジロール茸と帆立のスープは、ウズラ卵のポーチドエッグ、帆立のソテーと帆立のムースをつけたジロール茸を浮かべている。シャンピニオンの泡状のソースと茸の香りのチップスを共にいただくと、季節の香りや、何層にも重なる食感と味覚の背景に、髙橋氏が施した緻密な作業が感じられる。また、山口県萩産の甘鯛の松笠焼きには、細かく刻んだ実山椒・茗荷・柚子胡椒を添え、ソースには石川県のいしる（魚醤）を使用。和食かと思いきやフュメ・ド・ポワソンをベースに発酵茸や焼きトマトのエキスも加わって、まさにフランス料理だ。この「伝統」と「前衛」が織り成す繊細な料理が、感性を刺激することは間違いない。どのテーブルにも弾む会話と笑顔があるのは、ゲストが髙橋氏から心を溶かす魔法をかけられているからなのかもしれない。

☼：9,900円　☾：19,800円

Tel: 03-6434-7080

東京都港区六本木7-9-9
リッモーネ六本木 1F

定休日：月曜

☼：12:00-15:30
(L.O.13:00)
☾：18:00-23:00
(L.O.19:30)

Tel: **03-3268-5911**

東京都新宿区納戸町22

定休日：不定休

☾：18:00-

ル・マンジュ・トゥー

Le Mange-Tout

シェフ **谷 昇**

16/20

フランス料理

伝統を知らずに、未来を作ることはできない。エスコフィエを読み込みつつも、常により良い方法を考え、オリジナルかつ理にかなった手法を生み出す求道者。今の時代、毎日きちんと食材ごとにフォンをとる店がどれだけあるだろう。食材の内側に対して、いかに余計なものを加えず純粋にその味を引き出すか、そんなアプローチから生まれる味わいはあくまで透明で、料理という錬金術により食材の本質、エッセンスのみを抜き出したよう。「甘みを入れた方が多くの人に好まれる」と知りつつも、甘みに頼らず、フォンには基本的にミルポワは使わない。そこには、凛とした潔さ、軽やかさがありながら、引き込まれるような深みがある。現在70歳、一人、火の前に立ち、料理と向き合い、週5日は店の屋根裏に寝泊まりし、より良い調理法を求め続ける。そうして生み出される料理は、谷氏の生き方、人柄をそのまま映したものだ。数限りない引き出しを持つだけに、そのスタイルはあくまでも柔軟。例えば魚なら重さだけを指定し、魚種はお任せで仕入れる。「今、自然が与えてくれるものを料理する、それが『料理人』」。日本のフランス料理の屋台骨を支える哲学に満ち、気骨溢れるレストランだ。

☾：**25,000円**

Tel: **03-6809-0711**

東京都渋谷区代官山町
6-6
SPT代官山ビルディング
1F-B

定休日：日曜、他不定休あり

☼：金・土・祝
12:00-15:00
(L.O.13:30)
☾：18:00-23:00
(L.O.20:00)

レクレルール

L'éclaireur

シェフ **田熊一衛**

16/20

フランス料理

渋谷と代官山の間、石畳の坂がどことなくフランスを思わせる静かなエリアに、「様々なものに光をもたらす者達」を意味するレストランはある。田熊氏は、パリの「ドミニク・ブシェ」「ル・サンク」などで研鑽を積み、ベルナール・ロワゾーのパリ支店ではシェフを務めた本格派だ。白を基調としたクリーンでモダンなホールでは、オープンキッチンの奥で燃える薪のビジュアルと香りが、晩餐への期待を盛り上げ、その薪の音だけがBGMとなる。料理は複雑で構築的ではあるが、繊細で美しく、本能的に美味しい。前菜は、しっとりと柔らかく低温で仕上げられた桜姫鶏を、薪焼きのアスパラガスが土台として支え、アサリの旨みと、大葉と柚子がそれぞれソースとムースという異なるテクスチャーで香りを添える。こうした薪での火入れを駆使した芯のある料理のベースに、必然性をもって複雑な酸味と花やハーブ類の香りを融合させている。そこに独特のスパイシーなニュアンスを持つジュラのワインなどを合わせてくるセンスにも脱帽だ。ソムリエは、ゲストの好みをさりげなく引き出し、その上で料理のストーリーに寄り添わせる。ハレの日にも相応しい、心華やぐフランス料理店である。

☼：**8,250円**　☾：**14,850円～27,500円**

レストラン ラ クレリエール

La Clairière

シェフ 柴田秀之

16/20

フランス料理

Tel: 03-5422-6606

東京都港区白金3-14-10

定休日：木曜、他不定休あり

☼ : 12:00-12:30 (L.O.)
☾ : 18:30-19:30 (L.O.)

なんと饒舌な料理なのだろう。一口ごとに、これをこう食べてほしい、というシェフの思いが伝わってくる。万華鏡のように、その都度、食材の新しい表情が見つかる。「ラ クレリエール」は「森林に降り注ぐ陽の光」の意。それは、自然の息吹に毎日ワクワクしながら向き合う柴田氏の心象風景そのものだろう。「お客様の体に入る食材は、心から信じられる、体に良いものを」と、月に１度、店を休んでスタッフと共に数日間の生産者巡りを行う。毎日の仕事は、それぞれの料理に対し理想のポイントの「画素数」を上げていく過程そのもの。徹底した客志向で、合わせる飲み物、食べ進め方などからコースの最中も味や仕立てを調整するオートキュイジーヌだ。巨大な黒鮑を昆布に包んだメレンゲ塩釜は、程よい食感を残した火入れに、昆布によって強められた香りが食材の存在感を増す。熟成させたブレス産の鳩は、身にしっかりと魅惑的な香りを移し、丸みのあるサルミソースを添える。フランス料理の本質である「旨くする」味の重ね方。勢いと熱量。料理に心底惚れ込み、数限りない引き出しを持つシェフが、次にどんな風に喜ばせてくれるのか。ソワニエたちは、そんな引力に抗えないのだ。

☼：15,000 円～ 55,000 円　☾：15,000 円～ 55,000 円

アビス

abysse

シェフ 目黒浩太郎

15.5/20

フランス料理

Tel: 03-6804-3846

東京都渋谷区恵比寿西
1-30-12 ebisuhills 1F

定休日：水曜

☼ : 土・日・祝
12:00-13:00 (L.O.)
☾ : 18:00-20:30 (L.O.)

「魚介料理の名店、マルセイユ『ル プティ ニース パセダ』の日本版をやってみよう」、砂浜に座り地中海を眺めながら思いを馳せたという目黒氏。その時見た海を、ひたすら深淵へ向かい、奥深い世界に辿り着いた。沈黙が広がる漆黒のオープンキッチンはまさに深海。バラエティー豊かな魚介類を主としたメニューは、知識や技術に磨きをかけなければ成り立たない。頻繁に鮨店を巡っては魚の扱い方を学び、職人技を駆使して魚介をガストロノミックなフランス料理に昇華してきた。帰国後の師「カンテサンス」岸田周三氏仕込みの火入れで、水分を残す割合を綿密に計算しながら、的確な味と食感の接点にフォーカスする。マナガツオの身を純白にほっくり仕立て実山椒ソース添えに、烏賊はさっとソテーして一番甘みのある半生の状態に。ソースにはパイナップル、モッツァレラチーズ、じゃがいも、と淡白になりがちな魚介に多彩なアクセントをつける。サステナブルとのせめぎ合いもある中で模索したコンセプト、「海と森の恵み」を多彩に組み合わせ、肉類もブイヨンとして巧みに扱いつつ一皿をまとめ上げる。限りある資源をどのように方向付けていくか、海の菜園の未来をも担っている。

☼：13,200 円　☾：14,300 円～ 18,150 円

東京
北海道
青森
秋田
岩手
宮城
山形
福島
茨城
栃木
群馬
埼玉
千葉
神奈川
山梨
長野
新潟

アマラントス

Αμάρανθος

シェフ 宮﨑慎太郎

15.5/20

フランス料理

Tel: **03-5797-8585**

東京都港区赤坂2-18-5 FUN ART AKASAKA 2F

定休日：月曜、他不定休あり

☼：土・日・祝 12:00-13:00 (L.O.)

☾：平日 18:00-24:00 土・日・祝 18:30-24:00

※日曜ランチは月に 1、2 日の営業

※ディナーのコース最終入店は 20:30 それ以降アラカルトあり

パティシエ修業を経てフランス料理の道へ進んだ宮﨑氏。その経験をフルに活かした彩り豊かで造形的な盛付は、「ザ・リッツ・カールトン東京」の華やかな空間にことのほか映えていた。2021 年に独立した店舗では個室に８席のカウンターという、ゲストに寄り添う形態でガストロノミーを模索する。フランスでは有名店から街場のビストロまで経験し、レストラン文化の層の厚さを知った宮﨑氏は、シンプルに美味しい素材にも新たな発想を盛り込み、予想を超えた皿を創造する。「聖護院蕪」は、カマチ陶舗に特注した器とのマリアージュ。蕪に見立てた蓋の上に摺り下ろした蕪のフリットを置き、中には蕪のエキス 100％のコンソメが香る。リー・ド・ヴォーは 68℃でポワレしながら香ばしくキャラメリゼ。紫蘇の葉と豚足のテリーヌを置いた仔鳩はキャベツで巻き、精巧なシュー・ファルシに。古典を洗練させたひと捻りは、宮﨑氏の引き出しの多さを物語る。コンテチーズとベーコンのシフォンや焦がしバターとカルダモンのマドレーヌをサレに仕立てたパンは、パティシエ出身ならではのギミックだ。創作し革新するガストロノミーの心意気強く、食材の可能性を限りなく発掘していく挑戦は潔い。

☼：**14,500 円**　☾：**19,800 円**

エラン

élan

シェフ 信太竜馬

15.5/20

フランス料理

Tel: **03-6803-8670**

東京都渋谷区神宮前 5-10-1 GYRE 4F

定休日：日曜、月曜（月曜祝日の場合は、月曜、火曜）

☾：18:00-20:30 (L.O.)

まるで原始の森に迷い込んだような、自然の循環をイメージした店内で木々が青々と枝を伸ばす。信太氏が生み出す料理は、そんな自然の一部である人間が素材と向き合って描いた、皿の上のスケッチだ。細かい手間を厭わない仕事ぶりに、シェフが大地や海の恵みである食材とつながる時間を何よりも楽しいと感じていることが窺える。野菜は信頼する農家から直送、魚は毎朝市場に通い、自ら状態を見極める。厨房から出る野菜の端材を使ったコンソメは、日々の移ろい、揺らぎそのものを愛おしむ一皿だ。野菜の火入れは、食感と香りを生かした日本的な軽やかさ、そこに紫蘇や茗荷といった和のアクセントが加わる。「ロオジエ」「エスキス」とキャリアを重ねた氏の料理の中でも、出色なのは完璧な火入れのパイ包み。美しい層を成す生地は、「エスキス」の元シェフパティシエ、成田一世氏直伝だという。直径 17cm のパイの半分が一人前だが、最後まで続く心地好い歯ごたえに、いつの間にか食べ切ってしまう。コースに常時十数種類のチーズをセットにしているのは、食後酒とともにゆっくりと時間を楽しむフランスの食文化を愛すればこそ。この森には、豊かでおおらかな時間が流れている。

☾：**17,600 円～ 24,200 円**

銀座レカン

Ginza L’écrin

シェフ 栗田雄平

15.5/20

フランス料理

花畑のように美しく盛り付けられた皿に、笑みが零れる。隣の席でも誕生日の祝いなのか、微笑む女性。1974 年創業のレストランにはそんな幸福感が溢れている。シャンパーニュを思わせる優しい色合いの内装と、その泡のように灯りが煌めくラグジュアリーなメインダイニング。まず、アミューズ・ブーシュは、信州サーモンのリエット。ケッパー、クルトン、ホオズキなどで彩り豊かに飾られ、その繊細な味わいがシャンパーニュと見事に調和、心地好いコースの幕開けだ。フランス・ペリゴール産の栗（シャテーニュ）のロワイヤルと秋の茸を使った料理は、香りが高く、ふわふわのソースは軽やかだが、トリュフといただくことで奥深い味わいになり、栗田氏の高い技術が窺える。アイナメのポワレは、皮目はパリッと、身はふっくらとした焼き加減で、シェリービネガーソースのスパイシーさとよく合う一品だ。デザートは、ワゴンに載った美しい宝石箱が登場、ホールは再び華やぐ。食後は改装前の重厚な雰囲気を残したバーに移り、この日の饗宴を振り返るもよし、この店で過ごした日々を懐かしむのもよかろう。銀座の目抜き通りに、この店があり続けることを喜びたい。

☼：9,000 円〜 16,000 円　☾：19,000 円〜 24,000 円

Tel: **03-3561-9706**

東京都中央区銀座4-5-5
ミキモトビル B1F

定休日：無休

☼：11:30-13:30 (L.O.)
☾：17:30-23:00
(L.O.21:00)
バー
17:30-23:00
(L.O.21:00)

Takumi

Takumi

シェフ 大槻卓伺

15.5/20

フランス料理

六本木ヒルズから西麻布に向かって徒歩約５分。無機質な白い箱の中は、大槻氏の世界観で統一された舞台だ。マルセイユやパリなどで積んだ研鑽を基礎として、その料理は、自身のイマジネーションが発露した、日本人に向けたフランス料理といえよう。根幹にあるのは、日本特有の食文化「口内調味」の考え方。そこに旬を反映して料理像を設計し、パーツとなる食材を揃えていく。提案したいのは「料理」。必要以上に食材に頼ることなく、調理や組み合わせで感動させるという方向に主軸を置いた稀有なレストランだ。コースの中には、食べ手に委ねる自由度の高い料理もあれば、シェフがコントロールするものもあり、両軸から世界観を表現している。特筆したいのは、フォアグラの一皿。各パーツが層を成し、食べ進める内に変わり続ける甘み・塩味・酸味・苦みのグラデーションがとてもドラマチックで、「変化の美」が一瞬に込められている。スペシャリテの一つ、「バラのブランマンジェ」は大槻氏の起点であり、自身がどのように進化したのかを測るポイントでもあるのだろう。現在 30 代半ばの大槻氏がここからどう展開していくのか、その構想を聞いてみたくなる、そんな魅力あるレストランだ。

☼：8,250 円　☾：16,500 円

Tel: **03-6804-6468**

東京都港区西麻布
1-11-10 ビルマーサ 1F

定休日：日曜、月曜

☼：12:00-15:00
☾：18:30-23:30

ユニ
unis

シェフ 薬師神 陸

15.5/20

フランス料理

Tel: —

東京都港区虎ノ門1-23-3
虎ノ門ヒルズガーデンハウス
1F
Social Kitchen
TORANOMON内

定休日：日曜、月曜、
火曜

☼：土 12:00-
☾：水・木・金
17:00- /20:00-
土 17:00-

扉を開くと、生命の躍動を感じる巨大な木の根のオブジェ。薬師神氏の故郷・愛媛で宮大工をしていた祖父のもので、自身のアイデンティティーを表わす。ホールに入るとそこには、白を基調としたスタイリッシュな内装と半円形のカウンター。世界で活躍するクリエイティブ集団によるデジタルアートが、料理ごとに有田焼のオブジェに投影され、視覚と聴覚で食を刺激する。薬師神氏は、辻調理師専門学校の講師を経て、「SUGALABO」須賀洋介氏のもとで５年間シェフを務めた。現在も須賀氏とともに訪ね歩いた全国の生産者から優れた食材を取り寄せている。「長崎“本唐墨”そら豆 ミモレット」は、極薄のタルト生地にカラスミの旨み、焼きそら豆の香ばしさと摺り下ろしたミモレットが、複雑な味わいと食感のハーモニーを奏でる。「徳島“あおり烏賊”キャビア 青大根 紫蘇」では、キャビアの上に紫蘇の花が散らされ、泡立てた青大根が取り巻く。下層はいんげんとブロッコリーのタルタルと、アオリイカとイベリコハムの三層構造となっており、ゲストは重なり合う味わいに陶酔する。特別な日に、五感で感じる新しいスタイルの演出を、と薬師神氏が追い求めた世界がここにある。

☼：30,800 円　☾：30,800 円

ラチュレ
LATURE

シェフ 室田拓人

15.5/20

フランス料理

Tel: **03-6450-5297**

東京都渋谷区渋谷2-2-2
青山ルカビル B1F

定休日:不定休（月に７日）

☼：11:30-15:30
(L.O.13:30)
☾：17:30-23:00
(L.O.20:00)

※半個室あり

レストラン内はゲスト・スタッフとも若く、熱く活気のある雰囲気が、ジビエを主体にした躍動感あふれる皿のイメージと重なり、「いのち」をいただいているという臨場感に繋がっている。室田氏は、自ら狩猟をし、農園で野菜を育て、自然の命を直に扱うことができる数少ない料理人の一人である。その皿からは、野山を駆け大地と向き合い、大自然に包まれたことがある者だけが体感した「在るべき自然の姿」が伝わってくる。清流の川魚の美しさ、鳥の羽ばたきの力強さ、鮮魚の跳ね返るパワー、動物の足音の轟きなど、どれも生きたままで扱ったことがなければ、わかるはずのない食材の息遣いが感じられるのである。このイメージを現実にするためには、気の遠くなるようなディテールの繰り返しが必要となるため、厨房では多くのスタッフが最速かつ一瞬の気の緩みも許さない緊張感を持って働いている。それでも弟子入り志願が絶えないのは、「リアル」が感じられる料理に、多くの者が射止められてしまうからだろう。自然を守りながら続けられる美食、という矛盾の多い課題に早くから取り組んだシェフの手のひらには、これからも地球からの恵みの一滴がもたらされ続けるのである。

☼：5,800 円～ 7,800 円　☾：12,800 円～ 16,800 円

ラペ

La Paix

シェフ 松本一平

15.5/20

フランス料理

江戸時代、日本橋は全国から物資や人が集まり交流が生まれる、経済や文化の中心地であった。松本氏は、「オーグードゥジュール」グループでシェフとして活躍、2014 年の独立にあたり、この場所を選んだのも、日本橋が往時のように食と情報の発信地であってほしいという願いからだ。以来８年、松本氏は、各地から集まる上質な素材を使って軽やかに、かつ古典的な調和のとれた料理を作り続けている。上越妙高から届く山菜の一皿は、コシアブラやウド、カタクリなど日本の野生の味が、白ワインソースとクリームソースにより見事なフランス料理となる。仕上げのコシアブラとウドの皮をローストしたパウダーがアクセントになり滋味豊かだ。山口県萩の甘鯛のローストと香住ガニのリゾットは、ガーリックの香りが鼻腔をくすぐり五感を刺激、香ばしい中にあさつきが和を感じさせる。和歌山の実家がおでん割烹店である松本氏は、2021 年６月、近くに、出汁を大切にしつつも独創的なおでんの店「平ちゃん」を開き、３軒目として準備を進める「ピース」も日本橋だ。「平和」を意味する「ラペ」を中心に、「日本橋から世界へ」という松本氏の描く未来図は着々と実現されていく。

☼：8,250 円　☾：16,500 円

Tel: 050-3196-2390

東京都中央区日本橋室町
1-9-4 井上第３ビル B1F

定休日：木曜、他月２日
不定休あり

☼：11:30-14:30
(L.O.12:30)
☾：18:00-22:00
(L.O.19:30)

レストラン ローブ

Restaurant L'aube

シェフ 今橋英明

15.5/20

フランス料理

フランスで修業し、東京の「KEISUKE MATSUSHIMA」でシェフ、シェフパティシエを務めた今橋・平瀬祥子夫妻が独立して７年目、東麻布のモダンな小空間はエッジの効いた料理と華麗なデザートで異彩を放っている。ホールの正面、一段高いオープンキッチンの左右に立つ二人の位置取りは変わらないが、当初に比べスタッフの数が増え、両氏の意図を汲んだ彼らの働きは精細さを増した皿の上にそのまま表れている。まず感銘を受けるのは野菜の美味しさだ。厨房仕事の傍ら鎌倉野菜の栽培にも従事した今橋氏の野菜には、鮮度に加え、力強い質感がある。主になる食材を引き立てる調理法もアイデアに富み、「仔牛の胸腺 豆乳」という一品では、乳のニュアンスが残るリー・ド・ヴォーに、一般的な牛乳ではなく、豆乳を使うことによって柔らかく厚みのある美味しさを生み出している。振り幅の大きいスパイスや塩味を受け止める世界レベルのソムリエ、石田博氏のワインペアリングも流石だ。デザートは金沢に「パティスリー ローブ 花鏡庵」を開き、注目度を増す平瀬氏の独壇場。「エシカルローズ 桃」は華やかな香り、色彩、旨みで、食の歓びを頂点に導く。いつも刺激に溢れるレストランである。

☼：9,900 円～ 14,300 円　☾：14,300 円

Tel: 03-6441-2682

東京都港区東麻布1-17-9
アネックス東麻布 2F

定休日:日曜、月曜、夏季・冬季休暇

☼：11:30-15:00
(L.O.12:30)
☾：18:00-22:00
(L.O.19:30)

※ 2023 年７月に下記住所へ移転予定
東京都港区六本木 1-9-10
アークヒルズ
仙石山森タワー 1F

Tel: **03-6277-2199**

東京都港区白金6-5-3
さくら白金 102

定休日：日曜

☀：12:00-13:00 (L.O.)
☾：18:00-20:00 (L.O.)

アルゴリズム

15/20

l'algorithme
シェフ 深谷博輝

フランス料理

通り沿いのマンションの奥に入口が隠れるようにある小体のフランス料理店。サービスも担当するソムリエが、丁寧にゲストを迎え、ホスピタリティーに溢れている。店内はカウンターのみ。ここでは仲間と語らうのではなく、料理と飲み物のアルゴリズムに向き合うという姿勢で臨みたい。フランス料理店としては価格は抑えられたもので、その範囲内で、店名の通り「方程式」の組み合わせで満足度を上げてくる。深谷氏は、「カンテサンス」岸田周三氏仕込みの火入れにも定評があり、熟成金目鯛は、パリパリに焼かれた鱗が、乳化した香草バターソースを纏うと、美味しさがいや増す。飲み物の果たす役割も大きく、ワインも単体で飲む以上の広がりと収斂があり、料理とワインが互いを引き立て合っている。ノンアルコールも甘酒やスープを合わせたり、温度を変えてきたりとユニークだ。メイン料理「不変のアルゴリズム」は、和牛のローストと煮込みというクラシックに忠実な一皿。深谷氏の根幹をなす美味への手順は、食材の組み合わせにより、驚くような飛躍を見せたかと思えば、しっかりフランス料理の本道に着地する。その安定感が深谷氏の「アルゴリズム」の神髄である。

☀：8,000 円　☾：14,500 円

Tel: **03-6809-5533**

東京都港区麻布十番
2-7-14 1F

定休日：日曜、祝日、
他不定休あり

☾：17:30-23:00
(L.O.21:00)

クラージュ

15/20

Courage
シェフ 古屋聖良

フランス料理

個性的な店が集まる麻布十番にあって、スマートなサービスで名を馳せる相澤ジーノ氏にスカウトされた逸材、古屋氏。古典のフランス料理を学びたいと修業の地に学士会館「精養軒」を選び、地道に技術を習得。その確たるベースを持って日本代表として国際料理コンクールに出場、世界に目を向け、オーストラリアの名店「Brae」での修業に繋げた。自ら収穫した食材を一皿にまとめるシェフ、ダン・ハンター氏の「ファーム・トゥ・テーブル」の考え方に触発された古屋氏は、「クラージュ」のシェフに就任後も、生産者のもとに足を運び、厳選した「とっとり琴浦グランサーモン」、梶谷農園のエディブルフラワーにハーブ、茨城県かすみがうら市の放し飼いで育てた鴨など、素材の力を柔らかいタッチで一皿に表現する。得意の火入れで仕上げる鴨は、この店のシグネチャー料理となっている。修業地のオーストラリア産小麦粉を使った自家製パンに挟んだ黒トリュフと鴨のローストは、これまでの経験を盛り込んだ名刺代わりのアミューズだ。就任から２年、古屋氏はゲストの好みを細かく把握して嗜好に合わせた味を模索する。気負いなく楽しそうに料理に向き合う姿が、未来を切り開いていくようだ。

☾：11,000 円〜 16,500 円

クラフタル

CRAFTALE

シェフ 大土橋真也

15/20

フランス料理

桜の名所、目黒川沿い、春になれば大きな窓一面に花が咲く。自然を空間に存分に取り入れ、隔てられることなく外界からキッチンまで繋がる一体感。装飾を極力排した無機質さに木や石の器使いで温かさを醸し出す。2015 年の開店以来、「手技（Craft）を物語（Tale）に」を掲げ、生産者や料理人の手が生み出すストーリーを一皿に編んできた。「ジョエル・ロブション」などグランメゾンで学んだ正統派のフランス料理に、パリのネオ・ビストロ「サチュルヌ」で習得した朝採れオーガニック素材の扱いといった技術を織り込み、軽いソース使いで予想外の多種多様な素材を組み合わせ、一つのテーマを完結させる。ムール貝の出汁をベースにしたソースに合わせた仔羊は、ブリオッシュに包まれ、マツダイには、生ハムとディルのソース、鱧には自家製のベーコンと卵、魚介には肉系、肉には魚介系を合わせ、添えられた存在感のある野菜が媒介しながら新しい味わいの世界を構築。料理の一品にもなり得る自家製パンが主役に寄り添い、パン・ペアリングとして一皿ごとに引き立てる。デセールへの思い入れも深く、大土橋氏には、まだまだ語り尽くせない物語がある。

☼：11,000 円　☾：16,500 円

Tel: **03-6277-5813**

東京都目黒区青葉台
1-16-11 2F

定休日：火曜、水曜

☼：土・日 11:30-15:00
(L.O.12:00)
☾：18:00-22:30
(L.O.19:30)

コウタロウ ハセガワ ダウンタウン キュイジーヌ

KOTARO Hasegawa DOWNTOWN CUISINE

シェフ 長谷川幸太郎

15/20

フランス料理

長谷川氏は、国内でクラシックの基礎を叩き込まれ、フランスでは各地で時代の先端をいく料理に触れ、帰国。ひらまつグループでは料理長として腕を振るい、ボキューズ・ドール国際料理コンクールで、日本代表として初めて入賞という偉業を達成した。そして、生まれ育った下町へ。長谷川氏が歩んできた道は、自身が求めてきたレストラン文化の最終形として今に至る。世界で競いながら、その先に見えてきた料理、それはカテゴリーに当てはまらない「ダウンタウンキュイジーヌ」。古典を深く理解し、基本に忠実だからこそ可能な、長谷川氏ならではの表現で仕立てたコースは、下町価格を貫き、フランス料理の裾野も広げていく。古伊万里に盛り付けられた料理は、クスクスやパスタ、エスニックなスパイスも駆使し、多くのパーツの組み合わせも斬新でありながら、シンプルなソースでまとめたもの。箸を使っていただく和テイストも盛り込んだそれぞれの源を物語るのは、壁に飾られた生産者たちの写真のコラージュだ。日本で２番目に古いというアーケード商店街にあって、「地元に愛されるフレンチ」を目指したが、これほどの料理を食通が放っておくはずもなく、今では、遠くからわざわざでも訪れたい店の一つとなっている。

☾：8,800 円～ 11,000 円

Tel: **03-5826-8663**

東京都台東区台東4-2-11

定休日：日曜、祝日、
他不定休あり

☾：18:00-19:30 (L.O.)

サンプリシテ

Simplicité

シェフ 相原 薫

15/20

フランス料理

Tel: **03-6759-1096**

東京都渋谷区猿楽町3-9
アヴェニューサイド代官山
1-2F

定休日：月曜、火曜
(祝日の場合翌日休み)、
水曜ランチ

☼：12:00-15:30
(L.O.13:00)
☾：18:00-23:00
(L.O.20:30)

どこのどんな美麗なものを食べても、日本人なら普通に感じてしまう「やっぱり、魚は日本が一番美味しいよね」というストレートで素直な感想を、相原氏が「だよね！」と、そのまま引き継いで表現してくれている大変に小気味良い店である。また、熟成させた魚とフランス料理技術の融合をテーマに、日本人でもまだ出合ったことのない、新しい魚の旨さを体験できる稀有な場でもある。昨今、魚ベースのフランス料理はよく見かけるようになったが、この店が異彩を放っているのが、シェフによる熟成の見極めのタイミングである。長いものでは１ヵ月近くの熟成をかけるものもあり、フランス料理のソースに拮抗できるパワーを内包させるまでの日々は、まさに手塩にかける作業である。さらに、テーブルに運ばれるまでに、手間暇をふんだんにかけ、丹精込めた一皿に昇華させた素材たちは、食べ手に驚きと発見、そして皿数の多いフランス料理を、最後までワインとともに食べきる達成感という喜びを与えている。店内は程よく和みとエレガントが融合して居心地が良く、相原氏のクリエイトする新しい食の世界に魅了されたゲストが、繰り返し足を運んでいるのである。

☼：9,680 円　☾：19,965 円

シック プテートル

CHIC peut-être

シェフ 村島輝樹

15/20

フランス料理

Tel: **03-5542-0884**

東京都中央区八丁堀
3-6-3

定休日：日曜、月曜

☼：金・土・祝
12:00-14:30
(L.O.13:00)
☾：18:00-23:00
(L.O.21:00)

訪ねたのは、雨の日だった。昼だというのにほの暗い灰色の空の下、首都高の高架をくぐり抜け角を曲がると、温かな灯りが見えてきた。ビル街のなかに現れたクラシックな外観は、そこだけ別世界のよう。扉を開けると、ペンダントライトから漏れる暖色系の光に、使い込まれたテーブルや磨き上げられたグラスが優しく輝きを放ち、まるでフランスの小さなビストロに来たような雰囲気だ。程よくフレンドリーな対応も心地好い。笑顔と共にテーブルに運ばれてきたのは、「パテ・ド・カンパーニュ」。言わずと知れたクラシックな料理だが、料理人の個性や力量、考え方がよくわかる一品だ。噛みごたえのある肉の食感。それも均一ではなく、様々な大きさ、硬さのものが混在して中央のフォアグラの風味を引き立て、さらにピスタチオのカリッとした歯ごたえがアクセントになっている。そこには細やかな計算があるに違いない。メインディッシュ「近江牛」は、なんと、ハンバーガーで登場。ごろっと存在感のあるハンバーグに、トマトの酸味、甘みのあるソース、そして軽やかなバンズから成る軽食とは一線を画す骨太な味。グランメゾンを経験した村島氏だからこその遊び心を楽しみたい。

☼：5,500 円～ 8,690 円　☾：11,000 円～ 19,800 円

ジョンティ・アッシュ

gentil H

シェフ 平野敬祐

15/20 フランス料理

一皿にどれだけの手がかかっているのだろう。思わず感嘆の吐息が漏れてしまう料理の数々が、しかも12品のコース構成で提供される。この店での食事は、時計職人のアトリエを訪問する体験にも似ている。細心の注意が払われた、完成度の高い料理は、華やかではあっても息詰まるものでは決してない。「ジョエル・ロブション」で研鑽を積んだ平野氏は、そこでの美意識をさらに突き詰めた料理を作り上げた。サヨリに添えられた蕗のグレックと青紫蘇風味のクスクスは各パーツの味の必然性の何よりの証明であり、「うなきゅう」をフランス料理に仕立てたという「うなぎパイ」は、玉葱のピュレ、グリーンマスタード、胡瓜や茄子のピュレをグリーンカレー風味で見事にまとめ上げている。日本人シェフならではのフランス料理というのは、単に日本の食材を使っているということではなく、この店のような、職人の手仕事とでもいうべき目配りが端から端まで行き届いている、そういった料理のことを指すのではないだろうか。それぞれのシェフがフランスで学んだことが、このように東京で花開き、正統なフランス料理に忠実でありながらも独自の世界を展開していることに、深い感慨を覚える。

☼：11,000円　☾：22,000円

Tel: **03-5447-8889**

東京都港区白金台5-18-17
ゴールドフォレストビル
2F

定休日：火曜・水曜を中心に月8日

☼：12:00-15:00
(L.O.13:00)
☾：18:00-23:00
(L.O.20:00)

ネモ

NéMo

シェフ 根本憲一

15/20 フランス料理

多くの俊英を輩出する「カンテサンス」岸田周三氏のもとで6年弱、厨房を支え、2021年6月、独立を果たした根本氏。岸田氏の門下について注目すべきは、各々が師の唱える料理の本質に関わる3つのプロセスを体得する一方、表現する世界は独自のものであるということだ。釣り好きの祖父とともに幼少期から海に親しみ、調理師専門学校に入ると漁船にも乗り、魚の生息状況を学んだという根本氏ならば、自身が釣り上げた魚も織り込み、魚介を中心に据えたメニュー構成になることは必然ともいえる。市場に並ぶことが珍しい魚「梅色」は、伊豆下田の親しい漁師から手に入れ、皮をパリッと、厚い身をしっとりと仕上げている。これこそ岸田氏譲りの「キュイソン（火入れ）」の技を生かした根本氏ならではの一皿だ。こうした明確な柱を持つコース料理に、「ベージュ アラン・デュカス 東京」などでサービスに磨きをかけた寺島唯斗氏が南仏やスペインの「海を感じる」ワインを合わせていく。メインはランド産小鳩。トリュフや野菜のソースでフランス料理の基礎の確かさを見せ、デザートでは干し柿に蕗の薹のアイスクリームを配し、季節の表現もさりげない。料理もサービスも技の冴えるレストランである。

☼：8,250円　☾：16,500円

Tel: **03-5962-6085**

東京都港区南青山6-15-4
B1F

定休日：月曜（祝日の場合、翌火曜代休）

☼：12:00-13:00 (L.O.)
☾：18:00-20:00 (L.O.)

Tel: **03-6804-5444**

東京都港区西麻布1-4-9

定休日：日曜

☼：11:00-15:00
(L.O.13:00)
☾：17:00-24:00
(L.O.22:30)

※ 21:00 以降のショートコースあり

フレンチモンスター

FRENCH MONSTAR

シェフ 小山健太郎

15/20

フランス料理

「モン（私の）スターはゲストである」という精神がよく表れた店だ。代表の錦織宏尚氏は 20 年間「ひらまつ」に勤務、ソムリエとしてパリ店などグループ全体を統括し、2015 年、西麻布の一角に自店を開く。2019 年には、「ひらまつ」から渡仏、「ル・シャルルマーニュ」や「ルカ・カルトン」などで 5 年修業した小山氏をシェフに迎え、コンセプトを絞り再スタートした。食材は錦織氏の母親の実家がある徳島と小山氏の故郷・熊本を柱に、千葉の浅野悦男氏など優れた生産者からも取り寄せ、料理に活かしている。徳島・宍喰の蛸は鮑と合わせ、秋茄子と鮑の肝に酢橘の香りを忍ばせる。鮑はパパイヤで煮て甘みを加え、梨のグラニテとキャビアで三層の味わいを重ねる。熊本・天草のホロホロ鳥の砂肝と心臓を包み込むラビオリは、徳島の椎茸「天恵茹」とともにホロホロ鳥の旨みの濃いコンソメスープでいただく。料理のどの断面を切り取っても優しい美味しさに出合い、厨房からカウンターやテーブルに直に食の歓びを伝えたいという思いが伝わってくる。錦織氏によるペアリングの出し入れも見事で、レストランにはさりげないプロフェッショナリズムが詰まっている。

☼：9,000 円〜 14,000 円　☾：13,000 円〜 25,000 円

Tel: **03-6427-3580**

東京都渋谷区渋谷2-6-1
ウインド渋谷 1F

定休日：月曜（月曜祝日の場合営業、火曜代休）

☼：12:00-15:00
(L.O.13:30)
☾：18:00-22:00
(L.O.19:30)

モノリス

monoLith

シェフ 石井 剛

15/20

フランス料理

青山通りから少し入った落ち着いた界隈。ダイニングルームに向かう途中に見えるオープンキッチンから、シェフの笑顔が迎えてくれる。アミューズは和の食材も生かしたもので、季節感あふれる華やかな盛付に目を奪われるが、一口いただけば、小さなコンソメゼリーのひとかけらにも、クラシックフレンチを学び、作り続けてきた、石井氏ならではの丁寧な仕事ぶりが見てとれる。今では食べられる場所が減ってしまった舌平目のボンファムは、マッシュルームのエキスがたっぷりと溶け込み、こんがりと焼き上がったソースがワインを呼び、オーセンティックなフランス料理の良さが感じられる。シグネチャーのパイ包みは、スコットランド産の雷鳥が具材。しっとりと見事に火入れされたムネ肉、きちんと焼き切られたパイ生地、ソースはフォン・ド・ジビエに内臓を加え、カシス、さらに果実のイメージから黒オリーブを加えている。スライスしたトリュフと発酵バターを挟み、メープルシュガーを振りかけたシグネチャーデザートのクレープも、フランス料理らしい締め括りだ。一口ごとにしみじみと味わい深く、一途に「フランス料理」を作り続けてきた人だからこそ生み出せる味を堪能したい。

☼：5,500 円〜 16,500 円　☾：13,200 円〜 27,500 円

ランタンポレル

l'intemporel

シェフ 金川大輝

15/20

フランス料理

ベテランソムリエのオーナーが店名に「永遠不変」を掲げ、気鋭のシェフと料理やワインの本質を追求している。オーナーの古賀崇氏が 2019 年、シェフとして迎えたのが、フランス・ロワールのノワールムティエ島にある名店「ラ・マリーヌ」で研鑽を積み、帰国した金川氏。供されるのは日本の食材を中心に、主となる素材を包み込むような優しい味わいの料理だ。得意とする「カリフラワーのパイ包み焼き」も薄いパイ生地で蒸すように火入れし、甘めの玉葱や紅玉の酸味を生かしたソースを寄り添わせている。青森県産「銀の鴨」のロティは、水分を飛ばして焼いた皮目のカリカリ感と身の美味しさに驚かされるが、ソースは、ここでもスパイシーで重厚なものではなく、無花果のコンフィチュールやバスクのピペラードなど、旨みを加える方向に持っていく。ワインは古賀氏が、フランスワインの熟成具合を見極め、提供温度も適切に、料理に沿った悠然たる流れを作っている。ソムリエとシェフがそれぞれの「仕事」をやり切ったところに生まれる安定感がここにはある。変化の激しい時代のなかで「不変なるもの」を求める２人が、次にどんな世界を見せてくれるのか、興味は尽きない。

☼：7,700 円　☾：16,500 円

Tel: **03-5413-5750**

東京都港区南青山4-9-3

定休日：月曜、
火曜ランチ、他不定休あり

☼：12:00-15:00
☾：18:00-23:00

※完全予約制

ル・ブルギニオン

LE BOURGUIGNON

シェフ 菊地美升

15/20

フランス料理

店内は黄土色の壁や装飾が優しい雰囲気を醸し出し、親密さが増す小さめのテーブルにゲストの華やいだ声が飛び交っている。菊地氏は 2000 年の開店以来、日本のフランス料理界にあって確たる地位を築きつつ優れたシェフを輩出し、時代の様々な要請に応えてきた。おまかせコースが主流になった今も前菜とメイン、デザートには「いつもの」定番と「この季節ならでは」のお薦めを用意し、しかも価格は控え目。ゲストが変わってほしくないと思う料理とシェフが提案する新しいメニューがバランス良く配されている。アミューズの「塩漬けされた豚のバラ肉を詰めたグジェール」から、菊地氏が微調整を加えながら作り続ける前菜「人参のムース 雲丹とコンソメのジュレ添え」、メインへ進んでいくと席のボルテージも上がり、長い自粛の時を経てレストランの楽しさが戻ってきたことを実感する。菊地氏はオーナーシェフとなってもフランスでの短期研修を続け、それが叶わない期間は国内で後輩の厨房にも出向き、「何かを感じたい」と研鑽を重ねている。その謙虚な姿勢はサービススタッフにも及び、オーソドックスな中に、新しさを秘めたこの店の魅力を生み出している。

☼：5,720 円〜 8,800 円　☾：11,000 円

Tel: **03-5772-6244**

東京都港区西麻布3-3-1

定休日：水曜

☼：11:30-14:30
(L.O.12:30)
☾：18:00-22:00
(L.O.19:30)

レストラン ラリューム

Restaurant L'allium

シェフ 進藤佳明

15/20

フランス料理

Tel: **03-6456-4378**

東京都港区白金台
4-9-23 ツツイビル B1F

定休日：月曜中心に月８日

☼：12:00-14:30
☾：18:00-22:30

白金台駅から徒歩５分、大通りから身を潜めるように設えられた入口を地下へ下りると、高い天井の贅沢な空間が広がる。老舗フランス料理店「OZAWA」の跡を引き継いだ進藤氏は、ここに、積み重ねた経験による引き出しと野性の勘とでも表現したくなる才気とセンスのハイブリッドのような世界を繰り広げている。皿の上の主となる食材はもちろんのこと、それを取り巻くガルニチュールやソースもすべて主役級の演者ばかり、皿の上で奏でられるハーモニーがメインの食材の印象をさらに強いものにしている。その調和の妙は、極上の素材をシンプルに生かす日本料理の対極にあり、正にフランス料理の本質を体現したものだ。感動の一皿は魚料理である。主となる魚に南仏風のトマトソースをのせ、そこにわずか一匙のブール・ノワゼットを垂らしてあるのだが、それが最大限の効果を発揮しており、クラシックと令和の時代を繋ぐ温故知新のブール・ノワゼットといっても良いものであった。高橋良徳ソムリエもこれに応えるべく渾身のワインを提案している。六本木「ラトリエ ドゥ ジョエル・ロブション」で巨匠の薫陶を受けた進藤氏には、フランス料理の「正統派」という言葉が似つかわしい。

☼：5,800 円～ 25,800 円　☾：12,400 円～ 25,800 円

ロー

L'EAU

シェフ 清水崇充

15/20

フランス料理

Tel: **03-5843-0140**

東京都港区南青山2-14-14
南青山KFKビル B1F

定休日：月曜、他不定休あり

☼：12:00-15:00
(L.O.13:00)
☾：18:00-22:00
(L.O.19:30)

石の壁を伝うように階段を下りると、黒を基調とした空間、そこはまるで大都会の地下を流れる清冽な水脈が集まる密やかな泉だ。この「水」を意味するレストランで、清水氏は自身が抱える２つのテーマを熟成させているのではないか。それは「自然」の姿を皿に映すことであり、父親が東京・東長崎の洋食店でシェフとして 40 年間続けてきた「ひたすら美味しいものを作ること」の継承だ。コースは、その日に使う肉と野菜の皮や筋で取ったスープから始まる。続いて主題の「水 葉 土 樹」、自然を小さな箱庭に映した４種のアミューズだ。イワナの卵とハーブのサラダをクレープで包んだ小品にはキレの良い食後感がある。鮎の一皿は中骨を取り、頭だけ素揚げして、別の鮎で作ったほろ苦いパテを詰める。クレソン、鮎の出汁、緑色野菜のガスパチョの３種のソースでいただくと、特にガスパチョの酸味がコクのある鮎のパテと絡み合い、口中で何度も変奏する。白焼きにした鰻の瞬間燻製と菊芋のチップスに紫蘇の新芽や木の芽をあしらった一品など、プレゼンテーションが注目されがちな清水氏だが、今は肩の力を抜き、父親とともに追い求めた深い味わいをモダンに表現することに成功している。

☼：5,500 円～ 15,400 円　☾：15,400 円

エンメ
EMMÉ
シェフ 延命寺美也

14.5/20

フランス料理

華やかなアシェットデセールで午後のティータイムを彩り、夜は料理とワインで多様な客層を引き寄せるワインバーだ。デセールと料理は、「ラチュレ」のパティシエとして注目された延命寺美也氏。ソムリエが夫の信一氏で、ディナータイムには夫妻が顔を揃える。アミューズは竹炭を練り込んだ生地にクリームチーズとキャビアを挟み、キャビアバーを削りかける「キャビアマカロン」。信一氏の薦めるブラン・ド・ノワールのシャンパーニュを合わせる。料理はコースでもアラカルトでも、モダンフレンチを基本にワインとのマリアージュを楽しみ、最後に３皿、美也氏が繰り広げる多彩なデザートの世界となる。季節のフルーツを重ねた「和梨と葡萄、セロリ」は、梨や巨峰などの葡萄の奥にセロリの味と香りが潜んでいる。美也氏は、これまでシェフの「料理」に使われていた食材をパティシエの「デザート」にも組み込み、料理とデザートがさらに融合するコースを構成したいと考えている。時にはフォアグラをデザートに用い、シェフとパティシエの間にある食材選択の壁を取り払い、自由な流れを作ろうというのだ。実力派パティシエの挑戦は、ゲストの「美味しい」という声を力に、静かに進行している。

☾：6,600 円〜 11,000 円

Tel: **03-6452-6167**

東京都渋谷区渋谷
2-3-19 ローゼ青山 1F

定休日：火曜（祝日、祝前日の場合は前後に振替）

☼：12:00-16:00
(L.O.15:30)
☾：17:00-25:00
(L.O.23:30)

トワヴィサージュ
TROIS VISAGES
シェフ 國長亮平

14.5/20

フランス料理

「３つの顔」を意味する店名には、ゲスト・スタッフ・生産者という三者の関係性から新しい料理を生み出したいという思いが込められている。2022 年４月、銀座の中心から少し離れたビルの１階に登場したのは、個室とＬ字型カウンターからなる劇場型の食空間。運営会社の明確なコンセプトとデザインのもと、オープンキッチンの主役を務めるのが「ル・マンジュ・トゥー」の谷昇シェフに９年余り師事し、ブルゴーニュの「ル・シャルルマーニュ」で研鑽を積んだ國長氏だ。野生の三つ葉、貝の出汁にレモンの香りが立つ「鮑の包み蒸し」は、谷氏の「素材に語らせる」という教えに倣った一品だという。また「極エノキのソーセージ」は、自ら高知の生産者を訪ね、「主役になれない食材を主役に」というテーマを掲げ、エノキを１本のソーセージに仕上げている。野菜ブイヨンのソースを合わせた一見何の変哲もないソーセージだが、ナイフを入れるとミネラリーな香りが溢れ出る。「極みえのき」がシャキッとした食感と熱々の風味で主役に躍り出る瞬間だ。パティシエ、サービススタッフも著名な店で経験を積んでおり、シェフを中心とした「３つの顔」の連携で料理界に新風をもたらしている。

☼：5,500 円　☾：14,300 円

Tel: **03-3544-5205**

東京都中央区銀座
7-16-21 雲ビル1F

定休日：日曜、月曜、祝日

☼：土 12:00-15:00
(最終入店 13:00)
☾：火 - 土 18:00-22:00
(最終入店 20:00)

※現金の取り扱いなし

※テイクアウト
11:00-15:00
(火曜から金曜)

Tel: **03-5458-1887**

東京都渋谷区恵比寿西
1-14-4 1F

定休日：水曜、他不定休あり

☼：11:30-15:30
(L.O.13:30)
☾：17:30-23:00
(L.O.20:30)

モナリザ 恵比寿店

Monna Lisa

シェフ 河野 透

14.5/20

フランス料理

「タイユバン・ロブション」で初代日本人料理長を務めた河野氏が恵比寿駅のほど近くに開業して 25 年。日本のフランス料理界のリーダーの一人として多くの後進を育てた河野氏は、丸の内店と恵比寿の本店を往復し、今も最前線で腕を振るっている。恵比寿の厨房は長く河野氏のもとで経験を積んだ小暮謙一氏が担う。料理は日本の旬を反映した食材を用い、そこにスパイスやビネガー、スモークなどを施して、親しみやすいフランス料理に仕上げている。特にソース類には、基本の確かさが表れており、長くフランス料理を食べ続けてきた人は、どこか懐かしさを覚えることだろう。料理を盛り付ける皿の多くは、河野氏自身が描いたりデザインしたもの。時の流れを感じさせるアンティークな店内、飾られた絵画や、店の周りで育てられる河野氏が愛する薔薇などの花々に、この店と自らの歳月を重ね合わせるファンも多い。ワインリストも充実しており、接客は恭しく、フランス料理にイメージされる憧憬と役割を正しく継承している。河野氏は丸ビル最上階の東京を俯瞰する店では現代的なサービスを、恵比寿では価格を抑えて間口を広げ、日本のフランス料理界を土台から支えている。

☼：6,600 円〜 11,000 円　☾：9,130 円〜 13,200 円

5	全てに卓越したレストラン	19 〜 20 点
4	非常に素晴らしいレストラン	17 〜 18.5 点
3	素晴らしいレストラン	15 〜 16.5 点
2	料理人の個性を感じるレストラン	13 〜 14.5 点
1	良いレストラン	11 〜 12.5 点
トックなし	美味しいレストラン	10 〜 10.5 点

クレジットカード

個室あり

バリアフリー

ブルガリ イル・リストランテ ルカ・ファンティン

BVLGARI IL RISTORANTE LUCA FANTIN

シェフ ルカ・ファンティン

16.5/20

イタリア料理

洋の料理が足し算であるなら、和の料理は引き算であり、この二つは基本的に相容れないものだ。しかし、ルカ氏の手にかかると、その料理は研ぎ澄まされた洋という、比類なきものになる。一つの素材に無数の角度から手をかけ、同じ食材とは思えないほど研磨したものを、一つの皿に再び集める。その結果、素材に紐づけられたあらゆる情報が、元の状態よりも、クッキリと色鮮やかにゲストに伝わってくるのだ。シンプルなものを極限まで削ぎ落とせる技術と感性、それに堪えられる素材を選り抜く目。言葉だけでいえば和の世界のようだが、目の前に広がるのは、あくまで洗練されたモダンなイタリア料理の世界である。それはまるで、良質な生糸のシャツ、上質なスーツ、匠の技の靴を身に纏った、正統なイタリアの伊達男の姿にも通じている。本当に良いものは、何枚重ね着してもカッコよくしかならないものだ。ルカ氏の料理を前に、その本質がここにあることを改めて認識させられる。目覚ましい進化のベースには、自然・日本食材・文化への賛美に近い敬意があり、常に、高い頂のその先を目指しているからこそ、シェフは今、誰も立ったことのない場所に立っている。

☾ : 26,950 円

Tel: **03-6362-0555**
/予約専用
03-6362-1270
(11:00-17:00)

東京都中央区銀座2-7-12
ブルガリ銀座タワー 9F

定休日 : 日曜、月曜

☾ : 17:30-20:00 (L.O.)

タクボ

TACUBO

シェフ 田窪大祐

16/20

イタリア料理

ダイナミックな薪焼きと繊細なイタリア料理の両立。一見難しそうな課題を軽々と越え、田窪氏の快進撃は続く。「アロマフレスカ」などで経験を積み、「アーリア ディ タクボ」で細やかなイタリア料理を展開した田窪氏が、力強い薪焼きをメインに据えて7年目になる。まずは、トマトのジュレのシートをまとったモッツァレラチーズを一口でいただき、大粒の「サムライオイスター」がのったシンプルなパスタを絡め取る。オイスターの旨みが全開の一皿だ。高知県産の馬肉のタルタルは、目玉焼きを崩しながら菊芋のピュレを混ぜると、ガーリックトーストの歯触りがアクセントとなり、摺り下ろしたグラナ・パダーノが風味を添えて美味の万華鏡となる。独創性と味覚のハーモニーの後、いざ、薪焼きの肉料理へ。この日はフランス、シストロン産の仔羊。臭みの全くない仔羊肉を開放型の炉で薪焼きにし、身の外をカリッとクリスピーに仕上げる。頬張ると、中はしっとりとジューシーなレアで、閉じ込められた肉汁が口中を駆け巡り、身体中が喜びに沸くようだ。メインとしてフォーカスされる「タクボ」の肉は存在感を放ち、至高の味を求めて数多のグルマンが訪れ、その悦楽に浸るのである。

☾ : 22,000 円〜

Tel: **03-6455-3822**

東京都渋谷区恵比寿西
2-13-16 ラングス代官山
1F

定休日 : 日曜、第 2・4
土曜

☾ : 16:00-23:00
(L.O.20:00)

Tel: **03-5414-3723**

東京都港区北青山
2-12-35 1F

定休日：月曜（月曜が祝日の場合、翌火曜休み）

☼ : 12:00-13:30 (L.O.)
☾ : 18:00-21:00 (L.O.)

リストランテ ホンダ

Ristorante HONDA

シェフ 本多哲也

16/20

イタリア料理

車の往来激しい大通りからちょっと小道に入っただけで風の流れが優しく感じられるような北青山の一角。イタリアやフランスで修業し、「リストランテ アルポルト」の副料理長を経て、本多氏がこの地に店を開いたのは2004年。今ではお洒落な店が並ぶ、この街の風景の一部にもなっている。本多氏といえば、当初、その経歴からフランス料理を思わせる洗練されたスタイルが注目されたが、今はむしろ「日本料理のような」繊細さとしなやかさを感じる。それは、調理の変化というより、色どり・香り・味わいが際立つ旬の日本の食材を活かしきることに努めてきた結果としてもたらされたものだろう。鰆は袋に入れて40℃の湯で30分間熱を加え、まるで生のような身質を保ち、その皮目にピスタチオと柚子を煮込んだものをまぶす。タリオリーニには蕗の薹を練り込んで和の春の苦みを感じさせ、赤貝とフリットしたセリの根を菜の花のソースでまとめる。これほど五感で季節を感じられるイタリア料理があるだろうか。雲丹をあしらったイカスミのパスタなど幾つものスペシャリテを持ちつつ、新たな食材と調理法を探求し続ける本多氏は、日本のイタリア料理に一つの方向を示している。

☼：**6,600円～14,300円**　☾：**14,300円～18,700円**

Tel: **03-6264-6606**

東京都中央区銀座6-6-12
グッチ並木4F

定休日：不定休

☼ : 月 - 土 11:30-14:30
日 11:30-15:30
(最終入店 13:00)
☾ : 月 - 土 18:00-23:00
(最終入店 19:00)

※アペリティーヴォ
月 - 土 16:00-18:00
バー
月 - 土 18:00-23:00
(いずれも季節・天候によりクローズ)

グッチ オステリア ダ マッシモ ボットゥーラ トウキョウ

Gucci Osteria da Massimo Bottura Tokyo

シェフ アントニオ・イアコヴィエッロ

15.5/20

イタリア料理

イタリアンハイブランドの世界観に包まれ、贅沢な旅行気分が味わえるレストランである。イアコヴィエッロ氏はイタリアに根ざしたまま、日本食材を使ってイタリアを表現するという、シンプルながらも、難しいことにチャレンジしている。開業から1年、シェフの日本食材への造詣が深まるにつれ、料理は奥行きのある表現になってきているようだ。ゲストの多くは、ブランド名につられて足を踏み入れるかもしれないが、ひとつひとつの皿にイタリア各地の物語と歴史が紐づいていることを理解すると、中世から近代のイタリア旅行が体験できるという仕掛けである。どの皿にも、口いっぱいに幸せを頬張ってほしいという、ブランドとシェフの熱い哲学のような思いが込められている。「料理を通じて人に想いを伝える」という、人生のとても大切なレッスンを実地体験できるのであるから、ゲストはエピソードトークに耳を傾け、五感とイマジネーションをフル稼働したほうがいいことだけは間違いないだろう。師匠マッシモ・ボットゥーラ氏の薫陶もあり、アート感溢れる、しかし繊細でバックグラウンドの確かなイタリア料理が展開されている。

☼：**12,000円～18,000円**　☾：**17,000円～27,000円**

ファロ
FARO
シェフ 能田耕太郎

15.5/20
イタリア料理

能田氏がシェフに就任して４年。当時日本ではまだ知られ始めたばかりのヴィーガン料理をメニューに据え、コロナ期には苦労も多かったと思われるが、辛い時にもトレーニングを欠かさないスポーツ選手が後に飛躍的な伸びを見せるように、能田氏の料理は、欧米のヴィーガン料理の固定観念からも自由になり、日本の美味な野菜を再発見させるイタリア料理とでも呼ぶべき新しい段階に入っている。「大根のストラチェッティ」は、ワカメの出汁とアーリオ・オーリオの組み合わせの妙が新鮮で、開店時から出されていたヴィーガンチーズのプレートは格段の進化を遂げた。イタリア料理界の巨匠にシェフ・パティシエとして仕えた加藤峰子氏のデザートは、妖しいほどに美しいだけではなく、花のタルトは手にとって口に入れることにより、自分が蝶になったかのように花の香りに包まれる、デザートとの今までにない親密さを体現している。ノンアルコールのペアリングも、料理の一環としての深い組み合わせが実現されているだけではなく、毎回グラスが様々に変わるのが楽しい。妥協を許さないシェフの精神が、良い意味でスタッフに浸透していることが感じられ、いよいよ目が離せない店になった。

☀：8,000 円～ 10,000 円　☾：15,000 円～ 20,000 円

Tel: **03-3572-3911**

東京都中央区銀座8-8-3
東京銀座資生堂ビル 10F

定休日：日曜、月曜、夏季（8 月中旬）、年末年始

☀：12:00-15:30
(L.O.13:30)
☾：18:00-23:00
(L.O.20:00)

アルマーニ / リストランテ
ARMANI / RISTORANTE
シェフ カルミネ・アマランテ

15/20
イタリア料理

アルマーニのコンセプトストア上層階を占めるレストランは 2020 年、カルミネ・アマランテ氏をシェフに迎え、イタリア人の視点で日本食材を捉え直し、フードロスやサステナビリティーという今日的課題も取り込んで声価を高めている。それは「スローファッション」への移行により、ファッション産業の持続可能性を提言するアルマーニ氏の動きとも呼応する。イタリアやスペインで修業、28 歳で「ハインツ・ベック」のシェフとして来日したアマランテ氏は、同店の撤退後も日本に留まり、移籍。食文化や素材への理解を深め、ブランドのコンセプト、日本食材、イタリア人としてのアイデンティティーの３つを融合した料理を創り出した。ハマチのタルタルを春巻きの皮と海苔で巻き、シチリアのカンノーロのように仕上げ、柚子のジュレと菊の花びらを配した一品は、その好例だ。太刀魚は骨を取り出し、身を合わせて炭火で焼く。ズッキーニのソースを敷いてスープを注ぐが、その出汁は野菜の端材を利用、フードロスに対するシェフの取り組みを示す。2022 年には日本米・有機栽培野菜・未利用魚を活用したコース「サステナビリティ」を設け、反響を呼んだ。イタリアの若き才能が日本で開花している。

☀：7,500 円～ 15,000 円　☾：15,000 円～ 30,000 円

Tel: **03-6274 -7005**

東京都中央区銀座5-5-4
アルマーニ / 銀座タワー
10F・11F

定休日：月曜

☀：11:30-15:00
(L.O.14:00)
☾：18:00-23:00
(L.O.20:00)

イル ラート
IL Lato
シェフ 古井繁規

15/20 イタリア料理

Tel: **03-6709-9987**

東京都新宿区新宿3-6-2
栄ビル 4F

定休日：水曜

☼：日・祝 12:00-15:00
☾：18:00-23:00

料理から感じられるのは、古井氏の魚介類への執心といってもいいほどの愛情だ。メジマグロ、白甘鯛、太刀魚。そのどれもが良質で、付け合わせとともに素材の良さを前面に出すように控えめなトーンでまとめられている。古井氏は新宿三丁目の店から日赤通り「リストランテ ペガソ」のシェフを務めた後、新宿に戻り、2021 年にこの店を開いた。古井氏は日々豊洲市場に通い、素材を見極め、市場で料理を考える。経験を下敷きに半ば即興で生み出されるメニューには名前がない。料理については、生まれた背景ではなく、その食材がいかに素晴らしいかを訥々と語る。そんな魚介類を主体としたメニューの中、目を引くのが、兵庫県美方郡の「但馬玄（たじまぐろ）」のステーキだ。繁殖から販売まで一貫生産される但馬牛は、与える穀物の種類を工夫することで脂の融点を下げているといい、巧みな火入れがさっぱりとしながらも深い風味を生み出している。店名の意味は「ものの側面」。「私の役割は食材の良さに側面からそっと光を当てること」という古井氏の謙虚な姿勢が表れている。この店では、古井氏によって引き出された食材の美点を最高のかたちで手渡される幸福感を味わいたい。

☼：6,600 円～ 13,200 円　☾：9,900 円～ 16,500 円

オガサワラ レストラン
OGASAWARA RESTAURANT
シェフ 小笠原圭介

15/20 イタリア料理

Tel: **03-3353-5035**

東京都新宿区荒木町6-39
GARDEN TREE B1F

定休日：不定休

☾：18:00-

小笠原氏の料理は、「粋」の概念をイタリア料理で表現したような清々しさに満ちている。桜の葉で軽く燻製をかけたサクラマスのカルパッチョは、芳香成分のクマリン特有の香りにトマトとルバーブのジュレの酸味が絡まり、晩春と初夏の間で夢見る魚の姿を想像させる。生ハムをカリカリに仕上げたボタン海老のタルトは、綿密に構成された食感に、海老や生ハムといった味の存在感が強い素材をあくまでも控えめに寄り添わせ、豆乳ベースのベシャメルソースのひたすらな優しさを感じさせる一品になっている。瑞々しい筍は、ほろ苦いが明るい味の雲丹と松の実のソースを和えて供される。この日は、締めにラベンダーを練り込んだ極細のパスタを貝類のブイヨンで和えて、文旦の果肉を添えた一品が出されたのが印象的だった。お酒飲みの客の多い荒木町の店ですから、と。どこまでもゲストに沿ったもてなしでありながら、ラベンダーの香りと果物の爽やかさが食事のフィナーレにふさわしく、パスタで締めるガストロノミーの可能性という発見もある。通向きの店なのかもしれないが、江戸の心意気を残す東京にはこんな貴重な隠れ家があってもいいのではないだろうか。

☾：22,000 円～

ボッテガ

BOTTEGA

シェフ 笹川尚平

15/20 イタリア料理

地下にあるボッテガ（工房）では、今日も卵30個、小麦粉2種を使ったタヤリンが作り出されている。カウンターの向こう側で黙々と繰り広げられる職人の営み。日々コツコツと編み出される作品は、ゲストに支持される定番料理と旬の恵みを使った季節のメニューである。両者を合わせてコース仕立てにしたり、アラカルトで好みの組み合わせをカスタマイズしたり、遅い時間には軽い前菜とパスタにイタリアワインを合わせたり。思うがままのスタイルに応えてくれる。スペシャリテの「トリッパ、ギアラ、小腸の煮込み」は、たっぷり香味野菜に浸ったトリッパとギアラの茹で汁で煮ることで、素材から出た旨みが増幅される野趣に富む一品。かと思えば、「燻したメカジキと香草のカルパッチョ仕立て」の驚くべき精緻さ。燻製のメカジキにトッピングの野菜や香草、被せる透明のベールはトマトのエキスを主体にしたもの。すべてをくるんで口に入れるとバラエティーに富んだ味わいが広がり、ピンクペッパーも効いている。トスカーナのリボリータをはじめイタリア各地で習得した郷土料理とセンスを礎に自由な発想を遺憾なく発揮する笹川氏。店の使い勝手の良さも相まって、今どき多芸な店である。

☾：15,000円

Tel: **03-6450-3933**

東京都渋谷区広尾5-17-8
アプリシエ広尾 B1F

定休日：日曜、他不定休あり

☾：17:00-24:00 (L.O.)

ミソラ

misola

シェフ 石濵一則

15/20 イタリア料理

ベネチアをはじめ国内外で研鑽を積んだのち、八丁堀「ステッソ エ マガーリ シック」で先端的な料理を展開した石濵氏。ここでは、骨太のイタリア料理を軸に、センスとオリジナリティー溢れる料理を次々に生み出している。コンセプトは「サステナビリティー」。メインの「本州鹿とパスティンの炭火焼き」も、あえてあまり使われない内モモ肉をしっとりと焼き上げている。付け合わせの「パスティン」は、イタリア北部の肉団子のような郷土料理で、サルシッチャの牛肉と豚肉を合わせ、シナモンパウダーを利かせて焼き、味わい深い。パスタ料理の美味しさも定評があり、トルキオで作った自家製の「ビゴリ」は、根室産の秋刀魚を焼いてほぐし、焼き茄子のピューレ、ジロール茸と合わせる。秋刀魚の肝と馴染ませるために、パスタにバターを入れて練り込みコクを出し、モチッとした食感に秋の食材の旨み、風味が重なり、焼き茄子の皮のパウダーが余韻を残す。イタリアワイン専門店を併設し、貯蔵する約1,800本の中から選ぶこともできる。好立地に、アーティスティックな店構え、料理のレベルの高さとリーズナブルな価格。これほど顧客満足度の高い店にはなかなかお目にかかれない。

☼：7,700円〜　☾：13,200円〜

Tel: **03-3479-3700**

東京都港区南青山
3-10-38 2F

定休日：日曜、月曜、祝日

☼：12:00-14:30
(L.O.13:00)
☾：18:00-22:00
(L.O.19:30)

東京 北海道 青森 秋田 岩手 宮城 山形 福島 茨城 栃木 群馬 埼玉 千葉 神奈川 山梨 長野 新潟

Tel: **03-6434-7907**

東京都渋谷区千駄ヶ谷
3-17-12 カミムラビル 1F

定休日：日曜、第 2 月曜、
他不定休あり

☼：12:00-14:00
(L.O.12:30)
☾：18:00-22:00
(L.O.19:30)

コンヴィヴィオ

Convivio

シェフ 辻 大輔

14.5/20

イタリア料理

北参道、千駄ケ谷、どちらの駅からも徒歩圏内。アパレル関係のビルのような洒落た建物は周囲に程よく馴染んでいる。スタッフが笑顔ですっとドアを開け、案内された先には、洋館のダイニングのようなゆったりとした空間が待っている。スタートは５種類程の「小さな前菜たち」。植木鉢に見立てた器に、串刺しのオリーブとリンゴのキャラメリゼが魔法のステッキのようにカラフルに盛り付けられている。京都出身の辻氏はイタリアのトスカーナやミラノで修業し、帰国後はイタリアの郷土料理を意識したものを提供していたが、日本の食材や生産者と出合う中で次第に日本の産物をイタリアで身につけた技法で表現する方向に向かっていった。和の印象が強い千葉県産の金目鯛と宍道湖のシジミは、辻氏の手により、ディルの爽やかな香りが口内に広がる優美な一品に仕上がっている。嬉野茶と一緒にいただく小菓子では、足利・三田鶏園の「パワードエッグ 力丸くん」の卵パックを器に見立て、中のプラスチックの卵の殻の中から、生チョコ、パッションフルーツのゼリー、カタラーナを誕生させる。辻氏は日本食材とイタリア料理の融合の中からゲストがあっと驚く、楽しく創造性のある料理を生み出している。

☼：5,500 円～ 13,200 円　☾：13,200 円～ 18,700 円

Tel: **03-6804-5955**

東京都港区南青山
4-11-13

定休日：日曜、月曜、
他不定休あり

☼：11:30-15:00
(L.O.13:30)
☾：17:30-22:00
(L.O.20:00)

ジンボ ミナミアオヤマ

JINBO MINAMI AOYAMA

シェフ 神保佳永

14.5/20

イタリア料理

2022 年４月、「リストランテ濱﨑」の店舗を引き継いだ神保氏は、全国に食材を求め、繊細で華やかな料理によって名門のレストラン空間を自身の色に染め上げた。茨城県日立市生まれの神保氏は料理人である父親の「フランス料理を学んだ上で、イタリア料理へ」という勧めに従い、フランスで１年半、イタリアで半年修業。帰国後、ホテルの洋食総料理長などを経て独立した。その調理の緻密さはガスパチョにも表れており、オーガニック栽培のトマトと玉葱・セロリ・パプリカ・胡瓜を塩と鷹の爪で４日ほど乳酸発酵させ、白桃とホワイトバルサミコを加えてミキサーで搾るという手のかけようだ。野菜は産地を訪れ生産者と語り合い、直接取引。また食材を購入するだけでなく、熊本の農家が災害に遭えば支援のために出向き、出身地・茨城では「いばらき食のアンバサダー」を務め、県内の食を発信する「クチーナ ノルド いばらき」の総合プロデュースを担うなど、産地や地域への貢献も忘れない。皿の上に絵画を描いたような前菜。塩麹に２週間ほど漬けたメインの群馬・加藤ポークのソテー。全国の素材がちりばめられた料理には、神保氏の産地と生産者への愛が溢れている。

☼：8,500 円　☾：18,000 円

メラキ

14.5/20

merachi

シェフ 杉本功輔

イタリア料理

Tel: 03-6762-8001

東京都港区西麻布1-4-23
アルゴ西麻布 1F B号

定休日：日曜

☾：18:00-24:00

※ 21:00 以降はアラカルト

2021年12月、西麻布の一角に登場した気鋭のシェフと活きの良いスタッフによる期待の新店。欅の一枚板のカウンター前に仕上げの調理台と奥に厨房。ワイン庫も備え、夜9時以降のアラカルトメニューに合わせ、好みの1本を自らセラーから選ぶという「通」にも対応した仕様だ。杉本氏はイタリア・ミラノで徳吉洋二氏のもとで修業したほか、カンパニアやプーリアなどで研鑽を重ね、滞欧8年。異なる食文化も経験したいとバンコクの「ガガン」でも研修し、銀座「FARO」ではスーシェフを務めた。モダンで華麗なスタイルも経験しながら、自らはイタリア料理の一つの柱である「cucina povera」を追求、裕福ではなくても温かいマンマの味や土地に根差した素朴な郷土料理を基本に据える。貝殻のようなパスタ「カヴァテッリ」や熟成させた「インカのめざめ」のニョッキなど、手作り感溢れるものの中に、鮮やかな味覚の記憶を残してくれるのが、千葉県・竹島英俊氏の水牛の乳を使ったボッコンチーニや埼玉の卵「昔 翁ありき」、岩手・なかほら牧場の牛乳、愛媛・YAMAUCHI FARMのブラッドオレンジなど、杉本氏が選び抜いた食材の数々。骨太のイタリア料理の旨さを繊細で優しい日本の産品が際立たせる。そのバランスがまた秀逸である。

☾：13,000円

スリオラ

16.5/20

ZURRIOLA

シェフ 本多誠一

スペイン料理

Tel: 03-3289-5331

東京都中央区銀座6-8-7
交詢ビル 4F

定休日：月曜

☼：11:30-13:00 (L.O.)
☾：18:00-23:00
(L.O.20:00)

本多氏の第二の故郷ともいえるサンセバスチャンの海岸の名前を頂く店は、高い経験値と技が織り成す料理とさりげないサービスでゲストの心を掴み、飽かせることがない。豚の形に膨らんだじゃがいものスフレの上にはチョリソーのクリーム、とろっと口中でオリーブオイルが広がるパン。まずは目にも楽しいスナックをつまみ、カヴァで喉を潤す。本多氏の火入れの技術は多彩で、炭、薪、さらには鉄板を駆使し、素材を自在に操る。米料理の「鰻のアロス」は、旨み溢れる鰻の出汁で炊き、身はスパイスを加えたオリーブオイルを塗りながら丁寧に炭火で焼いて外はパリッと、中はふわっと爽やかに仕上げる。盛付は鰻丼のようにシンプルで、深い味わいが幾重にも重なり、心に残る一品となる。「乳飲み仔豚のコンフィ」はしっとりと、「クエの炭火焼」は香り高く、「イベリコ豚プルマのプランチャ」に至っては香ばしい甘みに溢れ、どれも見事な仕上がりだ。デザートは「自家製チョコレート」と題して、ボンボンショコラ、ムースなど、形を変えた5種で最後まで楽しませる。日本のスペイン料理を牽引していくという気概に満ち、シェフもスタッフも全力投球の様子が清々しい。

☼：10,780円～20,350円　☾：21,780円～27,500円

Tel: **03-6262-5090**

東京都中央区日本橋室町
2-1-1 三井2号館 1F

定休日：日曜

☼：土 12:00-
☾：17:00- /20:30-
土 17:00-

アカ

aca

シェフ 東 鉄雄

16/20

スペイン料理

重厚な鉄の扉を通り抜け歩を進めると、仄かな灯りに照らされたフランスや北欧のヴィンテージ家具に目を奪われる。東氏の持ち前のセンスに日本とスペインでの経験が更なる輝きを与え、京都時代も東京に移転しても変わらず多くのゲストを惹きつけている。シェリー酒は笑顔を湛えた女性ソムリエがベネンシアを使い、たっぷりと空気を含ませて香りを立たせ雰囲気も上々、これが料理にもよく合う。「ボカディージョ」は、スペインのサンドイッチ。ここではトマトを練り込んだパンに、ビネガーでマリネしたコハダを合わせた「コハダのボカディージョ」として、酸味と甘みの複雑な味わい、美しさ、美味しさで名物料理になっている。また「カルドソ」というバレンシアの米のスープ、マヨルカ島の熟成サラミ「ソブラサーダ」、ニンニクを牛乳で煮込んだ「アホ・ブランコ」をかけたサラダなど、日本では馴染みの薄い料理もその魅力を引き立て、「アヒージョ」や「パエリア」には、フカヒレと車海老や毛蟹といった豪華食材を用いて家庭やバルの味をインパクトのある極上の一皿に変えている。スタッフ全員でゲストを楽しませる妥協のない姿勢も感銘を与え、この店の声価をさらに高めている。

☼：27,500 円〜　☾：27,500 円〜

Tel: **03-6240-3644**

東京都江東区白河1-3-6

定休日：水曜、第 1・3
火曜、他不定休あり

☼：土・日・祝 12:15-
☾：平日 18:00- /19:45-
土・日・祝 18:45-

エマン

eman

シェフ 小林 悟

14.5/20

スペイン料理

東京の下町に誕生したスペイン料理店。清澄白河駅すぐそばの古い民家をモダンな装いにリノベーションし、2021 年 12 月に開店した。オープンキッチンの開放的な空間は、木の温もりが心地好い。２階に続く木の階段も、この先に何があるのかと好奇心をそそられる。ランチ、ディナーともコース料理のみ。「教科書通りのスペイン料理のメニューではなく、オリジナリティーのある構成にしたい」という小林氏は、メニューもスタッフ全員で考え、２ヵ月ごとに異なった料理を提供している。この日いただいた「深川めし / バスク」は、野菜と鯛の頭からとった出汁、アサリ、米の炊き方、添えられたマコモダケに至るまで、全てのバランスが美味しさに収斂していた。スペイン・バスクの「アスルメンディ」でも腕を磨いた小林氏が、バスクの郷土料理「あさりご飯」にインスパイアされ、下町らしく「深川めし風」にアレンジした一品だ。ワインは小林氏が料理長を務めた「アロセリア・ラ・パンサ」時代からの同僚である、マネージャーの原薗理志氏がセレクト。グラスを傾けながら、昭和の時代を偲ばせる天井の梁や柱に見入れば、暫し、時空を彷徨う愉悦に浸ることができるだろう。

☼：5,500 円〜 6,500 円　☾：11,000 円〜 13,000 円

クローニー

Crony

シェフ 春田理宏

16/20

イノベーティブ

木々の緑が清々しい東麻布。瀟洒なビルのドアを開けると１階左手の厨房では多くのスタッフが春田氏を囲むように調理に勤しんでいる。ホールのある２階の天井は高く、共同オーナーの小澤一貴氏に席へ導かれると背筋もすっと伸びるようだ。西麻布からの移転でゲストがまず享受するのは、この空間がもたらす開放感だ。「永続的な茶飲み友達」という店名の由来を聞き、よもぎ茶で心と身体を温める。４品のアミューズにかけられた手数とその完成度を見れば、移転後の春田氏の飛躍は明らかだ。シェフの心が解き放たれたかのように、グリーンピースとキャビア、平貝にハーブと豆の鞘で抽出したスープを浸した前菜は、鮮烈な緑が皿を染めている。食材は主要なものを日本国内に求め、生産者名をメニューに記し、深い繋がりを示す。茶も含め全18品。中には、「きょうかい酵母清酒用７号」を使ったサワードウブレッド、酒粕を練り込んだホイップバター、日本酒酵母で仕立てたワインの３つを、同じ酵母の香りと風味で共鳴させるという意欲的な取り組みもある。春田氏は修業したフランスの香りや北欧のイノベーティブな料理の提示法を昇華し、清澄な日本の自然を皿の中に描こうとしているように見える。

☾：19,800 円

Tel: 03-6712-5085

東京都港区東麻布
1-20-3

定休日：日曜、他不定休あり

☾：18:00-23:00
(L.O.20:00)

NARISAWA

NARISAWA

シェフ 成澤由浩

16/20

イノベーティブ

成澤氏の世界観を料理を通して体感する芸術、あるいは味覚体験型のエンターテインメントとでも表現したくなる独特の料理が展開される。献杯から始まる「イノベーティブ里山キュイジーヌ」は、日本と、その自然をテーブルと皿の上に描く。それは、日本料理を学び、欧州各地で修業した成澤氏が体現する「今」の料理であり、その美味の背後には自然環境への今日的課題も潜ませている。料理は、開店当初の「イノベーティブ」色の強いものから「里山」へ寄り、成澤氏の原点に、より近いものになっているようだ。神奈川の烏賊の天ぷら、山口のノドグロの鮨、神奈川の金目鯛と山形の山菜の椀物、と続けば、まるで日本料理である。しかし、成澤氏の「里山」が意味するものは、先人の知見をシェフのフィルターを通して現代に蘇らせることであり、天ぷら、鮨、椀物も独自の解釈が加わっている。心を打たれたのは「ラグジュアリーエッセンス 野菜の出汁」と名付けられた一品。コンソメや清湯のような外来のスープと、「出汁を引く」日本文化を融合させたもので、伝説上の甘露のような、至上の贅沢が味わえる。日本のみならず世界の料理界に、常に刺激を与え続けるレストランである。

☼：41,800 円　☾：41,800 円

Tel: 03-5785-0799

東京都港区南青山
2-6-15

定休日：日曜、月曜

☼：12:00-14:30
(L.O.12:30)
☾：17:30-20:00
(L.O.18:00)

マス

MAZ

シェフ サンティアゴ・フェルナンデス

15.5/20

イノベーティブ

Tel: **03-6272-8513**

東京都千代田区紀尾井町
1-3 東京ガーデンテラス
紀尾井町 3F

定休日：火曜

☾：17:00-23:00

世界の料理界が注目するペルー「セントラル」でシェフとディレクターを務めるヴィルヒリオ・マルティネス氏とその研究機関が、日本・東京を機軸として、4,000m を超えるペルーの標高差と多様な生態系を料理で表現する。厨房を任されたサンティアゴ・フェルナンデス氏は、日本の食材も活用し、ペルーならではのスパイスや調理法で独自の世界を構築、海底からアンデスの高原、熱帯雨林のアマゾンへと味覚の旅に誘っている。蛸にスピルリナの鮮烈な青のソースを配した「海霧 水深 14m」は、グリルした蛸に海藻を使ったクリームソースを合わせ、イカスミのネットを崩しながらいただく。じゃがいもは、土の中で焼く現地の調理法「ワティア」をテーブルの上で再現、シェフが熱々の状態で取り出し、アンデスのハーブからなる緑色のソースで食べさせる。アマゾンカカオの４態で締めるデザートまで、ペルーの色・香り・スパイスが輻輳する世界は「引く」文化で育ってきた日本人には新たな食体験となるだろう。飲料のペアリングを語るサービスや新潮流の食を吸収しようという厨房スタッフの意欲も伝わり、空気は熱い。モダンなペルー料理が日本に何をもたらすのか、今、最も刺激的なレストランの一つである。

☾：27,500 円

アシッド ブリアンツァ

ACiD brianza

シェフ 児玉智也

15/20

イノベーティブ

Tel: **03-5440-8885**

東京都港区麻布十番
2-17-8 パークIビル 1F

定休日：火曜、水曜

☼：土・日・祝
12:00-15:00
(L.O.13:00)
☾：18:00-23:00
(L.O.19:00)

発酵に由来する「酸」を核にイノベーティブな食を精緻に創り上げる気鋭のレストラン。小樽市出身の児玉氏は、札幌「Restaurant MiYa-Vie」やノルマンディー「Sa.Qua.Na」で修業、コペンハーゲンの「Kadeau」では部門シェフも務めた。店内で目を引くのは、食材が塩やオイルに漬けられた瓶の数々。児玉氏は十数皿に及ぶ料理に何らかの発酵を潜ませ、生じる酸と旨みを巧みに活かしている。「牡蠣と焦げ」と題した一品は、ボイルした牡蠣と焦がした野菜に発酵させたトマトジュースとディルのオイルを。「がれっと お かなーる」では、鴨のすべての部位や蕎麦粉のクレープを、発酵させたブルーベリーのソースがまとめ上げる。デザートの「酸と酸」は、フロマージュブランの酸とラズベリーの酸を合わせ、ラズベリーのソースの上に凍らせたラズベリーとミントを盛り付け、鮮烈な赤色と爽やかな酸味を印象づける。一皿に複雑な要素を盛り込みながら「美味しさ」に着地できるのは、児玉氏が修業先で教え込まれた「食材とゴールを決め、様々な食材で繋げる」という基本に忠実であるからだろう。想像を超える「茶碗蒸し」「冷やし中華」でゲストを翻弄する遊び心にも脱帽だ。

☼：8,800 円　☾：16,500 円

セララバアド

Celaravird

シェフ 橋本宏一

15/20

イノベーティブ

「エル・ブジ」や「noma」など、時代の尖端をいく厨房の空気を肌で感じた橋本氏のレストランは今日もゲストの驚きと歓びの声が溢れている。店名は宮沢賢治の未完成作品から取られ、登場する少年の一人、セララバアドの「人はほんとうのいいことが何だかを考えないでいられない」という言葉に共感しての命名だ。料理は、蓮の葉の上に置かれた、梅昆布茶とじゅん菜で朝霧を表現した雫のようなゼリー状のものや、稚鮎のフリットには、グリーントマトのガスパチョや蓼がアクセントとして用いられ、セララバアドたちが感じた情景を追体験する。大穴子のフリットには、雑穀米とコーンのリゾットが添えられ、食感の対比も秀逸である。瞬間燻製した帆立を入れた、玉手箱のような器から煙がもくもくと出てくるプレゼンテーションも楽しい。デザートでも、石垣島の島本農園のパイナップルを切り出してジュースにした上でラム酒を加え、液体窒素を用いてソルベにし、ココナッツソースと合わせるなど、ライブ感もたっぷりだ。2015 年の開店以来、季節ごとにメニューを更新し、常に新しさが求められるイノベーティブな手法と美味しさを両立させながら、少年たちと橋本氏の旅は続いている。

☼：13,200 円　☾：15,400 円

Tel: 03-3465-8471

東京都渋谷区上原
2-8-11 TWIZA上原 1F

定休日：日曜、月曜

☼：土 11:30-
☾：18:30-

ア・ニュ Shohei Shimono

à nu Shohei Shimono

シェフ 下野昌平

15.5/20

フュージョン

白トリュフの季節、扉を開ければむせるような芳香に満ちていたエレガントな佇まい、アルバに自ら赴いて選んだ最高級の白トリュフが存在感を放っていたリニューアル前。今は、眩しいほど明るいカウンターに毛蟹、ボタン海老、サマートリュフなど、豪勢な食材がグラフィカルに連なる。席に通される間に目に焼き付けた海の幸、山の幸。下野氏はメソッドに囚われず、自らの手の内にあるフォーマットはいかようにも変換される。調理台と一枚の板でつながり、まるでキッチンの中に同席しているかのようなカウンターで、ゲストはその一部始終を目撃する。ホタルイカのアヒージョに花山椒、ボタン海老と枝豆のフリット、熊のクレープ、鰹のステーキ、キントア豚八角風味、石垣牛と黒トリュフのオムライス、坦々麺と雲丹パスタにローストビーフ丼、と思いもかけないメリ・メロな様相を呈したメニュー展開。ノドグロと毛蟹にブール・ブランソース、石垣牛のコンソメといった皿にわずかにフランス料理のエッセンスを残す。「トロワグロ」「タイユヴァン」でクラシックの真髄にどっぷり浸かったその先に手にした自在なアプローチ。ルセットを超えて素材の新たな解釈を編み出していく。

☾：27,500 円〜 48,400 円

Tel: —

東京都渋谷区広尾5-19-4
SR広尾ビル 1F

定休日：不定休

☾：17:30-21:00 (L.O.)

Tel: **03-6447-5447**

東京都渋谷区神宮前
3-42-12 1F

定休日：月曜、他不定休あり

☼：土・日
12:00-13:30 (L.O.)
☾：17:30-21:00 (L.O.)

アンディ

Ăn Đi

シェフ 内藤千博

♥ **14/20**

モダンベトナミーズ

日本人シェフが日本の食材を用いて、ベトナム料理を再構築し、ワイン使いの達人がナチュールワインと合わせて独自の世界を生み出している。内藤氏は、「レフェルヴェソンス」を経てシェフに就任。その経歴からも窺えるように、フランス料理の技法も加えたベトナム料理は、ジャンルを越え、日々、進化を続けている。その流れはベトナムで新世代により生み出される多様なモダンベトナミーズの動きとも呼応する。日本の発酵技術を生かしたスペシャリテ、「ティーリーフサラダ」は、発酵させた八女茶、ナッツや干し海老を苺のドレッシングと混ぜ合わせ、苺の酸味と茶葉の甘みの対比を愉しませる。バインミーは、スクランブルエッグに桜の葉をあわせ、生春巻きも、愛媛産のブラッドオレンジの皮の苦みが猪肉、牛蒡と相性が良く、蕗の薹のソースも春の味わいを醸し出している。ベトナム料理の代表格フォーですら、ホタルイカの内臓、新じゃがいものスープ、すじ青のりが一体となり、素朴な街角の味から大きく飛翔している。ワインテイスターでもあるオーナー・大越基裕氏が選ぶワインや日本酒の情報も常にアップデートされ、店は優しい顔の奥に深いものを秘めている。

☼：7,800 円　☾：8,800 円

ゴ・エ・ミヨの歴史

50 年以上、優れた才能の持ち主を見出し続けているゴ・エ・ミヨ

アンリ・ゴとクリスチャン・ミヨによる「ゴ・エ・ミヨ」の冒険は、1960 年代、日刊『パリ・プレス』の編集部で始まりました。

アンリ・ゴは優れたリポーターとして才能を発揮しており、クリスチャン・ミヨは編集副部長で雑誌『magazines』の編集責任者を務めていました。1961 年、ゴは部長のピエール・シャルピから「週末と散歩」という週刊コラムを任されます。彼は、古い愛車に乗り、パリ近辺で行われる面白い催し物を取材したり、美味しいレストランの調査をしたりし始めました。この雑誌の責任者であったミヨは、後に「ゴ・エ・ミヨ」のパートナーとなる、ゴが書いた街歩き記事を読み返していました。

毎週金曜日、２人はお気に入りの週末プランや訪れるべき場所（屋根の崩れた城、のどかな田舎など）を、街歩き記事として書いていきました。その中で、読者が一番興味を示したのが、良いレストランを発見、紹介するコラムでした。この企画は新しい価値観を持つ読者の要望に応えたのです。当時、フランス人は、自由な生き方について考え、週末の過ごし方を変え、レジャーを楽しみ始めていました。戦後の食糧難による飢えへの心配が無くなり、人々の味覚は洗練され、よりナチュラルで、より本物の味を求めていたのです。

茶禅華

sazenka

シェフ 川田智也

18/20

中国料理

幼少の頃にはすでに料理人の道を志していたという川田氏。その情熱は衰えず、調理師専門学校時代に「麻布長江」で修業を始め、何度も中国を巡り、本場の味を探求して痛感した、両国の食材の本質的な違い。「日本料理 龍吟」の門を叩き、一から教えを乞うことにより国内産の素材の扱いを熟知した上で、「龍吟」の台湾店にも参加、現地の調理法に触れ、帰国後、中国料理の技法で骨太に仕立てる「日本発の中国料理」を編み出した。川田氏の唱える「和魂漢才」は、中国料理の新領域として日々進化し続けている。その重心は中国、日本料理の融合ではない。一皿で二種類を仕立てる「仔鳩の料理二種」はその象徴だ。茨城県の窒息鳩のモモ肉は中国料理の技法で豪快に、ムネ肉は炭火でシンプルに楽しむ。雉のスープは、金華ハムでコクを出し、香りだけ移す鰹節のように煮込まずさっと取り出す。和の技法で素材をストレートに味わい、パンチの効いたスパイスや調味料で鮮烈さを醸し出す。その美味美肴を引き立てるのが、川田氏渾身の中国茶のティーペアリングやワインとのミックスペアリングである。ホストとゲストが“茶と禅”のように一体となり、唯一無二、異次元の食空間を創り出していく。

☾：38,500 円～ 82,500 円

Tel: 050-3188-8819

東京都港区南麻布4-7-5

定休日：日曜・月曜を中心に不定休

☾：16:00-19:30 (L.O.)

※季節により価格の変動あり

赤坂 桃の木

Akasaka MoMoNoKi

シェフ 小林武志

16.5/20

中国料理

三田から赤坂の高層ビルの一角に移り、約３年。高い天井に異国情緒溢れるインテリア、大きな窓からお濠を望み、木々の緑が広がる空間は、まるでプライベートガーデンに招待されたようだ。移転にあたり、料理のみならずレストランとしての完成度を求めた小林氏の意図は、ゲストの高い満足度となって実現されている。美食の宴は、小林氏の笑顔の挨拶から始まる。まずは「甘鯛のから揚げ」「牛のたたきの百合根添え」「よだれ鶏」という３種の前菜。近年、パフォーマンスや「映え」を意識したレストランが増える中、小林氏の料理は一見シンプルでわかりやすい。しかし、その美味しさの奥には、８年に及ぶ専門学校講師時代に経験した中国各地の料理法と、名店「知味 竹爐山房」での修業で体得した、旬の食材を活かし、そこに最適な調理法を施す卓越した技がある。スペシャリテの一つ「黒酢の酢豚」は、中国のたまり醤油と黒酢のソースが茨城県産の黒豚の旨みを引き出し、ザクロの実と出雲の薔薇園から舞い降りたような花びらがエレガントに添えられた逸品だ。訪問時に好みの食材や味付けを伝えれば対応も可能だという柔軟さも、この店を望みうる最高のレストランの一つにしている。

☼：16,500 円～ 110,000 円　☾：16,500 円～ 110,000 円

Tel: 050-3155-1309

東京都千代田区紀尾井町1-3 紀尾井テラス 3F

定休日：水曜、他臨時休業あり

☼：11:30-14:00

☾：17:30-22:00
(L.O.21:00)

Tel: —

東京都渋谷区東3-16-1
ベルザ恵比寿 1F

定休日：日曜、月曜、
他不定休あり

☾：17:30-

※季節により価格の変動
あり

わさ

WASA

シェフ 山下昌孝

16/20

中国料理

中国料理界に旋風を巻き起こす店は、オープンキッチンに向かい、４つの角テーブルに２席ずつ８人が、山下氏を中心とした料理劇場を観るという設定だ。１皿目からスペシャリテの「キャビアビーフン」。岐阜「開化亭」古田等氏に師事し、目黒・八雲で独立した当初からのメニューだが、今は、胡麻油を抑え、ビーフンも粉を溶く水を変え、より米粉の質感が得られる独自のものになっている。純化への指向は、鱧の揚げ物で、椒麻を使ったいんげんとマッシュルームを、棒棒鶏では胡瓜をと、主食材より添えた野菜の旨みを生かすところにも見られる。美味の頂点は、「フカヒレ白湯ソース」。ブランド豚「TOKYO X」のゲンコツから一番出汁を取るのに「白神山地の天然水」と、ろ過した「RO 水」で、それぞれ８時間煮込み、二番出汁のためにも８時間かける。これらをゆっくり混ぜ、コクがありながら身体にすっと入るスープを生み出す。貝柱で塩味も加え、フカヒレを半分食べたところで、ハート形のご飯にスープを掛けて、熱く蘇らせるという演出だ。山下氏は料理の手を休めず、無言で客の歓声を聞いている。身体に優しく、シンプルに素材が立ち上がる料理で、山下氏は独自の世界を創り出した。

☾：**30,800 円**

Tel: **03-3796-7835**

東京都港区南青山
2-14-15 五十嵐ビル 2F

定休日：月曜、他不定休
あり

☼：11:30-15:00
（最終入店 13:00）
☾：18:00-23:00
（最終入店 20:30）

慈華

itsuka

シェフ 田村亮介

15.5/20

中国料理

横浜「翠香園」などを経て西麻布「麻布長江」や台湾で研鑽を積み、「麻布長江 香福筵」のオーナーシェフとして腕を振るった田村氏が、2019 年に南青山で開業。料理から「素材を慈しみ、人を慈しみ、料理を慈しむ」というシェフとしての心意気や真心が直に伝わってくる。50cm 以上ある干し鱧と様々な生薬やスパイスの説明を聞くと、この素材がどのように調理されるのか、待つ時間も楽しみでならない。程なく運ばれてきた薬膳スープは、蓋を開けた瞬間香る湯気に癒され、キラキラ輝くスープと旬の淡路島の鱧、じゅん菜が醸し出す、味と香りと食感が融合した珠玉の一杯に言葉を失う。中国古典料理と文化に敬意を払いつつ、日本各地で慈しみ育まれた素材の良さを引き立てる田村氏ならではの料理世界といえよう。味の決め手となる自家製の醤（ジャン）も長年、工夫を重ね、他では味わえないバランスで料理を引き立てる。スペシャリテのモウカザメのフカヒレは、そのまま食した後、土鍋炊きのご飯と混ぜ込んでリゾットとしていただき、二度美味しい。何かを慈しみながら過ごす「慈華」での時間は、ここ数年の困難な状況下にあっては、より価値のあるものに思えるに違いない。

☼：**11,000 円～ 41,800 円**　☾：**17,600 円～ 41,800 円**

シノワ

ShinoiS

シェフ 篠原裕幸

15.5/20

中国料理

「中国料理は火の料理なので」という篠原氏。その言葉を象徴するように、カウンター席に面した、炎の形の窓「火灯窓」から覗く、勢いよく上がる湯気とピカピカに磨き上げられたキッチンが、ゲストの期待を高める。カウンター形式の店では、シェフ自らが客の目の前で料理を仕上げることが多いが、ここではマダムをはじめとする女性スタッフがサービスを務め、シェフは料理に集中する。通常は１皿に盛り込まれる前菜の３種盛りも、小さなポーションに分け、３回別々にサービスされる。そこからも「瞬間を捉えた料理を供したい」というシェフの思いが伝わってくる。巧みな火入れを随所に見せるが、中でも鬼エビの塩炒めは、狙いすました火入れの技が冴える一品だ。火を通したことで甘みが増し、ふわりと軽くとろけるような食感の海老に、32 年物の紹興酒の酒粕に浸けて旨みを増した枝豆が添えられる。岩手県吉浜産の干し鮑を水で戻し、その戻し汁だけで炊き上げた「創始真味干鮑」など、調味料を削ぎ落とした引き算のアプローチが、繊細な味わいの日本食材の良さをよく引き出している。篠原氏の、火の料理としての温度感と引き算の料理哲学から新たな中国料理が生まれている。

☾：37,500 円～

Tel: —

東京都港区白金台
4-2-7 bld桜なみき 2F

定休日：不定休

☾：17:00-20:30
（最終入店）

龍圓

Ryuen

シェフ 栖原一之

♥ 14.5/20

中国料理

異能の料理人・栖原氏が自身の今年のテーマとしているのが、日本酒と昆布。それらの自然な旨みを中国料理にどう生かすかという取り組みだ。冷製の「鮑と麺」では殻付きの鮑を蒸し、日本酒に浸ける。使うのは各地の銘酒。酒蔵によって異なる滋味をシェフ自身が楽しみながら試している。上湯と日本酒が染みた鮑の蒸し汁を半々にしたスープがすこぶる旨い。そういえばマッシュルームも追求していたが、今年はいずこへ。鬼才の変わり身は早い。変わらないテーマはスッポン。浜名湖・服部中村養鼈場のスッポンとの出合いを揚げ春巻きに生かす。春巻きは時間をかけてゆっくり揚げ、最後に高温で皮の水分を抜くようにカラッと仕上げる。日本酒にたっぷり浸したスッポンの各部位が熱々の塊として口中で炸裂する。この揚げ春巻きだけでも浅草を訪れる価値はある。さて、もう一つの昆布はどうなったか。これは「あまりに奥が深い」と継続課題にしているようだ。栖原氏は 1964 年生まれ、すでに料理界のリーダー的な存在だが、未だ自身を「若手」と称し、地道な研究とひらめきで料理ファンを驚かせ、新しい発見をいち早くテーブルに届けたいと、今にも厨房から飛び出そうとしている。

☼：7,000 円～ 35,000 円　☾：7,000 円～ 35,000 円

Tel: 090-8720-2581

東京都台東区西浅草3-1-9

定休日：月曜（祝日の場合、翌火曜）、他不定休あり

☼：12:00-13:30
（最終入店）

☾：18:00-20:00
（最終入店）

※クレジットカードは Visa・Master のみ利用可

南方中華料理 南三

minami

シェフ 水岡孝和

14/20

中国料理

Tel: **03-5361-8363**

東京都新宿区荒木町
10-14 伍番館ビル 2F B

定休日：日曜、祝日、
他月２日ほど不定休あり

☾：18:00-21:00
（最終入店）

※予約は WEB 予約のみ

花街の風情を残す荒木町、金丸稲荷神社横の細い路地を入ると石畳の風景が広がり、雑居ビルの２階を上がったところに店はある。ライブ感溢れるキッチン前のカウンター席とテーブル席からなる、こぢんまりとした落ち着きのある木調の店内には、「美味しそう！」というゲストの声が広がり、その活気はまるで台南にある夜市の屋台に瞬間移動したかのようだ。コースは８品ほどで構成されたおまかせのみ。ワインも冷蔵庫から好きなボトルを選ぶセルフスタイルだ。「南三」の魅力は、水岡氏が台湾で習得したハーブ、スパイス、自家製の発酵食品を自在に駆使する高い技術力にあり、その独特の感性が生かされた料理には誰しも魅了されることだろう。盛夏にいただくのは「夏鹿ロースト 台湾カラス山椒」。台湾では卵料理と一緒に使うことが多いというカラス山椒を千葉の農家に育ててもらい、新たにメニューに加えたという。青トマトの食感が夏の疲れを癒し、夏鹿のジューシーさと自家製調味料からくる旨みが、まるで夏の味覚のハーモニーのように口いっぱいに広がる。料理の中心地とはいえないものの個性的な、雲南・湖南・台南の三つの「南」を表現する水岡氏の、味のフロンティアは広がり続けている。

☾：8,800 円

蓮香

Renshan

シェフ 小山内耕也

14/20

中国料理

Tel: **03-5422-7373**

東京都港区白金4-1-7

定休日：不定休

☾：平日 18:00-22:00
（L.O.21:00）
土・日 17:30-21:30
（L.O.20:30）

ヤングコーンは香ばしいウイグルスパイスをまぶされ、蕪は辛みの効いた怪味ソースがけ。スモークした帆立はマスタード醤なるもので和えてある。様々な中国料理を食べてきたと自負する人も、ここでは前菜から初めての味にノックアウトされるのではなかろうか。多くの民族が混淆する中国では、その地方の産物や気候に合わせた独自の調理法が発達してきた。多種多様を極める郷土・家庭料理に魅せられた小山内氏は、麻布十番「ナポレオンフィッシュ」でそれらを紹介して名を成したのちに独立、2015 年に「田舎料理と野菜」をコンセプトに掲げ、この店を開いた。その徹底ぶりに果てはなく、手ずから作った干し肉や腸詰、ささげの漬物や各種スパイスと醤によって味と香りを引き出された野菜の皿で、訪れるたび、新しい味と出合わせてくれる。6,500 円のおまかせ日替わりコースのみだが、メインには老酒漬けにして香草を添えたメバチマグロや、台湾マーガオが爽やかな鶏肉とさつまいも春雨の香り蒸しなどが供され、質も量も申し分ない。統一価格の黄酒やナチュール中心のワイン、また自家製レモン酒と味わえば、陶然としつつ中国の広さ、深さに思いを馳せられるというものだ。

☾：6,500 円

赤坂 松川

19/20

Matsukawa

シェフ 松川忠由

日本料理

松川氏が紡ぎ出す和食の世界観の要諦は、茶の湯の世界とも通じる引き算の美学である。春夏秋冬、どの季節に訪れても、透明感のある澄んだ味わいに出合える。伝統を踏襲しつつ、開店から11年経った今もなお進化を続ける松川氏の料理は、決して奇を衒ったものではない。最初に供される蒸した鮑と雲丹にスッポンの煮こごりは、好みで肝酢でいただき、丸ごと炭火で焼いた賀茂茄子は藻塩が甘みを引き立たせる。宍道湖の鰻と冬瓜のお椀は、吸い地を一口すすっただけで、シンプルだが深みのある出汁に感動を覚える。鱧のしゃぶしゃぶも最後の一滴まで出汁を堪能できる。器への松川氏の慧眼は料理を一層際立たせ、涼しげな氷鉢に笹の葉を練り込んだ冷麦で、名残の夏を惜しませてくれた。締め括りは、土鍋で炊いたご飯。イクラの醤油漬け、生カラスミ、ちりめん山椒を炊きたてのご飯とともにいただく。四季を表す食材が織り成す繊細なコースの構成と展開は、舞台芸術を彷彿とさせる。実直な松川氏の人柄を反映した飾り気のない、しかしながら、最高の素材と一流の技が光る贅を尽くした美しい料理の数々。和の真髄に触れ、満たされたひとときが過ごせる当代随一の名店である。

☼：55,000 円　☾：55,000 円

Tel: **03-6277-7371**

東京都港区赤坂1-11-6
赤坂テラスハウス 1F

定休日：不定休

☼：木・土のみ
12:00-15:00
(L.O.13:00)
☾：18:00-22:00
(L.O.20:00)

日本料理かんだ

19/20

Nihonryori Kanda

シェフ 神田裕行

日本料理

愛宕神社の真っ赤な鳥居が映える緑に包まれ、杉本博司氏のデザインになる新店舗は、春日杉のカウンターや正倉院の古材と伝えられる床柱などを盛り込んだ、歴史とモダンが融合した荘厳な造りだ。残り10年と決めた、神田氏の料理人人生の集大成に相応しい舞台が整った。パリや徳島の名店を経て技術と感性に磨きをかけ、神田氏は今、静かな笑顔で自在に食材を操る。キャビアやトリュフなど、洋の食材を日本料理に組み込むことも神田氏の得意とするところ。ガラス器に涼し気に盛られた「フグキャビア」は、器の底に胡麻豆腐、その上にフグとフグの皮、さらにあさつきとキャビアをたっぷりのせる。白子ではなく胡麻豆腐にすることで、軽やかな、完成度の高い一品となっている。お椀の美味しさも他の追随を許さない。静かに身体に染み渡る吸い地。目にも鮮やかなとうもろこしの真丈、浮かべた柚子の花の香り、椀という小宇宙ですべてが調和する。「鯵の押し寿司」「クレソンのサラダ」、締めは、白いご飯と鮪の漬け。割烹料理店さながらの軽やかさで、美味しさが直に伝わる料理を繰り出す。美酒とともに大人が心から愉しめ、世界のゲストが憧憬の眼差しを向ける、神田氏の新たなステージが始まった。

☾：44,000 円～

Tel: **03-6459-0176**

東京都港区愛宕1-1-1
虎ノ門ヒルズ
レジデンシャルタワー 1F

定休日：日曜、祝日

☾：17:00-21:00 (L.O.)

日本料理 龍吟

Nihonryori Ryugin

シェフ 山本征治

19/20

日本料理

Tel: 03-6630-0007

東京都千代田区有楽町
1-1-2
東京ミッドタウン日比谷
7F

定休日：不定休

☾：18:00-23:00
（最終入店 20:00）

山本氏は、国内外から多くの支持を集める日本を代表する料理人の一人だ。日本の豊かさを料理で表現することを使命として、計り知れない時間と研究で会得した経験や技術を惜しみなく公開。ジャンルを超えて多大な影響を与え、料理を通じて「日本の文化」を紡ぐ貴重な担い手である。日本各地から集めた至高の食材。その命を蘇らせる技と、心を満たす料理に一心に向かう精神が、味わうものの五感を呼び起こす。大蛤の旨みで身体が温められると、色鮮やかな苺が登場。古代日本の乳製品といわれる蘇とフォアグラが苺と絡まり、果実の甘みを讃える。ヤリイカの柔らかい食感と蕗の香りを慈しみ、始まりの章を終える。日本の誇る名工が作陶した器や伝統工芸品に触れながら、滋味涵養と、日本の風土の恵みを表した晩餐が展開されていく。鮑、大ツブ貝、トラフグ、伊勢海老と、最高峰の凄みを感じる素材、それを引き出す繊細な塩味、それぞれに幾重もの緻密な工程があることが伝わる。締めのご飯に付けられた椀は豆腐に飾り包丁を入れて国花を表現。美しく繊細な大輪の白い菊が浮かぶ味噌汁は見事なご馳走だ。伝統と革新の技を織り交ぜながら、コックコートに日の丸を付け、本物の極みを表現する山本氏は、その料理と創り出す空間から「JAPAN」を知ってほしいと願っている。

☾：44,000 円～

虎白

Kohaku

シェフ 小泉瑚佑慈

18/20

日本料理

Tel: 03-5225-0807

東京都新宿区神楽坂3-4

定休日：日曜、月曜、祝日
（8 月下旬・年末年始休みあり）

☼：土 12:00-
☾：17:00-24:00

多彩な食材を駆使しつつ、出汁と水を大切にしたぶれない軸足で、独自の和の世界を築き上げる小泉氏。トリュフやキャビアなど洋の食材が和洋中の料理でもてはやされる昨今、それらはえてして器を替えれば洋から和や中国料理に、またその逆も成り立つような国籍不明の料理になりがちだ。しかし、ここには日本料理の伝統を踏まえた独自の和食の世界がある。石川秀樹氏に師事し、「神楽坂 石かわ」の創業時からグループの中核を担い、2008 年、この店を開いた小泉氏の料理には、どんな斬新な食材を使っても、和の基本、和の味わいがある。夏の看板料理「天竜川の鮎 トリュフソース」は、稚鮎にトリュフとクリームソースという組み合わせ。鮎の苦みにトリュフの風味がよく合い、クリームソースがカラリと揚げた鮎に絡んで、味を引き立てる。ソースとはいうが、昆布や鰹から引いた出汁を用い、和の味覚に引き寄せている。季節ごとに具材を変える真丈も繋ぎを使わず、ふうわりとして素材の風味が凝縮し、旨みが際立つ。進化し続ける、和の基軸に立った小泉氏を感じる一品だ。石川氏という師の背中を追いながら、独自の世界観を作り上げ、いよいよ円熟味を増す小泉氏から目が離せない。

☼：41,800 円　☾：41,800 円

神楽坂 石かわ

17.5/20

Kagurazaka Ishikawa

シェフ 石川秀樹

日本料理

黒塀の入り口から香が漂う、細い路地を抜けて扉を開く。神楽坂という場所柄にふさわしい、しっとりとした色香漂う別世界。樹齢400年もの尾州檜を使った見事なカウンター、日本文化の粋を集めたアンティークの調度品や食器も、石川氏の美意識を反映している。一見シンプルに見える刺身一つとっても、口に運ぶたび思わず唸る。旨さの焦点がはっきりと伝わってくるのだ。非の打ち所のない食材を、「どう食べてもらいたいか」考え尽くし、精緻かつ高い技術で調理する。「昆布と帆立の出汁で煮た大徳寺納豆」など、創意工夫を凝らし生み出された調味は、口を悦ばす驚きのレイヤーを加えている。ゲストを会話でも楽しませ、カウンター越しに豪快な笑顔を見せる石川氏だが、その本質にあるのは繊細さだ。「目に映るもの、口に入るもの全てに四季を感じてもらいたい」と、細やかに神経を張りめぐらせ、春は桜、夏はブナと、季節に合わせた木を削り、箸を作る。ココナッツを使った「椰子の白わらび餅」など、自身が美味しいと感じる世界の味もアクセントに取り入れつつ、その根底には懐石の基本である、客へのもてなしの心がある。世界の美食を知り尽くしたゲストをも楽しませる名店だ。

☾：48,400円

Tel: **03-5225-0173**

東京都新宿区神楽坂5-37
高村ビル1F

定休日：日曜、月曜、祝日

☾：17:00-22:30
(L.O.20:30)

※季節により価格の変動あり

新ばし 星野

17.5/20

Shinbashi Hoshino

シェフ 星野芳明

日本料理

香り立つカウンターの向こうで何度も火の前に立ち、出汁の加減を見る星野氏。客席にまんべんなく気を配りながらも、絶対に逃してはならないポイントの確認作業に余念がない。今では伝説の名店となった「京味」で12年間修業。師匠の故・西健一郎氏の技術と店の伝統を背負い、独立後もその精神を強く受け継ぎながら前に進めてきたのが星野氏だろう。磨き上げた調理技術を生かしつつ、「京味」一門の弟子たちの中にあって常に学びの先にある自身の視点を追い求めている。大きめの実は皮が柔らかく、この時期ならではの甘みを帯びた紀州のうすい豆。長さ40cmもの真っ黒焦げの皮から顔を出す香り高き焼き筍。また、塩と醤油と砂糖だけで微妙なニュアンスを素材に加味した芽芋の吉野煮。そこに見られる「京味」仕込みの技と味わい。一方、衣をほとんどつけずに揚げたグジとタラの芽などは、試作を重ねた星野氏流の無類の一品といえよう。師匠の言葉通り、食材の一番良い部分を料理人から迎えにいき、日本人の魂に訴える最も魅力的な味を伝える。いつまでもこの精緻な塩梅を感じられるように、味蕾を研ぎ澄ませておきたい。謙虚に差し出される器の中には骨太の哲学が詰まっている。

☾：44,000円～

Tel: **03-6450-1818**

東京都港区新橋5-31-3

定休日：日曜、祝日、
他不定休あり

☾：18:00-/20:30-

Tel: **03-3768-6388**

東京都品川区南大井
3-11-5
MAKIMURA BLD 1F

定休日:日曜、祝日の月曜、
水曜不定休

☾:18:00-22:00 (L.O.)

まき村

Makimura

シェフ 牧村彰夫

17.5/20

日本料理

牧村氏が女将とともに大森の地に店を構え、早30年が過ぎた。日本を代表する名店となっても変わらない家庭的な雰囲気と温かいサービス、円熟味を増す料理で、訪れる人の心を掴んでいる。厳選された旬の食材に、労を惜しまない下拵えにより、唯一無二の料理を生み出す牧村氏は、今なお、新しい献立作りのために、日々研究を重ねている。新作の「アスパラガスのムース」は、滑らかな舌触り、柔らかな甘みのムースに透明なトマトのジュレを合わせ、キャビアで塩味を補う、初夏の旨みを凝縮した清涼感溢れる一皿だ。数あるメニューの中でも特筆すべきは、「鯛茶漬け」であろう。米は、改良される前の希少な魚沼のコシヒカリ。主張し過ぎない、鯛茶漬けに合う素朴な旨み溢れる米だ。まずは、米の美味しさを噛み締め、出汁もそれのみで味わう。牧村氏が自ら毎朝買い出しに行く見事な鯛、そして脇役の胡麻だれ、山葵、海苔、香の物の妥協のなさ。その全てが合わさって初めて、感動の「鯛茶漬け」となる。名人芸のような逸品に、意欲的な新しい料理。その美味しさはもちろんのこと、笑顔で客と真摯に向き合う牧村氏と女将に会いたくて、人々はこぞってこの店に通いつめるのだろう。

☾:27,500円〜30,800円

Tel: **03-5772-2553**

東京都港区麻布十番2-7-2
ローズハウス麻布十番 1F

定休日:日曜、祝日、
他不定休あり

☾:17:30-22:00
(L.O.21:00)

※全室禁煙

麻布 かどわき

Azabu Kadowaki

シェフ 門脇俊哉

17/20

日本料理

麻布十番商店街から小道をそぞろ歩くと、落ち着きのある焦げ茶色の板塀が見えてくる。店内に歩を進めると、こぢんまりとした空間に個室と、店主と向かい合える貴重なカウンター席が6つ。今やトリュフを贅沢に使ったご飯を献立に載せる店は数多あるが、門脇氏のトリュフご飯はそれらとは明らかに一線を画すものだ。醤油の旨みがほとばしる土鍋炊きのご飯に、季節ごとに旬の産地から取り寄せたトリュフを、米が見えなくなるほどスライスして振りかける。芳醇なトリュフの香りとご飯の旨みは脳裏に焼き付き、官能的だ。もちろん、料理はトリュフご飯ありきではない。全ては門脇氏の、日本料理の伝統を踏まえた、豊かな発想と独創性が結実したもの。北寄貝、茄子、菊にカラスミがアクセントとなり万願寺とうがらしが添えられる一皿は、万華鏡のような味わいのハーモニーが口中に広がり、喜びを隠すことができない。門脇氏の緻密さは最後まで。季節の果物にリコッタチーズ、トリュフの蜂蜜漬けをさらりと出されれば、この店の完成度の高さに唸るしかない。門脇氏が紡ぎ出す食材の組み合わせと調理法は、ゲストの想像を超え、驚きと喜びをもたらし、舌と脳に深く刻み込まれていくのだ。

☾:30,800円〜

銀座 しのはら

17/20

Ginza Shinohara

シェフ 篠原武将

日本料理

隅々まで手入れの行き届いた設えと、威勢よく声をかける大将と弟子、この店には陽の気が満ち溢れている。篠原氏は、京都「山玄茶」などで腕を磨いた後、滋賀県湖南市に店を構え、全国の食通を彼の地に呼び寄せていたが、時至れりと銀座へ進出、早くも６年になる。旬の食材や器で季節を表現することは和食の基本だが、篠原氏は二十四節気や節句の習わし、故事来歴に倣った料理や盛付のいわれを表情豊かに語りながら宴を進めていく。春の日は、見目麗しい五色の短冊を蓋に添えた木箱の器から始まった。旧暦の２月、聖徳太子の命日に能が奉納されることから、能舞台の揚幕の五色を用いた短冊に檀香梅が配され、芳香が春の到来を告げている。木箱の中には貝寄せ。貝の酢の物で季節を表す。篠原氏の張りのある声が響きわたると、歓談していた客も耳をそばだて、目を輝かせて聞き入る。この抑揚の付け方も篠原氏の技の一つだ。名物の八寸で、早春の設えはクライマックスを迎え、桃の節句をお題に、菱餅型の器や蛤の貝殻に華やかに盛り付けられた一つ一つの美しさに息を呑む。そこには篠原氏が慈しむ故郷・滋賀の原風景が現れ出るようで、ゲストはその小宇宙に引き込まれていくのである。

☾：33,000 円〜

Tel: 03-6263-0345

東京都中央区銀座2-8-17
ハビウル銀座2 B1F

定休日：日曜

☾：17:00-19:30
20:30-23:00

くろぎ

17/20

Kurogi

シェフ 黒木 純

日本料理

芝大門の一角では、贅を尽くした力強い日本料理と、店主・黒木氏を筆頭としたスタッフ一同のおもてなしの気合い、対するは、今日の一席に期待する美食を追い求める客人で、宴という名のもとの真剣勝負が始まっているようだ。カウンターの向こうできびきびと、鮮やかな肉は磨かれ、活けの魚は潔く捌かれ、と幕開けから活気に溢れている。まずは、定番の一つ、芋茎の吉野煮。料理の深みを感じさせる飽きのこない味で、黒木氏の料理人の本領を見せられる。超一流である素材の「個性」を主役に据えた、出汁が染み込んだスッポンの唐揚げの迫力ある旨み、鱧の豊かでしっかりした旨みは圧巻だ。半田素麺は、雲丹と卵黄の濃厚なソースに大粒のキャビアをのせて、今やスペシャリテ。天かすをつなぎ役に品良くまとめる。「蘇民将来子孫也」と記した護符を付けた「茅の輪」の装いの八寸。祓いと清めの季節の風情をいただく。くろぎワールドに引き込まれる頃、香り立つ三種の締めのご飯の登場に客席が沸く。脂が上品な宮崎「きなこ豚」のロースとんかつと艶やかな白飯を噛み締め、理屈抜きに美味しいと感服。大胆で繊細に、伝統と今が融合した心躍るリズム。この門をくぐった先にある、一段と洗練された華やぎは、誰しも忘れられない。

☼：71,500 円〜　☾：71,500 円〜

Tel: 03-6452-9039

東京都港区芝公園1-7-10

定休日：日曜

☼：12:00-14:30
☾：17:00-23:30

日本料理 晴山

Nihonryouri Seizan

シェフ 山本晴彦

17/20

日本料理

Tel: **03-3451-8320**

東京都港区三田2-17-29
グランデ三田 B1F

定休日：日曜、月曜

☼：木・金・土
12:00-14:00
☾：17:30-23:00
(L.O.20:30)

山本氏は、「エコール 辻 東京」を卒業後、特別講師であった高田晴之氏に師事すべく岐阜の名店「たか田 八祥」に入店、系列店で店長を務めた後 31 歳で独立を果たす。四季の吟味した素材を生かし、培った技術をもとに、時に大胆に工夫を凝らした抑揚のある日本料理で多くのファンの心を掴んでいる。カウンター、テーブル席と、シーンを使い分けられる店の作りや山本氏の飾らない人柄もこの店の魅力だ。行き着いた独自の味わいで魅せるお椀は特筆すべき一品。スッポンとフカヒレの食感が楽しめるふんわりした真丈は生姜の香りも加わり華やかに。旬で変わる椀種と出汁の旨みのバランスは滋味豊かな印象を残す。山本氏が何より砕身する出汁の風味は、料理の個性を一段と輝かせる。鮑と雲丹の稲庭うどん、毛蟹の春巻き、佐賀牛シャトーブリアンと賀茂茄子の炊き合わせなどは、決して重くならず、馥郁とした優しい味わいだ。友釣りで有名な岐阜・吉田川の小ぶりの鮎の美味しさも忘れられない。凛々しい苦みがあり、初夏の恵みを噛み締めるたびに慈しむ。よそ行き過ぎず、誰もが自分の店としたくなるような、振る舞い全体のバランスが整った完成度の高い名店である。

☼：18,000 円　☾：30,000 円〜

宮坂

Miyasaka

シェフ 宮坂展央

16.5/20

日本料理

Tel: **03-3499-3877**

東京都港区南青山
5-4-30
ヴィラソレイユE号

定休日：日曜

☾：18:00-23:00

骨董通りの路地を入り、静まり返った突き当たりにひっそりと看板を掲げる。引き戸を開けると見事な石畳のアプローチ。案内されたカウンターの向こうにはガラス一面に京都風の坪庭が広がる。目にも眩しい青碧の木々や苔が瑞々しい。この額縁のなかの小宇宙に向き合いつつ、奥の厨房から厳かに運ばれる一皿を待つ。魯山人、江戸の骨董、オールドバカラに盛り込まれたミニマルに抑えた斬新な細工。先付には、見たこともない弾力ある純白の豆腐が出汁のジュレに絡んでいる。季節の和菓子、水無月を取り入れる遊び心。一点の曇りもない出汁に浮かぶ北海道の毛蟹真丈には、ぎっしりと隙間なき蟹肉の存在感。紫陽花の花のかげに一品ずつ隠された八寸のなんとも美しい季節の表し方。ラストの白米の土鍋ご飯は宮坂氏の粋な計らいがもっとも結実した仕掛けだ。近江米は、煮えばなのアルデンテ具合が日本人の DNA に訴えかけ、蒸らすと米が新たな表情を浮かべる。日本のソウルフードに改めて平伏す思いだ。目に香りに食感に、一品の余韻が長く残る。次の料理が登場すると、見事にリンクして繋がり、味のバトンを渡してくれる。そうして粋な味のリレーは最後まで続いていく。

☾：39,000 円〜

久丹
Kutan

シェフ 中島功太郎

16/20

日本料理

ロサンゼルスで松久信幸氏に、その後、元麻布「日本料理かんだ」の神田裕行氏のもとで 10 年修業。研ぎ澄まされた国際感覚を持つ中島氏。新富町の地で生み出すのは、江戸の町衆に愛されてきた鮨や天ぷらといった伝統的な東京の食文化も取り入れた「東京和食」だ。削ぎ落とされた美意識を感じる設えに、永樂妙全など、貴重なアンティークの器が映える。一番出汁は「献上昆布」で知られる尾札部浜の真昆布の一等検で、穏やかな出汁に丸みを添える。鰹節は枕崎の一本釣りの鰹節で、店で血合を落とした、削りたてのもの。上質を極める食材を揃え、一番に表現したいのは、食材の味そのもの。だからこそ、調味料は必要最小限の要素を加えれば充分、「旨すぎる」ものは使わない。刺身の真鯛は、生きた状態で届いたものを、営業直前に神経締めし、皮と共に供する。鮮度が良いからこそ、真鯛の香りが楽しめる仕立てだ。日本酒も希少な銘柄を揃えるが、出色は DRC をはじめとする銘醸ワインやヴィンテージ・シャンパーニュが並ぶワインのラインアップ。天ぷらや鮪の突先の巻寿司、和牛など、味わいにボリューム感のある料理も緩急をつけて織り込まれ、海外からの食通も魅了する店となっている。

☾：38,500 円

Tel: 03-5543-0335

東京都中央区新富2-5-5
新富MSビル 1F

定休日：日曜、祝日

☾：18:00-22:00
（最終入店）

傳
Den

シェフ 長谷川在佑

16/20

日本料理

世界中からゲストが訪れても、気取り、気負いは一切なく、あくまで自然体。目指すところは一貫して皆が食べて笑顔になる家庭料理。国籍を問わず老いも若きも集う楽しさに目を奪われがちだが、この店の強みは、ウイットに富んだ料理を生み出す長谷川氏の腕の確かさにある。火入れ、味のまとめ方のセンスは群を抜く。すべての料理の基本となる出汁に、長谷川氏は昆布を使わず、鰹節が香る親しみやすくわかりやすい味を求めた。「鱧と鴨のお椀」は、その出汁に鱧と鴨の旨みが綺麗に重なり、滋味溢れた味わいとなっている。ごろごろと大きめに切った冬瓜、鱧、きくらげの椀種を豪快に頬張り、たっぷりの吸い地を味わう。「畑の様子」は、季節の 20 ～ 25 種の野菜のサラダ。それぞれの野菜も素材に適した火入れと味付けをする手間のかかる料理で、笑顔マークにくり抜いた人参さえも、いい塩梅に酸味が立つ。締めのご飯は土鍋で炊き、上に黄色く輝くとうもろこしを敷き詰めて豪快にサーロインをのせる。直球で迫る牛肉の美味しさと、甘みが最高潮を迎えた旬のとうもろこしで、上品さの中に豪快さを秘める。笑顔の「チーム傳」からエネルギーをもらおうと、人気が天井知らずなのも頷ける。

☾：19,800 円～

Tel: 03-6455-5433

東京都渋谷区神宮前
2-3-18 建築家会館 JIA館

定休日：日曜

☾：18:00-19:30
（最終入店）

乃木坂 しん

Nogizaka Shin

シェフ 石田伸二

16/20

日本料理

Tel: 03-6721-0086

東京都港区赤坂8-11-19
エクレール乃木坂 1F

定休日：日曜

☼：水 - 土
12:00-15:00
(L.O.12:30)
☾：17:30-23:00
(L.O.21:00)

日本料理はこうあってほしい、そう思わせてくれるこの店は、2016 年の開業以来、風趣に富み、季節感あふれる料理でゲストを魅了し続けている。徳島出身の石田氏は、地元の名店や東京の「銀座 小十」で腕を磨いた実力派。いくつかの料理を口にすれば、素材の声を聞くように、石田氏が一つ一つの食材に丁寧に向き合う姿勢が実感できる。飛竜頭と蕗、蕨の炊き合わせでは、蕗一つ、蕨一つ、どれをとっても炊き方が巧みで、素朴な食材であっても手間と技術でこれほど美味しく仕上がるのかと驚かされる。一見、地味な料理にも、惜しみない手間をかけることに料理人としての矜持が滲み出ているのだ。妙高高原産の山菜を用いたお浸しや和え物は、そのほろ苦さと爽やかさが春を感じさせ、塩梅も申し分ない。蛤のお椀の出汁は透き通ったクリアな味の中に潜む深いコクと香りが、心の奥深くに柔らかく鳴り響くようだ。忘れてはならないのが石田氏とともに経営にあたるソムリエ・飛田泰秀氏の存在だ。日本酒にも精通し、ワインを中心に織り成すペアリングは料理に華と奥行きを与えている。石田氏の料理と飛田氏のマリアージュがいかなる味を生み出していくのか、乃木坂から目が離せない。

☼：19,800 円〜 33,000 円　☾：19,800 円〜 33,000 円

赤坂 おぎ乃

Akasaka Ogino

シェフ 荻野聡士

15.5/20

日本料理

Tel: 03-6277-8274

東京都港区赤坂6-3-13
1F

定休日：日曜、他不定休あり

☾：17:30-/20:30-

※ 9 月・10 月は
33,000 円〜

「京都吉兆 嵐山本店」「銀座 奥田」、名だたる店での修業により、技術はもとより、日本料理にまつわるしつらえ、もてなしの何たるかを学んだ荻野氏。持てる知識の全てを盛り込んだ、ボリューム感のある料理と温かい人柄でますます多くの人を引き寄せている。ライブ感溢れるカウンター 7 席。季節、歳時を料理で感じることができる華やかな演出の八寸の見事さ、そして目の前で繰り広げられる、荻野氏の焼きの技術の高さは圧巻である。春には桜、桃の節句は大根で作った薄明かりのぼんぼり、端午の節句には青々とした菖蒲とちまき、七夕には短冊、重陽の節句の時期には菊の花と落ち葉などと、工夫を凝らした季節の献立が八寸に花を添える。皮はパリッと中はしっとりという見事な火入れの鰻の蒲焼きは、香ばしい香りが立ち込める中、誰もが鰻丼を嬉しそうに頬張る。「お腹いっぱいになって帰ってほしい」という荻野氏の願い通り、最後のご飯は、炊き込みご飯、じゃこご飯、卵かけご飯など、幾種類も用意される。正統派の日本料理を、あえて気取らず、値段も比較的リーズナブルに。「料理は作る人の考えや心構えが反映されるものだ」と、荻野氏の笑顔に見送られながら思う。

☾：28,600 円〜

川田
Kawada
シェフ 川田治司

15.5/20
日本料理

料理が実に潔い。シンプルなおばんざいを、徹底的に極めている。「井雪」で13年間勤め上げた川田氏は、伝説の料理人、故・西健一郎氏の孫弟子にあたる。その料理には、進化の中に確と「京味」の伝統が息づいている。定番の「芋茎の吉野煮」は生姜でさっぱりと、「無花果の田楽」は丁寧に炊いた無花果を田楽味噌でと、素材の美味しさを堪能できる料理からコースは始まる。川田氏は「井雪」で、揚げ場を長く担当、その天ぷらには定評がある。薄い衣がサクッと歯ごたえよく、中から野菜の甘みが弾け出る「とうもろこし、青銀杏、アスパラガスの天ぷら」は、夏野菜の瑞々しさを楽しめる逸品だ。続く日本料理の要となるお造りとお椀も素晴らしい。「トリ貝のお造り」は裏面をさっと炙り、香ばしさと仄かな温みが旨みと甘みをさらに引き立てている。「グジのお椀」は、しっかりと食べごたえのあるグジを堪能し、さらにまろやかな吸い地が変化していく様を楽しむ。この日の締めのご飯は、「新生姜の炊き込みご飯」「鯛の胡麻だれ」「ちりめん山椒」「卵かけご飯」「牛肉のしぐれ煮」の5品。川田氏の朴訥な人柄と笑顔に惹かれ、外連味のない本物の味のわかる人が通いつめている。

☼：33,000円　☾：33,000円

Tel: 03-6667-0329

東京都中央区日本橋
人形町1-5-5 B1F

定休日：日曜、祝日

☼：12:00-14:00
☾：17:00-20:30
（最終入店）

※仕入れにより価格の変動あり

カビ
Kabi
シェフ 安田翔平

15/20
日本料理

日本、フランス、デンマーク、アメリカ、オーストラリアと多様なカルチャーが混ざり合うレストラン。目黒通り沿い、古民家をリノベーションした店内は、明るさを落とした照明とラウドなBGM、ソリッドな黒いカウンターに、ここはクラブかNYのダイナーかと見まごう。しかしながら、ゆるぎないベースにあるのは発酵にフォーカスした日本の伝統的な食文化だ。最も印象的な一皿は「漬物」。安田氏がデンマーク「Kadeau」時代に“ピクルスは漬物”だと感じたことに由来する。ビーツ、人参、クリームチーズなどを薄くスライスした大根の酢漬けで巻き、発酵させたトマトジュースと昆布出汁を合わせ、無花果の葉のオイルでココナッツの香りを纏わせている。また、海外で醸造を学び、メルボルン「NORA」ではシェフソムリエを務めた江本賢太郎氏が提案する飲み物は、ワインだけでなく、日本酒やハードリカー、カクテルなど多彩で、特に果物や野菜を発酵させたジュースをベースにしたノンアルコールのペアリングは秀逸である。2017年末の開店以来、安田・江本両氏の発酵への知見の深まりは多様な料理と飲料の融合を生み、新しい味覚体験をもたらしている。

☼：8,250円　☾：16,500円

Tel: 03-6451-2413

東京都目黒区目黒4-10-8

定休日：不定休

☼：土12:00-
一斉スタート
☾：19:00- 一斉スタート

※季節により価格の変動あり

Tel: **03-5860-7530**

東京都目黒区中目黒
1-5-12 ATRIO 1F

定休日：日曜、他不定休あり

☾：17:00-/19:30-
(L.O.21:30)

※季節により価格の変動あり

日本料理 炎水

Nihonryouri Ensui

シェフ 伊藤龍亮

15/20

日本料理

店名が表す“炎”と“水”が織り成す炭火と出汁の饗宴は鮮烈だ。伊藤氏がゲストの目の前で鹿児島県坂井商店の本枯節を丁寧に削っていくと、カウンターは馥郁とした香りに満ちる。薄絹のような鰹節を、まずそのまま味わったあと、目の前にプレゼンテーションされた礼文島の蔵囲昆布と合わせ、専用にあつらえた器に出汁を注いでくれた。鹿児島の垂水温泉水で引いた一番出汁の密度の詰まった重層的な味わいは格別だ。厨房でじっくり下焼きしたスッポンは、紀州備長炭で、鰻を焼くようにタレをつけては炭火に置き、香り立つ煙の中、仕上がりを待つ。「日本料理 龍吟」で長く焼き場を経験した伊藤氏の真骨頂たる焼き目が麗しい。次に差し出された大ぶりの松茸は、アイボリーの笠が開き切って、これもまた芳香を放っている。鱧の骨切りの規則正しい刻み音を聞きながら、鱧と松茸がしゃぶしゃぶの出汁を潜り抜けていく様を眺める。伊藤氏は、少量多皿が主流の今、あえて皿数を絞り、一皿ごとの完成度を上げることにした。ゲストは、そのプロセスを目、耳、鼻腔を通して体感する。素材の印象はそれぞれ深く、噛み締めるほどに余韻は長い。そのすべてが記憶に刻み込まれていく。

☾：27,500 円

Tel: **03-6812-9613**

東京都港区南青山4-11-2
アズ表参道ビル 1F

定休日：日曜、月曜

☾：17:30-23:30

伯雲

Hakuun

シェフ 坂本慎吾

15/20

日本料理

土壁と木組みが清々しい香りを放つ。「日本料理 龍吟」で修業、本店料理長を務め、2021 年 1 月に満を持して船出した坂本氏の思いが詰まった空間だ。日本酒のオーダーに、カウンター越し、ソムリエの亀澤広義氏から差し出される、なんとも美しい器たち。江戸切子作家・但野英芳氏の作品であるぐい呑みが涼しげに目に映る。「龍吟」からともに歩む亀澤氏は、熟知する料理に最も的確なワインや日本酒をセレクトする。坂本氏が手ずからゲストに差し出す料理は、修業時代から収集してきたアンティークの器に凛として収まっている。丹念に仕上げられた鰹節を削るパフォーマンスから始まる一番出汁は、たちまち芳香を放ち、垂水の温泉水で指宿の本枯節、礼文島の利尻昆布を抽出して比類なき出汁を完成させる。佐賀・浜崎の蒸し鮑と春キャベツ、アイナメの椀などが、それぞれベストの表情で登場したあとは、仙台牛にたっぷりの花山椒の香りが加わる。最後は炭火で焼いたホタルイカの炊き込みと初鰹の漬け丼という思いもよらない 2 方向からのトリート。口に入る瞬間に素材が最高の味わいに昇華し、心地好く攻め込まれる感覚は「龍吟」の流れだが、上品で奥ゆかしい佇まいが初々しい。

☾：33,000 円

キキ ハラジュク

kiki harajuku

シェフ 野田雄紀

14.5/20

日本料理

パリでの修業を基盤に日本でも研鑽を積んだ野田氏は、日々進化し続けている。ここ数年は、日本料理店「重よし」の佐藤憲三氏に教えを乞い、コース料理では、和食に軸足を置きながらヨーロッパとアジアのエッセンスをちりばめる。特に、果物を主役にした料理には定評があり、ビビッドかつ繊細なプレゼンテーションは感度の高い若い層にも支持されている。初夏に供された「柿と雲丹のおかき揚げ」では、蓬の蕾塩で味付けした柿に生雲丹とポルチーニ茸のソースをのせる。また、一番出汁にレモングラスを組み合わせた「毛蟹と花びら茸の真薯 フレッシュレモングラスの吸い地」は、スープボウルでサーブ。「北寄貝とズッキーニとハママーチのラーメン」は、萎凋煎茶をベースに仕立てられたスープに全粒粉の麺、おかわかめやオリーブオイルなどが融合する。ここにしかない、アイデアフルな食材の組み合わせは、ドリンクペアリングでも冴える。特にノンアルコールは「ジャンブーとマンゴーのブラッディメアリー」など、想像力を掻き立てる独創的なものを幾つも揃え、ペアリングで料理の印象が大きく変化し、新鮮な驚きへと誘われる。

☼：16,500 円　☾：16,500 円

Tel: 070-3882-3150

東京都渋谷区神宮前
6-9-9 アヴニール表参道
1F

定休日：不定休

☼：12:30- 一斉スタート
☾：平日 19:00-
土・日・祝 18:30-
それぞれ一斉スタート

江戸前芝浜

Edomae Shibahama

シェフ 海原 大

14/20

日本料理

かつての芝浜のあたり、ポツンと佇む、ポテサラなどの大衆的なおつまみから江戸料理までを提供していた知る人ぞ知る個性的な店「食事 太華」が、2021 年、ほど近くに、江戸料理に特化した店として生まれ変わった。歴史料理の店に似合った内装で、以前とは異なりコース料理のみにしているが、江戸時代の気分に浸るにはこの方が相応しい。定番の海老真丈や煎り酒で賞味する刺身、鍋料理の数々の美味は言うまでもなく、江戸味噌も、肉料理だけではなくサクラマスや蛤にも使われることで多様な側面を見せる。豆腐を寒天で固めた幾何学的な美しさのこおり豆腐で食事を終える時、満腹でありながらどこかに清々しい気持ちがあり、それがこの店の料理の魅力でもある。江戸料理という特殊なジャンルではあるが、堅苦しく考えることはない。カウンター席を活用したり、現在提供されている、江戸料理に合った東京の酒蔵の日本酒だけではなく、ワインやウイスキーのような「国産の洋酒」を取り入れることも考えているという。歴史書を紐解くことから始め、江戸料理の探求をライフワークとしている海原氏の今後の展開がますます楽しみになってくる。

☼：8,800 円～ 20,000 円　☾：15,000 円～ 20,000 円

Tel: 03-3453-6888

東京都港区芝2-22-23
冨味ビル 1F

定休日：不定休

☼：12:00-15:00
(L.O.13:00)
☾：17:30-24:00
(L.O.21:00)

サーモン アンド トラウト

Salmon and Trout

シェフ 中村拓登

14/20

日本料理

Tel: **080-4816-1831**

東京都世田谷区代沢
4-42-7-101

定休日：火曜、水曜

☼：土・日 12:00-15:00
(L.O.14:00)
☾：18:00-24:00
(L.O.20:30)

※ランチは前日までに要予約（ディナーと同じコース）
※コースはペアリング込み

2019年6月からシェフ中村氏とオーナー兼カヴィストの柿崎至恩氏のタッグとなり、月替わりで、季節の美味しさを自由な発想と遊び心で表現している。中村氏は「コム・ダビチュード」などフランス料理出身のシェフだが、和食に転じ、「八雲茶寮」では副料理長を務めた。柿崎氏はシチリアのワイナリーで醸造などを学んだ経歴の持ち主で、今は国内外の茶に魅了され、ティーペアリングにも力を注ぐ。メニューには料理に使用される食材名が記されるのみ。高級なものは登場しないが、天然のどじょうやゲンゲなど、珍しい素材にそそられる。じゅん菜は細切りのズッキーニやミント、野菜の発酵汁とともに供される。カリッと揚げた川海老は、ひよこ豆のペースト、生ピーマンのスライス、梅ジャム、パクチーの花と一皿に盛る。デザート前には、黒胡麻で和えた豆腐干に赤ワイン漬けの苺と辣油をアクセントにし、いずれも口に入れない限り、味の着地点が想像できないもの。食べ手は好奇心をそそられ、五感をフル稼働させ、ツイストの効いた組み合わせに、ただ唸るのだ。最寄り駅から徒歩10分強の立地でありながら、２人の刺激的な創意に触れたいと、たくさんの人が訪れるのも納得だ。

☼：16,500円　☾：16,500円

ゴ・エ・ミヨの歴史

ゴ・エ・ミヨの気概と独立性 1

その頃、一流の料理というものは戦前から変わらないまま、マンネリに陥っていました。『ミシュランガイド』も、19世紀から受け継がれてきたフランス伝統の「時代遅れ」の地方料理の擁護者で、大量に盛った皿に重くてカロリーの高いソースと、豪華でブルジョワ的なレストランを評価する傾向にありました。フランス料理が体現するイメージに合わせ、少し「ありふれた」評価になっていたのです。いつも同じレストランが紹介され、一流のシェフや店が神聖であるかのように崇められていた時、ゴは、それを「最悪」と遠慮なく貶し、ウルシュルおばさんのビストロのラグーを「美味しい」と評価しました。

伝統的なフランス料理は、このようにして金曜日のコラムによって一刀両断にされたのです。権威あるものに批判の目を向け、公表する彼らの気概と評価の独立性は多くの読者に支持され、金曜日のコラムは成功を収めました。ゴが新しいレストランを紹介すると、その店は翌日には予約で満席になったほどです。『パリ・プレス』は追い風に乗り、ゴはその後、毎日１ページの記事を執筆する傍ら、週末にはパリに特化したコラムも書くようになります。

天てんぷら うち津

Tempura Uchitsu

シェフ 内津貴久

16.5/20

天ぷら

明治通り沿いにありながらも、落ち着いた風格のある店内は、カウンター越しの窓を額縁に、風情あるミニ庭園がライトアップされ、その幻想的な美しさに息を呑む。手入れが行き届いた佇まいからは、内津氏の細やかな人柄が感じられる。カウンターには、香川出身の弟子が薦める「三豊なす」や市場で厳選した大地のエネルギー溢れ出る食材が並び、目の前で天ぷらの職人技が堪能できる。前菜は、雲丹、合鴨、北寄貝の辣油和えの３種。天ぷら料理の店ではあるがフレッシュな海の幸も愉しめ、店名のラベルが貼られた日本酒との味わいの調和に心が満たされる。黄金色の輝きを放つ主役の天ぷらは、店主手作りの塩と九州の藻塩の２種類と天つゆでいただき、３ヵ月寝かせたかえしで作られた天つゆのまろやかさは、大根おろしとそれだけで酒の肴になるほどだ。衣を一口噛み締めれば、サクサクと軽く心地好い食感が広がり、「天ぷらだけでは飽きるでしょう」と、合間に出される蕎麦も春菊のソースと合わせ、程よい口直しとなる。締めは、かき揚げ丼・天茶・にゅうめんから。食後の余韻を大切にしてほしいと営業は一回転のみで、ゆったりとした時間が流れ、明日への活力を与えてくれる天ぷらの名店だ。

☾：31,350 円

Tel: **03-6408-9591**

東京都渋谷区広尾5-25-4
宝ビル 1F

定休日：不定休

☾：18:00-23:00

てんぷら近藤

Tempura Kondou

シェフ 近藤文夫

16/20

天ぷら

天ぷらの本質を「蒸し物」とし、魚介が中心であった江戸前天ぷらに野菜を取り入れ、「TEMPURA」を世界に知らしめた功労者の一人。近藤氏は、70 代半ばになった今も、毎日揚げ場に立ち、２つの鍋を使い分けながら、居並ぶ客の天ぷらを時間差に応じて揚げていく。首を少し傾げたような独特の立ち姿、その所作の美しさに心を打たれる。コースには、しっかり火を通すことで美味しさを引き出す魚介類や、瑞々しさを残す火入れの野菜類や帆立などがあり、天ぷらという調理法の幅広さを堪能させる。２本供される海老は、衣が流動的な動きを保った姿で固化されており、重力や力学を感じさせる天ぷらに見入ってしまう。衣の見た目は２本の海老で異なっており、近藤氏が鍋に種を入れる所作や箸で種を操る微妙な動作の違いが、この衣の表情を生み出しているのだろう。天ぷらは、つゆや塩でいただくのだが、レモンと大根おろしを頻繁に交換し、一品一品を大切にする、さりげなさも流石だ。全ての天ぷらをひと通り揚げ終わった時、近藤氏の表情は集中から解き放たれ、柔和な笑顔で客に声をかける。そのひとときが、たまらなく愛おしい。

☼：8,800 円～ 12,100 円　☾：14,300 円～ 23,100 円

Tel: **03-5568-0923**

東京都中央区銀座
5-5-13
坂口ビル 9F

定休日：日曜、月曜が
祝日の場合休み

☼：12:00-/13:30-
☾：17:00-/18:00-
19:00-/20:00-

天ぷら 元吉

Tempura Motoyoshi

シェフ 元吉和仁

16/20

天ぷら

Tel: **03-6455-0200**

東京都渋谷区恵比寿西
2-8-11
グランベル恵比寿IV 3F

定休日：第 2・4 月曜、
第 1・3 水曜

☾：17:30-/20:30-
(L.O.23:00)

坪庭からは微かに鈴虫の声が聞こえてくる。2022 年 5 月の移転により、元吉氏は理想の店作りを実現した。席間を広くとったカウンターは表情のあるアフリカンチェリーの一枚板で、以前よりも 10cm ほど高さを下げている。衣に使うのは薄力粉 100%だが、冷凍し液体窒素を加えることでサラサラにして、極薄の衣を生み出す。とはいえ薄ければいいわけではない。「食材から出る水分を受け止める為にちょうど良い厚み」が肝要だ。また、食べ方によっても変えるべきだと、同じ車海老でも、塩と天つゆでは、衣の厚みが違う。油はあえて胡麻油に菜種油などを加えることで、繊細な野菜の香りを活かす。さらに火入れも、水茄子なら、火を通し過ぎず、軽やかに薄く仕上げ、中心はややひんやりと。一方、香りを閉じ込めたい椎茸は、じっくりと強めに火を入れる。天つゆは、海老の頭や殻を焼いてとった出汁を加え、薄味のものにし、食材の繊細さを生かしている。「雲のような食感の天ぷらを」というゲストの声から生まれたメレンゲと長芋、サイコロ型のとうもろこしなど、アイデア溢れる天ぷらの数々に加え、「天ぷらという調理法」を活かした小皿料理などが提供され、ゲストを飽きさせない。

☾：24,000 円～

てんぷら 深町

Tempura Fukamachi

シェフ 深町正男

15.5/20

天ぷら

Tel: **03-5250-8777**

東京都中央区京橋
2-5-2 A・M京橋ビル 1F

定休日：月曜、第 1・3
日曜

☼：火 - 金
11:30-13:15 (L.O.)
土・日・祝
12:00-/13:45-
☾：17:00-/19:30-

※ランチは売り切れ次第終了

※車いすのまま食事が可能

白木のカウンター越しに寡黙な匠、深町正男氏と柔和な好漢、二代目の一真氏が繰り広げる江戸前天ぷらの世界は、何も語られなくても楽しめる舞台のようだ。季節の素材を準備し、粉をまぶし衣に潜らせ、油に落としてタイミングを図る、それぞれのシーンで 2 人の息がぴたりと合い、テンポよく揚がっていく。美しい所作と職人の醸し出す雰囲気に惹かれ、ゲストは皆静かに 2 人に見入っている。「山の上ホテル」で 34 年間料理長として勤め上げた正男氏の調理場での目の鋭さは、そのキャリアを物語っている。まず、車海老の足の部分、見た目も繊細で美しいのだか小気味良いパリパリ感と海老の香りに驚く。次に火入れが異なる 2 本の車海老は、衣の纏い方、食感とが微妙に異なり、沖縄・糸満の塩と程よい甘さの天つゆで。茨城県産の厚みのある蓮根は、外はさっくりなのに中はホクホクと、立つ香りまで美味しい。後半の穴子は、箸を入れると「ザクッ」と音がして、香ばしく揚がっているのだが、身はしっとり肌理が細かく見事な仕上がりだ。締めの天丼までこれほど軽やかにいただけるコースは、ここにしかないかもしれない。品位を継承する料理人の技を存分に堪能したい。

☼：11,500 円～ 16,500 円　☾：20,000 円～ 26,000 円

日本橋蛎殻町 すぎた

18/20

Nihonbashikakigaracho Sugita

シェフ 杉田孝明

寿司

下町の典型的な江戸前寿司のイメージが最高の形で具現化されたような店である。男気のある優しい親方の鮨は、実直で丁寧な下拵えと名人の包丁さばきを見せ、大きな手で祈るように握られて、そっとゲストの目の前に置かれる。米酢と赤酢をブレンドした酢はキリリとして品があり、周囲のみ硬く握られた酢飯はコシヒカリの古米が使われ、口の中ではらりと解け、鮨種と一体となる。静岡産の山葵や煮切醤油は輪郭のある深い味わいだが、とても優しく主役に調和している。昆布締め・熟成・炙りなど様々な手法で下拵えされた握りすべてに共通しているのは、口の中で見事に調和したあと、旨さの余韻が長く続くことだ。向暑の頃は、通りの玄関で紫陽花が出迎え、店への階段や店内各所でも季節を表し、さりげないしつらいが心にしみる。料理も、爽やかなもずくから自然の旨みを感じる刺身や酒に合う甘さが嬉しい煮付けと、次々に趣の異なるものが供され、握りの始まり、小肌からは味わいは一変、キリッとした酢と酢飯との調和に感動させられる。濃厚な玉子焼きがコースの終わりを告げても美味しさは後を引き、ゲストは胸に刻まれた至極の時間を反芻しながら帰路につくのである。

☼：40,000 円〜　☾：40,000 円〜

Tel: **03-3669-3855**

東京都中央区日本橋
蛎殻町1-33-6
ビューハイツ日本橋 B1F

定休日：月曜、火曜不定休

☼：水 - 日
12:00-14:30
☾：17:30-20:15
20:30-23:00

※営業時間は変更の可能性あり

銀座 すきやばし次郎 本店

17.5/20

Ginza Sukiyabashi Jiro

シェフ 小野禎一

寿司

97 歳を迎えた「寿司の神様」は今もスッと背筋を伸ばし、毎日つけ台の前に立つ。手が空けばさっと周りを片付け、つけ台を拭く。その動きに一切の無駄はなく、弟子の仕事までさりげなく片付ける。そこに、奉公に出て 90 年、身についた職人としての生き方を見る。通常 18 貫と玉子まで 30 分 1 本勝負、二郎氏は今も、凛とした緊張感漂うステージの花形役者だ。仕事道具と、大切に手袋で守り抜いた手が生み出すのは、江戸前の粋。キリッと締めた小肌は鮮やかな酸味の米酢の酢飯と相まって「喉の鳴る」旨さ。馥郁たる芳香を持つとろけるような鮪、旨みたっぷりの煮つめを塗った蛤、みそまで美味しい車海老、上質な昆布のような豊かな香りの赤貝、品の良い味付けの旬のイクラ。中でも出色は鮑であった。茹で上がったばかりの甘い香りが鼻腔を満たし、その柔らかな食感は見事に酢飯と一体化した。長年海を見続けている二郎氏は、「最近は温暖化で餌が変わるのかね、産地が昔みたいに季節で決まってなくて」と、近年の海の状況に懸念を示す。隣に立つ長男の禎一氏はカウンター半分の客と巻き物を担当し、陰になり日向になり二郎氏を支える。親子二代、江戸前の粋と意気を食べる、そんな店である。

☼：55,000 円〜　☾：55,000 円〜

Tel: **03-3535-3600**

東京都中央区銀座4-2-15
塚本総業ビル B1F

定休日：日曜、祝日、
土曜ディナー、ゴールデンウィーク、8 月中旬、
年末年始

☼：12:00-14:00
☾：17:30-20:30

※仕入れにより価格の変動あり

青空

Harutaka

シェフ 高橋青空

17/20

寿司

Tel: **03-3573-1144**

東京都中央区銀座8-3-1
銀座時傳ビル 6F

定休日：日曜、祝日

☾：17:00-22:00 (L.O.)

※仕入れにより価格の変動あり

「銀座で鮨」という言葉が持つ落ち着きと華やぎを併せ持ち、江戸の粋を体現する。天井からの釣船の花器や花入の削ぎ落とされた美しさ。それを背に、包丁を握る高橋氏の姿には、古の庖丁式さながらに、日本人にとって「切る」技術がいかに大切なものであるかを思い起こさせる。器使いも、艶やかな越前塗の寿司下駄、輪島塗の盆、人間国宝の器がさりげなく極上の体験を演出する。鮨は、「銀座 すきやばし次郎 本店」仕込みのキリリと塩の効いた酢飯。コシヒカリの古米と古々米をブレンドし「白菊」の酢と珠洲の塩、ごく微量の砂糖で、調味の甘みを控えて素材の甘みと旨みを引き立たせる。開業 16 年、妥協のない素材の仕入れを続けられるのも長年の信頼関係があればこそだ。素材を生かす細心の工夫は、イクラならば「出汁に漬け込むと皮が硬くなる」と、提供直前に煮切りで軽く味をつけるだけにし、イクラ本来の繊細なまろやかさを生かす。大間の鮪は肌理細かい身質が素晴らしく、なかでも少し脂のかんだ赤身の香りは特筆ものであった。玉子はスフレのような柔らかさで、芝海老が香ばしい。伝統を守るだけではない、高橋氏独自の視点による日本の美意識がここにある。

☾：30,000 円～ 45,000 円

鮨 あらい

Sushi Arai

シェフ 新井祐一

16.5/20

寿司

Tel: **03-6264-5855**

東京都中央区銀座
8-10-2
ルアンビル B1F・2F

定休日：水曜、他不定休あり

☼：12:00-14:00
☾：18:00-23:00

父親が鮨職人であった影響もあり、同じ道を歩もうと決めていた、という新井氏は、「銀座久兵衛」で８年余り、四谷「すし匠」で６年間の修業を重ね、満を持して銀座に開業。当時 33 歳という若さであったが、名店で培った確かな技術と魅力的な人柄で、銀座という鮨の激戦区でありながら、瞬く間に確たる位置を占めた。派手さはないが上質な設えは、奇を衒わず、堅実な新井氏の鮨のように、飽きさせず何度でも足を運びたくなる。肩肘張った高級店ではなく、居心地の良い空間で期待を裏切らない鮨がいただける贅沢。常連客の心を掴んで離さないのも頷ける。「あらい」といえば鮪といわれるほど、仲卸「やま幸」から仕入れる最高の鮪が揃うことで有名だが、それも鮪の特徴を見抜き、最上の状態で提供できるセンスがあってこそ。粒のしっかりとした酢飯はほどけ、きっちりと仕込まれた種と溶け合い、旨みに変貌を遂げる。春子、鯖、煮蛤など江戸前の仕事にも一切の妥協なく、あまりに見事な仕上がりに瞠目する。多くの弟子を抱え、後進の育成にも力を入れている新井氏。程よい間合いの弟子との掛け合いに笑顔の絶えない店内は、自然体で飾らない新井氏のエネルギーが満ち溢れている。

☼：25,000 円～　☾：44,000 円～

くろ﨑

Kurosaki

シェフ 黒﨑一希

16/20

寿司

2022年2月に南青山へ移転。照明を落としたアプローチを過ぎると、見事な尾州檜のカウンター、その後ろには名左官・久住章氏による壁で、鳳凰の柄が隠されている。床は登り窯で焼き上げた瓦に床暖房を入れ、優しく室内を温める。冷蔵庫は無音のものを使うなど、音楽活動もしていた黒﨑氏の、理想の体験を生み出すための細やかな心配りが至る所に見られる。酢飯は砂糖を使わず、旨みとコク、酸味のバランスを考え、２種の赤酢に米酢をブレンドしたもの。そこに、盟友でもある福岡・福栄水産の魚を合わせ、「良い素材に確かな仕事をし、シンプルに提供する」をモットーとする。博多湾の天然鰻は骨を抜いて元の形に戻して焼き上げることで、内側に水分を残してもっちりとした食感に。鰆は、皮目は薄くカリカリに炭火で焼き上げ、滑らかな身に辛子を添える。イクラは高さのある巻き物にして、イクラの層を厚めに仕立てることで、濃厚な「卵感」を楽しむ趣向。脂を楽しむ傾向が強いノドグロも、皮だけ焼いて酒に浸して蒸すなど、魚としての味わいを大切にしている。黒﨑氏は、設えも味も、すべてにおいて自らが理想とする形をデザインし、そこで過ごすゲストの時間をキュレーションする。

☾：44,000円

Tel: 03-6455-4596

東京都港区南青山
4-16-15
FPG links
MINAMIAOYAMA B2F

定休日：日曜

☾：17:30-/20:30-

鮨 なんば

Sushi Namba

シェフ 難波英史

16/20

寿司

難波氏は、酢飯と魚それぞれの理想の温度を１℃単位で表記する。理想温度がやや高い魚は、蒸し器でほんの少し温めてから出すなど、繊細に調整するが、それは研究熱心な難波氏の理想とする「一番おいしい瞬間」の追求を示す一つの例に過ぎない。肌理細かく、もっちりとした食感に仕上げた春子。炙りたての海苔を使った手巻きは香り高く、パリリと心地好い音を立てる。捌きたての青魚の血合いは綺麗な赤みを、皮目は鮮やかな輝きを放つ。大柄な難波氏だが、鮨を握る手つきはあくまでも優しい。「美味しいものは美しいんです」と、ふわりと鮨を置く。大きなボタン海老は、ただ鮮度が良いものを出すのではなく、酸化しないよう真空にして氷の上で３日寝かせ、ねっちりとした食感を出し、肝に僅かに醤油を加えたものを挟んで、濃厚な甘みを感じる仕立てにしている。そして圧巻は「全部を買い取るので他では一切出ない」というニタリクジラ。臭みは一切なく、純粋な旨みだけを感じる。滑らかな肉質と、自然が生み出す魚本来の旨みを味わわせる難波氏の真骨頂だ。鮑の肝にチョコレートを混ぜ、「満寿泉」の貴醸酒と合わせるなど、オリジナリティー溢れる楽しみ方の追求も見逃せない。

☼：38,500円～　☾：38,500円～

Tel: 03-6273-3334

東京都千代田区有楽町
1-1-2
東京ミッドタウン日比谷
3F

定休日：月曜、他不定休あり

☼：12:00- 一斉スタート
☾：18:00- 一斉スタート

Tel: **03-3230-0326**

東京都千代田区一番町
3-8 大宮ビル 1F

定休日：水曜、第 2・4 火曜、ゴールデンウィーク、お盆、年末年始等の市場が連休となる時

☼：12:00-14:00
☾：17:30-21:00

※仕入れにより価格の変動あり

鮨 みずかみ

SUSHI MIZUKAMI

シェフ 水上行宣

16/20

寿司

流行りを追わず、奇を衒わず、映える仕掛けも施さない。店を後にして振り返ると、至福の時を思い出すとともに「硬派」という言葉が頭をよぎる。「すきやばし次郎」での長きに亘る研鑽は、店主の精神性をも確立させた。酒肴も用意するがあくまで握りが主。その根幹たる鮨飯は白酢のみを使用し、酸が際立つ。しかしながら種を合わせることで酢飯の妙味が発揮され、ひいては「鮨」としての高い芸術性をもたらしているのだ。鮨種は酢飯めがけて仕込んでいるかのように江戸前らしい仕事を施している。それは当然ながら毎日状態の異なる素材をミリ単位、秒単位で微調整する経験値と技があってこそ。脂の乗った魚でも決してその脂に頼ることなく、仕事で脂をコントロールする美味しさに店主の懐の深さと技術を再認識する。小肌に見られる仕事はその最たるもので、しっかりと酢を効かせて締めた小肌は、身の旨みを引き出しながらも適度な水分と脂の艶々しさが生きており、皮が薄いので身の存在感も群を抜く。修業時代から今もなお市場に通い続け、信頼関係を築き、仲買人たちが最上の品を用意してくれる。こうした店主のたゆまぬ努力によって、江戸前鮨の技は継承されていくのだ。

☼：20,000 円～　☾：27,000 円～

Tel: **050-3138-5225**

東京都新宿区神楽坂5-7

定休日：日曜、祝日、
他月 2 回月曜

☼：土 12:00-
☾：17:00-

※車いすのまま食事が可能
※季節や仕入れにより価格の変動あり

波濤

Hatou

シェフ 熊切大地

16/20

寿司

足を踏み入れた瞬間から、不思議なほど温かい空気に包まれる。カウンターの後ろには、波をモチーフにした髙仲健一氏の手による水墨画。「波濤」の名は、喜びの波を広げ、寄せては返す波のように、お客様に来続けていただきたいという思いから。熊切氏には、ストイックに技を追求しながらも、根底に「この料理を楽しんでください」という真っ直ぐな愛が溢れている。調理師学校で就職活動中、「神楽坂 石かわ」石川秀樹氏の人柄に惹かれ、「この人の役に立ちたい」と入社。「蓮」や「虎白」で技を磨き、2020 年、この店を任された。つまみに使う出汁は、一品ごとに濃さやバランスが異なり、毛蟹には昆布のまろやかさが生きた丸みのある出汁のジュレを、甘鯛にはしっかりと鰹節の香りを効かせるなど、緩急のある仕立て。握りの鮪は、年間を通して、資源管理されているアイルランド産のもののみ。特に赤身は、脂が乗り、漬けにした時にもっちりとした食感になるのが気に入っているという。酢飯の温度にも気を配り、茹で上がった車海老は炊き立ての酢飯と合わせ、甘い香りを際立たせる。32 歳、謙虚で明るい熊切氏は、多くのゲストを魅了し、幸せな時間を提供していくに違いない。

☼：30,800 円　☾：30,800 円

いちかわ

ICHIKAWA

シェフ 市川克海

15.5/20

寿司

昨今の東京は名だたる店から沢山の鮨職人が独立し、それぞれ個性を発揮、その勢いは止まる気配がない。看板もない店の佇まいや、寡黙と評されることの多い市川氏の横顔は、華やぐ鮨業界の中で、淡々と我が道をゆくこの店の存在を象徴するようだ。日本料理の老舗で７年、江戸前鮨の名店で４年修業し、後に独立。経験を重ね掴んだ極みの技で、丁寧に仕上げられた鮨の味わいだけで勝負するぶれない姿勢。黒い石の上で光り輝く一貫一貫が鮮やかに脳裏に残るのは、鯵や烏賊を見れば歴然の、包丁技の飛び抜けた腕前があってこそ。香り高い鰹や、程よい蒸し加減の鮑と肝などがつまみとして供されるが、楽しみのひとつは、旬の素材を使った炊き合わせ。この日は、柔らかくぷっくりとしたホタルイカのコクが筍を甘く昇華させていた。日本一の鮪を仕入れる仲卸「やま幸」からの一級品の天然鮪の赤身、大トロと中トロは２貫ずつ、大トロの漬けと、鮪を中心とした構成は不動。切りつけの厚みと温度が的確で、鮪の脂が赤酢の酢飯と溶け合う感覚は天下一品だ。ゆっくりと広がっていくその余韻は、市川氏お薦めの日本酒と合わせ、鮨の輪郭が物語る江戸前鮨の美学と共に堪能したい。

☼：42,000 円　☾：42,000 円

Tel: —

東京都港区南麻布
2-10-13 OJハウス 101

定休日：水曜、他不定休あり

☼：日 12:00-
☾：18:00-

すが弥

Sugaya

シェフ 菅谷崇之

15.5/20

寿司

菅谷氏は、長きに亘り研鑽を積み 2018 年に独立。独特なニュアンスの表札の文字にも堂々とした風格が漂ってきた。開店以来、鮨通といわれる人たちの間で評価が上がる一方、白い暖簾の向こうは、一定の和やかさを保ちつつ賑やかな隠れ家となっている。つまみでは、美しく光る鰹の甘みと、山わさびの薬味の合わせが絶品であった。「すが弥」と書かれた岐阜の銘酒「醴泉」純米大吟醸が、更にその余韻を楽しませる。握りは、何と言っても寝かせることで食べ頃の頂点を極めた、部位を変えた鮪の数種が柱。その味わいを広げる赤酢と米酢でつくるパンチのある酢飯との一体感が群を抜いた美味しさだ。豊かな旨みが舌に染み込んでいく。一方で、芳醇な鮪の脂に合う固めの酢飯が、酢で締めた鰯などとも調和がとれ、個性的で、ふと軽やかな風味になる感動がある。小ぶりの軍艦で品よく高く２段重ねでのせられた雲丹、鮪の太巻きと、シグネチャーの逸品が胃に収まると、洗練された流れのまとまりに「粋」を感じる。丁寧な下拵え、熟成の頃合い、締め具合など、高い技術で「この店の鮨」と味が解り、記憶に残る。菅谷氏がどのように鮨道を極めていくのか、注目を続けたい鮨店だ。

☼：50,000 円〜　☾：50,000 円〜

Tel: **03-6230-9545**

東京都港区東麻布1-29-15
東麻布296ビル 1F

定休日：水曜、他不定休あり

☼：日・祝 13:00-15:00
☾：月・火・金・土
18:00-20:00/
20:45-22:45
木 19:00-21:00
日・祝
16:00-18:00/
18:45-20:45
全て一斉スタート

※仕入れにより価格の変動あり

鮨 たかはし
Sushi Takahashi

シェフ 高橋 潤

15.5/20

寿司

Tel: **03-3561-6503**

東京都中央区銀座1-14-14
吉電ビル 1F

定休日：水曜

☾：17:00-/19:30-

銀座一丁目駅のすぐ近く、路面の１階に堂々たる玄関を構えている。白地の暖簾をくぐると、店内は吉野檜のＬ字型カウンターを囲む小体な造りで、客と店主との距離が近く、フレンドリーな接客が期待できる。まずは、名物の毛蟹から。織部焼の器に盛り込まれた、仕事の施された鮑、蛸、シャコ…そのどれも身が太く、素材そのものの持つ滋味が深い。鮨は、挑戦的な一貫から始まる。鮪の皮ぎしを忍ばせて握った鰹だ。舌の上には、まず酸味と香りが素晴らしい鰹と酢飯が触れ、咀嚼する内に、同じサバ科の鮪の脂や旨みがじんわりと混ざっていく。ほどけた米粒と、口内で一体となって、口に入れて飲み込むまでのわずかな時間の中で、意味のある変化を見せてくれる。高橋氏の鮨に対する考え方が理解できるような、挨拶がわりの一貫である。鮨の握り方にも独自のものがあり、掌に広げた種の上に酢飯をそっと置くと、返して包むだけという風情で、種の魚も大きめ広めに切り付けている。ふんわり感が意図され、それでいて目の前に置かれると、凛然とした鮨として佇んでいるのは、高橋氏の技があってこそ。30 代の半ば、高橋氏は充実の時を迎えている。

☾：29,700 円～

鮨 あお
Sushi Ao

シェフ 岡﨑 亮

15/20

寿司

Tel: **03-6450-5235**

東京都港区北青山
3-10-13
FPG links
OMOTESANDO B棟 2F

定休日：日曜、月曜

☼：水・金・土
12:30-

☾：火・木・金
17:00-/20:00-
水・土 19:00-

※プライベートカウンターの営業時間はホームページを参照

「銀座 すきやばし次郎 本店」での 10 年の修業を経て、岡﨑氏が北青山に店を構えて２年、店内には開業してそれほど月日が経っていないことを物語る、清潔感あふれる空気が流れている。昼は握りのみ、夜はおまかせでつまみもある。握りは、強めの米酢に人肌の酢飯がそれぞれの鮨種を引き立てる。この店の魅力は何と言っても群を抜く鮪の美味しさだ。赤身、中トロ、大トロと酢飯との相性もよく、大トロは品の良い脂の旨みが口いっぱいに広がる。続く小肌は握りのひねりも美しく、それまでの鮪の旨みをスパッと断ち切り、次の一貫への流れを改めて作り出している。この日の穴子は以前の訪問時とは違った。前回は柔らかい、まさにとろけるような食感だった。今回は柔らかいのだが、噛み締めるごとに穴子の弾力を楽しめるもの。新たな穴子の美味しさに出合った気分である。仕事ぶりもそれぞれの素材への取り組み方が丁寧で美しい。さて、次はどんな握りが待っているのだろう。鮨は毎回変わっていいのだ。師匠が長い年月をかけそうしてきたように、日々鮨に向き合い、試行錯誤を重ねながら新たな美味しさを生み出していく。名店の技と心を受け継ぐ岡﨑氏に鮨通の目が注がれている。

☼：27,000 円～ 30,000 円　☾：33,000 円～ 36,000 円

鮨処 やまと

Sushidokoro Yamato

シェフ 安井大和

15/20

寿司

高松市で鮨店を営む両親の元で育った安井氏は、柔らかな物腰から穏やかな人柄が窺えるが、その握りは、実直で芯のある仕事ぶりを示している。「銀座小十」で日本料理を学び、「日本橋蛎殻町すぎた」では2番手を務め、築地に店を開いたのが2021年8月。入口の白い暖簾は師匠の杉田孝明氏から贈られたものだといい、落ち着きのある上質な店内には、ゆったり8席の白木のカウンター。おまかせは、酒肴7品ほどの後に握りが15貫続く。肴は煮蛸や蒸し鮑の美味しさもさることながら、メヒカリの粕漬けが秀逸。開きが温かい状態で供され、フワッ、ねっとり、カリッの多彩な食感に魅了される。素材の良さが際立つ握りは、特に酢締めと昆布締めのバランス感覚が印象深い。小肌は塩30分、酢90分としっかり締めてあり、噛むほどに美味しさが増幅する。アイナメの昆布締めは、輪郭のはっきりした食べごたえ。春子の昆布締めや、しめ鯖も群を抜く風味だ。最後は車海老、雲丹軍艦、穴子、玉子。淀みなく繰り出される握りには安定感があり、華美ではないが楚々とした品の良さは師匠譲りか。すでに貫禄さえ感じさせる安井氏。正統派江戸前鮨の担い手として、期待は高まるばかりだ。

☼：20,500円　☾：20,500円

Tel: 03-3543-6311

東京都中央区築地3-7-2
第五銀座ウェスト築地
ビル 1F

定休日：不定休

☼：12:00-
☾：17:30- /20:10-

※クレジットカードはVisa・Masterのみ利用可

ゴ・エ・ミヨの歴史

1962年、初のパリ・ガイドブック

ジュリアール出版の文学部長クリスチャン・ブルジョワは、『クリスチャン・ブルジョワの見たいもの、食べたいもの』というタイトルで金曜コラムのセレクションを出版し、ベストセラーとなります。ここから、パリのレストランだけでなく、ブティックや職人、ワインショップ、魅力的なホテル、散歩道などを現代的でジャーナリスティックな視点から紹介するガイドブックを作るアイデアが生まれました。

クリスチャン・ブルジョワは、迷わずこのプロジェクトに出資します。「ゴ・エ・ミヨ」という、2つの頭と2つの胃袋をもったモンスターが生まれたのです。1962年にジュリアール出版のパリ・ガイドブックが初めて書店に並び、ガイドブックの新しいスタイルが確立しました。

クレイジーピザ アット スクエア

pop

CRAZY PIZZA at SQUARE

シェフ 柴田正幸

イタリア料理

Tel: **070-2008-1910**

東京都新宿区天神町1-2

定休日：月曜、月２日不定休あり

☼：平日 11:30-14:00
(L.O.13:30)
土・日・祝
12:00-15:00
(L.O.14:00)
☾：18:00-23:00
(L.O.22:00)

独創的なイタリア料理で知られる「ドンブラボー」の平雅一氏が開いたピッツェリアの姉妹店。シェフを任された柴田氏は「ドンブラボー」の開業時から参加、トスカーナ地方やミラノで修業した際に習得したイタリア郷土料理をピザの上に展開、そのおもむきは「超・ピザ」ともいうべきものだ。「ぶっかけピザ」と銘打った人気シリーズは、ソースと具がピザからはみ出るユニークなスタイルで、その一つ「タコのトマト煮込み」のピザから溢れ出るソースは、ブイヤベースにトマトを加え、香辛料が利いた豚肉のサラミ「ンドゥイヤ」を加えたもの。ピザの原料の粉もソースも、電気窯用に最適化され、どのメニューからも柴田氏のイタリアへの思いを感じることができる。

☼コース ○　☾コース ○

ドゥ・フイユ

pop

deux feuilles

シェフ 高橋優太

フランス料理

Tel: **03-6682-1846**

東京都新宿区横寺町1-1 B1F

定休日：月曜、他不定休あり

☾：17:00-23:00
(L.O.22:00)

並んでも買えないといわれる神楽坂の超人気ベーカリー「Pain des Philosophes」が運営するビストロである。本家のベーカリーは、神楽坂界隈で美味しいと評判の店のスタッフでも、一般客と一緒に並んで買い求めることで知られている。厨房を預かる高橋氏は、オーナーがその味に惚れ込み、口説き落としてから、この店を開く準備をしたという腕利きだ。気取りも気負いも不要の、雰囲気と値段、適度な距離感のあるフレンドリーな接客とが相まって、つい閉店間際まで、ワイン・皿・パンを無限リピートしてしまう。店で出すパンはここでしかいただけないもの、シェフの料理とのバランスも、ここでしか体感できないという、なんとも憎らしい演出なのである。

☾コース ○

ペス

pop

PEZ

シェフ 石浜 綾

フランス料理

Tel: **050-3172-4370**

東京都渋谷区宇田川町37-14 B1F

定休日：日曜、他不定休あり

☾：17:00-23:30
(L.O.22:30)

個性的なビストロが立ち並ぶ“奥渋”エリアに、イタリア郷土料理と自然派ワイン「CHOWCHOW」の姉妹店としてオープン。石浜氏は魚介を活かすレストラン「abysse」でスーシェフとして活躍。ここでも「魚の命を使い切ること」をテーマに、デザート以外のすべてのメニューに魚介の要素を取り入れている。スープ・ド・ポワソンは魚のアラや野菜、果物などをじっくり煮込んだ店の名物料理で、ルイユを加えるとさらに味に深みが増す。また、魚介の旨みが凝縮したスープの残りはリゾットやパスタで余すことなく楽しめる。スタッフ全員が若く、生き生きと仕事をしているのが印象的で、自然派ワインとともに心地好い時間を過ごすことができるだろう。

Gault&Millau

RESTAURANTS

レストラン

北海道

HOKKAIDO

アキナガオ

aki nagao

シェフ 長尾彰浩

16.5/20

フランス料理

Tel: 011-206-1789

北海道札幌市中央区
南 3 条西3-3
G-DINING 1F

定休日：日曜、他不定休あり

☼：土・祝
12:00-13:00 (L.O.)
☾：17:30-19:30 (L.O.)

東京やフランスでの経験豊富な長尾氏が、出身地札幌で店を開いて 13 年目を迎えた。現在は形態の異なる飲食店 5 店舗を経営し、野菜農園や、2021 年には葡萄畑を手に入れ、念願のワイン生産にも乗り出す。ナチュール系ブルゴーニュワインに傾倒する長尾氏の料理は、ワインとのマリアージュを前提に考えられ、酸味・果実味・旨み・香りなどが繊細に重なり、一皿の中で味の多様な変化を楽しませる。それを示す一品が、「キンキ 焼き茄子のペースト オイルのグラデーション」だ。皿の上にガラムマサラ、赤パプリカ、パセリという 3 種類の自家製フレーバーオイルを絵具で描いたように 3 色のグラデーションにし、茄子のペーストはココナッツオイルで仕上げることで四重奏のフレーバー、そこにドライにしたバジルの葉や個々の食材の風味、更にワインも加わると、それはもう味のオーケストラである。道産食材を深く理解し、食感や風味を考慮し、新たな組み合わせを模索する中で、日本古来の郷土料理のテイストをさりげなく取り入れもする。スタッフ全員で野菜や葡萄の栽培にも取り組むなど、長尾氏は料理を超えた「北海道」を表現しようとしている。

☼：27,500 円　☾：27,500 円

ル・ミュゼ イデア

Le Musée IDEA

シェフ 石井 誠

16.5/20

フランス料理

Tel: 011-640-6955

北海道札幌市中央区
宮の森 1 条14-3-20

定休日：第 1・2 日曜、
第 3・4 月曜

☼：12:00-14:00
一斉スタート
☾：18:00-21:00
一斉スタート

2020 年のリニューアル以降、石井氏は自然の生命の循環をイメージさせる方向性をより深めてきた。「生態系自然観」をテーマに据え、北海道の生態系や自然の多様性を料理で表現することを目指す。最初に供される水は、折々の季節を感じさせるもので、この日はクルマバソウ。桜の花のような香りは、ミシェル・ブラス氏の書籍から得たアイデアだという。コースは季節ごとに変わる 6 つの「イデア」――食、アート、器、風土、季節、そして「リアル」。「今、ここ」にいるリアリティーを石井氏は様々な位相で問いかける。たとえば前菜の「磯香」。牡蠣殻の上には牡蠣ではなく、昆布出汁にひたされたオイスターリーフ。実物の牡蠣がなくても香りでその存在を感じさせる仕掛けは、次の皿で実際に牡蠣を食することでより強調される。食感が似た蝦夷鮑と「王様しいたけ」を並べた「同化」と題する一皿もそうだ。石井氏の料理の魅力は、いつも途上であり、コース自体が少しずつ新陳代謝するところにある。アイヌ民族のマキリ（小刀）をカトラリーとして使うことにも、味覚だけではない北海道という土地のリアリティーを伝えたいという石井氏の意思が感じ取れる。

☼：22,000 円　☾：22,000 円

モリエール

Molière

オーナーシェフ 中道 博　シェフ 今 智行

16/20

フランス料理

「美味しい」と感じることは、料理のみならず、サービスや空間すべてであることを改めて認識させてくれるレストランだ。創業は1984年、客層も幅広い。家族とともに少し緊張した面持ちの少女は、誕生日のお祝いなのだろう。サービススタッフはその雰囲気をほぐすように語りかけ、笑顔を引き出す。こんな微笑ましいシーンもこのレストランの日常だ。その姿勢は料理にも表れ、奇を衒わず安定感のあるメニューを揃えている。20種類におよぶ季節の野菜が盛られたサラダは、ベースはバターソースでありながら、梅肉、胡麻、ナッツ、ジャムなどをゲスト自らが軽く和えることで、口に運ぶ度に変化する味が愉しめる。カスベ（エイ）は北海道の家庭料理によく使われる魚だが、ここではムニエルにして食感を大切に、焦がしバターの脂に柑橘の酸、ケッパーの刺激が一体となったソースを合わせることで、この魚を高級フランス料理の食材にまで高めている。この店の料理は、シンプルに素材の味を引き出しているように見えるが、実は口中で豊かなアンサンブルを奏でている。あの少女も、いつか友人や家族とともにここを訪れるに違いない。帰ってくる場所、名店とはそういうものだ。

☼：5,200円～13,800円　☾：15,000円～18,000円

Tel: **011-631-3155**

北海道札幌市中央区
宮ヶ丘2-1-1
ラファイエット宮ヶ丘1F

定休日：水曜、他不定休あり

☼：11:30-
☾：17:30-

タテオカ タケシ

TATEOKA TAKESHI

シェフ 館岡武士

15.5/20

フランス料理

街の喧騒を抜けてビルの間を進むとメートル・ドテルが待ち受けている。店内の札幌軟石で設えられた重厚でシックなデザインがアプローチとなり、非日常の時間と空間に料理への期待感も高まる。そのデザインコンセプトはゲストルームへと続き、テーブル上のショープレートまでもが札幌軟石で作られた特注品だ。館岡氏はパリや南仏などで修業し、ロアンヌの「メゾン・トロワグロ」で研鑽を重ねて帰国、2016年にこの店を開いた。以来、北海道産の食材が持つ旨みと力強さを引き出し、そこにボーダーレスな薬味やソースを融合させた「タテオカワールド」を築き上げている。ホワイトアスパラガスに花柚子の香りを纏わせた一品は、アスパラガスの甘みを際立たせ、キンキの松笠焼きには、蕗の薹・レモングラス・生姜のソースを添え、深い味わいのソースの口当たりを爽やかに変化させる。脂の乗りが良い魚の旨みとからませることで新しい食世界を生み出しているのだ。酸味・苦み・辛みなどのバランスをマジックのように使いこなし、素材を融合させることに遊び心を加えた館岡氏の料理の数々は、楽しく、美味しく、豊かである。味のサプライズを期待しながら訪れたいレストランだ。

☾：13,800円～25,800円

Tel: **050-3177-2700**

北海道札幌市中央区
南3条西2
KT3条ビル1F

定休日：月曜（祝日の場合は営業、翌火曜以降に休みを振替）、年末年始

☾：18:00-22:00 (L.O.)

メゾン フジヤ ハコダテ

maison FUJIYA Hakodate

シェフ 藤谷圭介

15.5/20

フランス料理

Tel: 0138-76-9653

北海道函館市元町17-17

定休日：水曜、第2・4火曜

☼：12:00-15:00
(L.O.13:00)
☾：18:00-22:00
(L.O.19:30)

函館山の麓、石畳が敷きつめられた二十間坂の坂上に、ひと際目を引く白亜のレストラン。道南のガストロノミーを牽引するに相応しい堂々たる建物は、これからフランス料理というドラマが展開されるステージのようで、心躍るものがある。ドアの前で支配人の山内武氏に迎えられ、建物2階へ案内されると、真っ白いクロス、その向こうに函館の絶景が広がっている。藤谷氏のコース構成は、コクのある伝統的な手法のソースにライムで爽やかさを演出するなど、一皿ごとの濃淡をバランス良く組み立て、リズミカルな味わいを出したものだ。小さなシューのアミューズから彩りも美しいプチフールまで、手間暇かけた料理が続いていく。「おぐにビーフ」のコンソメは、琥珀色に輝き、丁寧に下拵えされた肉の旨みを引き出し、いつまでも身体の中に美味しさの余韻が残る。鳥レバーと南瓜のガトー仕立ては、スイーツの見立てのような楽しさで、レバーの風味を出しながら臭みやえぐみを完全に取り除き、深いコクとともに南瓜の甘さで優しさを表現、カカオのグラサージュのビター感で仕上げた傑作だ。時代とともに変化しながらも、流されることのない、藤谷氏流のフランス料理の真髄がここにある。

☼：6,600円〜22,000円　☾：14,300円〜22,000円

アグリスケープ

AGRISCAPE

シェフ 吉田夏織

15/20

フランス料理

Tel: 011-676-8445

北海道札幌市西区小別沢177

定休日：不定休

☼：12:10-15:30
(L.O.13:00)
☾：17:40-22:00
(L.O.19:30)

構想に5年を費やし、2019年に開業した循環型農園レストランは、札幌市の中心部から車で20分ほど。森の中に拓かれた畑地にはモダンなレストランを中心にミツバチや鶏、豚が飼育され、今や150種ほどの野菜を生産するまでになっている。ホールのガラス越し、目に入るのは手つかずの林と飛び交うミツバチ、静かなBGMも人間の声も山の空気に吸い込まれ、異空間に迷い込んだような錯覚に陥る。この非日常感がなんとも心地好い。冷えたシャンパーニュが喉を潤す頃、大きなプレートに盛り付けられた野菜などを吉田氏がプレゼンテーションする。8割が自家製食材というコースのイントロだ。その鮮度の良さが自ずと期待感を高めてくれる。どの皿にも実に多くの食材が使われ、まるで山の収穫祭のような賑やかさ。そうした多様な味覚をまとめ上げているのが、アボカドや蕗の薹、ニンニクを使ったソースで、大地の力強いパワーを料理として豊かに変化させている。大切に育てられた黒豚の脂身の甘さとコク、160日飼育のプレノワール鶏の身の締まりと旨みの重厚さも、農園のスタッフ全員で本物の美味しさを求めた証といえるだろう。この地ならではの食の未来に期待したい。

☼：4,400円〜19,800円　☾：13,200円〜19,800円

ロランジュ

L'ORANGE

シェフ 大原正雄

15/20

フランス料理

札幌市出身の大原氏は、「ひらまつ」グループで、東京・パリ・金沢・大阪・京都の各店舗を経験、大阪と京都で料理長を務めた後、故郷に戻り、2018年10月、独立開業した。大規模レストランで感じた厨房と客席との距離感から、自身の店はカウンター席のみとし、直にゲストへ適正な鮮度と温度で料理を提供する。大原氏はクラシックなフランス料理を踏襲しつつ、自ら生産者のもとを訪ね、道産食材と身につけたフランス料理の技法との新たな組み合わせを模索、皿に対して高い完成度をストイックに追求し続けている。店のスペシャリテの一つ「毛蟹 " 私の表現 " HK」は、平取町の松茸とともに毛蟹の剥き身を3種類の泡のソースでいただく、開店当初から少しずつバージョンアップし、完成度を高め続けている一品だ。また、江別産の奄夢豚は、塩釜で5時間火入れし、異次元の旨みと甘みをもたらしている。カウンターフレンチならではの醍醐味は、料理が配膳されるたびに、コンセプトや調理法など、詳細な説明を直接シェフから聞けることだ。大原氏の言葉からは料理への情熱がほとばしっている。更なる飛躍が期待されるレストランだ。

☼：20,000円　☾：20,000円

Tel: **011-213-0803**

北海道札幌市中央区
南5条西3-1 5・3ビル2F

定休日：日曜、祝日

☼：12:00-15:30
☾：18:30-23:00

※季節や仕入れにより価格の変動あり

マリヨンヌ

Marions Nous

シェフ 小久保康生

14.5/20

フランス料理

帯広市の屋台村「北の屋台」で注目され、徒歩数分の現在地に移転したのは2020年。小久保氏の料理への探求心が、オープンキッチンのカウンターに変わらず多くの人を引き寄せている。コースは小さなパーツで細かく作り込まれたアミューズから始まる。使われる食材の多さを裏付けるのが、メニュー裏に記された生産者リストだ。じゃがいもは品種別で2ヵ所、チーズ、ニンニク、人参、野菜、肉、魚など、新鮮で味の濃い北海道産食材とその作り手の名が連なる。なかでも小久保氏が大切にするのが肉だ。滋賀の精肉店「サカエヤ」新保吉伸氏の手当てによる完全放牧野生牛「ジビーフ」や経産牛など、コース内には4皿の肉料理がある。このうち牛肉の2皿は、若いジビーフの肉と経産牛の食べ比べ。ジビーフは軽やかな風味で、経産牛は噛み締めるごとに旨みが増す。山菜や濃厚なマスタードソースなどの付け合わせを変えて、メイン料理が4皿存在するような趣向としている。これも多くの料理を楽しんでもらいたいという小久保氏の食への情熱とサービス精神の表れだろう。料理人は良い素材をゲストに手渡す伝道師でもある。改めて農業王国・十勝の食材の力を感じさせる店だ。

☾：5,500円～ 11,000円

Tel: **0155-29-2838**

北海道帯広市西1条
南10-2-1
マスヤビル 1F

定休日：火曜

☾：18:00-24:00

タカオ

TAKAO

シェフ 高尾僚将

16/20

イタリア料理

Tel: **011-618-2217**

北海道札幌市中央区
南３条西23-2-10
Condo Maruyama
KIRARI 1F

定休日：日曜

☾：18:00-

「道産子ガストロノミー」を提唱し、「森を料理する」「森に付加価値を」をテーマに、文化と人と自然を一体化させ、未知の味覚世界を創造する高尾氏。その中心を成すのが先住民族であるアイヌ民族の知恵であり、それは、山に分け入り草木を見極め、その可能性を引き出した料理に表されている。自生する木の芽、山椒、トドマツや木々の葉などを香りとともにアクセントに加えた独自の世界観。トゥレプ（オオウバユリ）から作られるデンプンを用いたパスタも高尾氏ならではのものだ。基本はイタリア料理であるが、そこに「TAKAO」のテーマが融合することで、これまでにない新しい世界が生まれる。渡り蟹のパスタの深みのある味は、忘れがたいものになり、ニセアカシアのエキスと木の芽のジェラートに癒される。一品ごとに説き明かされる食材にまつわる物語を聞いていると自然科学の講義のようにも思えるが、フランス料理からスタートした高尾氏の基本技術は確かなもの。驚きを美味しさに変えることのできる優れたシェフの一人に違いない。シンプルで、品よくまとめられた空間で繰り広げられるオンリーワンの世界。ここからどのように枝葉を広げていくのか、楽しみでならない。

☾：19,800 円

パルコ フィエラ

PARCO FIERA

シェフ 中條大輔

15/20

イタリア料理

Tel: **070-1139-0283**

北海道札幌市手稲区
稲穂１条4-8-10

定休日：不定休

☼：12:00- 一斉スタート
☾：18:00- 一斉スタート

JR 札幌駅から電車で約 20 分の稲穂駅前。昼夜各 2 組のみの完全予約制。料理は二部構成で、前半は「後半の自家製シャルキュトリーを愉しむための料理」と中條氏は言い切る。東京やイタリア・ピエモンテ州で修業したシェフが追求するのは、発酵技術を駆使した自家製調味料と「出来たて」の味を直に届けること。「アサリのタヤリン」は、オープンキッチンのカウンターで、1 kg の小麦粉に卵を 30 個使用した生地を目の前で伸ばして仕上げる。ソースは大粒のアサリ 120 個分の貝出汁とその身で、一切塩は加えず、濃厚な味を堪能させる。珠玉の後半はシャルキュトリー 12 種類。目の前で揚げたニョッコ・フリットにはパンチェッタをのせ、小麦の美味しさとハムの旨みに塩味を利かせる。プロシュート・コットは、ゆめぴりかを主役として米を引き立たせ、ハムの美味しさを味わわせたかと思えば、次はハムを主役とし、ご飯にセロリ酢と山わさびを加え、食べ比べさせる。発酵食品を多用するためだろうか、食後の胃が軽く感じられ、身体に優しい料理であることがわかる。地元食材と自家製シャルキュトリーで、これほど極上の味覚世界を生み出すシェフは、そうそういないだろう。

☼：16,500 円　☾：16,500 円

リストランテ カノフィーロ

RISTORANTE CANOFILO

シェフ 小川智司

15/20

イタリア料理

エレベーターを降りるとエレガントで落ち着いた空間の中、白いクロスが目に飛び込み、ここで過ごす楽しみが一気に膨らんでいく。笑顔で迎え入れてくれるソムリエに安らぎを覚えながら席に着くと、カトラリーの他に箸もセットされ、初めての訪問でも緊張が和らいでいく。若いゲストが多いのは、そんな気さくな部分に居心地の良さを感じているからかもしれない。価格設定もリーズナブルなコースからあり、ランチなどで日常使いもできるほどだ。しかし、この店は同時に、地元北海道の食材をふんだんに取り入れ、独創的な料理に変えるイタリア料理店でもある。平取町産「びらとり和牛」のラグーのリゾットは、肉の本質をうまく活かし、天然のしめじと合わせることで、その味覚を表現し個性を出している。花咲蟹のパスタは、独特な蟹の風味が口に広がり、まさに北海道の味そのものである。2002年開業の旧店名時代から腕を振るう小川氏は、生産者から届くその日の食材を、どう料理に活かすか、その場でメニューを考えるという。寛ぎの空間と北海道食材を用いた創造性溢れる料理。市民に長く愛され続けるレストランだ。

☀：2,750円～11,000円　☾：8,800円～16,500円

Tel: **011-242-0808**

北海道札幌市中央区
南2条西1
アスカビル2F

定休日：不定休

☀：11:30-13:00 (L.O.)
☾：18:00-20:00 (L.O.)

レストランバスク

Restaurante VASCU

シェフ 深谷宏治

14.5/20

スペイン・バスク料理

長身のシェフは腰を屈め、愛おしむように2年間熟成させた生ハムの原木を削る。理工系大学を卒業後、料理人を志し、スペイン・バスクに巡り会い、修業。帰国後、37年間、作り続ける熟練の生ハムだ。青森の放牧豚を用いたハムは、緩やかなサシで融点が低く、口の中に甘みを残して融けていく。料理は人を表すとはいうが、その優しさ、深さは、茸のスープを味わうとよくわかる。深谷氏自ら山に入り採ったアカハツやアワタケなどから引き出す北海道の自然の味。深谷氏は、この店には新しいものはないと言う。日常の中にある美味しいものを作り続け、磨き上げること、それが、1970年代、サンセバスチャンが「美食の街」と呼ばれる遥か以前、修業先のシェフから学んだこと。それを守り続けた歳月が生んだ味が、ここにある。深谷氏は、バスク料理を掲げるレストランの先駆者であり、「世界料理学会 in HAKODATE」を立ち上げ、第一線のシェフを函館に向かわせる料理界の中心人物の一人である。しかし、自身は、地元の人がいつでも来られる店でありたいと価格を抑え、丁寧に温かく料理を作り続ける。旅人には、あの街の、あの味と、また戻ってきたくなるような、そんな懐かしさを感じさせるレストランでもある。

☀：2,200円～11,000円　☾：4,950円～11,000円

Tel: **0138-56-1570**

北海道函館市松陰町1-4

定休日：水曜

☀：11:30-14:00
(L.O.13:30)
☾：平日・土 17:00-21:00
(L.O.20:00)
日 17:00-20:30
(L.O.20:00)

Tel: **0135-22-2800**

北海道余市郡余市町登町
987-2

定休日：月曜

☼：水・金・日 12:00-
一斉スタート
☾：火・木・土 18:00-
一斉スタート

余市サグラ

Yoichi SAGRA

シェフ 村井啓人

14.5/20

イノベーティブ

村井氏が札幌から余市に移転してきたのは2017年。オーベルジュがある余市・登地区はワイン用葡萄やリンゴの道内有数の生産地で、国内でも有名なドメーヌが点在する。またワイン用葡萄と野菜の生産地が近いことによる食材の味の相性の良さを生かし、ここだからこそできるワインと料理の調和を目指している。村井氏の料理世界は独創的だ。地元の野菜を主役にした少量多皿で、蒸したシャコの一皿は、あずきなやヤブカンゾウ、カタクリを添え、クリーム系の軽いソースを合わせる。山菜の特徴ある香りと焦げ目をつけたシャコとソースの香りのバランスが、印象深い。また、旬のホワイトアスパラガスは、アスパラガスの適切な水分量のためにと、３日ほど寝かせたあとに炭火で焼き、ゲストが軍手をはめ、手で海苔を巻くという、磯辺揚げのような意表を突くスタイルで愉しませる。いずれも、素材の良さをゲストに伝えるために発想された即興料理の趣だ。村山氏は自身の料理の理想像を「郷土料理でありたい」と語る。北海道・余市で「ここだからできること」を突き詰めていった結果、どこにもない料理が生まれ、それは「ここにしかない料理」として独自の世界を作り上げている。

☼：7,700円～11,000円　☾：15,000円～20,000円

5	全てに卓越したレストラン	19～20点
4	非常に素晴らしいレストラン	17～18.5点
3	素晴らしいレストラン	15～16.5点
2	料理人の個性を感じるレストラン	13～14.5点
1	良いレストラン	11～12.5点
トックなし	美味しいレストラン	10～10.5点

クレジットカード

個室あり

バリアフリー

壽山

Suyama

シェフ 高橋秀人

16/20

日本料理

しっとりとしなやかに、されど威風堂々とした佇まいの店先に、行燈の火が灯る。その風情に心躍り、期待感に満たされる。街の中心部からやや離れた場所であることも、この店に相応しいのかもしれない。引き戸を開け、ゲストルームに入るまでの廊下の長さも程よく、京都の建築家の手になる数寄屋造りは、網代天井が空間を優しく包み込み、檜に溜漆のカウンターが料理を一層引き立てる。京都でも修業した高橋氏の思いが伝わってくるような見事な設えだ。カウンターを隔てた先は店主の一人舞台のごとく、焼き場、切り場と技の冴え、所作の美しさを見せ、ゲストに驚きや喜びを与えてくれる。炭火の上で火の対流と扇ぎの熱風を利用しながら焼いた鮎は、表面はカリッと、中はふんわりしているのだが、その焼かれていく様を見ることは、待ちわびるゲストに一層の味わい深さを覚えさせるに違いない。炭火で炙る鱧も然り。椀物の出汁も好い塩梅で、昆布の良さを多めに引き出し、まろやかにまとめることによって椀種の素材の力を強調し、調和させている。締めのご飯は白米と炊き込みの２種が供され、豊かな時に心も満たされる。誰もが再訪したいと願う一軒ではなかろうか。

☾：24,200 円

Tel: **011-688-8024**

北海道札幌市中央区
大通西17-2-8
グラシアス大通 1F

定休日：水曜、第３火曜

☾：18:00- 一斉スタート

温味

Nukumi

シェフ 山本真樹

16/20

日本料理

すすきのの中心部から一駅隣、中島公園に臨む閑静な住宅街の一角に店を構える。店内は贅沢な空間使いで、ゆったりと腰をおろし最初の料理を待ちながら飲み物を選ぶ。手入れの行き届いた清潔感あるインテリアが心地好い。この店にはコースの品書きがなく、配膳の都度、詳細を説明する形をとっている。先付は２品。活スルメイカの肝和えは、捌きたてで、細目の短冊切りが食感を際立たせている。とうもろこしと、その粉を混ぜた葛餅に、北海しま海老を合わせた一品は、塩味が甘みを引き立てる。お凌ぎの胡麻・でんぶ・紫蘇をまぶしたおはぎ風は、面白い仕上がりで、甘くないおはぎといったところか。お造りも盛付の見映えを計算した大きさで、砕いた氷で程よい温度感を保ちつつ清涼感を演出している。マコガレイとそのエンガワや蒸し肝に海苔のゼリー寄せ、花付きミニ胡瓜と、いずれも丁寧な仕事が施され、目でも楽しませる。季節感と食べ頃を考慮した仕入れは、北海道産に限らず最良の食材を最適な場所からという考えで、味付けは塩味を含め、素材本来の味をしっかりと表現している。本格的な日本料理を極上の洗練された空間で楽しめる、札幌では希少な店といえよう。

☾：16,000 円～ 24,000 円

Tel: **011-520-6858**

北海道札幌市中央区
南10条西6-3-2

定休日：月曜、第４日曜

☾：18:00-21:00
（最終入店）

味道広路

Ajidokoro

シェフ 酒井弘志

15.5/20

日本料理

Tel: **0123-73-6677**

北海道夕張郡栗山町
字湯地40-35

定休日：火曜、第２水曜、他不定休あり

☼：12:00-14:30
（最終入店 12:30）
☾：17:30-21:00
（最終入店 18:30）

数多の優秀な料理人を輩出している「招福楼」。北の地で評判になり、飛行機に乗ってまで訪れる客がいるという「味道広路」の酒井氏もその出身の一人だ。店は札幌から車で約１時間の夕張郡栗山町にあり、酒井氏が故郷の地に店を構え、すでに20年を超えた。待合は地方の駅舎のような、ほのぼのとした手作り感があり、店内もそこかしこに店主と女将ならではの趣向が凝らされ、素朴で穏やかな料理に相応しい設えだ。日本料理の決め手となる、お椀とお造りの美味しさは確かなもので、「筑陽茄子と鰻のお椀」は、見事な素材を吸い地が包み込んで、この店の真髄を見るような仕上がりである。オリジナリティー溢れる料理にも定評があり、「イシナギの塩焼き」には、もろみ味噌をのせたズッキーニの、みじん粉揚げが添えられている。サクッとズッキーニを噛むと、とろっとした美味しさが口中を満たす。香ばしさと味噌の塩味がよく合い、上品な魚料理に脂分と塩味を補って、旨さが最高潮になる一皿だ。「夕張メロンと梅の蜜煮」もシンプルだが丁寧に手をかけた上品な甘さで、心も和む。冬の自然の厳しさ、交通の不便ささえも魅力にしてしまう大地の恵みをいただきに、わざわざでも足を延ばしたくなる店である。

☼：6,600円～13,200円　☾：6,600円～13,200円

日本料理 潤花

Nihonryouri RUKA

シェフ 中田 潤

15.5/20

日本料理

Tel: **011-213-8518**

北海道札幌市中央区
南１条西22-2-15
シーズンビル B1F

定休日：月曜

☼：12:00-15:00
（L.O.13:30）
☾：17:30-22:00
（L.O.20:00）

美しく優しい味わいの旨い店が円山にある、そんな噂が流れて10年近く経つだろうか。店は今も変わらぬ姿勢で客人を迎え入れている。出汁の文化を大切にする大阪出身の中田氏が生み出す料理は、美と旬の食材と五味のバランスが見事だ。冷製前菜のとうもろこしをペーストにしたジュレ寄せは、甘みを引き出し、出汁の旨みを纏わせ、塩を少し多めに仕上げることで、美味しいだけでなく、暑い日の身体をクールダウンしてくれる。椀物のキンキの真丈では、メジマグロと羅臼昆布の出汁の相乗効果による旨みはもちろんのこと、食材を七夕にちなんだ装飾で表現する見せ方に、あらためて節句と食が深く結びついた日本料理の素晴らしさを思う。それは店名にある「花」のような料理の美しさとも繋がり、色彩豊かな世界が広がる。お造りなどは、器使いや細かな添え物に配慮がなされ、卓が一気に華やかになり、客から感嘆の声が漏れる。中田氏は有名フランス料理店の厨房にも通って学んだことがあるといい、そこで習得したエッセンスが侘び寂びの美意識だけではない感性を生み出しているのだろう。深い旨みとコクが心に残るのはもちろんだが、視覚からの記憶でも忘れられない一店である。

☼：5,500円～11,000円　☾：8,250円～22,000円

花小路さわ田

Hanakoji Sawada

シェフ 加後朋也

15.5/20

日本料理

Tel: **011-562-0088**

北海道札幌市中央区
南 7 条西4
プラザ 7・4 浅井ビル 3F

定休日：日曜、祝日、第 1 月曜

☾：17:30-22:00
（最終入店 19:30）

すすきの中心部に位置し、アクセスの良さから、普段使いに接待にと幅広い需要に応える日本料理店だ。ここでは、厨房が見渡せるカウンターで料理人の仕事ぶりを眺めるのもいいのだが、個室にバリエーションがあり、数名から多人数まで対応が可能になっている。また、畳部屋も用意され、年配者もゆったり食事が楽しめるだろう。会席形式の料理には、季節限定のふぐコースもあるが、年間を通した道産料理コースは、北海道の食材に絞った構成によって、季節ごとに地域の特性が感じられ、道外のゲストに推奨したい料理が次々と登場する。なかでも、定番のおかき揚げとイクラの飯蒸しが評判で、もう一つ、コースの締めに出される黒松内町産の蕎麦粉「幻の奈川」による手打ち十割蕎麦も注目だ。大将が自ら打ち、茹でた蕎麦は、濃い目のつゆでいただく江戸下町文化を踏襲した本格派であり、蕎麦湯も味わい深い。これを目当てに訪れる客もいるというほど素晴らしい出来栄えだ。料理はどれも食材の味を引き出すため、出汁をベースに穏やかな味わいで、一品だけ突出することなく、全体の流れを考えた味付けとなっている。店構えや内装も控え目で、誰もが訪問しやすい和食店といえるだろう。

☾：13,200 円～ 30,800 円

料理屋 素

Ryouriya So

シェフ 姉崎貴史

15.5/20

日本料理

Tel: **011-621-6222**

北海道札幌市中央区
北 1 条西28-2-18

定休日：不定休

☼：予約に応じて
☾：予約に応じて

ビルの小さな間口の引き戸を開け階段を上った先に、1 日に受け入れるゲストの数を限定した完全予約制の客室がある。純和風で造られた趣のある空間は静寂に包まれ、緑多き円山地区の高級住宅地の雰囲気がそのまま店内に入り込んでいるかのようである。日本酒のペアリングと同時に供される料理は、あえて表現するならば、派手でもなく、地味でもなく、しかしながら物静かに存在感を放っているといったものだ。姉崎氏は、道内、道外から訪れるそれぞれのゲストに合わせ、喜びを感じてもらえる食材で料理を構成していると言い、道内の同行者がいた訪問時には、京筍のお造りが用意された。北海道に住む者にとっては、頬が緩み興趣を覚える一品である。他のお造りも、兵庫の太刀魚、大阪の赤貝と道外の美味い物で仕上げられ、添えられた菖蒲の花を象ったウドの酢漬けが季節を楽しませてくれる。能にたとえるならばシテ・ワキ・ツレが好演することにより場の雰囲気を作り出すがごとく、心に刻まれる品々。姉崎氏は北海道出身。京都などで腕を磨き、ニセコにも店を持ち、リゾート地で海外からの客人にも人気を博している。2005 年に開業したこの店も、今や札幌で不動の存在といえるだろう。

☼：22,000 円～　☾：22,000 円～

Tel: **011-215-0318**

北海道札幌市中央区
南 6 条西21-4-6

定休日：不定休

☾：18:00-

御料理 ふじ田

Oryouri Fujita

シェフ 藤田哲聖

15/20

日本料理

円山の住宅地に店はあるのだが、注意しないと見過ごしてしまうほど周囲の環境に溶け込んでいる。北海道出身の藤田氏は、京都「桜田」や神戸「料理屋 植むら」など名だたる店で修業を重ね、2018 年、地元札幌へ戻り、現在の地に店を構えた。食材は北海道だけでなく広く全国から仕入れ、四季を意識し、旨みの旬を押さえた料理でゲストを迎える。料理屋然としていない外観に戸惑いつつ引き戸を開け石畳風の長廊下を進むと、簡素だが整然とした調理場がカウンター越しに目に入る。初めに食材や品書きの説明は一切なく、それがかえって期待感を高めてくれる。ゲスト全員が席に着くとおもむろにコース料理は始まり、まずは先付。ボタン海老の昆布締めと徳島産「珊瑚樹トマト」の出汁漬けは、その組み合わせも珍しく、まさに山海一体、酸味で食欲を増進させるスターターに相応しい一品だ。その後も、椀物・お造り・焼魚・お凌ぎ・八寸・焼物・煮物・ご飯と、割烹の粋を集めた料理を堪能させてくれる。なかでも焼物の、炭焼き台と藁を使うパフォーマンスは店の名物になっている。調理のほとんどが目の前で行われ、独立家屋の店舗ならではの演出が楽しめる日本料理店だ。

☾：**15,400 円**

Tel: **011-200-1144**

北海道札幌市中央区
南 2 条西5-31-4
スカレッタビル 2F

定休日：水曜、他不定休あり

☾：18:00-/20:30-

鮨 一幸

Sushi Ikko

シェフ 工藤順也

17/20

寿司

握りの 1 貫目は春子と決めている。鮨種と酢飯の一体化を目指し、最高のタイミングから逆算して仕込みを始める。噛み締めるごとに、しみじみと鮨の素晴らしさが味わえる。工藤氏は 25 歳で苦境にあった父親の店を継ぎ、アイデアと行動力で父とともに乗り越え、日本有数の名店にまで上りつめた。2 貫目は歯ごたえのあるもの、この日はミル貝。低めの温度で甘みが際立ち、しこしことした食感を愉しむ。「美味しい」「美味しい」の次、3 貫目は本能で「旨い！」と言わせるものを持ってくる。金目鯛だ。その脂分と酸が乳化し、ガツンとくる味に歓声が上がる。全ての客が満足するようにコースに流れを持たせ、巧みな話術で惹きつける。オリジナリティーあふれる季節限定のスペシャリテも秀逸だ。5 月は子持ちシャコ。漁港から大急ぎで店に持ち帰り火入れをし、卵はキラキラとした琥珀色の半熟に、噛むととろりとソースのように溶ける。主役になることのなかったシャコが、えも言われぬ味わい深い一品に昇格だ。「カウンターで色が付いていてもいいのは魚だけ」と、使うグラスや皿は全て透明のクリスタル。地の利を活かすも「魚が最高の主役」になるための努力を怠らない、北海道を代表する至高の鮨店である。

☾：**35,200 円**

すし 宮川

17/20

Sushi Miyakawa

シェフ 宮川政明

寿司

白木の美しいカウンターに客人が揃い、各々酒の注文を終えると店内は静寂に包まれる。それはおそらく、無駄な装飾や色のない侘び・寂びのモダンなインテリアに流れる気を読み取り、そこに身を置く意味を理解し、これから始まるドラマティックな展開を息を呑んで待ち受けているからに違いない。「それでは」という宮川氏の一言で、銀杏、松茸に新イクラを配した蒸し物が供されると、一足早い季節の到来に心が躍り、緊張もほぐれていく。山と海の恵みを見事に調和させた香りと五味。まさに宮川氏ならではの融合の技で幕が上がる。つまみは6品ほど。手間を惜しまない品々で、食べ手の五感に波のように美味が押し寄せる。握りは、赤酢による酢飯と種が、主役を分け合い、時に種が酢飯を包み込み、時に酢飯が種を引き立てていく。宮川氏の融合と調和の極致に、客人達は感動の頂点に達する。鰊の押し寿司に至っては、脂の長所と短所が計算し尽くされ、誰もが声を失うほどであった。美しい所作から生まれる握りのフォルムにも魅了され、この美味しさを体験した者は、必ずここに戻ってくるというのも頷ける。いつまでも記憶に残り、人を幸せにする、そう思える鮨店が札幌にある。(2022 年 11 月移転)

☾：26,000 円

Tel: **011-613-2221**

北海道札幌市中央区
北 4 条西25-2-2
リヒトラーレ円山 1F

定休日：水曜、他不定休あり

☾：17:00-23:00
(17:00-/19:30-)

鮨菜 和喜智

16/20

Sushisai Wakichi

シェフ 田村光明

寿司

札幌市でも多くの有名店が軒を連ねる円山地区に根を張り、国内外から客人が訪れる鮨店として名を馳せる。8席ほどのカウンターのみ、東京の「寿司久」で修業を積んだ田村氏が一人、鮨を握る。おまかせのコースは、水ダコをさっと湯がいた、あっさり楽しめるつまみから始まり、次に季節の走りを意識したコクのある白子のすり流しと続く。すり流しは、昆布出汁で湯がいた白子を丁寧に裏漉しし、この上ない滑らかさと、食材が持つ美味しさのパワーを全て出し切った一品である。酢飯は、少し固めで、米酢と赤酢のブレンド。赤酢の割合は少なめのようであるが、店主が選び抜いた作り手の赤酢で、10 年寝かせたものだという。よく噛み締めてみると、バルサミコ酢のような深い味わいに気づく。甘みは特に加えず、きりりとした風格ある酢飯だ。漬け込むのではなく、醤油にくぐらせたイクラとも、ホッキ貝や毛蟹が持つほんのりとした甘みとも、相性が良い。最後に供される玉子焼きは、プリンのような食感と甘みで、思わず笑みがこぼれる。お開きが近づく頃には、客人同士が一期一会を楽しむように会話を弾ませる。そんな温かみのある空気感も持ち合わせた店である。

☼：30,680 円 ☾：30,680 円

Tel: **011-640-3768**

北海道札幌市中央区
南 2 条西25-1-22

定休日：月曜、月 1 回不定休あり

☼：日 12:00-
☾：18:00-/20:30-

鮨処 有馬

Sushidokoro Arima

シェフ 有馬正隆

15.5/20

寿司

Tel: **011-215-0998**

北海道札幌市中央区
南３条西4
南3西4ビル 4F

定休日：日曜、祝日

☾：18:00-/20:30-

北海道の鮨には江戸前ならぬ「蝦夷前」というものがある。獲れたての鮮魚をなるべく早く捌き、鮮度の良い状態で「生」で握るもの、と鮨商の組合は定義している。「有馬」は、そうした蝦夷前の最前線の一軒と言っても過言ではない。その美味しさは、つまみから始まる。大和蒸し、烏賊と雲丹の出汁ジュレ添えなどは、まさに感動ものである。一つ一つの素材の個性を知り尽くした上での味の調和は見事であり、出汁の使い方も前に出ず、後ろに引かずと、すべての要素が相まって、後から後から旨みが押し寄せてくる。握りは美味しさが伝わる美しいフォルムで、醤油が深い赤色を引き出している鮪の漬けの色合いも素晴らしい。酢飯はふっくらと炊き上げられ、鮨種の持ち味を頂点で引き出すようなまろやかな風味であり、口に含んだ時の両者の調和に感嘆の声が上がる。特に、出汁でさっと湯がいたタチ（鱈の白子）やボタン海老は、甘みも増し、忘れがたい一貫となった。北海道のダイナミックな四季折々の素材、新鮮さを武器としながらも、それらが持つ強さ、美味しさを、品良く優雅に仕上げる。北海道には北海道の鮨があり、その豊かさ、いただく歓びを教えてくれる一軒である。

☾：18,700 円

姫沙羅

Himeshara

シェフ 田中 彰

15.5/20

寿司

Tel: **011-520-5656**

北海道札幌市中央区
南８条西20-1-2

定休日：水曜

☾：17:00-19:00
/19:30-21:30

「鮨の食感と香り。鮨種と酢飯が混ざっていくプロセスを楽しんでほしい」という田中氏は、北海道の食材を厳選し、鮨種によって赤酢と米酢の酢飯を使い分け、多くの支持を得ている。「姫沙羅」という店名は、床材などに用いられる銘木からとられ、伝統を継承して根を張り、花を咲かせたいという田中氏の決意が込められている。訪問時は、小肌を除き、北海道産の鮨種を揃えていた。新物のイクラは、75℃で熱を入れ、白っぽくなったものを合わせて紅白イクラにし、見た目だけではなく、ねっとりとした食感を味わう。その後、脂の乗った根ホッケやタチ（白子）、奥尻島のムラサキウニの塩雲丹などの酒肴を経て、松川ガレイや羅臼の鰤トロ、600g の北寄貝など、北海道の旬を満喫させる。ボタン海老の握りは、身を丸めたものを重ねた上に卵をのせるユニークな形状で、意匠登録を取得している。酢飯の温度を下げることでリゾットのような食感となる根室の蝦夷バフンウニや、名物である、干瓢、椎茸、山牛蒡、穴子など 10 種類の具の太巻きで北海道ならではの味わいを出している。どの地方でも江戸前鮨が主流となっている昨今、ここでは江戸前の技法で北海道独自の素材を愉しむことができる。

☾：28,880 円

伊勢鮨
Isezushi

シェフ 小伊勢貴洋

15/20

寿司

小樽駅から徒歩7分のところに、軒下の大きな杉玉が目を引く店がある。創業が昭和42年（1967年）という小樽を代表する鮨店だ。暖簾をくぐると、ボックス席もあり、観光地らしい需要にも応えているが、カウンターが通路を挟んで2室。ここでは二代目店主である小伊勢氏と、長年腕を振るう職人が、それぞれ客の前に立っている。カウンターはおまかせコースが中心で、握りのみと、季節の料理と握りからなる鮨割烹がある。鮨割烹コースでは、まず価格に対し、料理の品数の多さに驚く。ゆっくり、酒とつまみで小樽の時間を楽しんでほしいという店主の心遣いの表れだ。小伊勢氏は、旬の地元の産物をさりげない料理法で仕上げ、どれも噛み締めるほどに奥深い味わいがある。シマエビと蛤の炊き合わせは、素材の味の奥にジワリと出汁の旨みが押し寄せ、スペシャリテとも呼ぶべきバフンウニの茶碗蒸しでも、雲丹のコクの影から見え隠れする玉子と出汁のバランスが忘れがたい。握りに進んでも、米酢のまろみのある酢飯を種が包み込み、薬味で味覚遊びをさせてくれる。鮪のカマは、生と炙りの2枚重ねの旨さが舌に絡みつき、ひたすら唸るばかりだ。素材を殺さず、素材を飾る。これぞ、蝦夷前というべき鮨店である。

☼：7,150円～15,400円　☾：7,150円～15,400円

Tel: **0134-23-1425**

北海道小樽市稲穂
3-15-3

定休日：水曜、第1・2火曜

☼：11:30-14:30 (L.O.)
☾：17:00-21:00 (L.O.)

鮨こいせ
Sushi Koise

シェフ 小伊勢健太

15/20

寿司

東京「すし善」などで修業後、「すし てんちじん」を任されていた小伊勢氏が、2022年1月、すすきのの中心部にあるビルの4階に満を持して独立開業した。実家は、祖父が創業した小樽の有名店「伊勢鮨」。小伊勢氏は子供の頃から鮨に慣れ親しみ、愛読書は漫画『江戸前の旬』であったという、鮨が好きで好きで、どうしたら美味しくできるかを常に考えている「鮨の申し子」ともいえる人物。さて、このような経歴を持つ店主がどのような鮨を握るのか、想像するだけで心が躍る。つまみの一つ、皮目を炙り叩きにした鰹は、香りもよく、そこに春菊のニンニク醤油漬けを合わせることで、鰹特有の生臭さを消している。握りは、熟成のみならず、様々な手法で鮨種の旨みを引き出す。サクラマスは、一晩寝かせて塩で締めた後、塩抜きして冷凍したものを解凍して熟成度や身の柔らかさを増している。これを桜の葉でくるんで握れば、仄かな桜の香りと風味が春を感じさせる。北海道食材を用い、近隣の鮨店にはない手法ものぞかせる小伊勢氏自身の握りは、まだ始まったばかり。天性の鮨職人のたゆまぬ努力がどんな進化を遂げるのか、楽しみな店の登場である。

☾：16,500円

Tel: **011-522-7939**

北海道札幌市中央区
南5条西3-1-4
第11グリーンビル 4F

定休日：日曜、祝日

☾：17:30-/20:00-

Tel: **011-215-4144**

北海道札幌市中央区
南１条西22-2-15
シーズンビル 2F

定休日：木曜

☾：17:00-22:00
（最終入店 20:00）

※仕入れにより価格の変動あり

鮨しののめ

Sushi Shinonome

シェフ 中原 渡

15/20

寿司

地下鉄東西線円山公園駅から徒歩５分。階段を上がり、白地の暖簾に木のドアと小さな表札が目印だ。主人の目が行き届くカウンターはゆったり８席。札幌の有名店で、２回転一斉スタートが主流となる中、こちらは１回転のみ。自分のペースでゆっくりと酒を愉しみながら、北海道ならではの旬のつまみや握りがいただける。そこには、あくまでお客様本位という店主・中原氏のもてなしの心が感じられる。つまみでは、胃を目覚めさせてくれる「海明けの毛蟹」が、柑橘のジュレと菊の花を合わせ、旨み・酸味・甘みの一体感があり、記憶に残る一品であった。また、北海道の鮨店で見られる「鮟肝と奈良漬け」には干し無花果を合わせたり、握りの白魚は桜蒸しにして春の香りを満喫させるなど、前職が映像関係の仕事であったことを窺わせる創造性も中原氏の美点の一つだ。締めは玉子焼きや水菓子という鮨店が多いが、ここでは自家製のデザートをつけ、訪れた日はパンナコッタに白ワインジュレとハスカップソースを合わせていた。抑えた価格に、クオリティーの高い旬のつまみ６品と 10 貫の握りはゲストの満足度も高く、鮨の激戦区といわれる札幌・円山で、今一番勢いのある鮨店といえるだろう。

☾：16,500 円～ 19,800 円

Tel: **080-3296-0202**

北海道札幌市中央区
南２条西4 乙井ビル B1F

定休日：日曜

☾：18:00-21:00 (L.O.)

鮨ノ蔵

Sushinokura

シェフ 井川 大

15/20

寿司

ビルの地下１階、基本は４席と極めて小ぶりな店で、外からは飲食店かどうかも判然としない。しかし、ここには、扉の奥で展開される異才の肴と鮨を求め、全国の愛好家が連日詰めかけている。井川氏は、日常的に漁業関係者のもとを訪ね、魚の締め方、血抜き、温度管理、熟成、切りつけなどの研究を重ねており、店は、その成果の発表の場でもある。出汁に漬けた鱈の白子は、生臭さもなく、硬くもない絶巧の塩梅で、そのクリーミーな味わいは北海道でなければ味わえないものだ。烏賊も熟成させ、ねっとりとした食感を引き出し、山わさびとの相性も良い。握りに移り、スペシャリテともいうべきヤリイカは、包丁を入れ、半田ごてを当てて焼くことで夜店の焼きイカのような懐かしい匂いと味わいを出し、素材の旨みを引き出している。その後も、鰊、帆立、キンキなどがひと手間かけた仕事で鮨となり、最後には蒸し鮑と雲丹、トロの贅沢な手巻きでコースを締め括る。「鮨は好物ではない」とうそぶく井川氏だが、魚のことをとことん研究し、全国の店や生産者のもとにも足を運び、自身の鮨に活かしている。考え抜かれた作品ともいうべき鮨を味わいに、地下の隠れた入口を探し当てたい。

☾：15,400 円

Gault&Millau

RESTAURANTS

レストラン

オステリア・エノテカ・ダ・サスィーノ

OSTERIA ENOTECA DA SASINO

シェフ 笹森通彰

15.5/20

イタリア料理

Tel: **0172-33-8299**

青森県弘前市本町56-8

定休日：日曜

☾：18:00-22:00
(L.O.21:00)

これほどまでに食べる歓びを感じられるレストランがあるだろうか。味わうたびに、食材が育った背景までも目に浮かぶようだ。レストランの仕込みは農園での種植えから始まる。生まれ育った弘前で、郷土愛（カンパニリズモ）を表現する笹森氏。自家菜園では野菜を育て、レストランで提供するチーズ、生ハム、そしてワインまで自家製だ。岩木山の麓に広がる葡萄畑では、ネッビオーロ、マルヴァジア、シャルドネなどを栽培、秋になるとスタッフ総出で収穫する。そのワインは、この地で育った食材から生まれた料理と見事なまでに調和し、弘前という土地が、あるがままで魅力的なのだ、ということを物語る。ゲストは、シェフが食材集めに奔走し、丁寧に仕込んだ「ご馳走」をいただく歓びを享受する。ワインのことを尋ねると、まるで我が子について語るように、異なる個性とその魅力を伝えてくれる。2022 年、弘前は豪雨に見舞われ、生産者にとっても苦難の年であった。そんな中でも笹森氏は、不作の年も含め、造り続けるのがワインであると前向きだ。あるがままの自然を映し出すワインや野菜、畜産物。それをそのままテーブルにのせる、これぞまさにカンパニリズモである。

☾：18,700 円

カーサ・デル・チーボ

Casa del cibo

シェフ 池見良平

14.5/20

イタリア料理

Tel: **0178-20-9646**

青森県八戸市湊高台
1-19-6

定休日：日曜、月曜

☼：土 12:15-15:00
☾：19:00-22:00

※前日までの予約制

海の幸を心ゆくまで味わえるレストランだ。フランスで修業、イタリア料理に転じて銀座の「エノテーカ ピンキオーリ」など都内の有名店で研鑽を積んだ池見氏が、2011 年、ソムリエール兼パティシエールのマダムの故郷で店を開いた。地の利は、正しい流通と腕のいい料理人がいてこそ生きてくる。八戸に腰を据え、培った仕入れの確かさ、素材を見極める目、火入れの見事さ、シンプルだが深い味わいのソース、そしてソムリエールの選ぶワインが評判を呼び、今や東北を代表するイタリア料理店の一つとなっている。名物「蛸のスープ仕立て」は、くるっと巻いた大ぶりの水ダコを旨みを残すように柔らかく火入れ、一口いただくと、その食感と美味しさに驚く。そこにトラパネーゼというアーモンドとバジルのソースをかけ、トマトと水ダコのコンソメを流し入れる。また小籠包をイメージしたという黒胡椒の泡が効いた「シャモロックのトルテローニ」など山の幸も見逃せない。シェフ自ら海岸で採取してきたあおさ海苔の濃厚な香りと旨みのような、土地のエッセンスを効かせた料理は、どれも都会では味わえないもの。開店から 10 年を経て、池見氏の思い描いたレストラン像が形になり始めているようだ。

☼：7,150 円～ 9,900 円　☾：9,900 円～ 13,200 円

アルチェントロ

AL CENTRO

シェフ 葛西 淳

13.5/20

イタリア料理

青森市の市街地、表通りから少し離れた閑静な街並みのなかにある三角屋根の一軒家。センスを感じさせる落ち着いた色調の店内にワインセラーが目を引く。ここは青森県の食材を使ったイタリア料理とナチュールワインを豊富に揃えたレストランだ。青森県は、北は津軽海峡、東は太平洋、西は日本海と、三方ぐるりと海に囲まれていることから海の幸が豊富だ。葛西氏は、そうした青森の自然をそのままコース料理の中に表現している。鰺ヶ沢産の甘鯛、津軽海峡で獲れた鮪は、それぞれを別の調理法で。いずれも食材そのものに力がある。詰め物パスタは、青森の旬の味を包み込んでおり、夏の終わりには「嶽きみ」のトルテッリ。嶽きみの甘みともちっとした食感に、チーズとピスタチオがさらに風味を増す。味と食感の足し算で、葛西氏が趣向を凝らした一品だ。ここにシェフ自身がセレクトしたという個性豊かなナチュールワインを合わせていく。しっかりした味つけの料理とワイン、それぞれがクロスオーバーする。ドルチェは、和栗のアイスクリームで、この和栗も青森産。なるほど、味わいの深いものである。雰囲気もスタッフの対応も心地好く、地域の人々に愛されるレストランに違いない。

☾：6,000 円～ 10,000 円

Tel: **017-723-5325**

青森県青森市長島2-15-2

定休日：日曜

☾ :18:00-23:00
(L.O.21:30)

Kashu

Kashu

シェフ 花田秀樹

14.5/20

創作料理

花田氏はフランスで修業した後、東京・銀座「エスキス」などで研鑽を積み、青森に帰郷。2020 年３月、地元食材を活かす、フランス料理をベースにした創作料理の店を開いた。青森駅から徒歩５分ほど。店に看板はなく、あるのは花田家の家紋のみ。誘われるように足を踏み入れると、店内はオープンキッチンにカウンターというシンプルな造りで、天井が緩やかなアーチを描いているからか、洞窟のような雰囲気でもあり、まさに隠れ家の趣だ。厨房に立つのは花田氏ただ一人。ゲストと和やかに談笑しながら調理する。三方を海に囲まれた青森は、魚種が豊富だ。アブラツノザメのフカヒレは、シャキッとした食感を残す巧みな煮込み具合で、少し醤油の風味を感じるフランが和食のテイストを彷彿とさせる。花田氏の出身地、奥津軽の金木は馬産地としても知られ、地元の話を聞きながら馬刺しのタルタルをいただくと、津軽平野が目に浮かぶようだ。聞けば花田氏は無類の酒好き。ソムリエはいないが自身の料理に合うワインはこれ、というペアリングに思わず唸る。シェフの世界観に酔いしれるカウンターでのひととき。一度訪れると、また、この隠れ家のドアを開けたくなりそうだ。

☾：13,200 円～ 19,800 円

Tel: **017-718-7399**

青森県青森市新町1-10-4

定休日：不定休

☾ :18:00-22:30

東京 北海道 青森 秋田 岩手 宮城 山形 福島 茨城 栃木 群馬 埼玉 千葉 神奈川 山梨 長野 新潟

Tel: **018-853-7614**

秋田県秋田市大町1-2-40
あくらフォー・スクエア・ハウス

定休日：月曜、第1・3日曜

☼：金・土・隔週の木・日
11:30-14:00
（最終入店 13:00）
☾：18:00-22:00
（最終入店 19:00）

スシュ

15/20

Sous-sus

シェフ 澁谷瑛子

フランス料理

日本のフランス料理界の草分け的存在、アンドレ・パッション氏から東京・代官山の「ル・プティ・ブドン」のシェフを任され、フランスのエスプリをたっぷり吸収した澁谷氏が2019年、地元秋田に開いたレストラン。南仏をイメージさせる作りで、窓の外には石畳の広場が見え、爽やかな風が庭木の葉を揺らす。オープンキッチンも明るく、シェフが料理を仕立てる姿が見える。ゆったりとした時間が流れる店内では、調理する音がトライアングルの響きのようにBGMに共鳴する。スタッフとのやりとりに時折フランス語が混じり、その声すらも心地好い。料理は、ヨーロッパと秋田の食材がシェフの指揮によって美しいコンチェルトを奏でるかのようで、一皿一皿、姿も美しい。食材の特色を生かした、味、食感、香り、そして目でも大いに楽しませてくれる。店名はバレエ用語で「下に上に」を意味し、澁谷氏は下に根を広げ、上へ上へ成長していけるように、という思いを込めている。ゲストでいっぱいのホールには、たくさんの笑顔がある。秋田の人に愛され、この地に根を張り、外に向けて秋田の魅力を伝えるレストランとして、花を咲かせ、実を結んでいくのだろう。

☼：3,200円～4,200円　☾：5,600円～10,000円

Tel: **0184-74-7065**

秋田県にかほ市平沢
家ノ後49-1

定休日：火曜、水曜、第2・4木曜

☼：11:30-14:30
（最終入店 12:30）
☾：18:00-22:00
（最終入店 19:30）

レメデ ニカホ

15/20

Remède nikaho

シェフ 渡邊健一

フランス料理

雄大な鳥海山から日本海に向かう伏流水は、にかほに多くの恵みをもたらしている。レストランは、少し歩けば平沢漁港という場所にあり、庭園の向こうに古民家風の建物、庭石を踏んでエントランスに赴くと、ソムリエールの村上清香氏がスマートに出迎えてくれる。レトロな照明が和モダンの雰囲気を醸し出し、庭園に臨む空間に、ゆったりとした時が流れている。潟上市出身で、東京やフランスで腕を磨いた渡邊氏が辿り着いたのは、海と山の恵みが豊かなにかほ市。料理に使われる完熟の無花果も、この地の水の良さがそのまま果実の美味しさとなって表れている。鳥海山の伏流水で栽培した野菜、日本海で水揚げされたホタルイカ、地元の農家が育てたレモンやハーブ、じゅん菜。どれも瑞々しく生命力に溢れている。調味料はわずかで、どの皿も繊細な味わいを示すのは、麹や甘酒、酒粕などをうまく活用しているからだ。2018年の開店以来、地元漁師との関係も深まり、今では、良い魚が獲れると渡邊氏のもとに届けられるという。日本海を望む大自然のなかで野外レストランを企画するなど、「にかほガストロノミー」を担う渡邊氏。その料理には秋田の食材のエネルギーが満ちている。

☼：6,050円～13,000円　☾：13,000円

リストランテ ジュエーメ

ristorante giueme

シェフ 佐々木章吾

14/20

イタリア料理

Tel: **0187-73-5053**

秋田県大仙市戸蒔
字谷地添100-1

定休日：水曜、木曜、
他不定休あり

☼：12:00-15:00
一斉スタート
☾：18:30-22:00
一斉スタート

佐々木氏の料理の上には秋田の自然がある。夏の終わりに開催される花火大会「大曲の花火」で有名な秋田県大仙市。暑い夏と豪雪の冬が訪れる、この土地における春の料理には、随所に山菜の新芽があしらわれ、その軽い苦みや独特の風味が、芽吹きの盛りを迎えた北国の野山をゲストに想起させる。郷土色を打ち出し、皿の上に自然を映す手段として、素材の持ち味を可能な限りそのまま生かすイタリア料理はうってつけだ。この日、リゾットには秋田のアオリイカにコシアブラ、ホンナ、苺を合わせていた。苺の酸味とコシアブラの香りの組み合わせは、佐々木氏が修業時代に習い覚えた苺と蕗の薹のアレンジだという。また、アニョロッティの詰め物には鮑とシドケが入り、海のものと山のものの組み合わせに冴えをみせる。これらの料理の多くが仕込みを最小限に、アラミニッツで作り上げられ、山菜や野菜の鮮烈な香りや存在感を生んでいる。地元の食材を用いる佐々木氏の料理には、この地ならではの素材をモダンに仕上げる熱量が乗り、非日常を求めて訪れるゲストに、地に足の着いた華やかさとでも呼ぶべきものを手渡しているようだ。

☼：3,630 円～ 6,050 円　☾：7,700 円～ 11,000 円

5	全てに卓越したレストラン	19 ～ 20 点
4	非常に素晴らしいレストラン	17 ～ 18.5 点
3	素晴らしいレストラン	15 ～ 16.5 点
2	料理人の個性を感じるレストラン	13 ～ 14.5 点
1	良いレストラン	11 ～ 12.5 点
トックなし	美味しいレストラン	10 ～ 10.5 点

クレジットカード

個室あり

バリアフリー

Tel: **018-866-0014**

秋田県秋田市大町3-2-36
赤れんが郷土館前

定休日：日曜、祝日

☾：18:00-22:00

すし匠

Sushi Sho

シェフ 佐々木啓仁

15.5/20

寿司

秋田駅から車で 10 分弱、「赤れんが郷土館」の斜め向かいにひっそりと建つ門口が目印。奥まった玄関から更に廊下の先に店があるため表通りの喧噪とは無縁で、室内は明るく、白木のＬ字型カウンターが映える。東京・四谷「すし匠」から独立して早 20 年。佐々木氏と女将、そして数名のスタッフの誰もが朗らかな接客で心地好い。料理は、本家「すし匠」お馴染みの、つまみと握りが交互に出されるスタイルで、地物の貝や蛸、鮑などの合間に、豊洲の仲卸「やま幸」からの大間の鮪や全国から揃えた旬の食材を供する。訪れた日は、愛知県産の銀杏や三河湾のメヒカリなどが顔を出していた。左党には、この店に置かれた地酒も大きな魅力だろう。特に、近くにある新政酒造とは親交が深く、必ずいただきたいのが、この店限定の蔵出し酒だ。他にも種類豊富な東北の銘酒が並び、料理に合わせて盃を変えるのも楽しい。終盤には「すし匠」名物の「おはぎ」が出され、本家はトロと沢庵の握りであるが、ここでは秋田らしく沢庵を“いぶりがっこ”に変え、味わいは本家以上という声も上がる。江戸前鮨の確かな技術を秋田に伝えるとともに、地元食材の素晴らしさが再確認できる貴重な鮨店である。

☾：23,320 円

Tel: **0184-23-5511**

秋田県由利本荘市桶屋町
120 1F

定休日：日曜、月曜

☼：12:00-14:00
☾：18:00-22:00
(L.O.21:30)

鮨駒

Sushikoma

シェフ 生駒憲正

14.5/20

寿司

日本海に臨み、近くに幾つもの漁港がある由利本荘市。ここに、県内外のゲストを虜にしてやまない鮨職人がいる。東京や海外でも経験を積み、東日本大震災後の 2011 年に出身地である由利本荘市に店を開いた生駒氏だ。食通を唸らせる丁寧な仕込みと巧みな技を持つ大将だが、とても気さくで人懐こい。店はカウンターのみ。ゲストが、流れるような包丁さばきを固唾を呑んで見つめる中、生駒氏は軽妙なトークで場を和ませ、丁寧に仕込まれた鮨種は実に美しい。そのほとんどが、近海で獲れた魚だというから魚種の豊富さに驚く。地元の漁師と懇意にしている生駒氏には、良い魚が獲れるとすぐに漁師から連絡が入るのだという。その魚は、最上級の技で丁寧に仕立てられる。アンコウは熟成させ、上に鮟肝を。鰆は燻製にして深い味を出す。黒穴子は直前に笹の葉で炙る。その鮨は、艶があり、大将の手から離れ、置かれた瞬間に命が吹き込まれるようだ。頬張ると、口の中で赤酢の酢飯と溶け合い、まさに口福。鮪のカマといぶりがっこ、葱を叩いた手巻きは、秋田らしい味。おまかせ 15 貫ほどで、都市部では考えられない価格だ。秋田ならではの鮨、遠方から通いたくなるのもよくわかる。

☼：8,800 円　☾：11,000 円～ 13,000 円

ロレオール田野畑

L'aureole Tanohata

シェフ 伊藤勝康

15/20

フランス料理

盛岡市内から車で約２時間､「ロレオール田野畑」のコース料理は、その道中から始まっているのかもしれない。木々の間から望む太平洋。浜で網の手入れをする漁師。震災の遺構となった津波の爪痕…。絶景の中に建つレストランに着き、供される料理からは、道すがら目にした風景が浮かび上がってくる。食材は地元でとれたもの。近くの海で水揚げされた魚が山菜と出合い、皿の上で一つになり、そのストーリーを伊藤氏のソースが繋ぐ。多くの調味料を使わずとも、素材の組み合わせで幾通りもの味わいを表現できるという､三陸の食材と生産者へのリスペクトに溢れた料理だ。脇役になりがちなワカメも、田野畑のものは一等品、伊藤氏にかかると主役級の存在感を見せる。圧巻はデセール。「田野畑山地酪農牛乳」のアイスとアマゾンカカオのガナッシュ、陸前高田の「北限のゆず」のボンボンショコラ。カカオと岩手の食材が香る一皿だ。大きな南部鉄器の鍋が火にかけられ、岩手の伝統工芸と食材が「ロレオール」の厨房で共演している。南部鉄器をフランス料理に活かす独自の料理世界。伊藤氏がこの地で腕を振るう理由、それは料理が物語っている。景色ごと味わう三陸ガストロノミーがここにある。

☼：5,000 円　☾：7,000 円～ 10,000 円

Tel: **080-9014-9000**

岩手県下閉伊郡田野畑村明戸309-5

定休日：不定休

☼：12:00-14:00 (L.O.)

☾：18:00-20:00 (L.O.)

※予約受付時間
15:00-17:00

おのひづめ

o no hidume

シェフ 菅田幹郎

14/20

牛乳料理

柳田國男の『遠野物語』で知られる遠野市。ここでは、今も天狗や河童、座敷童子などの民話が語り継がれている。この地に生まれ、2019 年、若手料理人によるコンペティションでも高評価を得た菅田氏が 2020 年５月に開業。店名には「遠野の日々を詰め込む」というシェフの思いが込められている。菅田氏は実家が牧場を営んでいるということもあり、店を構えると同時にジャージー牛の飼育を始めた。仕込みは朝早くから、山深くの湧水・稲荷穴の水を汲み、牛の乳を搾り、チーズを作る。朝搾りの牛乳から出来上がるチーズはフロマージュ・ブランに近く、フレッシュで爽やかだ。ライフスタイルの中に牛飼いを取り込みたいという菅田氏は、どの料理にも牛乳とホエーを上手く活用している。また、この地方は馬の産地でもあり、「馬刺しのタルタル」も臭みがない。メインの「大槌鹿のロース」は、遠野の古民家で使われていた炭台で焼かれ､郷愁を誘う。胡桃や大豆を使ったソースは、山中を駆けめぐる鹿の姿が目に浮かぶようだ。岩手･遠野のストーリーを感じさせるコースは全部で 12品。牛を愛しむ菅田氏が日々の暮らしの中から生み出した料理の数々。遠野路の旅に、新たな楽しみが加わった。

☼：3,500 円～ 4,500 円　☾：4,500 円～ 7,000 円

Tel: **080-1038-8639**

岩手県遠野市新穀町2-1

定休日：日曜

☼：12:00-14:00

☾：18:00-21:00

Tel: **019-681-8511**

岩手県盛岡市菜園2-4-6

定休日：月曜、火曜ランチ

☼：12:00-14:30 (L.O.)
☾：18:00-21:00 (L.O.)

リストランテ シカザワ

Ristorante SHIKAZAWA

シェフ 鹿澤靖幸

15/20

イノベーティブ

盛岡市の繁華街、看板に誘われ通路を奥へと進む。外の喧騒から離れ、店内は静寂に包まれていた。まさに隠れ家レストラン。料理をじっくり味わうのに相応しい空間だ。季節を表現する料理人は多いが、鹿澤氏は、加えて産地の風景や生産者のストーリーまで皿の上に映している。アミューズの一皿は、種市の雲丹、広田湾の牡蠣、大船渡の秋刀魚と、三陸の魅力が溢れている。シャーレの中の「ジオラマ」は、雲丹に海藻やエディブルフラワーを添え、三陸の景色を模したよう。ひと匙すくって味わうと、口の中に豊饒な海のミネラルが広がり、三陸の白波が目に浮かぶ。盛岡の果樹農家「サンファーム」とも懇意にしているというシェフ。イギリス原産のリンゴ、ブラムリーズ・シードリングは、品種の特性をよく理解し、ソースに仕立てられていた。地元食材に加え、鹿澤氏は、郷土料理にも焦点を当てる。それを単にアップデートするだけでなく、昔から愛されてきた味への敬意も感じられ、地元の人は改めて郷土の魅力を再認識するだろう。葡萄栽培にもチャレンジしているというから、オリジナルワインの味も楽しみだ。岩手のテロワールを存分に味わえるリストランテである。

☼：13,200 円　☾：13,200 円

Tel: **0198-62-7557**

岩手県遠野市材木町2-17

定休日：不定休

☾：18:00-

※価格は時価

とおの屋 要

Tonoya Yo

シェフ 佐々木要太郎

16/20

日本料理

遠野の地で 100 年余り続く民宿の四代目佐々木要太郎氏が、2011 年、築 200 年の米蔵を移築して開いた古民家オーベルジュ。幻の米となっていた「遠野１号」を蘇らせ、その米を活かした食と、醸して清冽な旨みを生み出したどぶろくが絶賛されている。遠野には厳しい冬を生き抜く知恵としての熟成と発酵の食文化がある。佐々木氏は、関西で修業した父親から学んだ料理に、郷土に伝わる調理法を応用して独自の手間を加え、太古の食の記憶を呼び覚ますかのような料理を創り出した。「豚肉の熟ずし茶碗蒸し」は、米で乳酸発酵させた熟鮓の独特の風味と酸味、酒粕を用いた卵液の柔らかい甘みがせめぎ合い、どこか懐かしくも洗練された料理に仕上がっている。祖母との思い出の味を再構築したという「納豆のスフォルマート」、乳酸発酵のそやし水と牛乳を使った自家製パニールによるポテトサラダ「芋サラ」など、柔軟な発想で完成度の高い料理が続く。合わせる酒は米を磨かず濾さず造られるどぶろく。米を育む大地の力強さも、醸されるどぶろくも、この地の常在菌の働きによるもの。遠野の土・水・空気とともにある佐々木氏の生き方は、人と自然の共生とは何かを問いかけているようだ。

御料理 寺沢

Oryori Terasawa

シェフ 寺沢勇人

15.5/20

日本料理

企業誘致に積極的な北上市は、岩手県内でも経済活動が盛んな地域だ。一方、北上川が流れる肥沃な大地では、「二子さといも」をはじめ、リンゴ、米などが育まれ、沿岸部からは三陸の新鮮な海の幸が届く。豊富な食材が揃う北上市は、料理人にとって好適地なのかもしれない。この店で味わう会席コースは、そんな地の利を感じさせる。冷製茶碗蒸しでは、北上産のとうもろこしと三陸の雲丹が出合う。調味料はほぼ加えていないのではないか。出汁と食材が持つ甘み、旨みの調和によって味がまとめられている。７月、日本料理ならば「この季節には鮎を」と、食材を調達するところだが、寺沢氏は違う。ここには大船渡から渡り蟹、太刀魚、石巻からニタリクジラの尾の身という希少部位が手に入る。ならばこれらの食材をいかに味わってもらうか、と考える。儚げな骨董の器で供されるその料理は、味わう人に産地の景色を伝えてくれる。調理から接客まで寺沢氏が自ら対応。柔和な表情や語り口が、静謐な個室に張り詰めた緊張感を解きほぐす。「修業したわけではなく、地道にいろんな料理店に行き、本を読んで研究しただけ」と、どこまでも謙虚。北上の地になくてはならない店である。

☼：11,000 円〜 16,500 円　☾：11,000 円〜 16,500 円

Tel: 0197-72-7708

岩手県北上市大通り
4-4-3

定休日：不定休

☼：11:30- /12:00-
☾：18:00-19:00
（最終入店）

ナクレ

nacrée

シェフ 緒方 稔

15/20

フランス料理

大通りに面する、瀟洒なビル。すうっと店内の雰囲気に馴染んでしまうのは、黒やグレーを基調としたシックな内装のせいかもしれない。ふんわりとした照明に、白いテーブルクロス、優しい花々。ホールにはピアノ協奏曲が静かに流れている。まずは、シャンパーニュ。すっきりとした余韻が、三陸産の牡蠣を 58℃で 35 分間加熱したというアミューズと響き合う。さりげなく配されたナスタチウムやトリュフバターの上に散らされたペンタスのドライフラワーに、緒方氏の細部への心配りが感じられる。鰤に添えられたタラの芽のピューレや北寄貝に組み合わされたウドが、東北の遅い春の訪れを表している。トマトの美味しさを凝縮した白い泡、自家製マヨネーズを潜ませたサラダ、仙台牛のフィレ、２分間茹でて氷水で締めたシャキシャキのアスパラガス。そして、エスプレッソのシャーベットの清冽さが、幸せなコースの終わりを告げる。イタリアの名店やフランスの「アストランス」などで修業した緒方氏が仙台に店を開いたのは、「パリとの緯度の差。あとは直感から」。どこか和を感じさせる料理も、この地の空気感や緒方氏に降りてくるインスピレーションと密接に関わっているのだろう。

☼：11,500 円　☾：19,600 円

Tel: 022-748-7115

宮城県仙台市青葉区
一番町3-1-1
藤崎ファーストタワー館
4F

定休日：水曜中心に他
不定休あり

☼：12:00-12:30
（最終入店）
☾：18:00-18:30
（最終入店）

東京 北海道 青森 秋田 岩手 宮城 山形 福島 茨城 栃木 群馬 埼玉 千葉 神奈川 山梨 長野 新潟

Tel: **050-3503-0541**

宮城県岩沼市土ヶ崎
2-2-17

定休日：水曜、他不定休あり

☼：11:30-14:30
(L.O.13:30)
☾：18:00-21:30
(L.O.20:00)

レストラン カシュカシュ

Restaurant Cache-Cache

シェフ 猪岡暖子

14/20

フランス料理

仙台から在来線で 20 分、岩沼駅前にある真っ赤な扉が目を引く一軒家。昼時には近隣からと思われる乗用車が次々乗りつける。何の変哲もない町のフランス料理店に見えるが、最初の一皿、カリフラワーや人参など３色のムースに野菜のサラダとチーズのサブレを口にすると、思わず手が止まる。野菜が強く訴えかけてくるのだ。近隣の角田市「みうら農園」の野菜たちだ。続く野菜たっぷりのスープも、里芋、白茄子、キャベツの鮮度と凝縮感が生きている。恵まれた素材に必要以上の手を加えず、持ち味を引き出すのがシェフの猪岡氏。フランスの「アラン・シャペル」などでパティシエの研修を受け、都内の「ミクニマンスール」や「シェオリビエ」では料理の研鑽も積み、地元に帰った。鰆は皿の上に鮮やかなビーツのソースをすっと引き、仙台牛も火入れとソースに専心し、その皿のメインが何であるかを明確にしている。デザートはリンゴのクレープ・シュゼットでフランス仕込みの濃さもあり、ソムリエの一戸慎介氏が各皿に合うワインを提案する。町の人にとってはアラン・シャペルも関係なく、シェフは地元の気さくな女性であり、野菜の旨さも日常のものに違いない。それが地方の実力というものだ。

☼：3,850 円〜 8,250 円　☾：3,850 円〜 9,900 円

Tel: **050-3201-6658**

宮城県仙台市青葉区
国分町3-5-22
清野ビルディング 1F

定休日：火曜

☼：金・土・日
12:00-13:30 (L.O.)
☾：18:00-24:00

アルカ

arkua

シェフ 渡邊政也

14/20

イノベーティブ

創造力の詰まったレストランだ。室内は木材の肌触りが感じられ、席は、渡邊氏とスタッフが料理する場を囲むように設えられている。開店は 2022 年１月。人々の交流が途絶えがちな時代に、料理人も客同士も会話をしながら何かが生まれる空間にしたいと渡邊氏自身が設計した。料理はフランス料理をベースとしたイノベーティブ。秋刀魚は、腹に鮎の内臓を塩漬けにしたうるかを使ったペーストを詰める。蛤には多賀城市で栽培される古代米を魚介のエキスでとろみをつけて火入れし、古代米のアントシアニンの色を溶け出させる。しかし、メインの鰆や鹿肉にはしっかりしたソースを配し、フランス料理の基本に則っている。薪焼きも用い、温かみのある美味しさも追求する。渡邊氏は石巻市に生まれ、リゾートトラスト社に入り、「東京ベイコート倶楽部」で鉄板焼きのシェフを任される中でガストロノミーに目覚め、休みには都内のレストランにも研修に出かけ、腕を磨いたという。退職後は仙台の「ナクレ」で３年半セカンドシェフも務め、自由な働き方を求めて地域と食が交わる「テロワージュ」のプロジェクトにも参加している。多才な 30 代が創り出す食空間。仙台の新しい動きに注目だ。

☼：4,800 円〜 7,000 円　☾：6,600 円〜 14,000 円

楽・食・健・美 ー KUROMORI ー

16/20

KUROMORI

シェフ 黒森洋司

中国料理

黒い壁の背の高い一軒家。ここが東日本大震災の復興に貢献したいと東京の広東料理店の料理長を辞し、2011 年に移住した黒森氏の現在の拠点だ。広瀬川を眼下に仙台市街が一望できる大きな窓と高い天井に堅牢な梁、広くゆったりとしたカウンターで、まずいただくのは薬膳スープ。黒森氏が県内の農家をまわり、手に入れた野菜などを中心に６時間蒸し上げ、調味料は一切使わない。野菜そのものの旨さが身体に染みわたる。被災地の人々に美味しいものをと駆けつけた東北だが、ここは中国料理に欠かせないフカヒレ・鮑・ナマコの名産地であった。黒森氏は車で片道２時間ほどかけてサメの水揚げ量が全国の８割を占める気仙沼まで出向き、信頼する業者から上質なゼラチン質を持つフカヒレを手に入れる。名店仕込みの気仙沼産ヨシキリザメのフカヒレスープは、蕩けるような食感でありながら繊維の舌触りが心地好く、深く優しい味わいだ。黒森氏は生産者と目線を同じくして、料理人の立場から産物を語る。その信頼関係から中国料理に必要な食材がなければ作ってもらうところまで繋がりを深めている。黒森氏の「宮城県でしか作れない料理」は、地域の農林水産業まで変えようとしている。

☼：9,500 円　☾：17,000 円～ 30,000 円

Tel: **022-211-0306**

宮城県仙台市太白区向山
2-2-24

定休日:日曜、月曜、祝日、他不定休あり

☼ : 金・土 12:00-
一斉スタート

☾ : 18:45- 一斉スタート

鮨徳

15/20

Sushi Toku

シェフ 岩沼徳太郎

寿司

仙台に待望の新店だ。岩沼氏の実家は老舗の鮮魚店。修業は東京・銀座の「鮨 太一」と「鮨竹」で 11 年半。幼い頃から慣れ親しんだ魚を至極の一貫に仕上げるべく江戸前の技を身につけ、2022 年６月に開業した。流れは、つまみを５品、その後 14 貫の握りへ。つまみの注目は、石巻の達人・大森圭氏が血抜きした蛸。慎重な塩茹でにより、仄かに香りを残している。鮨米には、角田市・佐藤裕貴氏のササニシキの新米を選ぶ。新米は中心の水分が長く残るため、炊き足しをしない岩沼氏のスタイルに合うという。鮨種の旨みを味わった後、やや固めの鮨米の感触を次の一貫に繋げるような食感を出している。赤酢は修業先より控え目に、全体のバランスを考え、蛤や穴子も甘みは抑え、食べ疲れしない鮨を心がける。魚介は地物も使うが、鮪は北海道の戸井、車海老は大分と、全国から、その日の最良のものを求めている。地元素材を使い、地名に「前」のつく鮨が注目されるが、岩沼氏は、まず自分の鮨を作り上げたいという。端正な握りは修業の確かさを物語り、闊達な話しぶりから、業界全体への目配りも、取るべき方向も確かと見た。37 歳の俊英が、仙台の鮨にインパクトを与えてくれそうだ。

☼：6,600 円～ 20,000 円　☾：20,000 円

Tel: **022-200-6220**

宮城県仙台市青葉区
春日町5-16
シエロ春日町2-B

定休日：不定休

☼ : 12:00-14:00
(L.O.13:00)

☾ : 17:30-22:30
(L.O.21:00)

クレド

credo

シェフ 鈴木俊矢

15/20 フランス料理

Tel: **023-609-9280**

山形県山形市飯田
5-21-11

定休日：日曜、月曜

☼：12:00-15:00
☾：18:00-23:00

※5名以上で貸切可

修業先のスイスのスキーリゾートを彷彿させるという蔵王の麓の長閑な住宅地。鈴木氏は改めて山形の食材の豊富さに気づき、Uターンしてこの地に自らの店を開いた。パリの「ギィ・サヴォワ」などで培った技は火入れに、ソースの美味しさに、そのまま表れている。噛むごとに味わいが増す、しっとりと火入れした山形の「米の娘ぶた」には枝豆を焼いて添え、バジルの爽やかなソースでシンプルに仕上げ、それぞれの美味しさを際立てている。茄子のスープに浮かぶのは、クミンが香る野菜のブイヨンで作った泡。味と香りのセンスが冴える一皿だ。昼と夜、それぞれ2組限定の小さな一軒家に、笑顔で迎えてくれるのは、サービス、ソムリエ、パティシエの3役をこなす円マダム。南フランスや東京の「シェ松尾」などで修業の経験があり、完成度の高いショコラブランのムースは、幾重にも折り重なる複雑な味わいが楽しめる。2021年5月のオープン以来、温かなもてなしと料理が評判を呼び、今では県外からのゲストも多く訪れる。蔵王駅から車で約10分。フランスやスイスで名店の厨房を経験したシェフの料理が思わぬ場所でいただける僥倖。山形への旅の目的がまた一つ増えた。

☼：**6,600円**　☾：**12,500円**

レストラン パ・マル

Restaurant Pas Mal

シェフ 村山優輔

15/20 フランス料理

Tel: **023-687-1099**

山形県山形市七日町
2-3-16

定休日：水曜、第2火曜

☼：12:00-15:00
(L.O.13:00)
☾：18:00-23:00
(L.O.20:00)

発信力の強いシェフだ。SNSで繋がり、全国の厨房を訪ね、コラボレーションも行い、今や山形県を代表するレストランの一つとなっている。寒河江市出身の村山氏は、東京「北島亭」の厨房に入るが実力差に圧倒され、25歳で天童市に開いたビストロでは、その苦闘の日々をバネに常時50種類のメニューを掲げるという難題を自らに課し、14年間料理に励む。2017年、山形市に移り、ガストロノミーに転じ、地域に根を下ろしたシェフでなければ生み出せない独創的な料理を展開している。鰹のたたきに添えられた鮮やかな黄色は菊のソース。米酢やフレンチマスタードと合わせ、食用の菊が日常の中にある山形ならではの酸味や微かな苦みのソースは、「厨房でアップデートを重ねながら洗練させたもの」だという。また、甘鯛にはラタトゥイユかと思いきや、夏野菜や香味野菜を刻んで醤油などで和える郷土料理「だし」である。村山氏はフランス料理の中に軽やかに「山形」を取り込み、新しい食体験に沸くゲストの反応から自らの方向を再確認しているのだろう。ソムリエは海外のワイナリーで栽培や醸造の経験もある弟の竜章氏。今更ながら、地方の底力を見せつけられるレストランである。

☼：**6,600円～8,800円**　☾：**11,000円～16,500円**

アル・ケッチァーノ

14.5/20

Al-ché-cciano

シェフ 奥田政行

イタリア料理

2022年7月、新築移転した奥田氏のレストランは明るく清潔感あふれる空間だ。別棟にはシェフズテーブルや料理教室を開けるスペースも備え、「奥田イズム」を伝えるだけではなく、料理人の育成にも力を入れている。料理は庄内地方を中心とした山形の恵みを存分に楽しめるもので、季節ごとに訪れたいと思わせるメニューと温かなもてなし、優しい空気感に心も身体も癒される。鳥海山の冷たい伏流水が育てた岩牡蠣は、口の中でそのクリーミーさとモロヘイヤの粘り、トマトの酸味とセロリの食感が合わさる、奥田氏の得意とする口中調味の一皿だ。胡瓜の生と火入れしたものとを一緒に楽しめるフェデリーニは、温度差を生かすことで食感や香りの違いを堪能させる。温度や食感を最良の状態にして食材の魅力を引き出し、香りや色で組み合わせるのだ。控えめな味わいに感じることもあるが、皿数は多く、完食すると塩分も油分もちょうど良くなるように計算され、身体も脳内も心地好い食後を迎えることができる。「山形に『アル・ケッチァーノ』あり」といわれる所以は、その日に手に入る庄内地方の食材を生かし、奥田氏独自の視点と発想でゲストを楽しませてくれるからだ。

☼：4,400円〜15,000円　☾：4,400円〜15,000円

Tel: **0235-26-0609**

山形県鶴岡市遠賀原
字稲荷43

定休日：月曜（祝日の場合は火曜）

☼：11:30-15:00
(L.O.13:30)
☾：18:00-22:00
(L.O.20:30)

イル・コテキーノ

14/20

IL COTECHINO

シェフ 佐竹大志

イタリア料理

山形県大江町出身の佐竹氏は、都内で修業後、イタリアに渡り、6年間、各地の様々な業態の店で働きながら地方の食と肉の加工技術を習得して帰国、2012年、自らの店を開いた。初めて訪れる人は、ハムに特化したコースがどう展開されるのか、期待と不安もあるだろうが、その見た目の美しさや、美味しさを追い求める佐竹氏の思い、醸されるイタリアの空気に、想像以上の満足感を覚え、帰途につくことだろう。すべて自家製のハムは、肉そのものの味を生かし、塩分は控えめ。15種類が供されるが、一品ずつ食材や使用するスパイス、ハーブなどの味わいが変わり、飽きさせることがない。程よいタイミングで挟む野菜とナチュラルワインもイタリアの郷土料理らしさを満喫させてくれる。店内はオープンキッチンで、スライスした瞬間から酸化が始まり、味が変わっていくというハムを、タイミングを計りながら供するシェフとスタッフの見事な連携も見られる。ここでは肉のボリューム感とともに、はらりと溶けていく儚いまでの繊細さというハムの奥深さが体感できる。ハムに懸け、故郷・山形を拠点とした佐竹氏が作り、スライスする瞬間の美味を味わうためには山形まで出かけるしかない。

☾：5,060円

Tel: **023-664-0765**

山形県山形市あこや町
2-1-28

定休日：水曜

☾：18:00-23:00

東京
北海道
青森
秋田
岩手
宮城
山形
福島
茨城
栃木
群馬
埼玉
千葉
神奈川
山梨
長野
新潟

山形座 瀧波 1/365

YAMAGATA THE TAKINAMI 1/365

シェフ 原田 誠

15.5/20

イノベーティブ

Tel: **0238-43-6111**

山形県南陽市赤湯3005

定休日：不定休

☾：18:30- /19:00-

900 年を超える歴史のある「赤湯温泉」。東京から山形新幹線で２時間半、大地の恩恵を被るこの地で 100 年続く老舗旅館が、2017 年に全館をリノベーション、再起をかけてレストランの改革にも乗り出した。大前拓也料理長自ら、伝統を残しながら新しいものを積極的に取り入れて、山形の魅力を料理に盛り込み、社長自身もソムリエ資格を取得、ワイン、日本酒など厳選したラインアップで料理に華を添えている。さらに、2021 年９月には新潟・三条のイタリア料理店「イル・リポーゾ」の原田誠氏を迎え入れ、レストランはほぼ理想とする形への陣容を整えた。「じんだん（枝豆のずんだ）のお椀」は、砕いた枝豆とつみれの真丈の椀種、出汁に葛を溶き、枝豆のすり流しと合わせた吸い地、風味、食感、喉ごしのすべてが一級品だ。メインのきめ細かくしっとりとした米沢牛は、完璧な火入れで最高の状態に仕上げ、酸味が心地好い甘長唐辛子と茸のピクルスを付け合わせにするセンスは、見事としか言いようがない。和と伊が程よくミックスした魅力的な料理を、サービス陣が明るく盛り上げる。現在の店に加え、新しくできる施設のイタリアンレストランで原田氏が腕を振るうという。その日が待ち遠しくてならない。

☾：19,800 円〜

出羽屋

Dewaya

シェフ 佐藤治樹

15/20

日本料理

Tel: **0237-74-2323**

山形県西村山郡西川町
大字間沢58

定休日：火曜

☼：11:30-15:00
☾：17:00-20:00 (L.O.)

出羽三山、月山の登り口にあり、山岳信仰の行者の宿として知られる「出羽屋」は、「山のもの」による山菜料理と、季節には山菜蕎麦やきのこ蕎麦を求めて多くの人が訪れる老舗だ。加えて数年前からは帰郷した四代目の佐藤治樹氏が１回１組のゲストをもてなすシェフズテーブルを設け、ローカルガストロノミーとしても注目を集めている。春は新芽の出盛り。コースの最初に並べられるのはシドケ、アマドコロ、アイコなど、地元でよく食べられている５種の山菜のおひたしだ。あく抜きはほぼ不要で味付けも最小限。採れたばかりの山菜とはこれほどまでに甘く香り高いものなのかと驚く。また、コシアブラの天ぷらや、干して揚げたカジカ、鴨の出汁と塩だけで軽く煮込んだ熊鍋など、すべての料理が山にある姿をイメージさせ、山の季節を丸ごと受けとめる幸福感をもたらす。「ウドは切った直後はリンゴのような香りがします」と佐藤氏は言う。かつて日々の糧であった「山のもの」が、今は産地に近いからこそ楽しめる「山の幸」となった。佐藤氏は山菜や茸を求めて日々山に入り、適切に人の手を入れ、山の恵みを受け取り、山とともに生きている。その覚悟と使命感が、料理に生命を宿らせている。

☼：6,600 円〜 19,800 円　☾：6,600 円〜 19,800 円

プルピエ

POURPIER

シェフ 武田 悠

pop

創作料理

Tel: —

山形県山形市桜町2-42

定休日：月曜

☾：日 - 木 18:00-24:00
(L.O.23:00)
金・土 18:00-25:00
(L.O.23:30)

山形駅から徒歩およそ10分、ガラス張りの店はグラス片手のゲストで賑わっており、外では着席を待ちきれない人がすでに飲み始めている。サービスを担当するオーナーの佐藤洋一郎氏とシェフの武田氏は、新店舗立ち上げの仕事をする中で、自分たちのできる範囲でゲストとの縁や対話を大切にしながらナチュラルワインの美味しさを伝えられる店を作りたいと、2019年5月、この店を開いた。常時10～20種類程のナチュラルワインをグラスで提供し、料理には山形伝統野菜の「勘次郎胡瓜」なども盛り込み、ワインに寄り添う山形県産食材の優しい味わいが楽しめる。県内はもちろん、世界各地のナチュラルワインをグラスで気軽に飲める、山形の食やワインに新風を吹き込む店だ。

☾コース ○

HAGI

HAGI

シェフ 萩 春朋

15/20

フランス料理

Tel: 0246-26-5174

福島県いわき市
内郷御台境町鬼越171-10

定休日：無休

☼：12:00-
☾：18:30- /19:00-
のどちらかで一斉スタート

※ランチは4名以上のみ

いわき駅から車で約10分、レストランは小高い丘に開けた住宅地の中にある。辺りは萩氏の祖父の梨園があったところ。幼少の頃、焚火をした場所で、シェフは今、薪窯の火を燃やす。萩氏は店名に「畑の味」の文字を添え、「鮮度」を「命の時間」とする。漁港まで15分、畑まで10分という地の利を生かし、地元の魚介や肉、野菜を、福島の薪で火を入れることで自然の循環を図っている。萩氏が、土や水の力に思い至ったのは、東日本大震災を経験してからのこと。物流が途絶え、人々から表情が失われても大地や海は、変わらず命を育んでいる。この地の農業・漁業を料理人として支えることが自身の使命ではないかと、農家を回り、魚の目利きを訪ね、フランスや東京で磨いた技術で食材を生かす。沖で獲れた毛蟹の新鮮さ、無農薬栽培の蕪の旨み、伝統野菜の里芋「長兵衛」の甘さは、どれも驚くほど。川俣シャモの手羽や二本松「エム牧場」の経産牛のサーロインは、薪焼き以上の調理法があるだろうかと思えるほどの美味しさだ。ソムリエ資格を持つマダムの昌美氏も地元の酒、ワインで素材の味を引き立てる。萩氏が選択した「鮮度」と「薪火」は、美味への最強のアイテムかもしれない。

☾：17,600円

なか田

Nakata

シェフ 中田智之

14.5/20

フランス料理

Tel: —

福島県郡山市清水台
1-6-23

定休日：日曜、月曜、祝日

☾：18:00-23:00
(L.O.20:00)

安積国造神社の表参道沿い、白地に「なか田」と染め抜かれた暖簾では、とてもフランス料理の店には見えない。しかし、周囲の環境に配慮した店の外観や命名には、郡山の国造りの神様への崇敬の念と、この地から郡山の「食」を造り出し、発信するのだという中田氏の強い意志が感じられる。郡山育ちの中田氏は、東京で 10 年、クラシカルなフランス料理の基礎を身につけ、「アル・ケッチァーノ」奥田政行氏が郡山市に地産地消のレストランを開く際、シェフを任され、帰郷した。2019 年に独立、1 日数組に絞り、カウンターで一人、フランス料理をベースに郷土愛に溢れた料理を生み出している。まずは川俣シャモと福島牛のコンソメで、身体を福島で満たす。その濃く出されたスープから技術の高さと福島への思いが伝わってくる。中田氏は「郡山ブランド野菜」を推奨し、その一つ「冬甘菜」（キャベツ）は、鱈の白子と生ハムを包んだムニエルにし、相馬で獲れたノドグロのポワレを合わせている。朝から農家を回り、シェフ自ら収穫した野菜はフランスやイタリアの多彩な調理技術によって優しい味わいの料理に姿を変えていく。ここにも地域の食を盛り立てる腕達者の料理人がいた。

☾：16,500 円

鮨いとう

Sushi Ito

シェフ 伊藤悦朗

15/20

寿司

Tel: **0246-35-7066**

福島県いわき市平字南町
73

定休日：日曜（月曜が祝日の場合、日曜営業し月曜休みの可能性あり）

☾：18:00-

※前日までに要予約

現代は流通の進歩により、その地ならではの鮨の特徴が希薄になっている。伊藤氏も、東京・四谷「纒」、六本木「纒鮨」で修業を重ね、16 年前に故郷のいわき市で開店した当時は、築地から魚を仕入れていたという。しかし、開業 6 年目、東日本大震災で福島県の漁業が壊滅的な被害を受けてからは、地元の魚介類の魅力を伝えるため「常磐もの」を大切に、地元の漁師や仲買人との信頼関係を築き、素晴らしい素材を手に入れている。初秋の訪問では、北寄貝、いわき市沖のカマス、アカムツ、鰺、メヒカリ、穴子と様々な食材を愉しむことができた。素材だけでなく、カマスは焼物と握りの両方で、地物の鰺には白葱の微塵切りを挟み、車海老は串に刺すことなく茹でてから昆布締めにするなど創意工夫を凝らし、小肌には鯛のおぼろを挟み、江戸前の手法も継承している。鮨種の温度も、メヒカリは冷たくして温かい酢飯と合わせることで、口中で脂が溶け出し、大きめの穴子は、煮詰めをたっぷりとのせて炙り、ふっくらとした食感を愉しませる。常磐の海の幸を通して地域による鮨の多様性、豊かさを味わい、福島の名酒を楽しむ。主人の丁寧な接客も心地好く、わざわざでも訪れたい鮨店である。

☾：24,200 円

Gault&Millau

RESTAURANTS

レストラン

雪村庵

Sesson an

シェフ 藤 良樹

15/20

フランス料理

Tel: **0295-53-0330**

茨城県常陸大宮市下村田150-1

定休日：月曜、火曜

☼：土・日・祝 12:00-

☾：18:00-

茨城の自然とそこから生まれる素材をフランス料理やスペイン・バスクの料理法で表現する民家レストラン。2019年、料理人生を見直そうと1年間店を閉めバスクで学んだ藤氏が、帰国後2年を経て、その果実を実らせようとしている。長くフランス料理のシェフを務めている藤氏がバスクで学んだことは、技術より現地の人がいかに地域に誇りを持ち、文化や食を愛しているかということではなかったか。「茨城を旅して」と題するメニューには､川、山・畑、湖、海、山という茨城の自然とその恵みをもたらす生産者の名前が書き込まれ、藤氏の新たな食材との出合いの歓びが、地元アーティストの手になる器の中に躍っている。モクズガニは殻に盛られたマリネした身を食べ、半分をチョリソーの入ったフランの器に移して合わせるが、蟹は庵の前の小川で獲れたもの。霞ヶ浦で養殖されているナマズも、水分を抜いて臭みを取り、塩をふって一夜干しにして奥久慈ねぎとグレープシードオイルのソースを合わせると美食の食材になる。バスクの塩とガラから取る赤ワインソースでいただく茨城産の鳩の旨さ。高価な輸入食材ではなく、身近な産物が遠いスペイン・バスクの調理法で輝きを放ち、新たな食の旅へ誘っている。

☼：11,000円～22,000円　☾：11,000円～22,000円

レストラン オオツ

Restaurant Ohtsu

シェフ 大津高志

15/20

フランス料理

Tel: **029-226-8502**

茨城県水戸市白梅1-5-4

定休日：月曜中心に月7日

☼：12:00-13:00（最終入店）

☾：18:00-20:30（最終入店）

※完全予約制

壁のオブジェが見守るホールには純白のクロスが引かれたテーブル。一見、無機質な空間だが恵美子マダムの案内で料理が始まると、ここにはたくさんの「愛」があることに気づく。まず、35歳で脱サラ、以来40年近く独自にフランス料理の腕を磨き続けた高志氏の料理愛。子息でスーシェフを務める高彬氏と優しく見守るマダムの家族愛。醸し出される空気感が実に心地好い。料理は県都のゲストに向け、フランスや国内の優れた食材を取り寄せるが、近年は生産者との交流から地元の農水産物を活用した料理も増え、茨城の食の旗振り役も務めている。高彬氏が若手料理人のコンクールに向けて考案した一皿は、那珂湊に揚がるメヒカリを活かしたもの。親しい漁業者から連絡が入るとすぐに車を飛ばし、劣化の早いメヒカリを持ち帰り、一夜干しにして真挽粉をまぶし、串を通して揚げる。蛤のブイヨンや白ワインを泡状のソースにし、レモンやハーブを添えて地元の大衆魚を品格あるフランス料理に仕上げている。味と香りの最後の一手をめぐり、父子が意見を交わす様子も微笑ましい。70歳を超えた今も変わらないシェフの情熱とスーシェフの若い感性が老舗に新たな魅力を加えている。

☼：20,000円～　☾：20,000円～

京遊膳 花みやこ

Hanamiyako

シェフ 西野正巳

15.5/20

日本料理

故郷・茨城の食材の魅力を京料理の技法で洗練させ、世界に発信したい、そんな思いで開業し、もうすぐ30年。本物の日本文化の発信のためには室礼が重要と、美しい日本家屋を構え、茶人でもある西野氏は、器はもちろん、軸や花にも気を配り、「洗心庵」と名付けた茶室まで備えている。1,000人以上の生産者に会い、自ら選び抜いた野菜に始まり、大洗で水揚げされた放血神経締めの鯛や800g以上もある黒鮑を見事な包丁技で仕上げ、茨城の魅力を余すことなく表現している。野菜は100%茨城産、多くが無農薬栽培のもので、時には西野氏が依頼して、特別に育ててもらうこともある。手間はかかっても、付加価値をつけて競争力を増すことの大切さを生産者に知ってもらい、ともに健全な食文化を生み出していきたいという思いからだ。女将はソムリエ資格に続き、2022年、酒ディプロマも取得。夫妻は、茨城・新利根チーズ工房のモッツァレラチーズを使ったり、無農薬栽培のワイナリーから送ってもらった摘果した葡萄を、スロージューサーで搾って自家製ヴェルジュを作り、出汁などと混ぜた「ワインポン酢」を考案するなど、世界を見据えた、ワインと合う日本料理の探求も続けている。

☼：25,300円〜　☾：25,300円〜

Tel: 029-276-7703

茨城県ひたちなか市
笹野町3-14-26

定休日：月曜、火曜

☼：11:30-14:30
(L.O.12:00)
☾：17:30-22:00
(L.O.19:00)

オトワレストラン

Otowa restaurant

シェフ 音羽 元・音羽 創

16.5/20

フランス料理

「100年続くレストランを作る」、かのアラン・シャペル氏の薫陶を受けた父から子に伝承される思いは、時にはさらに高く飛ぶための羽に、時には重石になることもあるだろう。「ローカルガストロノミー」という言葉が生まれる遥か前、宇都宮の地に地域と共に発展してゆくレストランを作ろう、と考えた音羽和紀氏。父の思いを、料理やサービスの道を選び、店を盛り立てることで引き継ぐ長男・元氏、次男・創氏、長女の香菜氏。長男の妻・明日香氏もパティシエとして加わり、「ファミリービジネス」としてのレストランは、フランスの地方文化を支えるグランメゾンを思わせる。地元食材に光を当て、クラシックなパイ包みなどの料理はもちろん、ふっくらと蒸した山女魚の淡白な身を引き立たせようと、トマトウォーターと貝の出汁で異なった種類の旨みを加えた一皿など、モダンなアプローチも面白い。多くの地元客が、ハレの日の食事に訪れ、自らの家族の成長を祝うとともに、多方面で活躍する音羽家の子どもたちの姿に目を細める。地元の一部であり、共に育つレストラン。ゆったりと流れる時間は、ここが郊外にあるからではない。雄大な時間軸の中で捉える「今」という視点があるからこそなのだ。

☼：13,310円〜21,780円　☾：13,310円〜21,780円

Tel: 028-651-0108

栃木県宇都宮市西原町
3554-7

定休日：月曜、火曜不定休

☼：金・土・日
11:30-15:00
(L.O.13:00)
☾：17:30-22:00
(L.O.19:00)

Tel: **0287-74-3300**

栃木県那須郡那須町
高久乙道上2294-3

定休日：水曜、他不定休あり

☼ : 12:00-13:00 (L.O.)
☾ : 18:00-20:00 (L.O.)

※予約制

レストラン μ

Restaurant μ

シェフ 千葉拓海

14.5/20

フランス料理

名門リゾート「二期倶楽部」の創業者がプロデュースする「アートビオトープ那須」は、建築家の石上純也氏がデザインした庭、坂茂氏が設計したヴィラ、レストランなどから成る宿泊施設だ。レストランとヴィラの建設用地で伐採予定だった318本の樹木を移植し、160個の小さな池を人工的につくった庭が「水庭」で、ここを目当てに訪れる客も多い。水庭を望む高台に建つ「レストラン μ」は、そのシグネチャーレストランで、水庭に面して大きなパノラマウインドーを設け、森に溶けこむようなダイナミックな内装になっている。シェフの千葉氏は「シード（種子）からテーブルまで」をテーマに掲げ、敷地内の畑で野菜やハーブを育てる。フレッシュなアスパラガスを生でアオリイカと和えたり、バターナッツかぼちゃをメインディッシュのソースに使ったりと、常時20種ほどの野菜をコースで扱っている。千葉氏は、地元の生産者との関係構築にも励み、近隣の食材を生かしたフランス料理への道を邁進中だ。宿泊施設に併設されたレストランは客の目的も期待度も様々なゆえ、ターゲットの絞り方に難しさもあるが、恵まれた環境、施設を生かした、栃木ならではのオーベルジュへの期待は大きい。

☼ : 7,700円　☾ : 17,600円

Tel: **0284-42-3558**

栃木県足利市有楽町
834-27

定休日：月曜、他不定休あり

☼ : 日 12:00-15:00
☾ : 17:30-22:00
(最終入店 20:00)

※完全予約制

天婦羅 まつむら

Tempura Matsumura

シェフ 松村文寛

16/20

天ぷら

どこかノスタルジックな雰囲気の漂う足利市の街並みを散策しながら店に向かう。引き戸を開けると、女将が迎え、カウンター越しの厨房からは、店主・松村氏の挨拶。その穏やかな応対は料理への心遣いにも表れていた。カウンター席に着くと、肴として北海道産の白魚が出される。献立は、料理と天ぷらで構成されるおまかせコース。栃木県の地酒や、店主もよく訪れるという、地元のココ・ファーム・ワイナリーのワインのラインアップも豊富で、天ぷらとのマリアージュも素晴らしい。コース中盤でいただく「ブロッコリーの天ぷら」は、茹でるのが一般的なブロッコリーだが、「天ぷらで揚げるのが一番美味しい食べ方」と松村氏。舌にのせた瞬間、こんなに甘みがあったのかと驚くと同時に、野菜の持つ生命力に感銘を受ける。「穴子の天ぷら」は、穴子をゲストに見せた後、生きたままをその場で調理する。温泉卵と一緒にいただく捌きたての穴子は、驚くほどの美味しさだ。松村氏は、高校生の時に訪れた天ぷら料理店の美味しさに感動して料理人を志したという。その磨き抜かれた技と、心配りのある女将のサービスに惹かれ、遠路はるばる足利まで足を運ぶ客が後を絶たない。

☼ : 22,000円〜33,000円　☾ : 22,000円〜33,000円

白井屋ザ・レストラン

15/20

SHIROIYA the RESTAURANT

シェフ 片山ひろ

イノベーティブ

芸術家や著名人に愛された老舗旅館「白井屋」が2020年12月、アートと食文化が集積する「SHIROIYA HOTEL」として蘇った。片山氏は群馬県出身。帝国ホテルをはじめ、国内外での修業を経て地元でレストランを経営していたところを、この再生プロジェクトに誘われた。開業までは料理監修を務める川手寛康氏の東京・青山「フロリレージュ」や海外で研鑽を重ねている。食材探しとメニュー作成は片山氏が行い、川手氏が最終確認をする。料理はどれも繊細で美しく、美味しい。片山氏の本領は、郷土料理のエッセンスを独自の解釈で再構築し、新しい料理を作り上げるところにある。幅広の麺を野菜とともに煮込む地元の「おっきりこみ」は、生ハムにした豚肉と大根、こんにゃくをロール状に巻き、茸と牛蒡のムースを敷いてスープを注ぎ、最後に麺をアイスパウダー状にして添える。ひんやり、夏に楽しむ片山氏の「OKIRIKOMI」の完成だ。斬新な形で表現しながらも前後の料理とも調和がとれており、コースの満足度も高い。オープンキッチンはスタッフとの距離も近く、食材や地域についての会話も弾む。「上州キュイジーヌ」の魅力を発信するレストランである。

☼：7,000円～　☾：13,500円～

Tel: **027-231-4618**

群馬県前橋市本町2-2-15
白井屋ホテル内

定休日：無休

☼：土・日・祝
12:00-14:30
(最終入店 13:00)
☾：17:30-22:00
(最終入店 19:30)

ファン・ダルクオーレ

15.5/20

FAN×DALCUORE

シェフ 星野弘明・鈴木伸朋

フュージョン

高崎駅から徒歩10分ほどの住宅街、中国料理とイタリア料理で実績のある２人のシェフによる「調和と融合」をテーマとするイノベーティブ・フュージョンレストラン。星野氏は国内のホテルや台湾で修業後、高崎やスペイン・バルセロナで中国料理店「チャイニーズファン」を展開。鈴木氏は数々のイタリア料理の名店で経験を積み、「ダル・クオーレ」を開店、2019年に日本イタリア料理協会主催のコンテストで優勝しながらも病のため店を閉めざるを得なかった。この２人が、2021年、鈴木氏の病の回復を機に両者の料理を融合した新たな形のレストランを開いた。カプレーゼはフルーツトマトの中に紹興酒や生姜でマリネしたミニトマトが詰められ、モッツァレラとバルサミコのソースが目にも鮮やかだ。鮎の焼きリゾットは、星野氏が岐阜で釣ってきた天然の鮎を用い、炭火焼きにした鮎のほか、リゾットには鮎のコンフィが入り、鮎の出汁のコンソメが注がれる。１皿に４匹もの鮎の旨みが凝縮された食べごたえのある料理だ。どの皿にも中国料理とイタリア料理の要素が絡み合い溶け込んで、新たな食の出合いが生まれている。マダムの接客も心地好く、ゲストの心を掴むレストランである。

☼：5,800円～　☾：11,000円～30,000円

Tel: **027-328-1212**

群馬県高崎市竜見町10-8

定休日：不定休

☼：12:00-14:30
☾：18:00-22:00

モデスト

modest

シェフ 石川直樹

15/20

フランス料理

Tel: **048-971-5398**

埼玉県越谷市越ヶ谷本町
8-8 はかり屋内

定休日：不定休
（月6～8日）

☼：11:30-12:30 (L.O.)
土・日・祝
11:30-12:00 (L.O.)
☾：17:30-18:30 (L.O.)

※半個室あり

旧日光街道沿いの築120年を超える古民家レストラン。石川氏はフランス料理をベースに、全国から取り寄せる魚介類や肉類を自家農園の野菜で引き立て、自由闊達な料理で異彩を放っている。越谷市の隣町、松伏町出身の石川氏は、東京・目黒「アルカション」で料理の道に入り、パリで修業、都内で4年間料理長を務め、29歳で独立した。時代を感じさせる厨房で5種類のパンペアリングも含め、一人で腕を振るうが、料理は手際よく、味の方向も明確だ。まず、器の蓋を開けるとインカの目覚めがスモークと薫香とともに。「鮎」と記された一品は、焼き物かと思いきやスープで登場。10時間コンフィし、骨も柔らかく無濾過のまま、鮎を液体でいただく。「帆立」では味をエスニックな方向に振り、焼いた帆立の下に鶏の出汁とココナッツミルクで炊いたリゾット。これに「クミン ターメリック」のパンを合わせる。ツムブリのローストは、貝の出汁に米と西京味噌を加えミキサーにかけた和風のソースで、「柚子 七味」のパンをもってくる。石川氏が選ぶナチュール系のワインや日本酒も、主となる料理の味覚の展開と収斂が計算されたもの。近郊レストランのシェフはなかなかの腕達者だ。

☼：5,500円～ 11,000円　☾：11,000円～ 16,500円

レストラン カム

Restaurant KAM

シェフ 本岡 将

15/20

フランス料理

Tel: **080-4623-0829**

埼玉県川口市戸塚3-1-13

定休日：月曜、火曜

☼：12:00-15:00
☾：18:00-22:00

本岡氏にとって、畑で作物を育てながらレストランを営むというスタイルは必然だった。フランスでの修業時代や静岡「レストラン ビオス」で、そばに畑があることの魅力を知った本岡氏は、店の庭や周囲の畑を耕し、根菜からハーブまで多彩な作物を栽培、多い時は、店で使うほぼすべての野菜をまかなうという。野菜やハーブの香りの鮮烈さがとりわけ強く感じられるのは、自家農園の野菜の一皿。ミントやスプラウトなど生の野菜やハーブ、火を通したズッキーニなどを、ベーコンの香りを移したミルクのような軽いソースでまとめる。また、白イカに合わせた自家製の四葉胡瓜（すうようきゅうり）とトマトウォーターの前菜は、ひたすら美しい。フランス料理の技術で野菜の香りや風味を生かすことは、センスのある調味とともに、本岡氏の真骨頂といえる。自ら栽培する野菜の季節による循環に料理を委ねるといえば、一見受け身のようにも思えるが、それが、店に自然な寛ぎと居心地の良さをもたらしている。本岡氏とサービスの田代圭佑氏は幼馴染み。「KAM」は二人が一緒に開こうと温めてきた店でもある。その充足感や温かさで満たされた空間もまた、この店の大きな魅力の一つなのだ。

☼：12,705円　☾：12,705円

クチーナ サルヴェ

14/20

cucina salve

シェフ 坪内 浩

イタリア料理

皿の上には瑞々しい季節の野菜。前菜は坪内氏が栽培し、その日に収穫したばかりの無花果、モロヘイヤ、ビーツやトマトを秩父やまなみチーズ工房のリコッタチーズなどでいただく。2004年、イタリア料理店と同時に有機栽培の農園を始めた坪内氏は、2019年、秩父神社の表参道にある古民家に移転。1.3haの畑で育てる150種類を超える自家製野菜、果実とビオワインを中心に据え、「秩父ガストロノミー」を発信している。市内から出る廃棄物を利用し、地味が肥えた土壌から生まれる野菜は力強い。「秩父白長なす」は、奄美から持ち帰った白長なすと在来の埼玉青大丸なすが畑で自然交配し、表皮が固く、甘い身を持つ新品種となった。その特徴を生かし、坪内氏は300℃で1分間火入れ、とろとろの身をシンプルにオリーブオイルと塩だけで食べさせる。まさに、ここでしか味わえない自然の甘みだ。ちちぶ地鶏、武州豚、武州和牛など、注目される機会が少なかった埼玉・秩父の食材がイタリア料理として次々に登場、脇を固めるのは畑の野菜や近隣で採れる茸だ。自身を「種をまく料理人」と称する坪内氏は、秩父という自然豊かな地にも「食」の種をまき、芽吹かせようとしている。

☼：1,980円〜4,400円　☾：6,600円〜11,000円

Tel: 0494-22-6227

埼玉県秩父市番場町
17-14

定休日：水曜、木曜

☼：土・日・祝
11:30-14:00
(L.O.13:30)
☾：17:30-22:00
(L.O.21:00)

レストラン ソルト

15/20

RESTAURANT SALT

シェフ 井上 憲

イノベーティブ

懐かしいドーナツ盤レコードにダイヤモンドの針先のような器の先が触れると料理のスタートだ。埼玉県庁のそばにある垢抜けた空間の洒落た演出。井上氏は希少なレコードを収集して売買するレコードコレクターから30歳で料理の世界に転身、「たいめいけん」を経て「レ・クレアシヨン・ド・ナリサワ」で8年間、創造的な厨房を経験した。その料理はウイットに富み、捻りのある、感性の豊かさを物語るものばかりだ。「葱×鴨油」は、「鴨が葱を背負ってくる」のではなく、葱を主役に鴨が引き立て役となる。炭火で焼かれた深谷ねぎを美味しくしているのは鴨からとった油。皿に円弧を描く葱のパウダーの塩梅も食べ手の味覚に程よい。鰆は、炭火で柔らかく火入れしたフランス料理風だが、白ワインと白味噌、柚子胡椒のソースで、口中の味は、西京焼きの風情だ。「鰻×卵」は、鰻を白焼きにし、山葵と胡瓜のリゾットにのせ、川島町・矢部養鶏場の卵を一番出汁で泡立てたソースをかけ、「う巻き」のイノベーティブ版とする。埼玉県産食材を活用した、センス溢れる料理にゲストは唸る。流れるソウルミュージックに、ついステップを踏んでしまう井上氏の気持ちもよくわかる。

☼：6,000円　☾：13,000円〜18,000円

Tel: 048-829-7205

埼玉県さいたま市浦和区
高砂4-4-19
TAC 高砂 1F

定休日：日曜

☼：11:30-14:30
(L.O.13:00)
☾：18:00-22:00
(L.O.20:00)

ウシマル

Ushimaru

シェフ 打矢 健

15.5/20

イタリア料理

Tel: 0479-86-1222

千葉県山武市松尾町木刀
1307-2

定休日：水曜、木曜、
第２・４火曜

☼：11:30-
☾：平日 18:30-
土・日・祝 18:00-

九十九里の海岸線にも近く、空がオレンジ色に染まる夕暮れ時、静寂の中に浮かび上がる洋風の一軒家。店内は天井が高く、食を描いた絵画が飾られ、温かい灯りが寛ぎの空間を作り出している。「食材はその時々で変わるので、何の料理が出るか私もわからないのです」というマネージャーの鈴木治人氏。自家農園から収穫したばかりの野菜や九十九里で獲れる新鮮な魚介類。打矢氏が採った茸や山菜などを使い、食材が一番美味しく感じられる調理法で料理を作り上げる。牛肉は、乳牛としてのイメージが強いジャージー牛を、打矢氏自らが手当てし、１～２ヵ月熟成させたもの。炭火を使った火入れは燻香が食欲を刺激する。肉は柔らかく濃厚な香りと旨みがじんわりと口いっぱいに広がり、鈴木氏が選ぶワインとともに口に運べば、しばし陶然となる。自家製の大きなフォカッチャは目の前で切り分け、フワフワと焼き立ての湯気が鼻腔をくすぐり、もっちりとした食感が堪らない。最後は、山武の牛乳を使ったドルチェが、口の中で料理の余韻を残しつつ、その日のコースを締め括ってくれる。いつ訪れても家に帰ってきたかのような居心地の良さ。都心から遠く離れた房総に奇跡のようなレストランがある。

☼：12,800 円　☾：12,800 円

プレゼンテ スギ

PRESENTE Sugi

シェフ 杉岡憲敏

15.5/20

イノベーティブ

Tel: 043-371-1069

千葉県佐倉市白銀
2-3-6 1F

定休日：月曜、火曜

☼：11:30-14:30
一斉スタート
☾：18:00-22:00
一斉スタート

※ランチは平日 8,800 円、
土・日・祝 14,300 円

欠かさずに見ていたテレビ番組でシェフの姿に憧れ、料理人になる夢を実現した杉岡氏。少年の心はそのままに、今も趣味は魚釣りと山菜採り。佐倉市の自然に囲まれた豊かな環境を愛し、可能な限り地元の食材を使いたいと、自ら釣った魚や採れた山菜を料理に取り込み、地産地消を実践している。メニューは 20 品近く、杉岡氏自らダイニングに立ち、ゲストが食材を見て、触れて、ワクワクする体験型の料理説明をする。「漁師さんからの贈り物」という一品は、金目鯛とウシガエルとスッポンの出汁で丁寧に作ったスープ。中のラビオリには、ウシガエル・スッポン・地元の無農薬栽培のニラが入っており、スープを飲めばトリュフの芳醇な香りでイタリア料理を、ラビオリからはニラの香りが広がり、中国料理をいただいたような感覚になり、１皿で２つの国の風味が愉しめる。ドリンクの中には、カメムシをジンに浸けたリキュールもあり、ドキドキしながら口に運ぶと、フルーティーなカクテルを思わせる味わいに、また感嘆。探究心と豊富なアイデアで、他のどこにもない料理を構成し、それを間違いなく美味として成立させる杉岡氏の力量には驚きしかない。

☼：8,800 円～ 14,300 円　☾：14,300 円

フィエルテ

fierté

シェフ 山本悠太

15/20

フランス料理

魚の熟成をテーマの一つに掲げる若手実力派のレストラン。山本氏はシェフであった父親の背中を追うように料理の世界に入り渡仏。魚介料理で高評価のマルセイユのレストランで修業、帰国後は「銀座レカン」などで腕を磨き、2019 年、鎌倉駅近くに店を構えた。広く取られた窓が心地好い空間で、ワインサービスも巧みなスーシェフ平林元気氏とともに食材の口溶けの旨さが際立つ料理を提供している。魚介類は地元のみならず全国から取り寄せ、三浦野菜などと合わせる。魚の熟成に取り組み、受け取った食材の旨みが頂点に達するまで見続けることが料理人の仕事と考え、調理のタイミングを計る。甘鯛の鱗焼きには、佐賀県唐津の大山鮮魚店から仕入れた 2 kg を超える大物を－2℃で 16 日間、氷温熟成させたものを用いる。穴子の骨など魚からとった出汁でスープ仕立てのソースを配し、マルセイユ仕込みの、海と山の食材を合わせる料理法でジロール茸を同時に火入れし、香りも移している。熟成した甘鯛の身とカリッとした鱗がスープとともに口の中で溶けていく。鮮魚に熟成魚を織り交ぜ、両者の美点を味わわせながら、魚料理の可能性を切り拓く 33 歳の探究心に注目だ。

☼：7,150 円～ 13,750 円　☾：8,800 円～ 17,050 円

Tel: **0467-33-5105**

神奈川県鎌倉市御成町
2-14-2
Ever Village（B）2F

定休日：水曜、他月 2 日休み

☼：12:00-12:30 (L.O.)
☾：18:00-18:30 (L.O.)

※5月1日より価格変更予定

メシモ

MECIMO

シェフ 葛窪拓真

15/20

フランス料理

小田原で水揚げされた桜海老をアオリイカとシラスとともにタルト生地にのせて一口でいただく。港まで車で 10 分という地の利を生かしたアミューズで、一気に小田原の食の魅力に引き込まれる。開店 4 年、メニューに記された、全て地元という、食材の提供者や器の作者の名前も増え、大阪「HAJIME」で修業した葛窪氏、フランスのワイナリー経験もあるソムリエ・山本良憲氏が目指す方向性がより明確になった。料理も複雑さを増し、鰤は 1 週間寝かせ、カワハギ、ヤガラはフレッシュなままでカラフル大根とサラダにし、食感と香りのコントラストを味わわせたり、小田原のメジマグロと南足柄の相州牛を合わせ、海陸 2 つの食材のタルタルに仕上げるなど、より重層的になっている。聞けば、2022 年 8 月、近くに「タス」というカジュアルな店を開いて料理の棲み分けをし、ここでは素材を活かすだけでなく、より作り込んだものを提供できるようになったのだという。無農薬栽培の神奈川県産米「はるみ」のジェラートと小田原の味噌を練り込んだラング・ド・シャに、岩手「とおの屋 要」のどぶろくというマリアージュの旨さには言葉を失う。実力のある 2 人が、いよいよ出力を上げた。

☼：8,360 円　☾：13,200 円

Tel: **0465-20-3744**

神奈川県小田原市栄町
2-5-22

定休日：月曜、他不定休あり

☼：11:30-12:30 (L.O.)
☾：18:00-19:00 (L.O.)

レストラン タカシ タンノ パー 長谷 紫〜ゆかり〜

Restaurant Takashi Tanno par Hase Yukari

シェフ 丹野貴士

15/20

フランス料理

Tel: **0467-67-9313**

神奈川県鎌倉市長谷
2-11-44

定休日：水曜（月２回連休あり）

☼：12:00-15:00
（最終入店 13:00）
☾：18:00-22:00
（最終入店 19:00）

※クレジットカードは Visa・Master のみ利用可

※半個室あり

築100年を超える商家がモダンなフランス料理店として再生され１年余り、丹野氏は鎌倉の歴史・風土を肌で感じながら、料理をより深化させている。パリの「レストラン ケイ」や東京の「エスキス」「アピス」で感性の活かし方を学び、「レフェルヴェソンス」で４年余り、飛躍する厨房を経験した丹野氏の「鎌倉」での１年。その成果は十数皿の、細部にまで調理が施された華やかな料理に表れている。それを可能にしたのは、「さかな人」長谷川大樹氏の魚介や鎌倉野菜の生産者など、食材と人との出合いであり、自身の技術との巧みな融合だろう。料理はより「鎌倉」へフォーカスされている。丹野氏がスペシャリテとして作り続けるであろう「Terre Rouge」という三浦半島産ビーツのパイ生地包みも時間と手間をかけ、さらに精度を上げている。ビーツを無菌状態の赤土で包み皮ごとオーブンに３時間、皮を剥いてカカオのパイ生地で包み１時間、ほっこり蒸された赤紫のビーツに黒糖とラズベリービネガーを煮詰めたソース、ゲランドの塩を一つまみ。その妖艶な色彩と余白の美が古商家の空間と呼応する。古都・鎌倉に若き才能が触発され、新たな美食が生まれている。

☼：**10,000円〜 18,000円**　☾：**18,000円〜**

リストランテ イルノード

RISTORANTE IL NODO

シェフ 松井昭憲

15/20

イタリア料理

Tel: **0467-38-8296**

神奈川県鎌倉市小町
2-6-12
くすの木443 2F-3号

定休日：月曜、火曜

☼：12:00- 一斉スタート
☾：18:00- 一斉スタート

※要予約

小町通りから小路に入り、時を経た趣ある建物の２階。カジュアルなカウンターからは、ここが地域ガストロノミーを代表する店であることを想像しにくいかもしれない。松井氏は青山「サバティーニ」で修業、都内でシェフを務めた後、４年前、この地に店を開いた。有名店での経験は調理技術を磨くには貴重なものであっただろうが、今、コース十数皿でゲストを唸らせているのは、まったく次元の異なった料理である。それを可能にしたのは、おそらくメニューにびっしり書かれた生産者や食材との出合いだろう。松井氏は席数も昼の営業日も減らし、畑に出て、漁船にも乗り、食材の微妙な変化や差異を感知するセンサーを磨いたようだ。30種類を超える野菜サラダは、ボイル・フリット・グリル・パウダーと様々に調理するが、驚くのは微妙な野菜の生育時季を見極め、爽やかさ・甘み・苦み・香りを意のままに組み合わせていることだ。どの皿もメインになる食材が明確で、合わせるソースにも発酵など複数の手を加えて味を引き立てている。この店に来れば、都市部が目立つ神奈川県にこれだけの食材があり、それを溢れる情熱で調理するシェフがいることに感動を覚えるに違いない。

☼：**6,600円**　☾：**14,520円**

イザ

IZA

シェフ 芝先康一

14.5/20

イタリア料理

鎌倉駅近くの看板もない隠れ家のような店では、シェフが繰り出す変化に富んだ味覚のシャワーが愉しめる。全16品の料理、7種のペアリングは、エッジの鋭さに初めは熱めの湯を浴びるような驚きがあるが、やがて快感に思えてくる。それは外連味のない味やスパイスも、カウンター越しに語られる芝先氏の料理観に基づいた、すべて計算されたものであることがわかってくるからだ。エミリア＝ロマーニャ州で修業し、帰国した芝先氏は「イル テアトリーノ ダ サローネ」のシェフを経て、七里ヶ浜に「リストランテ シーヴァ」を開店。2021年、いざ目指すは、ゲストと語りながら新しい何かが生まれる店作りと、客として来ていた料理人2人を引き連れ、移転し「イザ」をオープンした。ベトナムのバインミー風にコリアンダーを利かせた鮑と肝ソースを挟んだパニーノは、3人が「その時のノリで」考え出したものだという。スプーンに馬肉を中心に味覚や食感の異なる素材を盛り、ゲストの「口内調味」を実況して場を沸かせたり、溶けて初めてそれとわかる、凍らせたフォアグラと穴子の一皿で確かな技術を見せたり、飄々としながら確と自身の世界に引き込んでいく、その手腕は見事なものである。

☼：16,500円　☾：16,500円

Tel: **0467-81-3791**

神奈川県鎌倉市御成町
11-13 2F

定休日:月曜、日曜ディナー

☼：12:00-15:30
(L.O.12:30)
☾：18:00-23:30
(L.O.21:00)

リスペット

RISPETTO

シェフ 井上 亮

14.5/20

イタリア料理

モノトーンのモダンなインテリアに、白い皿の上の色鮮やかな料理が映える。国内外の有名店で修業を積んできた井上氏の料理は、美しく洗練されている。この日のパスタはラディッキオを割いてアブルーガに合わせたもの。スカンジナビアニシンの魚卵アブルーガはキャビアより香りも塩味も優しく、ラディッキオの苦みとのバランスの良さを感じる。またアミューズの「たこ焼きとビール」やチーズケーキを再構築したドルチェといったメニューは、カジュアルなモチーフで料理に意外性や親しみやすさを加えている。井上氏が修業中に印象深かったのは「その店ならではのチーム感」だという。砂浜に面した白い店舗で洗練された魚介類を提供する、イタリア中部の「ULIASSI」。また、都心・銀座のビルでラグジュアリーな時間と料理を提供する「ブルガリ イル・リストランテ ルカ・ファンティン」。それぞれの「洗練」という共通したエッセンスを吸収しながらも、「尊敬」「敬意」を意味するこの店の目標は、それら2店の世界観が交差するところにあるようだ。ゆくゆくはチームで作り上げたい、そこにゲストへの親しさや敬愛の情を込めたい、井上氏の料理にはそんな願いが詰まっている。

☼：5,500円～8,800円　☾：14,300円～19,800円

Tel: **045-534-9685**

神奈川県横浜市西区
戸部本町39-8
ストークビル高島101号

定休日：水曜、第1・3
火曜

☼：平日
11:30-13:30 (L.O.)
土・日・祝
12:00-13:30 (L.O.)
☾：18:00-20:00 (L.O.)

※個室は4名まで

季音
KINON

シェフ 村野敏和

15/20

薪火料理

Tel: **0467-39-5091**

神奈川県鎌倉市御成町
13-22

定休日：日曜、第2・4
月曜

☼：12:00-14:30
(L.O.13:00)
☾：18:00-21:00
(L.O.19:30)

※ランチは4名以上で貸切
の場合のみ

薪火のスペシャリスト村野氏の店は鎌倉駅から徒歩5分、一面、薪で埋まったガラス窓が目印だ。L字型のカウンターから、薪が燃え盛る炉を見ていると、原初の調理手段である「火」の熱と香りがいかに我々の食欲をかき立てるものであるかがわかる。炉は左に炎、手前が熾火で、右に十数段のラックを設え、熱源との距離を計りながら食材を移し、火を入れていく。甘鯛は熱々の鱗焼きに鎌倉野菜を盛り付けたサラダ仕立て、剣先イカはジロール茸と自家製蛸節を添え、薪火料理をガストロノミーの一皿へと昇華させている。「蝦夷バフンウニのウニトースト」は、サンフランシスコの名店「セゾン」で修業中にヒントを得たという村野氏のスペシャリテだが、ウニをのせるトースト生地を当初より柔らかく潤いのあるものにし、染み込ませるソースも複雑味を増して、生地とウニが口中でとろりと蕩ける仕様に進化している。火の制御から料理の完成度へ、村野氏の探究心は止まる所を知らない。新作「熾火で温めたキャビアの昆布締め 鎌倉ほうれん草と」は今も絶品だが、更に磨かれて看板メニューになるのだろう。炉に向かう村野氏の横顔から、薪火に懸けたことへの確信が見て取れる。

☼：13,200円～29,000円　☾：13,200円～29,000円

イチリン ハナレ
Ichirin Hanare

シェフ 齋藤宏文

15.5/20

中国料理

Tel: **0467-84-7530**

神奈川県鎌倉市扇ガ谷
2-17-6

定休日：不定休

☼：11:30-14:30
(L.O.12:00)
☾：17:30-22:30
(L.O.20:00)

※土・日・祝のランチメニュー
はディナーメニューと同じ

鎌倉駅からタクシーで約5分。観光地の喧噪を離れ、緩やかな傾斜地に建つフランス人外交官の居宅であったという古民家。「赤坂四川飯店」で研鑽を積んだ齋藤氏は、ここで四川料理をベースに「日本人に愛される中国料理」を追求し続けている。室内は天井の高い、長いカウンターテーブルを皆で囲む団欒の温かさがあるメインダイニングを中心とした造り。約10人のチームで、一個人の技量に頼らない料理作りとホスピタリティーを心掛けているようだ。興味深いのはスペシャリテの一つであるフカヒレで、焼いた粉と焦げた醤油の香りを合わせたアジア人の郷愁を誘う構成となっており、良い意味で上品なジャンクさに舵を切っている。また水蓮菜を葱油と魚醤で麺のように食べさせることにも齋藤氏の本領を見る。紹興酒もバラエティーに富み、デギュスタシオンでその幅広さと奥の深さを知ることができる。ゆったりした空間、窓外の日本庭園、フランス人が日本へのオマージュを込めた日本家屋に、師匠の陳建一氏から学び取った客目線を大切にするという基本精神で、四川料理の「分解と再構築」を試みる齋藤氏のスタイルが見事に響き合っている。

☼：8,800円～16,500円　☾：16,500円

鎌倉 北じま

Kamakura Kitajima

シェフ **北嶋靖憲**

16/20 (3トック)

日本料理

この店の登場を多くの人が待ちわびていたのだろう。開店からあっという間に、その名は全国に知れ渡った。そうした熱狂をよそに、北嶋氏は至ってマイペース、歳時に寄り添う料理で客をもてなしている。花祭りには誕生仏像の絵を飾り、生姜を利かせた甘茶からスタート。「江の島の蛤の飯蒸し」は、赤とピンクの花で飾り、釈迦の誕生を祝う。ピタリと決まった塩加減の飯蒸しと、噛めば旨み溢れる蛤が、春の到来を感じさせる。どの料理も、どうすれば客が喜ぶか考え抜かれている。『古今和歌集』の春の和歌にちなんだ「錦のお椀」は、桜鯛で桜、蕗で柳を表現し、蓋の裏側に桜の花びらを張り付ける洒落た工夫も欠かさない。すっきりとした高貴な吸い地に、しっとりと脂の乗った桜鯛と緑鮮やかな蕗の歯ごたえを楽しむ。「和久傳」で 16 年、培われた腕の確かさがシンプルに伝わる椀である。真っ赤に熱した炭で皮目を焼いた「太刀魚の棒寿司」、「くじらラーメン」など締めの５品は、この店ならではのもの。長谷川大樹氏の神経締めの魚、鎌倉の山と畑で採れた山菜や野菜など、北嶋氏が生まれ育った土地の食材を愛おしみ、料理する。この店には味と人柄、情緒ある鎌倉の地、数多の魅力が詰まっている。

☼：27,500 円　☾：27,500 円

Tel: 0467-73-7320

神奈川県鎌倉市大町
4-3-18

定休日：不定休

☼：土 12:00-
☾：18:00-

（クレジットカード）

5	全てに卓越したレストラン	19 ～ 20 点	クレジットカード
4	非常に素晴らしいレストラン	17 ～ 18.5 点	個室あり
3	素晴らしいレストラン	15 ～ 16.5 点	バリアフリー
2	料理人の個性を感じるレストラン	13 ～ 14.5 点	
1	良いレストラン	11 ～ 12.5 点	
トックなし	美味しいレストラン	10 ～ 10.5 点	

ツシミ

TSUSHIMI

シェフ 都志見セイジ

16.5/20

フランス料理

Tel: —

山梨県韮崎市

定休日：不定休

☾：15:00-18:00 (L.O.)

生産者との繋がりが希薄になりがちな時代に抗うように、日本各地を歩き、野菜を主役とした料理を追求してきた都志見氏が、より自然に近い場所で料理に向き合いたいと東京から山梨へ移住。自らの料理人人生を残り 10 年とし、2022 年 5 月、1 日 1 組のレストランを開いた。鳥のさえずりと木々の緑の中、瀟洒な別荘のような建物の周りには都志見氏の作陶のための工房やハーブ畑、屋内のホールにはゆったりとした一脚のテーブルのみ。この贅沢な空間で都志見氏のジャンルを超えた料理世界を愉しむ。コンセプトは「日本の森を味わう」。始まりはクヌギやケヤキなど 13 種類の葉のお茶「森のアロマ」で、豊かな自然の香りと味わいに身も心も解き放たれる。続く針葉樹のツガの新芽とヒイカのベニエは、新芽とヒイカが柔らかく合わさり、皿にしたツガの枝の新芽が美しく、目にも楽しい。八ヶ岳の鹿は、骨付きのロース部分をこの土地の土で 2 日間ウェットエイジングし、クヌギの薪で火を入れる。どの料理も都志見氏が周りの自然と会話をしながら生み出されるようで、食材との新たな出合いの歓びに満ちている。森のレストランでの会食は、ゲストに特別な時間を約束してくれるだろう。

☾：45,000 円

トヨシマ

TOYOSHIMA

シェフ 豊島雅也

15/20

フランス料理

Tel: **0555-75-0850**

山梨県南都留郡
富士河口湖町船津
3681-2

定休日：日曜、月曜（1 月 - 2 月は猟期のため不定休）

☾：18:00-22:00
(L.O.20:00)

※前日までの完全予約制

※ 20,000 円のコースは
1 週間前までに要予約

※車いすのまま食事が可能

風光明媚な土地ながら都心からアクセスが良い保養地・河口湖の玄関口、富士急行線河口湖駅の近くに店はある。豊島氏と河口湖の出合いはシェフとして「星のや富士」に赴任したとき。以来、富士山が育む豊かな食材に魅せられた豊島氏は 2017 年、この地に自身の名前を冠した店を開く。ここで使用される食材は自家菜園の野菜に始まり、自らが仕留めた鹿や猪、山で採取した野草や茸はもちろん、オリーブオイルや白樺の樹液など山梨県のテロワールを反映したもの。今は日本ミツバチからの採蜜も試み、自然の中に身を置く歓びをテーブルにのせる。その一方で自身のルーツである静岡県の魚介や柑橘なども県境を越えて料理に取り入れる。これは富士山麓を一つの大きなテロワールと捉えた豊島氏の「富士山麓ガストロノミー」という考えに依るものだ。調味料を多用せず、構成食材の持ち味を尊重して組み上げる料理は、繊細で優しい味わいである。コースメニューにはパスタや吸物なども含まれているが、それらは枠にとらわれず、一途に食材を美味しく仕上げることを考える豊島氏の情熱と独創性の表れである。「富士山麓ガストロノミー」は地域の枠、料理の枠を超えて日々進化を遂げている。

☾：11,000 円～

キュイエット

La Cueillette

シェフ 山田真治

14/20

フランス料理

窓から葡萄園の緑、その遥か彼方に富士山が優美な姿を見せる、山田氏が追い求めた理想のレストランは遠来の客にも最高の癒しをもたらす。アミューズは、まず山梨県産豚の生ハムや和梨、セミドライにしたピオーネに畑から摘んできた大きな葡萄の葉。窓外の景観と皿の上の「山梨」でゲストの心をぎゅっと掴む。山田氏がパリやシャンパーニュで修業後、葡萄畑のレストランを開いて約 20 年。この間の大きな変化は、食通の目が地方に向けられ、料理人も地元食材の良さを再発見したことではないか。山田氏の料理もクラシカルな技法をベースに、山梨の食材をふんだんに取り込んでいる。コンソメジュレには甲斐路軍鶏、八ヶ岳湧水鱒は低温調理で柔らかく、八ヶ岳山麓の猪肉は熟成させ、八幡芋・山栗・松茸・香茸など猪の生息環境を皿に盛り、デザートは自家畑のシャインマスカットで締める。ワインはフランス産もあるが、ソムリエ資格を持つマダム・紫乃氏が勧める多様な県産ワインを合わせると、より強く山梨のテロワールを感じることができるだろう。山田氏はシェフとソムリエによる「やまなし美食コンソーシアム」の一員としても、山梨の食を牽引している。

☼：6,600 円～ 17,600 円　☾：8,800 円～ 17,600 円

Tel: 0551-23-1650

山梨県韮崎市穂坂町
三ツ沢1129

定休日：火曜（祝日の場合は営業、翌日休業）、年末年始、他不定休あり

☼：11:30-15:30
(L.O.13:30)
☾：18:00-22:00
(L.O.20:00)

※要予約

Terroir 愛と胃袋

TERROIR Ai to Ibukuro

シェフ 鈴木信作

14.5/20

イノベーティブ

佐久甲州街道の宿場として栄え、今も手積み石段や棚田が残る長澤宿の築 170 年という堂々たる古民家を改装したレストラン。「愛は胃袋をとおってやってくる」というヨーロッパのことわざが名前の由来だ。囲炉裏や座敷はほぼ元のまま残され、かつての馬小屋には年季の入ったストーブを中央に、センス良く古道具を配し、開放的なガラス戸が庭に臨む食事スペースとなっている。鈴木氏は 15 歳から日本料理店で修業し、フランス料理に転向。東京・三軒茶屋で 4 年間フレンチレストランを経営、2017 年、この店を開き、北杜市に移住した。以来、「八ヶ岳ガストロノミー」をコンセプトに、地元の人から山菜や茸、鮎釣りについて学び、狩猟免許も取得。地産地消にとどまらないイノベーティブな料理を生み出している。山梨の夏の郷土料理「おざら」の細麺をバジルと和えてズッキーニの器に盛り付け、トマトのジュレ、カシューナッツベースのヴィーガンチーズ、「陸作信玄えび」などと組み合わせた逸品の発想は愉快だ。八ヶ岳の湧水で育った鱒や滋賀の精肉店「サカエヤ」の経産牛リブロースへの繊細な火入れも秀逸である。古民家カフェや一棟貸しの宿も運営、サステナブルな食とオーベルジュで地域の魅力を発信している。

☼：21,780 円～ 35,090 円　☾：21,780 円～ 35,090 円

Tel: —

山梨県北杜市高根町長澤
414

定休日：月曜、火曜、水曜

☼：12:00-14:00
☾：17:30-21:00

※ランチ・ディナーともに
1 組限定の完全予約制

Tel: **0551-45-8707**

山梨県北杜市大泉町谷戸
5771-210

定休日：水曜、木曜

☼：12:00-13:30 (L.O.)
☾：18:00-20:30 (L.O.)

※ランチ・ディナーともに
1組（1～6名）限定

八ヶ岳 えさき

16/20

Yatsugatake Esaki

シェフ 江﨑新太郎

日本料理

友人の別荘を訪れるような、八ヶ岳の林の中という自然環境に、この店はある。木々の間の小道から入る建物にはキッチンに、薪ストーブとソファーがあるウェイティングスペース、そしてテーブルが１つ。その奥には１枚ガラスの大きな窓があり、白樺と赤松の林が広がっている。ここは昼夜それぞれ１組だけをもてなすための特別な空間だ。この地に移転して、予約の受付から料理、サービスのすべてを江﨑氏自身が行っている。ノドグロと大麦のリゾットは、キッチンにある炭火焼きの炉で火入れをしたノドグロの香ばしくふっくらとした焼き上がりに、ズワイ蟹の旨みをたっぷり含んだリゾットを合わせる。葡萄の白和えは、ピオーネの甘みが、ふんわり軽やかな白和えのテクスチャーとよく合う。刺身は青森のヒラメと富山の白エビ。それぞれを愉しむだけでなく、ヒラメと白エビを一緒に味わいやすいようにと交互に重ねて出される。スペシャリテ、キンキの煮付けは、北海道根室の一本釣りのもの。添えられた牛蒡と人参、すべてが心に残る美味しさだ。江﨑氏の行き届いた接客と１組のゲストのためだけに作られる料理。ここには豊かな時間がゆったりと流れ、訪れる人の心を掴んで離さない。

☼：19,800円　☾：19,800円

ゴ・エ・ミヨの歴史

1969年、新しいガイドブックの誕生

「ゴ・エ・ミヨ」は資金面で自立し、やがて志を同じくする小さなチームが結成されました。ゴの二人の義理の姉妹マリーとニコル、ミヨの友人で、プロのジャーナリストであるイヴ・ビドー、軍在籍時の同僚で経理と管理を任されるアンドレ・ガイヨ、アート評論家のジャン＝リュック・ルダー、そしてあらゆる情報に精通するサイクリストのロジェです。彼らは、モンマルトル通りにある３つの小さな屋根裏部屋を使ってスタートし、その後、モベール広場の近くに引っ越しました。「見事に散らかっていました。ボルドーワインの木箱に来客を座らせました。しかし、その汚れたワイングラスやテーブルの隅っこから、1969年3月、再び新しいガイドブックが誕生したのです。我々の貧しさが切り札でした。これは料理も全く同じです。バターやクリームが多すぎると、素晴らしい料理も台なしになります。本当の才能はシンプルであること。しかし、それが一番難しい」とクリスチャン・ミヨは語っています。

トエダ

TOEDA

シェフ 戸枝忠孝

15.5/20

フランス料理

2021年、日本代表として「ボキューズ・ドール」に参戦。戸枝氏は、その準備のため半年間休業し、安曇野の山葵、長野の椎茸など地元の食材を盛り込んだ料理で大会に臨んだ。フランスの名店で修業を重ね、レジス・マルコン氏に師事。帰国後、「ドメイヌ・ドゥ・ミクニ」の料理長として軽井沢に移住した戸枝氏は、2011年に湯川沿い、フランスの空気感漂う土地に自らの店を開いた。戸枝氏の料理は芸術作品のように美しい。スペシャリテの「信州サーモン」は、まるで繊細なガラス細工のようだ。有明の海苔がアクセントとなったサーモンピンクのテリーヌはたっぷりと野沢菜の出汁が染み込み、さらに出汁のジュレを纏ってキラキラと輝いている。優しい味わいに、葱、ブラックオリーブ、クリームのソースがよく合う。メインに添えられたもうひとつのスペシャリテ「アヴォカド / キヌア」は、リンゴのスライスにオイルで色をつけ、キヌア、リンゴのサラダ、そして上に薄切りのアボカドをのせる。白い皿に緑が映え、食感が楽しく甘みの調和も見事な一皿だ。世界最高峰の舞台を体験してきた戸枝氏の眼には、今どんな風景が映っているのだろう。皿の上で同じ空気を感じてみたい。

☼：14,520円　☾：14,520円

Tel: 0267-45-7038

長野県北佐久郡軽井沢町長倉1877-1

定休日：不定休

☼：11:30-12:00（最終入店）

☾：18:30-19:00（最終入店）

※完全予約制

※予約はウェブ予約のみ

カエンネ

ca'enne

シェフ 臼井憲幸

15/20

イタリア料理

八ヶ岳の麓、JR茅野駅から車で20分ほどの森の中にある「薪料理」を中心に据えたレストラン。臼井氏はイタリアで、料理の修業だけでなく生ハム工房に入り、クラテッロの伝統製法を習得。都内のイタリア料理店を経てこの地に移住し、2020年に独立、開業した。アミューズで出される自家製の生ハムは、地元の銘酒「真澄」の麹を用いて保水をしながら1年かけて自然環境の中で熟成。揚げたパスタ生地とともにいただくと、芳醇な味わいが口の中に広がる。しかし、この店で何より堪能したいのが薪での火入れの違いだ。臼井氏は、時間とともに変化する薪の温度や湿度、香りを巧みに調整しながら、しっとりと柔らかく、時にパリッとした食感に仕上げていく。多彩な火入れが生み出す薪焼きの美味しさに驚く。味付けも繊細で、天然ハナビラタケのリゾットは、優しい茸の香りを活かすため乳製品などは使わず、水と少しの塩で香りを引き出し、茸を発酵させたペーストで旨みの奥行きを出している。開店以来、コースは生ハムや薪料理だけでなく、季節を変えて八ヶ岳の恵みを、料理を通して体感したいと思わせるものに進化し続けている。今後の変化も楽しみな期待のレストランである。

☼：14,300円　☾：14,300円

Tel: 050-3159-5561

長野県茅野市豊平字東嶽10222-25

定休日：木曜、他不定休あり

☼：12:00-12:30（最終入店）

☾：18:00- 一斉スタート

Tel: **0267-46-8840**

長野県北佐久郡軽井沢町
大字追分134-3
GREEN SEED軽井沢内

定休日：水曜、第３木曜

☼ : 11:30-15:00
☾ : 18:30-

※完全予約制
※ランチ２組、ディナー１組限定

レストラン ナズ

Restaurant Naz

シェフ 鈴木夏暉

15.5/20

イノベーティブ

微生物の働きによる「発酵」と自身の酵素を分解して新たな成分を生み出す「熟成」。この２つの作用を料理に取り込み、自然な旨みを生かす鈴木氏。約１ヵ月乳酸発酵させたじゃがいもを、生地にのせて澄ましバターをかけながら焼いたパンケーキは、キャビアと自然発酵させたクリームとともにいただくのだが、じゃがいもの乳酸発酵から生まれた酸味が実に優しい。ここでは「発酵・熟成」が、厳しい冬を乗り切る暮らしの知恵としてではなく、新鮮食材を主役に、旨みで盛り立てる天然の調味料として、その存在感を発揮している。白眉は、厨房で締めたばかりのイワナとこごみのフリット。無農薬レモンのエキスを泡状にし、とろとろの新玉ねぎと合わせ、付けつゆとする。衣をビール酵母で発酵させて微かな苦みを忍ばせ、これ以上ない鮮度のイワナの透明感と爽やかなレモン、そこに山菜の苦みを添える。28歳、鈴木氏の発想の飛躍と着地が眩しい。ピザを究めるためナポリに赴き、北欧を体感しようと「noma」「Kadeau」で研修、食材豊富な故郷・信州を再認識し、「発酵・熟成」をテーマに料理としてまとめ上げる若さと才能には驚くしかない。今、最も輝くシェフの一人だ。

☼：16,500円　☾：16,500円

Tel: **026-235-5565**

長野県長野市県町477-15

定休日：不定休

☾ : 18:00-22:00

※車いすのまま食事が可能

すし崇

Sushitaka

シェフ 久保崇嘉

15.5/20

寿司

善光寺の近くにあるこの店は、素材が本来持つ味を引き出す、「味を迎えにいく」ことに全身全霊を傾け、また、「熟成」によって、海のない県であることのデメリットをメリットに変えている。久保氏は、実家の鮨店で修業後、浅草の「すし游」で熟成鮨を修め、2008年に地元で開業、様々な試行錯誤をしてきた。訪問時は、この店ならではのすり下ろした安曇野の献上山葵と、明石の蛸の桜煮からおまかせコースが始まった。10日間寝かせたしっとりとした食感のクエの湯引きにあわせた煎り酒には、梅干しならぬ信州名産の干し杏が用いられる。また、時不知のつけ焼きは、信州味噌と「大信州」の酒粕で味付けされ、香りもご馳走とする。握りでも創意工夫は止むことなく、１週間寝かせたアカイカから、10日間熟成の白甘鯛、さらには、旬のイシカゲ貝、味噌たまりの煮切りを用いた赤身の漬けと、流れを考えた種が続く。かと思えば、間人産の赤雲丹という、珍しく、旨みも素晴らしい逸品が出てくるなど、熟成以外でも目を離せない構成である。東御市産のコシヒカリに富士酢の赤酢をブレンドした酢飯は、鮨種との相性も良い。逆転の発想による長野県ならではの鮨店である。

☾：23,000円〜

レストラン イソ

Restaurant ISO

シェフ 磯部冬人

15.5/20

フランス料理

長岡市出身の磯部氏は、フランスの名店で腕を磨き、帰国後、東京、長野、佐渡で料理長を務め、2016年に独立。レストランの外観は純和風ながら、店内は和とモダンが融合したスタイリッシュな空間だ。店はマダムと2人で切り盛りし、営業はディナーのみ、1日3組に限定している。個室もあるが、「イソ」といえばカウンター席。眼前に広がるライトアップされた美しい坪庭の眺めが特別なひとときを演出する。料理はシェフの感性を生かしたモダンなもので、フランスなどからの食材に加え、佐渡で獲れた魚介や越後牛など、新潟、佐渡の産物も積極的に使用。料理をのせる食器も、新潟漆器や県内の作家による陶器のほか、佐渡の石までもが使われている。アミューズからデザート、プティフールに至るまで、味わい、食感、盛付すべてに磯部氏の美意識が貫かれた料理が愉しめる。さらに特筆すべきはマダムの存在だ。ソムリエールでもあり、豊富に揃うフランスワインをはじめ、新潟県産ワインや日本酒の幅広い知識、明確な説明、アドバイスのみならず、ゲストの様子を見ながら細やかな声かけもする。その折り目正しく温かなサービスが、この店での時間を居心地良く、また印象深いものにしている。

☾：14,300円

Tel: **025-290-7330**

新潟県新潟市中央区
春日町7-13

定休日：火曜、水曜、
他不定休あり

☾：18:00-22:30
(L.O.19:00)

レストラン ウオゼン

Restaurant UOZEN

シェフ 井上和洋

15.5/20

フランス料理

水を打った玄関から靴を脱いで上がると、ふわりと熱せられた炭の香りがする。都内のレストランから、自然に囲まれた場所で料理をしたいと、マダムの実家である「魚善」を、地産地消のフランス料理店として9年。井上氏は、秋冬は山で狩猟を、その他の季節は海で釣りをし、食材を自ら調達する。豪快な印象だが、その料理は繊細。肉や魚などの火入れはすべて、自ら組み立てた大谷石の薪窯で行う。焦げやすいため、何度も出し入れして丁寧に火入れをしてゆく。ジビエの骨だけでなく、身もたっぷりと使った旨みが凝縮したソースは特筆もので、「この場所で猟をしているからこそ」と笑みを浮かべる。井上氏は、西洋料理の火入れに対する思いと同様に、日本料理の「水」の要素も大切にし、ゲストに提供する水だけでなく、料理に使う水も、毎週2時間ほどかけて汲んでくる五泉市の吉清水だ。自らが撃ったヤマドリは、豊かな旨みを生かしてラビオリに、雌の松葉蟹をパッションペッパーとともに地元産のバターナッツかぼちゃと合わせるなど、新潟の産物をふんだんに使い、「美味しいものを作るために農業をする」自家農園で収穫した食材も生かした、まさに地産地消の究極の形を体現した店といえるだろう。

☼：14,300円　☾：14,300円

Tel: **0256-38-4179**

新潟県三条市東大崎
1-10-69-8

定休日：月曜、他不定休
あり

☼：12:00- 一斉スタート
☾：火-土 18:30-
一斉スタート
日・祝 18:00-
一斉スタート

オステリア バッコ

Osteria BACCO

シェフ 三善将則

15/20

イタリア料理

Tel: **025-211-4994**

新潟県新潟市中央区
西大畑町591-1
異人池ハウス 103

定休日：火曜、水曜

☼：12:00-13:00
（最終入店）
☾：18:00-19:30
（最終入店）

料理に対する三善氏の考えは「シンプルに」。新潟の食材を中心にした料理は、盛付の装飾は最小限に止められ、見た目の派手さはない。しかし味わいは、シンプルどころか複雑性があり、素材のポテンシャルを引き出すための仕掛けが何重にも施されている。口に運ぶたび、様々な方向からやってくる隠し味に、一体何の味だろうと驚かされ、食事の楽しさが倍加する。三善氏は、東京やイタリアでの修業時代に習得した手打ちパスタを得意とする。貝殻に似たショートパスタ「カヴァテッリ」が登場。ソースがよく絡み、モチモチとした食感でとても美味しい。店は、新潟市の繁華街から日本海へ向かうように車を走らせ、「どっぺり坂」という急な坂の脇にある建物の１階。辺りは閑静な住宅街で、環境も良く、店内の家具のセレクトやコーナーに飾られたイタリアの古い調理器具など、細部の上質感がオステリアと呼ぶに相応しい雰囲気を醸し出している。テーブルクロスも清潔感があり、ソムリエ資格を有するマダムのサービスもとてもスマートで好感が持てる。訪れた人は、料理だけでなく、周囲の環境、設え、サービスと、トータルでオステリアに来たという喜びを感じられることだろう。

☼：4,510 円～ 6,930 円　☾：6,930 円～ 13,200 円

灯りの食邸 KOKAJIYA

KOKAJIYA

シェフ 熊倉誠之助

14.5/20

イタリア料理

Tel: **0256-78-8781**

新潟県新潟市西蒲区
岩室温泉666

定休日：不定休

☼：12:00-
☾：18:00-

新潟市街から車で約 50 分。新潟市唯一の温泉街、岩室温泉にある築 100 年以上の古民家を利用したイタリア料理店は、住む人が途絶え、灯りが消えようとしていた古民家の再生と継続を目指すプロジェクトの一環として開設された。大切に使われた古民家は、清潔感があり、ゆったりとした時間を過ごせる。熊倉氏は、新潟市内を中心にケータリングシェフとして活躍、独自に料理を研究しながらこの店を開き、三条市にはスパイス料理の専門店も手掛けている。ここでは、そのすべての経験を活かし、イタリア料理に和のエッセンスやスパイスを加えた熊倉ワールドを展開、多くのゲストを呼び寄せている。料理は、スパイスの効いた豚の背脂と食用菊「かきのもと」とともにいただくアオリイカや、皮目を炙ったミ・キュイの状態の鰆をココナッツミルクにバジルを加えたソースで供するなど、いずれも独創的だ。コースの最後にパスタを持ってきたり、カジュアルなスタイルをとりながら、締めには干菓子と抹茶が用意されるなど、イタリア料理の枠にとらわれない自由な料理が愉しめる。人が集まり、火と灯りが熱と温かみを再び呼び戻し、刻まれた歴史が引き継がれようとしている。

☼：8,800 円　☾：8,800 円

鍋茶屋 光琳

Nabejaya Kourin

シェフ 高橋英司

16/20

日本料理

弘化３年（1846年）に創業し、古町を代表する店として多くの文人墨客に愛されてきた「鍋茶屋」、その味を割烹スタイルで楽しめるのがこの店だ。ここでは京都の料亭で修業した七代目の高橋氏が料理長を務め、新潟の旬の食材を用いた料理を振る舞っている。風情ある石畳の通称「鍋茶屋通り」に面した引き戸を開け、店内へ。通された個室からは緑鮮やかな中庭と、微かに聞こえるつくばいの水音が心を和ませる。盃に注がれた食前酒の梅酒を空けると、まず登場するのは大きな葉がのった涼しげなエッチンググラス。葉を取ると、中には出汁で炊いた県産の無農薬野菜と蛸、煮詰めたトマトが、美しく盛り付けられている。食材それぞれの持ち味、食感を楽しめる調理に、丁寧な仕事を実感する。新潟で獲れた鰆の焼物は、低温調理してから備長炭で皮目をパリッと焼き上げ、しっとりふっくらとした身を自家製カラスミの濃厚な旨みが包み込む。岩手産短角牛のステーキは、巧みな火通しでとろけるような柔らかさだ。どの料理にも「鍋茶屋」専用の純米吟醸酒をはじめ、多彩に揃えた地酒がよく合う。締めは山椒香る鰻ご飯。食後の甘味、抹茶まで、技術の粋を注ぎ込んだ逸品を堪能したい。

☼：13,500円～20,000円　☾：13,500円～20,000円

Tel: **025-223-2015**

新潟県新潟市中央区
東堀通8番町1420

定休日:月曜、日曜ディナー

☼：12:00-14:30
☾：18:00-22:00

割烹 新多久

Kappou Shintaku

シェフ 山貝真介・山貝亮太

15.5/20

日本料理

城下町の面影を残す村上市の通称・黒塀通りの一角、黒の外観を周囲の風景にとけ込ませながら創業150年を超える歴史を刻む老舗は、圧倒的な存在感を放っている。この店で包丁を握るのは、兄の山貝真介氏と煮方を担う弟の亮太氏。共に京都の日本料理店で修業を積み、腕を磨いてきた。日本海に面し、河川も山地もある村上市は、サクラマス、岩牡蠣、鮑、鮎、鮭、蟹、そして村上牛と、一年を通して様々な食材に恵まれる宝庫だ。二人は、包丁を入れることで旨みが増すアオリイカのお造りや、皮目をしっかりと炙りつつ、身をレアに仕上げることで旨みを引き出す鮭の焼き締めなど、食材の持ち味を活かしながら、卓越した技術により、力強さを感じさせる料理へと仕立てていく。コースには、鮭のすり身に長芋のすり下ろし、ハラコや鮭の皮を練り込んだフワフワ食感のつみれを汁に浸す「子皮煮」など、伝統の郷土料理も織り交ぜる。酒は、村上市の２つの蔵の日本酒や新潟県内のワインと、地元産を揃えている。「北限の茶処」といわれる村上市自慢の茶の用意も忘れない。カウンターで山貝氏の話とともに、歴史ある村上の食文化を今の時代にアップデートした料理と酒を愉しみたい。

☼：6,600円～17,600円　☾：8,800円～17,600円

Tel: **0254-53-2107**

新潟県村上市小町3-38

定休日：水曜、第１・３火曜、祝日不定休

☼：11:30-14:30
（最終入店 13:00）
☾：17:00-21:30
（最終入店 19:00）

東京
北海道
青森
秋田
岩手
宮城
山形
福島
茨城
栃木
群馬
埼玉
千葉
神奈川
山梨
長野
新潟

Tel: **0256-72-2859**

新潟県新潟市西蒲区巻甲
2443

定休日：水曜、第１・３
火曜

☼：12:00-15:00
（最終入店 13:00）
☾：18:00-23:00
（最終入店 20:00）

割烹渡辺

Kappou Watanabe

シェフ 渡辺大生

15.5/20

日本料理

かつて西蒲エリアの郡都として栄え、老舗の料亭や割烹などが軒を連ねる新潟市巻地区。ここで昭和８年（1933 年）から続く多数の個室を有する大規模な店を、2021 年にカウンター席中心の形態にリニューアルしたのが、四代目の渡辺大生氏だ。新潟市の割烹で腕を磨いた渡辺氏は、地元食材を中心に会席料理を構成し、自家菜園で採れた野菜や自家製の調味料も使用、店の象徴である阿吽の獅子が彫られた村上木彫堆朱や地元の窯元が手掛けたオリジナルの器で提供する。最後の食事は数品から選べるプリフィックス式で、お腹の空き具合に応じて１品でも全品でもどうぞ、という心遣いが嬉しい。飲み物は新潟県産を中心にしたラインアップで、日本酒は西蒲をメインに、県内外の季節限定酒や希少銘柄を揃え、料理に合わせたペアリングコースも用意されている。食材について、調理法や器に関して、その都度言葉を添える渡辺氏。客とのコミュニケーションを大切にしながら、カウンターで生き生きと腕を振るう姿が印象に残る。木曜から週末にかけては１日１組、３名までの宿泊が可能で、朝食も評判を呼んでいる。新潟、西蒲の魅力と食事の楽しさを存分に感じさせてくれる割烹店である。

☼：11,000 円～ 22,000 円　☾：11,000 円～ 22,000 円

Tel: **025-222-2120**

新潟県新潟市中央区
東堀通9番町1407
イーストモートⅡビル
1F

定休日：日曜、祝日、
第１・３月曜

☾：17:30-21:00 (L.O.)

古門

common

シェフ 長谷川信司

15.5/20

日本料理

まず、１皿目の前菜から圧倒される。細かく刻んだ季節の実をミートローフに。菊菜カラスミ和えは、春菊とカラスミの相性が群を抜く。さらに帆立を使った自家製 XO 醤など、新潟の旬を盛り込んだ、様々な味が小皿に少しずつ。その怒涛の攻撃に箸も盃も止まらない。しかも一品一品、旨さだけでなく、複雑性がある。日本料理の枠におさまらない調理法、味付け、そしてアイデアで攻めてくる。食べて楽しく、次の料理への期待がどんどん膨らんでいく。主人の長谷川氏は、「なだ万」グループで料理長を歴任した逸材だ。しかし、料理の味は、名店での経験だけでは出てこない。日々出合う食材へのリスペクトと、ゲストを大切に思う気持ちから、常に新しい味へチャレンジする姿勢がもたらすものだ。もうひとつの魅力がサービススタッフだ。料理説明の補足や酒の知識がしっかりしていることはもちろん、客の仕草を見逃さない対応力がある。皿を下げるタイミングやドリンクのお代わりなど、会話の合間に、スッと入ってサッと引く。付かず離れずの距離感が良い。８席のカウンターと個室から常に明るい声が漏れてくるのは当然のこと。まさに、「新潟・古町に『古門』あり」である。

☾：11,000 円～ 19,800 円

里山十帖 ー早苗饗ー

15.5/20

SATOYAMA JUJO - SANABURI -

シェフ 桑木野恵子

日本料理

この里山を訪れるのに最適な季節はいつだろう。積雪が3mを超え、雪国の暮らしが体感できる冬か。もちろん米どころ南魚沼、豊穣の秋こそ相応しいという人もいるだろう。宿にも尋ね、穏やかな気候に誘われて、山菜の豊富な時季に訪ねることにした。若葉が折り重なり、凛々と響くような緑の中に残雪がある。沢には雪解け水が流れ、水芭蕉が咲いている。幾つもカーブを曲がり、登った先の古民家では、豪雪に耐える太い梁に支えられた空間に、ヨーロッパの著名な椅子がしっくり溶け込んでいる。「早苗饗」の宴はカーブドッチワイナリーの希少な泡のワインから。大きな塗りの木の器にたっぷりと盛り付けられた山菜は、朝、桑木野氏とスタッフが摘んできたもの。どの料理もシンプルではあるが、この地の生活の知恵を取り入れた里山の恵みが五感で味わえる。「草椀」「蕗の薹」「山菜鍋」、どれも冬から目覚めたばかりの植物の生命をいただくようだ。大沢地区の天日干しはさ掛けコシヒカリを、目の前で土鍋を使って炊き上げ食す贅沢。米を研ぐ山の湧き水も料理の一部だ。「料理は自然が主役です」という桑木野氏。ここは人と自然が一体であると感じられる稀有な場所である。

☼：14,080円　☾：14,080円

Tel: 0570-001-810

新潟県南魚沼市大沢
1209-6

定休日：なし

☼：朝食 8:00-9:00
ランチ 12:00-14:30
(最終入店 12:30)
☾：17:00- /19:30-

新潟浦島 小平

14.5/20

Niigata Urashima Kohei

シェフ 阿部 広

日本料理

新潟駅から徒歩5分ほどの幹線道路からちょっと入った閑静なエリア。暖簾の奥には新潟駅舎の灯りも見える。ここは佐渡島の味を新潟市に居ながらにして味わえる店として2020年秋に開店した。佐渡島は金銀山やトキの島としてのイメージが強いが、海の幸はもとより、幻の牛・佐渡牛や島黒豚、多彩な果物や野菜が採れる食材の宝庫だ。さらに豊かな自然が育んだ美味しい米と清らかな水から生まれる日本酒の蔵が5つもある。そんな佐渡の食材を見事な技術で調理するのが、佐渡のオーベルジュ「浦島」の総料理長を長く務めた阿部氏だ。蟹の旨みをぎゅっとトマトに詰め込んだズワイガニの射込みや数日間熟成させた佐渡産の4種のお造りなど、主張し過ぎない繊細な味わいを引き出している。なかでも、削り立ての鰹節を使った吸物は感動ものだ。店はカウンタースタイルで、廊下からカウンター席まで全て畳敷きになっており、温かく、落ち着いて食事が楽しめる。手前には茶釜が、両サイドにはワインセラーがシンメトリーにレイアウトされ、奥には10名は入ろうかというゆったりとした個室もある。小ぢんまりとしていながらも、佐渡の魅力を凝縮して味わわせてくれる店だ。

☼：6,600円～　☾：13,200円～

Tel: 025-250-6739

新潟県新潟市中央区天神
1-13-1

定休日：不定休

☼：11:30-
☾：18:00-

兄弟寿し

Kyodaisushi

シェフ 本間龍史

15.5/20

寿司

Tel: **025-224-9581**

新潟県新潟市中央区
古町通9-1461-1

定休日：日曜（月曜祝日の場合、日曜営業、月曜代休）

☾：18:00-/21:00-

入口は賑やかな古町通りから一本入った小路沿い。客席はＬ字型の白木のカウンター９席のみで、奥に設えられた氷冷式の木製冷蔵庫が存在感を放っている。創業は昭和35年（1960年）。その名の通り兄弟で創業した店を、東京で江戸前鮨の技を学んだ二代目の本間龍史氏が引き継いでいる。「新潟をこよなく愛する店」という通り、魚はもちろん、米や調味料、さらには料理やお茶に使う水に至るまで、ほとんどを新潟県産のものでまかなう。季節限定酒も揃う日本酒も、県内銘柄のみ。色とりどりの鮨を引き立てるマットな黒色のつけ台は、新潟市の伝統工芸・新潟漆器だ。コースは握りと料理を織り交ぜた約20品で構成。この流れが実によくできており、一例が南蛮海老の握りに続くノドグロの握りだ。佐渡のノドグロが南蛮海老を食べて育つことから、その順で提供する。さらに炙ったノドグロの下に海老みそを忍ばせていることを伝える。そのストーリーも相まって味わいがより深くなる。真摯に食材に向き合う一方、客への配慮も欠かさない本間氏。質の高い新潟の美味を愉しめることに加え、スタッフの細やかな心配りが生み出す居心地の良さも、ファンを増やし続ける理由なのだろう。

☾：18,700円

鮨 登喜和

Sushi Tokiwa

シェフ 小林宏輔

15.5/20

寿司

Tel: **0254-22-3358**

新潟県新発田市中央町
3-7-8

定休日：不定休

☼：木・金 12:00-
土・日 11:30-
☾：18:00-
土のみ 17:30-/20:30-

県北部の城下町、新発田市で昭和29年（1954年）に創業。現在は東京での修業を経て店を継いだ三代目が腕を振るう。握りと料理合わせて約20品で構成されるおまかせコースは、魚はもちろん、コシヒカリ、野菜、調味料に至るまで、食材のほとんどが新潟県産だ。また、地酒に加えワインの品揃えも強化したいと、店内にワインセラーを新設し、県内外から客が足を運ぶ屈指の店となった今も、挑戦、進化を続けている。コースは一斉に始まり、地物の甘鯛で出汁をとった先付の茶わん蒸しに続いて供された佐渡産の春子の握りは、あえて合わせたての酢飯で握る。小林氏は、この酢飯を味わってほしいという思いから同時スタートにしたという。酸味の利いた瑞々しく柔らかな酢飯が、酢締めの春子によく合う。その後もすき焼き風に仕立てた佐渡産鮪の大トロ、地物の枝豆を用いたオリジナルの蟹酢で味わう佐渡産の毛蟹、低温で塩茹でし、皮目を炭で炙って握る村上市山北産のノドグロなど、調理に趣向を凝らし、新潟の幸を存分に楽しませてくれる。質の高い料理に加え、小林氏の親しみやすい人柄とスタッフの温かなもてなしが生み出す心地好さも、またこの店の魅力である。

☼：8,800円～16,500円　☾：16,500円

Gault&Millau

RESTAURANTS

レストラン

富山県

TOYAMA

石川県

ISHIKAWA

福井県

FUKUI

Tel: **0763-68-2115**

富山県南砺市利賀村
大勘場田島100

定休日：水曜

☼：12:00- /12:30-
☾：18:00- /19:00-

レヴォ

L'évo

シェフ 谷口英司

17.5/20

フランス料理

谷口氏率いるオーベルジュは、店名が示す通り「進化する地方料理」。ローカルガストロノミーの雄として、圧倒的な支持を集めている。冬には3mの雪が積もる秘境、南砺市利賀村の谷あいを行くと、かつての集落跡に雪割り屋根のモダンな建物が姿を現す。ダイニングに入ると一気に視界が開け、渓谷の豊かな自然を望み、広いオープンキッチンには調理に励むシェフの姿がある。富山市から移転して2年、季節は巡り、利賀村の自然を取り込んだ料理の幅も広がっている。信頼する猟師が仕留めた月の輪熊はシェフ自らが捌き、赤身の肉は薄くスライスして薪で燻す。昆布締めにした山菜など熊の生活圏にある食材に熊の好物ハチミツを添えるところも憎い。富山湾のアカイカは、さっと火を入れヴァン・ジョーヌやビネグレットの酸味を合わせるが、これで逆にイカの甘みを引き立たせるという巧みさ。フランス料理の哲学と土地の食文化をかけ合わせて行き着いた前衛的地方料理だが、そのベースには、地元のおばあさんに習った惣菜や保存食など、生活の知恵がある。この地でしか生み出せない料理をチーム一丸となって模索し、すべて自ら生み出す食空間に、料理人の理想郷を見る思いである。

☼：22,000円　☾：22,000円

Tel: **076-471-5556**

富山県富山市東岩瀬町
102 森家土蔵群2

定休日：月曜

☼：12:00-15:30
（12:30 スタート）
☾：18:00-22:00
（18:30 スタート）

カーヴ・ユノキ

Cave Yunoki

シェフ 柚木栄樹

15.5/20

フランス料理

北前船で栄えた廻船問屋の建物が多く現存する東岩瀬の一角で、築100年の蔵（カーヴ）が、キッチンに面したカウンター主体のスタイルにリニューアルされて1年。眼の前で爆ぜる薪窯の熾火を眺めながら、柚木氏がアラミニッツで供する富山の滋味を享受する。歴史の重みを感じさせる空間にゆったりと配置されたソファで、友人宅に招かれたような和やかさに包まれて見渡せば、高い天井の梁や柱が情緒を醸し、同じく東岩瀬で創作に励むガラス作家や陶芸家、木彫家の作品も趣深い。柚木氏は、フランス料理をベースにジャンルを超えた技術を駆使し、地元の山海の幸をオンリーワンの一皿に仕立て上げる。万願寺とうがらしのガスパチョに合わせるのは意表を突く黒部の山羊のヨーグルト、魚津の毛蟹をカリフラワーの花蕾とピュレの2種の食感に挟み、新湊のデブガツオには「セイズファーム」の葡萄の木の香りを纏わせ、魚津のアオリイカには赤キャベツとビーツで彩りを添える。富山に所縁のワインや日本酒もオンリスト。同じ土地から生み出された見事な相乗効果による完璧なマリアージュも相まって、無限に広がる滋味の組み合わせからテロワールの味わいが果てしなく繰り出される。

☼：22,000円　☾：22,000円

シンポジウム

SYMPOSIUM

シェフ 廣野智之

15/20 イタリア料理

サルデーニャに富山の食材があれば、こんな料理になるだろうと思うほど、サルデーニャなどイタリア各地で修業した廣野氏の料理は、富山県産食材とイタリアの食文化との出合いを見事なハーモニーで奏でている。トマトスパゲティでは、パスタは南砺市産のイエロートマトとペコリーノチーズに滑川市のハバネロオイルが添えられ、トマトの酸味とチーズの旨みが一体となり、富山とイタリアが境界線なしに交わる様を実感できる。料理には県内作家の器も大きな役割を果たしている。八尾「Shimoo Design」の器は天然タモ材が持つ木目の風合いを残し、包み込むような温かみがある。その器で供されるノドグロと乳飲み仔羊のブイヨンは、脂が多くたっぷり香ばしく皮目を焼かれたノドグロに、ミルクのニュアンスが残る仔羊のブイヨンが絡み、未知の不思議な旨みとの遭遇がある。一方、ザラッとした触感を持つ岩瀬の釋永岳氏の器は土の力強さを感じさせ、土のニュアンスを持つ牛蒡とともに池多牛のローストが盛られて提供されるなど、料理との親和性も高い。廣野氏の料理は食材のみならず富山で育まれたあらゆるものを取り入れて形作られている。

☼：7,700円〜13,200円　☾：9,900円〜13,200円

Tel: **076-433-3088**

富山県富山市本町3-28 2F

定休日：水曜、他不定休あり

☼：11:30-12:30 (L.O.)
☾：18:00-21:00 (L.O.)

※ランチは完全予約制(2名から予約可)

ひまわり食堂

Himawari Shokudo

シェフ 田中穂積

15/20 イタリア料理

バックパッカーとして世界各国を渡り歩いた20代、北イタリアで出合った料理に衝撃を受け、料理人を目指したという田中氏。イタリア各地を巡り、東京で研鑽を積んだのち富山にUターン。様々な国で出合った料理に触れて得た多彩な引き出しを駆使し、地元の食材から予想を超えた味わいを創り出す。その食感の豊かさは素材の新鮮さだけから生み出されるものではない。白海老は氷見うどんと合わせ、冷製パスタ風に、オムレツに詰められたのはゴーヤと八尾の「おわらクリーンポーク」、氷見のヒゲダラはスパイシーなフリットに、アオリイカのグリルにはカラスミをからませ、足し算やかけ算による多重構造。しかも、それは、毎日微妙に変転していく。一皿ごとにインパクトのあるビジュアルは、繊細な飾りを施し、美しいフォルムに成形したかと思えば、素材が丸ごとプリミティブな姿で現れる。際立つ炭火焼きの火入れ技術の高さ。その日の肉の状態により微細に焼き方を変え、噛むほどに旨みが倍増していく池多牛を目当てに全国から食のプロも訪れる。「食堂」を冠するシンプルな店内中央の広々としたキッチンで重ねられる細かいモデルチェンジ。田中氏の探究心は日々加速する。

☾：12,000円〜

Tel: **076-482-6091**

富山県富山市石倉町1-30 1F

定休日：日曜、他不定休あり

☾：18:00-22:00 (L.O.)

御料理ふじ居

Oryouri Fujii

シェフ 藤井寛徳

17/20

日本料理

Tel: **076-471-5555**

富山県富山市東岩瀬町
93

定休日：月曜、第３火曜

☼ : 12:00-15:00
☾ : 18:00-22:00

明かりを落とすとホタルイカが青い光を放つ幻想的な光景が繰り広げられる。透き通った大ぶりのボタン海老はアンティークの火鉢で香ばしく焼かれ、神通川の天然鮎は、生きたまま串打ちし、炭火でじっくりと焼き上げてからほうじ茶で燻す。北前船の廻船問屋であった趣ある屋敷は風格ある日本料理店に生まれ変わり、設えられたカウンター席からガラス越しに庭園を愛でながら、眼前で四季折々の食材を仕上げる藤井氏の技に見入る。お品書きに記されたバーコードを読み込むと現れる産地の地図と解説に教えを受けながら、出汁の塩梅と包丁の冴えが光る「椀刺し」に舌鼓を打つ。「満寿泉」の蔵内の井戸水を使った香深産利尻昆布と本枯節の一番出汁に、季節の食材をあしらった煮物椀。生命力を感じる圧倒的な弾力のお造り。合わせる日本酒は、それぞれ１銘柄以上ある県内ブランドに、この店だけの 300 本の純米吟醸を揃え、酒器は地元のガラス作家の作品から、ワインは「セイズファーム」をメインとし、オール富山の陣容である。料理人と生産者の連携により生まれた、これ以上ないほどのこの地の旬づくしは圧巻だ。いずれは世界へ食の富山をアピールするであろう藤井氏の力量と勢いが漲っている。

☼：**27,500 円**　☾：**27,500 円**

海老亭別館

Ebitei Bekkan

シェフ 村 健太郎

15.5/20

日本料理

Tel: **076-432-3181**

富山県富山市安野屋町
2-4-10

定休日：日曜、他不定休あり

☾ : 18:00-22:00
（最終入店 20:00）

「海老亭別館 いきいき亭」が惜しまれつつ閉店して４年半、富山の食シーンは大きく様変わりした。そんな中、村氏は満を持して、舞台を桜木町から窓外に桜並木を望む松川べりに移し、リニューアルオープン。店主がカウンターの前でゲストに相対し、女将が接待する形そのものは変わらないが、新しい店ではソムリエの常楽裕香子氏が加わり、世界中のワインや各地の日本酒とのマリアージュが楽しめる。このスタイルの変化は、店に新たな広がりと可能性をもたらすことだろう。村氏の料理は、旬の魚介や地元食材を活かしたもので、東京など各地での武者修行の成果と思われる冴えが感じられる。酒と塩で、しっとりと火入れした氷見の鮑は、出汁のジュレと絡み、滑らかな舌触りの肝のソースを合わせていただくと、程よい柔らかさと弾力ある歯切れの潔さが心地好い。また、お食事として出される白ご飯は、女将の実家のある小矢部市産コシヒカリをつやつやに炊き上げたもので、しらす山椒などのお供といただくと、また格別だ。充電期間を経た村氏が、舞台を変えたからこそ可能になった、オリジナルな世界観をどう築いていくか、更なる進化が楽しみだ。

☾：**22,000 円～**

冨久屋

Fukuya

シェフ 大屋丈二

15.5/20

日本料理

大屋氏の料理には静謐な世界観がある。煌びやかで華やかな鰹出汁よりも昆布を主体とした穏やかな出汁を柱に据えて調理することにより、食材そのものが持つ味わいの美質を損なうことがないよう、調和を取りつつ丁寧に創り上げられているのだ。大屋氏の手に掛かると、たとえ個性が強いイメージのある食材でも手懐けられ、まろみを持った料理へと姿を変える。その最たるものが、スッポンを葱と生姜と牛蒡で小鍋仕立てにしたスープだ。一口含んで目を閉じると、コラーゲンが品よく溶け出したスープの中にじんわりと香味野菜の風味が寄り添い、染み入るように身体に取り込まれてゆく。また、富山湾の多様な海の幸に加え、米どころ富山を代表する美味しい炊き立てのご飯がいただけるのもこの店の魅力の一つだ。添えられた手作りの香の物と交互にいただくと、米どころならではの幸福感にひたることができる。食材同士が手を繋ぎ、美質を互いに引き出し合うようなアプローチで仕上げる大屋氏の料理が、更に深化することを期待するゲストは多い。この店では一見するとシンプルでオーソドックスな意匠を持つ料理の中に、工夫と努力を注ぎ込む料理人の直向きな情熱が感じられるのである。

☾：8,250 円～ 18,150 円

Tel: **076-461-3589**

富山県富山市白銀町7-7 2F

定休日：日曜、第３月曜

☾：18:00-23:00
(L.O.21:00)

5	全てに卓越したレストラン	19 ～ 20 点	
4	非常に素晴らしいレストラン	17 ～ 18.5 点	
3	素晴らしいレストラン	15 ～ 16.5 点	
2	料理人の個性を感じるレストラン	13 ～ 14.5 点	
1	良いレストラン	11 ～ 12.5 点	
トックなし	美味しいレストラン	10 ～ 10.5 点	

クレジットカード

個室あり

バリアフリー

鮨 大門

Sushi Daimon

シェフ 大門太郎

15.5/20

寿司

Tel: **0765-32-5868**

富山県魚津市釈迦堂
1-2-3

定休日：月曜

☾：17:00-20:00
（最終入店）

ふんわりキュッとしていて、口に入れると酢飯と種が儚くほろりとほどける握りは、大門氏の真骨頂である。しかし、氏はそれで満足しているわけではない。例えば、北海道・野付の天然帆立は、手捌きして縦に包丁を入れ、口の中で歯切れの良さが感じられる繊維の質感を残すことで、通常の帆立とは全く異なるテクスチャーと味わいを生む。その予想外の邂逅に、ゲストは暫し忘我の境地を彷徨うこととなる。上質な食材に頼ることなく腕を磨き続けた探究心が、この帆立の一貫に結実している。当然のことながら酒肴も通り一遍のものではない。「魚津産鮑と肝のソース」は、鮑を滑川の銘酒「千代鶴」で5時間、肝は別に1時間半酒蒸しにして裏ごしをかけ、卵黄と油で合わせたソースでいただく。時間と手間によって得られた穏やかにまとまった旨みには、仕込みに使った千代鶴とのマリアージュをずっと愉しんでいたくなるような忘れがたい魅力がある。さらに、残ったソースにポンとのせた酢飯をリゾット風に混ぜれば、酢飯の酸味がバランスよく、美味しい遊び心が楽しめる。天然の生簀といわれる富山湾を代表する魚の本場、魚津には、そこに相応しい料理人がいる。

☾：20,000円

鮨し人

Sushijin

シェフ 木村泉美

15/20

寿司

Tel: **076-422-0918**

富山県富山市新根塚町
3-5-7

定休日：日曜（祝日は営業、月曜が祝日の場合、日曜営業月曜休み）

☼：12:00-14:00
（12:00-/13:15-）

☾：18:00-/20:15-

店名には木村氏の信条がそのまま表されている。「僕は鮨を握る人。それにしか興味がない」。店主自らが市場に足を運ぶ店は少なくないが、木村氏は「いい魚を譲ってもらった先の、『どう仕立てるか』に集中し、こだわりたい」と言う。魚は死後硬直の間に水分と同時に、旨みが抜けていく。いかに水分だけを抜いて旨みを凝縮させ、足りない場合には補っていくか、それが自分の仕事だと考える。故郷富山は、3,000m級の立山連峰から水深1,000m超の富山湾まで高低差4,000mの変化に富んだ地形が、約500種類の魚種と魚の美味しさを生むという。魚は何を食しているかで味が変わり、その時季の地魚を主役に据える木村氏の、ポテンシャルの引き出し方も多様だ。包丁技はもちろん、アオリイカは－50℃で冷凍することで、柔らかい食感を生み、ボタン海老はさっと湯にくぐらせて甘みをもたらす。低温調理や炭焼きも自在に使いこなしている。塩は能登半島・珠洲で自ら作ったミネラル豊富な丸みのある塩、今はドン・ペリニヨンの元醸造最高責任者、リシャール・ジョフロワ氏が作った日本酒「IWA」の酒粕を使った赤酢も作成中と、その探究心は止まるところを知らない。

☼：8,800円　☾：17,600円

インスタレーションテーブル エンソ ラシンメトリー ドゥ カルム

16/20

フランス料理

Installation Table ENSO L'asymetrie du calme

シェフ 土井 誠

秘密めいた路地を入り、洋裁学校だったという洋風の建物の扉を開けると中はオープンな空間。塗りあとを残した白い壁の部屋に瀟洒なペンダントライトが灯る４つのテーブルがある。フロアの３分の１を占める厨房は、どのテーブルからもよく見える。キッチンスタッフが休むことなく手を動かし、土井氏が、息を呑むような繊細さで盛り付けている様子が手に取るようにわかる。蒸気が上がる音、香ばしい匂い、鍋を動かす小気味よいリズムも、心地好い。おそらく全員が見られることを前提に、無駄のない美しい動きをしているのだろう。このオープンキッチンの極みのような厨房から繰り出される料理が、いちいち意表を突いてくる。食材をイラストで表現したメニューを見ながら、一体どんな料理が出てくるのか思いを巡らせるのだが、どれも想像を超えてくるのだ。「烏賊」のメニューは、輪を描いた漆黒のイカスミソースの上に真っ白な烏賊の身。おかひじきやエディブルフラワーで彩られ、まるでリースのよう。得意げに「イカリングです」と説明するスタッフとともにこちらも思わず笑顔になってしまう。その茶目っ気と絵画のようなプレゼンテーションのギャップに萌える。土井ワールドの沼は深い。

☼：16,500 円　☾：16,500 円

Tel: 076-208-4052

石川県金沢市池田町
4番丁33

定休日：月曜、他不定休あり

☼：11:30-12:30 (L.O.)
☾：18:00-19:30 (L.O.)

マキノンチ

16/20

フランス料理

MAKINONCÎ

シェフ 牧野浩和

「マキノさんの家」という名前の通り、牧野氏が全身全霊で料理のおもてなしをしてくれるレストランだ。コの字型のカウンターから見える一段上のキッチンでは、炎が上がり、スタッフがテキパキ動く様子がよく見える。牧野氏は料理ができるたびにご馳走を抱え、そのキッチンから階段を数段駆け下りてカウンターにやってくるのだ。そして、客の視線が注がれるなか、最後の仕上げをする。塩釜を割り、肉を切り、盛り付け、ソースをたらし…と、見た目も華やかなパフォーマンスに、歓声が上がることしばしば。しかし、その劇場型のスタイルを支えているのは、確かな調理技術と、食材を大切にし生産者を思う心、そして、独創性だ。例えば、オープン当初から最初に運ばれてくる「人参のスープ」。人参の甘さを引き出したインパクトのある味でスペシャリテと位置づけられる定番でありながら、訪れるたびに少しずつ進化させている。かと思えば、能登で揚がった希少なテッポウカマスを、巧みな火入れで焼き上げる。コーンとマヨネーズを合わせたトーストは、ジャンキーなふりして、繊細だ。繰り出すあの手この手に翻弄されながら、マキノさん家では、みんなが笑顔になっている。

☼：22,000 円～　☾：22,000 円～

Tel: 050-3503-3318

石川県金沢市山の上町
25-18

定休日：水曜、他不定休あり

☼：日・月・火 12:00-
一斉スタート
☾：月・木・金・土 18:00-
一斉スタート

ラトリエ・ドゥ・ノト

L'Atelier de NOTO

シェフ 池端隼也

16/20

フランス料理

Tel: **0768-23-4488**

石川県輪島市河井町
4-142

定休日：不定休

☼：11:30-13:00 (L.O.)
☾：18:00-20:00 (L.O.)

築数百年という輪島塗の塗師の工房をリノベーション。黒漆の艶めく扉を開けると、長い廊下。その先に、中庭を囲むようにテーブルが並び、蔵を活かした個室もある。池端氏が故郷輪島にこの店を開いたのは、2014年のこと。大阪で修業し、渡仏。帰国後は、大阪での開業を考えていたが、能登の食材の素晴らしさに触れ、ここに居を定めた。能登の食材が、池端氏の料理人生を変えてしまったとも言える。日本海の豊かな海の幸はもちろん、里の人々が大切に育てた野菜や果実、山の自然が育んだ山菜や茸、そしてこの地で受け継がれてきた食文化。それらが今、池端氏のフィルターを通して、唯一無二のフランス料理を作り上げている。最初に登場するのは、この店のスペシャリテの一つ。小松菜の色そのものの緑色のクレープに、旬の物…この日はさっと火を通したカワハギと海藻がのっている。それを自分でくるくるっと丸めて食べるのだ。素朴な手法は能登らしいが、その味は幾重にも重なった複雑なもの。最後のデザートに至るまで、素朴さと複雑な繊細さが良い塩梅の料理が続く。池端氏は、自身の生き方まで変えた能登の食材を武器に、ここでしか味わえないものを作り上げた。

☼：6,160 円〜 13,860 円　☾：9,900 円〜 22,000 円

ラ・クロシェット

la clochette

シェフ 橋田祐亮

15.5/20

フランス料理

Tel: **0767-23-4712**

石川県羽咋市柳田町ほ
79-1

定休日：日曜、月曜（祝日の場合営業、翌火曜代休）

☼：11:30-13:00 (L.O.)
☾：18:00-19:30 (L.O.)

東京都出身の橋田氏が、能登半島の入口に位置する羽咋市に移り住み、妻・香南子氏が開いたカフェで料理を提供したのが、2015年のこと。フランスで6年間、幾つもの名店で研鑽を積み、磨いた腕を見込まれ訪れた石川県が不思議な縁を結んでいく。2年後、同じ市内に移転オープンしたのが現店舗。徐々に土地になじみ、食材を深く知りながら、今も進化を続けている。羽咋市は、地域を挙げて自然栽培を推奨しており、海も山も近く、豊かな食材に恵まれている。その食材が、橋田氏の手にかかると、独創的な料理に変わるのだ。羽咋の山で採れた山菜のタルト、穴水湾のいさざのゼッポリーニ、七尾の鯖は、コンフィに仕立てて発酵トマトのソースとウイキョウのオイルをたらり、スズキは筍のムースを纏わせてローストし、パッションフルーツや山椒とトマトのオイルを合わせてくる。とはいうものの、決して奇抜な仕上がりにならないのは、ソースと共に味わうという、クラシックなフランス料理のスタイルを大切にしているからだろう。一皿の中に様々な味わいが混在しながらも、一つにまとまる完成度の高さ。食材へのリスペクトを感じる、この土地だからこそ味わえる料理である。

☼：6,400 円〜 17,600 円　☾：7,400 円〜 22,000 円

レストラン エンヌ

Restaurant N

シェフ 西山昭二

15/20

フランス料理

Tel: 076-213-8118

石川県金沢市本町2-1-2

定休日：水曜、月1回
不定休あり

☼：金・土・日
12:00-13:00 (L.O.)
☾：18:00-22:30 (L.O.)

黒と木が織り成す、シックでモダンなフロア。テーブルに座ると、奥には四角く切り取られたオープンキッチンが見える。そこから生み出される西山氏の料理は、食材へのリスペクトと、サービス精神に満ちている。バラエティー豊かなアミューズは、生ハムやパテ、甘海老などを使って塩味を利かせた5種類。これだけでワインが相当進んでしまう。魚料理一つとっても、最初は目にも鮮やか、彩りよく旬の野菜を高くトッピングしたプレゼンテーションだが、その直後には、黒一色、カリッと仕上げたものが登場する。この見た目も食感もメリハリの利いたコースは、食べる人を楽しませたいという西山氏の思いが形になったものだろう。ワインのサーブにも自らテーブルに出向き、好みに合いそうなワインを薦めることもあれば、生産者の思いを熱く静かに語ることもある。「ザ・ウィンザーホテル洞爺 リゾート＆スパ」のメインダイニングで料理長を務めた経歴を持つ西山氏は、北海道にも時折足を運び、見つけてきたいいものをメニューに取り入れる。北の大地にも、北陸の里山・里海にも尊崇の念を持って作り上げるその料理の数々は、旅の人にとっても地元の人にとっても、ワクワクするものに違いない。

☼：8,300円 ☾：14,300円

オーベルジュ オーフ

Auberge eaufeu

シェフ 糸井章太

14.5/20

フランス料理

Tel: 0761-41-7080

石川県小松市観音下町ロ48

定休日：火曜、水曜
（祝日の場合は営業）

☼：土・日・祝
12:00-15:00
(L.O.13:00)
☾：17:30-22:00
(L.O.20:00)

廃校になった小学校の校舎をコンバージョンしてオーベルジュを作る。ほとんど前例のない試みに糸井氏は可能性を見出した。場所は小松市の山間部、観音下（かながそ）町。敷地内に色濃く残る学校時代の痕跡と洗練されたダイニングとの二物衝突感は新鮮だ。石川県出身ではない糸井氏は、清新な気持ちで県産食材に触れ、新たな世界をこの土地で構築しようとしている。小松市の名産の一つである日華石をプレート代わりにしたアミューズは、ごつごつした石の断面を山肌に見立てて料理をのせ、小松の自然を視覚的にイメージさせる。その上には獲れたばかりの小指大のどじょうや素揚げしたサワガニ。前菜には校庭で摘んだという甘草の花を使い、また、メインの放牧豚を近くで採取した朴葉で燻すなど、地元の食材を積極的に取り入れる。食材の一つ一つに、ここで使われるべき理由がある。料理が提供される際に語られる、それらの食材にまつわる物語が「今、ここで食べる意義」をゲストに印象づける。その物語性は、この場所で唯一無二の料理を作るアドバンテージといえる。「また行きたいと思わせる世界観を作りたい」と語る糸井氏。その挑戦は、始まったばかりだ。

☼：16,500円 ☾：16,500円

フィルドール
FIL D'OR
シェフ 田川真澄

14.5/20
フランス料理

Tel: 090-9442-1324

石川県金沢市片町
2-13-24

定休日：日曜、他不定休あり

☾ : 18:00-

※ 21:30 以降はアラカルト

金沢市の繁華街で県内の食材を駆使したフランス料理を提供する。外観も内装もシックなワインバーのようで、カウンター６席のみというコンパクトな設えだ。シェフ１人で切り盛りするプライベートレストランのような落ち着きが心地好い。田川氏は、フランスをはじめ北米などでも修業を積み、2017 年６月に地元金沢で開業。店名の「フィルドール」とは「金の糸」を意味し、人や物の繋がりを大切にしたいという願いが込められている。食材は可能な限り地元のものを使用し、器は風合いや色使いの優れた県内作家の作品に限定するなど、地域に根差した姿勢を貫いている。料理は店の雰囲気からは想像もつかないほどしっかり、シェフが培ったフランス料理の土台の上に築かれたものだ。県内産の小魚の旨みを凝縮したスープ・ド・ポワソンに、焼いた白子をのせた一皿は、実に味わい深く、コクがあるのに飲み疲れないというバランスの良さに驚かされる。シェフの天性の気配りと縦横無尽の活躍により、ワンオペであることを感じさせない質の高いサービスにも目を見張る。和気藹々とした雰囲気もこの規模の店なればこそ。金沢の止まり木のような温かさに虜になるゲストが多いのも納得だ。

☾：10,000 円

ヴィラ デラ パーチェ
VILLA DELLA PACE
シェフ 平田明珠

15/20
イタリア料理

Tel: 0767-88-9017

石川県七尾市中島町塩津乙は部26-1 地先（渚）

定休日：水曜、木曜

☼ : 12:00-
☾ : 18:00-

北陸の豊かな海産物と野菜。平田氏はこの地で輪島・能登・七尾など近隣の多くの生産者と繋がっている。能登産和紙のメニューにびっしり書かれた個々の名前と地名が、それをよく表している。鮑を酒蒸しした一品は、鮑の肝のソースを添えてじゃがいものグラタンと合わせながら、鮑をいしりで炙ることで浜焼きのイメージに寄せている。「ズッパ・ディ・ペッシェ」は、イタリアの漁師料理を土台にしながら食材や調理法に能登らしい仕掛けをちりばめることで、能登の郷土料理のような風合いも感じさせる。土地の気候や食文化が、その土地ならではの料理を生み出すといわれるが、地域ごとに固有の食文化が育ったイタリア料理というジャンルは、能登の食文化を花開かせる理想的な揺籃といえるだろう。料理とともに印象に残るのが窓からの風景だ。大きな能登半島と小さな能登島に囲まれた静かな湾。湖のような穏やかな水面に反射する日光が店内を明るく照らす。平田氏は６年前に東京から七尾市に移住し開業、２年前にこの地に移転してきた。雄大な風景を見せるために広く取られた窓は、平田氏がこの土地に根付いた食材や食文化を料理に反映させていくという覚悟の表れにも見えてくる。

☼：16,500 円　☾：16,500 円

レスピラシオン

16/20

respiración

シェフ 梅 達郎・北川悠介・八木恵介

スペイン料理

蔵を改装したウェイティングルームの抑えられた照明とアロマの香りで心身ともにニュートラルにし、ローカルガストロノミーへの扉をくぐる。ダイニングは広いオープンキッチンで、チームワークよく料理に集中するシェフ達の動きが目に入る。地元を中心に集められた食材は、供される時間を計算して念入りに準備を行い、溢れるアイデアで描かれた設計図に沿って皿の上に緻密に構築されていく。メインの蝦夷鹿には、エスピナカス・ア・ラ・カタラナ（ほうれん草と松の実を炒めたスペインの郷土料理）と石川県の沢野ごぼうを合わせ、大地に思いを馳せるジビエらしい料理の仕上がりだ。ソースは洗練された味わいの中に、舌に馴染む、ほっとする要素があり、これまでの料理の食材の端材を使って作られたソースであると聞くと得心がいく。ソムリエは単に料理に合うワインを選ぶのではなく、会話の中から、料理をより美味しく感じてもらえる組み合わせを探し出しているようだ。各自の役割を突き詰め、ベクトルをより高いところに集中させようとするシェフやスタッフは、まるで料理という競技のアスリートのようだ。訪れたゲストは、期待値を上回る感動を胸に帰路につくことだろう。

☼：22,000 円　☾：22,000 円

Tel: **076-225-8681**

石川県金沢市博労町67

定休日：月曜中心に月 6 日

☼：12:00- 一斉スタート

☾：18:00- 一斉スタート

ショクドウ ヤーン

15/20

SHÓKUDŌ YArn

シェフ 米田裕二・米田亜佐美

イノベーティブ

小松市郊外の道路沿い、レストランは亜佐美氏の実家である撚糸工場の倉庫をリノベーションして作られている。米田夫妻は、ともにイタリアで修業、スペインに渡って最先端の料理を経験して帰国、裕二氏はその後、日本料理店も経験している。こうした2人の料理には、モダンスペイン料理のようであり、日本料理でもあるような、どのジャンルにも属さない越境感を覚える。何物にも縛られない自由さは、卓上に置かれたメニュー表のなぞ解きの楽しさにも通じる。とうもろこしの炭火焼きと見せかけて、芯までとうもろこしのペーストで本物そっくりに成形してあったり、サラダに出汁を注いでかきもちを割ったり。出汁を目の前で作るようなライブ感もゲストを飽きさせない。モチーフは家庭料理、技術は懐石料理。そのハイブリッド感が、海外からのゲストに「日本の家庭料理と伝統料理が、ここでの食事で理解できた」と言わしめる米田夫妻ならではの個性を生んでいる。店名の「ヤーン」は「撚糸」。ここでは、２人がこれまで経験してきたエッセンスを撚り合わせ、強い糸を作り、店とゲストがここでしかできない体験を通して、料理という楽しく美しい布を織り上げている。

☼：12,000 円〜　☾：18,000 円

Tel: **0761-58-1058**

石川県小松市吉竹町
1-37-1

定休日：日曜、月曜、
火曜ランチ、他不定休あり

☼：12:00-14:30
（最終入店 12:00）

☾：18:00-22:30
（最終入店 19:00）

片折
Kataori
シェフ 片折卓矢

17/20
日本料理

Tel: 076-255-1446
石川県金沢市並木町
3-36

定休日：不定休

☼：12:00-15:00（営業日は要問い合わせ）
☾：17:30-20:30

※価格は仕入れにより変動

浅野川のほとり、ひそやかに暖簾を掲げる「片折」。料理の美味しさには誰もが太鼓判を押し、女将と二人三脚で少しずつ揃えた器、グラス、軸物は、目利きも喜ぶ品揃えだ。能登の霊水で40時間戻した昆布と、目の前で丁寧にかいた鰹節からとる出汁は、黄金色に輝き、その日の椀種に合わせて味を調整する。グラスで銘々に供される出汁は飲み干すと心が洗われるように清々しい。この日のお椀は、「沢煮椀」。もともとは猟師料理という無骨なものだが、圧巻の包丁さばきで切り揃えた葱、椎茸、三つ葉、そして能登豚の背脂が上品な出汁に溶け出し、見事な高級料理に仕上がっている。馴染みのものを、妥協せず、食材と調理法を徹底的に究め、完璧な料理に仕上げていくのが片折氏の真骨頂。今なお古典レシピの研究に勤しむ。「胡瓜、海月、甘露椎茸の甘酢和え」「太刀魚と大葉のぐるぐる巻き」と、とびきりの料理が続き、ご飯は氷見のコシヒカリ。まずは熱々の煮えばなをほんの少し、「牛肉の八幡巻き」を添えて香の物と味噌汁とともにいただく。お代わりも様々、楽しみは続く。さりげない料理が美味しいこの店は、開業４年にして早くも日本を代表する和食店の一つになっている。

料理 小松
RYOURI Komatsu
シェフ 小松隆行

17/20
日本料理

Tel: 076-224-0118
石川県金沢市幸町11-29

定休日：日曜

☾：18:00-19:30（L.O.）

引き算の美学というものがあるなら、まさに小松氏の料理のことではないだろうか。始まりは、とうもろこしのすり流し。氷を詰めた白木の箱に、小さなガラスの碗に入って登場する。霧を吹いた青葉の蓋は、日の光を浴びて育ったとうもろこしの色そのままの黄色と相まった夏の色。キンと冷えたスープを口に運ぶと、緑日のような畑の真ん中のような、夏の景色が浮かぶとともに、すうっと体温が下がるよう。出汁の味わいもとうもろこしの甘みもそれぞれしっかりあるのだが、互いが主張することなく、ギリギリのバランスを保っている。それでいて、夏の情景が浮かぶような印象的な香りと味に仕上がっているのだ。椀物も、椀種は焼き目をつけたカマス。吸い地のなかに華やいだものは何もない。なのにしみじみと身体中に染みわたるような、それでいて高貴な味わい。最後の水菓子、くずきりに至るまで、そのテイストは一貫している。削ぎ落とし、一筋の味わいの糸をたぐり寄せ、引き出すような。そんなミニマムな料理を彩るのは、小松氏が長年かけて集めた古今の器。存在感のある器にしっくりとおさまる、削ぎ落とした料理。卓越した料理の技と美意識のなせるバランス感覚だ。
☾：25,000円〜

つば甚

16.5/20

TSUBAJIN

シェフ 川村浩司

日本料理

金沢で最も古い料亭は宝暦２年（1752年）の創業。加賀百万石の礎を築いた前田利家公に、お抱え鍔師として仕え、その傍ら始めた料理屋で友人知人をもてなした趣向に富んだ料理が評判を呼び、藩主や重臣も訪れ、職業を変えるお許しをいただいたという由緒ある料亭だ。打ち水がされ、香が焚かれた玄関から築100年ほどの屋敷に入り、部屋に通されるとテーブルには細工も見事な「鍔」がさりげなく３点置かれている。この日の八寸は、井桁のように組まれた白木の上に美しく盛り付けられた「里山里海の恵み」。ガラスの小鉢には能登産の天然のもずく、ミニ西瓜は明太子のゼラチンに黒胡麻をあしらい、紅白の太鼓橋にも見える車海老、黄金色のとうもろこしの練り物揚げ、金沢の夏の風物詩の「ドジョウの蒲焼き」など、能登の食材が彩り良く並ぶ。能登沖の幸をよく冷やした舟形に盛り合わせたお造りから、ガラスの瓢箪が涼し気な水菓子まで、料理も器も美しく、夏の暑さを忘れさせてくれる。犀川の景色に見とれていると、ここに投宿した伊藤博文公が料理や眺めに感銘を受けしたためたという「風光第一楼」の書に目がいく。古都金沢の歴史と文化と風情を今に伝え、新たな日々を重ねる名店である。

☼：20,000円　☾：27,500円～38,500円

Tel: **076-241-2181**

石川県金沢市寺町5-1-8

定休日：不定休

☼：11:00-14:00
（最終入店 13:00）
☾：17:00-21:00
（最終入店 19:00）

日本料理 銭屋

16.5/20

ZENIYA

シェフ 髙木慎一朗・髙木二郎

日本料理

加賀百万石の城下町として栄えた金沢は、伝統の加賀野菜や、日本海とその内海の富山湾という生態系の異なる二つの海に面することから、海産物にも恵まれ、独自の食文化を形成している。兄・慎一朗氏は、堪能な英語を駆使して、海外にも加賀料理の魅力を積極的に発信。職人気質の弟・二郎氏は、早朝から漁港をまわり、自らの目利きで仕入れた魚は極上のもの。上品な脂と滋味が楽しめるクエ、滑らかで香りの良い寒鰤など、刺身も別格のものとなる。季節になると登場する大ぶりの活け蟹は、身の自然な甘みを生かして軽く炭で火入れをし、ふんわりと仕立てた蟹真丈にのせる。鰹と昆布に塩を加えただけの出汁だが、蟹の身の甘やかさが感じられる。淡雪のように溶ける軽やかな蟹の仕立ては品があり、まさに日本が誇るべき淡味とも言えるもの。香箱蟹は産地ならではの強みで、浜茹でではなく、店で活け蟹を軽く湯がいて身も内子も外子も、火を入れすぎないよう仕上げる。まさに「茹でたて」の温かい身は、ここならではの五感を刺激する味と香り。樂焼や明時代の染付など、供される器も申し分なく、眼福の一言。豊かな文化背景に極上の食材が寄り添った、加賀料理の名店だ。

☾：27,720円～47,520円

Tel: **076-233-3331**

石川県金沢市片町2-29-7

定休日：日曜不定休

☾：17:30-22:00
（最終入店 19:00）

一本杉 川嶋

Ipponsugi Kawashima

シェフ 川嶋 亨

16/20

日本料理

Tel: **0767-58-3251**

石川県七尾市一本杉町32-1

定休日：不定休

☼：12:00- 一斉スタート
☾：18:00- 一斉スタート

※価格は季節によって変動する場合あり
※完全予約制

タモ材のカウンターで、和蝋燭の炎が静かに揺らいでいる。「一本杉 川嶋」の時間は、こうして静かに始まった。香煎で喉を潤し、一口の甘味でほっと一息。料理への期待が高まったころ、蝋燭の火が消え照明が明るくなる。カウンターに川嶋氏が登場し、黄金色に輝く出汁を引くと、そこからは怒濤のように、様々な料理が口上とともに繰り広げられる。能登でその日に揚がった一番の魚、数時間前まで土の中にいた筍、この店のために丹精込めて育てられた米…。それらを誇らしげに客に見せて目の前で調理していく。まるで能登の食材の伝道師だ。川嶋氏は、大阪、京都で腕を磨き、故郷・能登の七尾市で若くして温泉旅館の料理長を務めたのち、2020年、この地に店を開いた。根を張るように地域の食材を深く知り、知るほどに、その素晴らしさを伝えたいと、今に至る。だが、決して食材の質に依存するのではない。たとえば、筍の旬が遅い能登だからこそ味わえる焼き物「ホタルイカと筍」は、筍に細かな包丁を入れ、とろりとしたワタの食感を残すようホタルイカに火入れを施している。その細やかな仕事ぶりが、食材のポテンシャルを最大限に引き出すのだ。能登の宝を至高の業とともに味わいたい。

☼：8,800円　☾：19,800円

料亭 穂濤

Ryotei Honami

シェフ 越沢晃一郎・菅澤泰由

16/20

日本料理

Tel: **076-243-2288**

石川県金沢市清川町3-11

定休日：不定休

☼：11:00-14:00
☾：16:00-22:00

犀川沿いをそぞろ歩き、金沢の風情を感じつつ辿り着く趣ある屋敷は、明治末期の邸宅を改装した情緒あふれる空間。その佇まいに、料亭文化が息づく、この町の伝統を改めて思う。仄暗い廊下を抜けて座敷へ案内されると、150坪もの日本庭園の緑が木枠の大きな二方の窓に映り、歴史ある掛け軸や建具の設えも相まって、加賀料理を堪能するに相応しい安寧とした空気に心も寛ぐ。職人技の集合体である料亭文化を伝承すべく、二代目主人として老舗を切り盛りする越沢氏は、選び抜いた山海の幸、肥沃な加賀平野の米や野菜を華麗な料亭料理へと開花させる。また希望によりコースに組み込まれる素朴な郷土料理にも惹かれる。強い粘り気を活かした加賀れんこんのすり下ろしに、魚介などの具を加え蒸し上げて、とろみがかった醤油ベースの餡をかける「蓮蒸し」。底の浅い独特の治部椀に盛り付けられた「治部煮」は、鴨肉や金沢独自のすだれ麩、加賀野菜を甘辛い汁で煮る。繊細な出汁の旨みが素材に染み入り滋味深い。多くのゲストを魅了してきた奈良・吉野の本葛の根のみを使った作りたての「くずきり」の清々しいのど越しが印象深い締め括りとなり、饗宴のひとときの余韻を残してくれる。

☼：5,000円～15,730円　☾：16,940円～60,500円

東山 和今

HIGASHIYAMA WAKON

シェフ 今井友和

15.5/20

日本料理

浅野川のほとり、ひがし茶屋街のオーベルジュ「薪の音 金澤」の１階にある創作和食の店。主計町の「嗜季（しき）」で料理長を務めた今井氏の料理は、意外な食材の出合いによって新たな味覚を生み出している。動物系のものと地元産の野菜を組み合わせ、なるべく塩分を使わず、素材の美味しさを引き出す。献立は月ごとに変わり、訪問時は、この地方にしかない伝統の珍味「ふぐの子糠漬け」を活かした「やんぐこーん 河豚卵」の取り合わせが斬新であった。ヤングコーンの実とヒゲをバターで３時間ゆっくり炊き、ヒゲにはソースの代わりに「ふぐの子糠漬け」を和えて、鞘の中に戻し、炭火で丸焼きにする。ヤングコーンをヒゲと一緒に噛み締めるとコーンの香り、バターの風味と糠漬けの塩味が口中に優しく広がる。締めのご飯の「野芹 しらす」は、山椒でさっと炊いたしらすと、野芹は生のまま刻んで香りを出したものと出汁に漬けたものとを和えている。野芹のピュアな香りと味わいに驚き、その理由を尋ねると、「野草ハンター」から鮮度の良い天然のものが手に入るようになり、アクや苦みがない野草を使えるようになったからだという。この店には訪れる度、新たな感動が待っている。

☾：16,500 円

Tel: 076-252-6657

石川県金沢市観音町
1-5-8
東山のオーベルジュ
薪の音 金澤 1F

定休日：日曜・月曜

☾：18:00- 一斉スタート

※完全予約制

和田屋

WATAYA

シェフ 関 直斗

15.5/20

日本料理

小さな門をくぐって、細い坂道を下ると、目の前に忽然と現れる風格ある建物。しっとりと打ち水された三和土には木漏れ日が揺れ、家紋が染め抜かれた暖簾が誘う。その威風堂々とした姿は、がらりと時間軸がずれてタイムスリップしたような錯覚を覚えるほどだ。百五十余年の歴史を持つ「和田屋」は、白山比咩神社の境内にある。建物の一角、磨き上げられた廊下の一部には、白山の伏流水が流れている。この水は、神社の神聖な水と同じで、少し硬水なのだという。日本料理の基本は水。とくに出汁は軟水で引くことが基本とされているが、「和田屋」の料理には、この少し硬い水が使われている。そのため、料理長は毎朝１時間をかけ、低めの温度でじっくりと出汁を引いているそうだ。その出汁は角がなくまろやか。「和田屋」の料理は、山菜や川魚、茸、ジビエだが、決して野趣だけに傾かないのは、この出汁の影響も大きいのだろう。もう一つ特筆すべきは、各部屋に設えてある囲炉裏だ。鮎の季節に訪れたのだが、この囲炉裏で料理人が自ら、串打ちした鮎を焼く。炭火の香り、爆ぜる音、次第に鼻腔をくすぐる香魚の匂い。このゆっくり流れる時間とともに、山の恵みを堪能したい。

☼：12,000 円～ 60,000 円　☾：16,000 円～ 60,000 円

Tel: 076-272-0570

石川県白山市三宮町
イ55-2

定休日：火曜、他不定休あり

☼：11:15-15:00
(L.O.13:00)
☾：17:00-21:00
(L.O.20.30)

※全室個室

Tel: **076-232-3001**

石川県金沢市大工町22

定休日：日曜（月曜が祝日の場合は日曜営業、翌月曜休み）

☼：11:30-14:00
(L.O.13:30)
☾：17:00-22:30
(L.O.22:00)

※ランチは要予約

味処 大工町 よし村

15/20

Ajidokoro Daikumachi Yoshimura

オーナーシェフ 吉村良一郎　シェフ 島崎 茂

日本料理

引き戸を開けて一歩入ると、目に飛び込んでくるのは、朱塗りのカウンター。そこは、活気に満ちていた。カウンターの中では、主人が魚を捌き、その横では別の料理人が天ぷらを揚げている。炭火がパチパチと音を立て、奥からは蒸し上げた熱々の料理も運ばれてくる。目の前で繰り広げられるその様子を見ながら、食べる側も自然とテンションが上がる。客は食べたいものを料理人に告げ、料理人は包丁を動かしながら話を受ける。客同士の会話でさえ、ここでは心地好いBGMだ。金沢の繁華街、片町にありながら静かな通り「大工町」に先代が開いた「よし村」。今は先代を支えた料理長と共に、二代目が店を守っている。金沢の名店が次々とコース料理中心になる中、ここはアラカルトで好きなものが楽しめる稀有な店。毎日新しくなるという巻紙のお品書きには、およそ100もの料理名が書き連ねてある。「さよりの造り」「のどぐろ焼き」「山菜の天ぷら」「うにごはん」と、その料理名に珍しいものはほとんどない。それだけに、食材の善し悪しや技がストレートに出る。加賀野菜や地元の旬の魚などを見極める目利きと、料理人の技。これが、長年食通たちを魅了し続けているのだ。

☼：**4,400円〜**　☾：**7,700円〜16,500円**

ゴ・エ・ミヨの歴史

ヌーヴェル・キュイジーヌ

　ゴとミヨは、フランス料理のブルジョワ的で時代遅れのイメージを刷新する決意で、フランス中の新しい店を探し、調査しました。ホテル、レストラン、ブティック、職人、ワインショップと、彼らの好奇心にはとめどがありませんでした。

　自分の足で歩いて得た経験と多くの料理を食べた結果、2人は、未来のヌーヴェル・キュイジーヌをポール・ボキューズの料理の中に見つけます。シンプルな「インゲンとトマトのサラダ」の美味しさに触れ、新しい料理はこうした皿の中にあると確信します。その後、ロアンヌでトロワグロ兄弟と出会い、ハーブで風味を付けたカエル料理を供されます。前日に下拵えをせず、すべて「今」調理したものでした。忘れていた風味、シンプルさと軽さを重視する「ヌーヴェル・キュイジーヌ」はこのようにして生まれたのです。彼らはこの新しいコンセプトを記事を通して広く発信し、ガイドブックは人気を呼びます。

すし処 めくみ

Sushidokoro Mekumi

シェフ 山口尚亨

17/20

寿司

これほどまでに、日夜魚のことを考えている人がいるだろうか。カウンター越しに話すことは、魚のことばかり。どこの港でどんな漁師が獲ってきたのかから始まり、その魚が何を食べどんな暮らしをしているか、そこから紐解く味わいについて、時に冗談を交えながら日本の漁業を憂うることもある。毎朝暗いうちから納得できる魚を求めて、往復200㎞もの距離を車を走らせ港をはしご。その一方で、論文に目を通し、科学者に教えを請う。北陸の魚で旨い鮨を握る、そのためだけに日々過ごしているような山口氏。この日は、蟹が登場。まずは堂々たる姿、甲羅だけで15㎝以上はあるであろう、紅ズワイガニだ。通常ならズワイガニより一段低く見られがちな蟹だが、山口メソッドで茹で上げると、弾力ある食感と濃厚な甘みで極上の味になる。もう1種類は、掌に収まるようなモクズガニ。身をほぐす手間だけでも考えると気が遠くなるが、川魚独特の香りをまとわせながら、旨みを前面に押し出した見事な一品になっていた。年を追うごとに、僧侶のような面差しになっていく山口氏。修行さながらの魚との対峙の日々が、決してアクセスが良いとはいえないこの場所に、多くの食通を呼び寄せているのだ。

☼：40,425 円　☾：40,425 円

Tel: 076-246-7781

石川県野々市市下林4-48

定休日：月曜（4 月-10月は月曜、火曜）

☼：日 12:00-14:00
☾：18:00-/20:30-

乙女寿司

Otome Sushi

シェフ 鶴見和彦

15.5/20

寿司

歓楽街の賑やかな通りにありながら、敷地に一歩足を踏み入れると別世界。打ち水された敷石と灯籠が誘うどこか艶めいた数寄屋造りの建物からは、温かな灯りが前庭の木々を照らしている。「乙女寿司」は、四半世紀以上のれんを掲げ、金沢らしいふっくらと腰高な握りで、今や地元だけではなく、全国の鮨好きを虜にしている。つまみは造りからスタート。中トロとヒラメに続いて出てきたのは、ガスエビとトリ貝だ。「甘海老よりも甘い」と金沢の人に愛されるガスエビは、足が早くすぐに黒ずんでしまうため、県外で味わうことは難しい。また、能登のトリ貝も今や希少。地元でもなかなかお目にかかれない。どちらも大ぶりで甘みが乗っている。そんな「ここでしか食べられない種」もあれば、鯵や小肌といった馴染みのものもある。江戸前と少し違うのは、手に入る魚の鮮度や脂の乗りだけではないだろう。甘海老は、旨みを引き出すために少し寝かせる、白身はさっと昆布締めにする、酢飯は主張しない酸味と塩味に、種には丁寧に包丁を入れて、ふわりとおおらかに握るのだ。口に入れると、酢飯ははらりと消え去り、魚の旨みが鼻腔まで広がる鶴見氏の握り。選び抜かれた地酒とともに味わいたい。

☼：6,600 円～　☾：19,800 円～

Tel: 076-231-7447

石川県金沢市木倉町4-10

定休日:水曜、日曜、祝日、年末年始

☼：12:00-14:00
（最終入店 13:00）
☾：17:00-21:00
（最終入店 18:30）

Tel: **0776-29-0026**

福井県福井市文京
4-28-16 1F

定休日：火曜、水曜

☼：11:30-15:30
(L.O.13:30)
☾：18:00-23:00
(L.O.20:30)

※季節により価格の変動あり

ル・ジャルダン

Le jardin

シェフ 堀内 亮

15/20

フランス料理

福井市内で長きに亘り親しまれてきたフレンチレストラン「ジャルダン」が、更なる高みを求めて2022年9月にリニューアルオープン。店名を「ル・ジャルダン」と改め、内装もより優雅で高級感のある空間へと生まれ変わった。厨房やサービスのスタッフも一新し、なかでも注目は2022年〈ル・テタンジェ賞〉国際シグネチャーキュイジーヌコンクールで優勝を飾った堀内氏の存在だ。堀内氏はフランスや国内の有名店で研鑽を積み、パレスホテル東京「エステール」を経て、この店のシェフに就任、名店仕込みの技ですでに福井県の食材に多彩なアプローチをしてみせ、その新たな魅力を模索している。地元産の大麦とアオリイカを濃厚なリゾット風に仕立て、福井の伝統食材「汐うに」の泡でまとめた前菜は、大麦の個性的な食感にアオリイカの歯ざわりと甘みが呼応し、そこに汐うにの風味が追ってくる。福井の海と大地の恵みに加え、福井の伝統をも落とし込んだシェフのセンスが光る一品だ。シェフパティシエには「エステール」で堀内氏の同僚であった工藤隆浩氏を迎え、新しい一歩を踏み出した「ル・ジャルダン」。全国のゲストを惹きつける存在となる日も近いだろう。

☼：6,600円～19,800円　☾：19,800円

Tel: **0776-50-6177**

福井県福井市高木中央
1-2601

定休日：火曜、他不定休あり

☼：12:00-15:00
(12:00-一斉スタート)
☾：18:30-22:00
(18:30-一斉スタート)

※季節により価格の変動あり

カードル

cadre

シェフ 濱屋拓巳

14.5/20

フランス料理

数年前まで銀行の支店であった建物を改装、当初からある重厚感や硬質なインテリアをレストランのエレガントさに巧みに転用している。2021年、シェフに就任した濱屋氏は、1995年生まれ。この若きシェフをベテランによる盤石なサービス陣が支える。このレストランは「圧倒的な地産地消」をモットーに、福井県を代表する、グジ、吉川ナス、へしこ、梅など、「若狭」と「越前」の海山の幸をフランス料理の「枠組み（カードル）」の中に落とし込むことを謳っている。コースの最初に出される1杯のスープは温かい鯖の出汁がベースで、この店を象徴する一品だ。ゲストは、かつて京都まで若狭の鯖を運び都の食を支えた鯖街道の歴史や北前船の寄港地で育まれた上質な昆布に思いを馳せることだろう。「黒梅」と題された一皿では、鱧に、梅を熟成させた地元の名産である黒梅のペーストを合わせている。ソースはオクラや煎り酒を用い、フランス料理の組み立てに鱧と梅という定番の安定感が隠された佳品だ。福井の食文化や歴史を深掘りし、フランスとクロスオーバーしたところに料理を着地させる難しさと醍醐味。それが濱屋氏の料理を更に前進させていくのだろう。

☼：7,150円～8,800円　☾：13,750円

御料理　一燈

Oryouri Ittou

シェフ 倉橋紀宏

16/20

日本料理

昭和初期に建てられた酒屋を改築した風情ある店に灯る燈り。秋田産の赤杉を用いた天井など、細部にまで趣向を凝らし、日本建築の粋を集めた造り、歳時記を映した料理や器使いにも、倉橋氏の美意識が感じられる。食材は７割が県内、２割が北陸産という、地元の産物を最大限に生かしたもの。店主として 15 年、地元に深く根づき、契約農家から寄せられる食材は、この地ならではの驚きに満ちている。この日は朝採れのむかごが届き、餅米とともに飯蒸しにし、若狭産の活け締めの穴子の天ぷらと供された。素朴な山の幸だが、豊かな香りが料理に深みを加え、まさに、ここでいただくべき、上質な一皿に仕上がっている。お椀は三国港に揚がったユメカサゴ。葛うちして出汁に落とし、プリプリとした身を楽しむ。一番出汁は、昆布の深い旨みが底支えする、塩気を控えた上品な味わいで、鮮度の良い魚の香りと相まって、淡いだけではない印象に残る一皿だ。希少になった若狭牛は炭焼きで。契約農家から届いた無農薬コシヒカリを使った炊きたてご飯にイクラをたっぷりのせたイクラ丼など､「これが食べたかった！」と、思わず膝を打ちたくなる、福井を代表する極上食材が心ゆくまで味わえる。

☼：10,000 円～ 30,000 円　☾：15,600 円～ 50,000 円

Tel: **0776-22-1323**

福井県福井市春山2-1-7

定休日:日曜、第 1･3 月曜、他不定休あり

☼ : 火 - 土 12:00-14:00

☾ : 18:00-22:00

※季節により価格の変動あり

開花亭 sou-an

KAIKATEI sou-an

シェフ 畑地久満

16/20

日本料理

明治 23 年（1890 年）創業の料亭が本格懐石を日常の中で楽しむ場として設けた空間は、年々その熟度を増している。伝統とモダンの融合から新しいものを創出するという意図は店舗設計を建築家・隈研吾氏に依頼した時点で明確だ。隈氏は福井の繊維産業を象徴する織柄を木組みで意匠化して外観に用い、内部の最新のファシリティと結合させた。料理も然り。「現代の名工」にも選ばれている畑地氏は地元素材を中心に和食の「理（ことわり）」に則りつつ新味を追求し､ソムリエの木嶋佑平氏が「切れ」や「継続」によって独自の流れを作っている。この地の最高の食材は冬の越前ガニで､透明感のある身を福井の誇る銘酒で引き立てるが､旬の味覚を盛り込んだ夏の献立も魅力だ。越前の穴子は塩とタレの源平焼きにし、塩焼きにふった黒胡麻とタレ焼きの山椒に感じる香りと味を、木嶋氏はカリフォルニアのシャルドネで収斂させる。鯖江市に伝わる吉川ナスは揚げ出しにし、牡蠣を裏漉しして合わせた牡蠣味噌をあしらう。染み込んだ出汁の旨みと茄子のえぐみから導かれるのはカリフォルニアのピノ・ノワールだ。古くからある地元の食材と調理に現代の光を当て、この店は福井の「今」を発信し続けている。

☼：4,950 円～ 13,200 円　☾：9,680 円～ 21,780 円

Tel: **0776-50-1070**

福井県福井市中央3-9-21

定休日 : 日曜、祝日

☼ : 11:00-14:00
(最終入店 13:00)

☾ : 17:30-22:00
(最終入店 21:00)

Tel: **0776-24-3080**

福井県福井市文京5-17-5

定休日：日曜、第２・４月曜

☼：12:00-14:00
☾：18:00-23:00

※ランチは前日までの完全予約制

※おまかせの場合多少の価格の変動あり

鮨 十兵衛

Sushi Jyubei

シェフ **塚田哲也**

15.5/20

寿司

福井市の中心部からやや離れた場所にある一軒家。檜のカウンターに立つのは、二代目店主の哲也氏。北海道「すし善」での修業を終えて15年ほど前に店を継ぐために帰福。やや厚めに切りつけた鮨種に、「すし善」の遺伝子を感じる。鮨種を並べる箱に越前漆器を使うなどして、地元の豊かな文化を伝える。カレイの王様とも呼ばれる北海道産の松皮ガレイなど、魚は修業時代から縁のある問屋に加え、自ら開拓もする。鮨の花形ともいうべき本鮪は、「やま幸」の極上のもので、この日は約150kgの大間産。さらに、近年わざわざ東京から足を運ぶゲストが増えている理由の一つが、地元の魚だ。もちろん、全国から届く魚に負けない上質のものしか握らない。定置網で獲れた剣先イカはとろりとした食感と甘みが感じられ、鰆はしっかりと良質の脂が乗ったものを、片側だけ漬けにする。福井産の甘鯛のお椀も、鮮度が良いので、身に塩をする必要がないと、皮目に湯霜をするだけにとどめ、頭と骨から取った出汁と鰹昆布出汁を半々に合わせた汁とともにいただき、味わいを完成させる。地元産の上質で鮮度の良い魚本来の味を愉しむための哲也氏の独自のアプローチも、この店の魅力の一つだろう。

☼：12,000円　☾：22,000円～

ゴ・エ・ミヨの歴史

1972年、『ゴ・エ・ミヨ』ガイドの初版

1972年、フランスで『ゴ・エ・ミヨ』ガイドの初版が出版され、料理業界に変革をもたらします。価値のあるレストランを探して、ゴとミヨはフランス中を歩き回りました。彼らは、ミシュランが価値を置く、店の豪華さや食器、清潔さではなく、味とプレゼンテーションとシェフの想像力に着眼します。完全な独立性のもと、ゴとミヨは堂々と会計を済ませ、他のガイドブックの評価に関係なく、点数をつけていきました。

Gault&Millau

RESTAURANTS

レストラン

Tel: **054-272-0066**

静岡県静岡市葵区常磐町
1-8-5
BROOKLYN SQUARE
2F

定休日：不定休

☼ : 12:00-
☾ : 18:00-

※要予約

カワサキ

KAWASAKI

シェフ 河崎芳範

15/20

フランス料理

真っ直ぐに伸びたキジの尾羽や鹿の角で作られたオブジェが、深いグレーの壁に映える。ここで気付かされるのは、自然という造り手が生み出す、理にかなった美しさだ。一つ一つの命と向き合い、自分が納得する処理を施したジビエを料理したい。その一心で狩猟を始めて 15 年の河崎氏は、年間 100 日ほどは猟に出ており、猟期は、店で出す肉はほぼすべてを自らが獲ったものでまかなえるという。静岡は、キジをはじめとする様々な鳥類や鹿、猪など、ジビエの宝庫。仕留めるところから料理は始まっている。端肉はパテや麹と合わせて肉醤に、骨はスープにして、手打ちのラーメンと合わせる。余すところなく生かし切る料理は、自然の輪の中で料理をする河崎氏の生き方そのものだ。店には生ハム用の熟成庫があり、自家製の 5 年物の生ハムは見事な出来栄えで、前菜としてナッツ香を感じる脂や滑らかな身質が楽しめる。富士宮「レストラン ビオス」時代から信頼関係を築く生産者の畑から、朝、自ら摘み取りプラックの端でじっくりと火を入れて仕上げた野菜類は、瑞々しい驚きに満ちている。ここには、自然と向き合う河崎氏の視点を通した、この土地との繋がりを追体験するひとときが待っている。

☼：13,200 円　☾：13,200 円

Tel: **0550-81-2231**

静岡県御殿場市東山
527-1

定休日：火曜、水曜

☼ : 11:30-12:30 (L.O.)
☾ : 17:30-18:30 (L.O.)

メゾンケイ

Maison KEI

シェフ 佐藤充宜

15/20

フランス料理

自然豊かな御殿場市東山の地に、パリの「Restaurant KEI」と和菓子店「とらや」が 2021 年 1 月に開業。この店のスペシャリテはパリでも出されている「ジャルダン・ドゥ・レギューム・クロッカン」だ。「仕上げをお客さまの手でお願いします」というユニークなサラダは、御殿場や三島、地元を中心に、30 種類以上の野菜を使用した庭園風サラダ。新鮮な野菜に囲まれた中央のレモンの泡には、黄、赤、ピンク、紫など、季節のエディブルフラワーがのせられ、器の底の 3 種のソースをしっかり混ぜ合わせて、グリーン一色になると完成する。この日は富士の鱒のスモーク、蕪、大根、ビーツ、ズッキーニなど。緑のソースを纏った食材が何なのか、考えながらいただくのも楽しい。魚料理は、金目鯛の鱗焼きをスープ・ド・ポワソンのソースで。肉料理は、富士宮・青木養鶏場の「富士の鶏」ムネ肉の炭火焼き。肉厚のムネ肉を低温調理し、炭火焼きで仕上げたジューシーな一品だ。パリと同じ仕立てだというフランス・ランド産小鳩のムネ肉も選べるのが嬉しい。窓から望む富士山とゆったりとした庭に咲き誇る花々を眺めながら、時間を忘れて食事を愉しめるのは最高の贅沢だ。

☼：4,800 円～ 12,000 円　☾：5,500 円～ 12,000 円

馳走 西健一
Chisou Nishi Kenichi

シェフ 西 健一

14.5/20

フランス料理

料理人にとって食材の魅力は、こうも抗し難いものなのか。広島で「馳走 2924」を営んでいた西氏は焼津「サスエ前田魚店」前田尚毅氏の仕立てた鰹に出合い、駿河湾の魚を取り寄せる傾倒ぶりを見せていたが、2022 年６月、とうとう焼津に移住し、前田氏の魚と自身のルーツ広島の素材を織り交ぜた店を開いてしまった。カウンター８席、まずは駿河湾の海水と昆布のジュレに東広島のじゅん菜を浮かべ、店のコンセプトを示す。以後のメニューは市場に何が揚がるか、その日のお楽しみ。鯵は活け締めして軽くマリネ。金目鯛はスープ・ド・ポワソンとともに。鱗を揚げた甘鯛にはリゾットを添える。魚の旨さは圧倒的だ。西氏のスペシャリテの１つがパイ包み焼き。客の目の前で、生シラスや太刀魚、真鰯など、とっておきの魚介を大葉で包み焼く。メインの肉には広島の銘柄牛「榊山牛」を入れ、脂肪融点の低い、とろける旨さを味わわせる。東京やパリでフランス料理を学び、広島の「馳走啐啄一十」で平野寿将氏に師事した西氏のスタイルは、フランス料理をベースに和のニュアンスもあり、静岡と広島の食材に最適な調理を施している。「馳走」目当てに焼津詣でをする人が増えそうだ。

☼：13,200 円　☾：13,200 円

Tel: 054-625-8818

静岡県焼津市西小川
4-8-9

定休日：不定休

☼：12:00-
☾：18:00-

5	全てに卓越したレストラン	19 ～ 20 点	クレジットカード
4	非常に素晴らしいレストラン	17 ～ 18.5 点	
3	素晴らしいレストラン	15 ～ 16.5 点	個室あり
2	料理人の個性を感じるレストラン	13 ～ 14.5 点	
1	良いレストラン	11 ～ 12.5 点	バリアフリー
トックなし	美味しいレストラン	10 ～ 10.5 点	

Tel: **054-626-2587**

静岡県焼津市本町
6-14-12

定休日：不定休

☼：12:00-
☾：18:30-

温石

Onjaku

シェフ **杉山乃亙**

15.5/20

日本料理

焼津にある茶懐石料理の店。焼津駅からタクシーで10分ほど。県外からの客が多く、店の名前を言えば、住宅街の奥にある店まで多くの説明は必要ない。店主の杉山氏は三代目。自身の父親も修業した東京・目白「和幸」で研鑽を積み、先代の仕事を継ぎながら、座敷を中心とした形態から、客と対面するカウンター形式に重心を移し、料理の精度を上げていった。この店のスペシャリテは、なんといっても駿河湾で水揚げされ、「サスエ前田魚店」前田尚毅氏によって手当てされた魚料理だ。コースは、落花生豆腐に、低温でじっくりとローストして仕上げた落花生のソース、赤い無花果と緑のいんげんの先付から。続く大井川の鮎は、からりと揚げ、おしぼり入れに使っていたという竹かごに盛り付けている。圧巻の椀は、白甘鯛と冬瓜。少量張られた出汁は、真昆布の甘みが、白甘鯛の旨みと、互いを引き立て合っている。駿河湾の上質な金目鯛は火入れも素晴らしく、炊き合わせには地元静岡の「折戸なす」を使い、地域の味を生かしている。随所に杉山氏の細かい気配りと遊び心、技が光る料理の数々。食材に向き合う日々の探究心で、今や「焼津に『温石』あり」といわれる存在になっている。

☼：16,500円　☾：16,500円

Tel: **054-260-5166**

静岡県静岡市葵区栄町
3-6

定休日：日曜、第3月曜

☼：12:00-
☾：18:00-

日本料理 FUJI

Nihonryouri FUJI

シェフ **藤岡雅貴**

15.5/20

日本料理

美味しい魚料理を求めて静岡へ、食通の注目度が高まる日本料理店だ。トップレストランから注文が殺到する焼津「サスエ前田魚店」前田尚毅氏に認められた藤岡氏は3年前から極上の魚を入手できるようになり、前田氏から魚を仕入れる料理人同士で切磋琢磨しながら、魚について学んでいる。持ち前の探究心から、様々な調理法を試し、魚の甘みを一番感じる温度を探る。火入れにも独自の考えを持ち、活け締めの太刀魚なら、焼けば普通の焼き魚になってしまうからと、紀州備長炭を強火におこして、遠火でじっくりと火を入れ、焦げ目を付けずに皮目にほんのりと火を通すことで、しっとりとした身質を堪能できる仕立てにする。日本料理の命である一番出汁は、手火山式という伝統手法で燻した鰹節と、奥井海生堂の5年ものの蔵囲昆布で、深い余韻のある出汁をとる。ゲストの目の前で捌く、焼津港でその朝揚がったばかりの活けの伊勢海老など、迫力満点の魚尽くしのコースは、締めの3種のご飯ものまでノンストップ。香ばしい桜海老のご飯や魚介出汁のラーメンなど、静岡の海の幸を丸ごと味わえるコースに、「この店のために静岡に来る」ゲストが増えていることにも納得だ。

☼：16,500円　☾：16,500円

成生

Naruse

シェフ 志村剛生

17/20

天ぷら

京都檜の重厚なカウンターに静岡杉をふんだんに用いた内装の厳かな美しさ、一点の曇りもない窓越しに見える日本庭園。その純粋なもてなしの心は、料理を口に運んだ際により一層、驚きとともに感じられる。採れたての地元の野菜や山菜も、駿河湾の魚介も、その新鮮な旨みを最大限に楽しんでもらうため、状態を見極め、油の温度や時間、天ぷら粉の温度や厚さ、味付け方法などを調整しながら、食す瞬間に一番美味しく感じられるよう設計されている。「揚げたて熱々」ではなく「様々な温度」で。素材の追求は、生産者とコミュニケーションを交わす姿に表れ、その素材が持つ力を余すことなく味わってもらうため、揚げ方も部位ごとに変えている。例えば、朝採れたばかりのアスパラガスは、先の方はフレッシュな香りを硬めの食感とともに、根元部分はジューシーさを引き立たせるよう温度を調整しながらじっくりと仕上げる。「天ぷらがすごいのは、水分を抜いたり閉じ込めたり、それが自在にできるところ」と言う志村氏。経験の蓄積がこれ以上ないと思われた、その先を切り拓いていく。繰り返し訪れる人を虜にしてやまないのは、この進化を明確に感じることができるからに違いない。

☼：27,500 円　☾：27,500 円

Tel: 054-295-7791

静岡県静岡市葵区丸山町12-2

定休日：土曜

☼：12:00-

☾：18:00-

ゴ・エ・ミヨの歴史

サンドランス、ロブション、ガニェールなどを見出す

『ゴ・エ・ミヨ』ガイドの歩みとともに、フランス人は未来の巨匠を知ることになります。例えばパティスリーのスターになったルノートルをはじめ、パリでも地方でも、ゴとミヨの２人は、アラン・サンドランス、ジョエル・ロブション、ギィ・サヴォワ、マルク・ヴェイラ、ピエール・ガニェール、ミッシェル・ロスタンなど、今では紹介するまでもない有名シェフを見出します。ゴ・エ・ミヨは、ヌーヴェル・キュイジーヌを発見したパイオニアとなったのです。その発見はフランス料理を昏睡状態から抜け出させ、新たなライフスタイルを創出しました。

壺中天

KOCHUTEN

シェフ 上井克輔

16/20

フランス料理

Tel: 052-508-8850

愛知県名古屋市東区葵
1-19-30
マザックアートプラザ B2F

定休日：月曜、第3・5日曜、他不定休あり

☼：11:45-15:00
(L.O.13:00)
☾：18:00-22:00
(L.O.19:30)

扉を開けると地下２階とは思えない高い天井と明るく落ち着いた空間が広がる。大きな松の盆栽が飾られた店内は、中国の故事「壺中之天」に因む美食の別世界。アミューズ・ブーシュは、岐阜「BON DABON」の極薄にスライスしたペルシュウ。「パテ・クルート」は2014年にフランスで開かれた第６回パテ・クルート世界選手権で優勝した河村英幸シェフの一品で、パイで包まれたジビエ、フォアグラ、ピスタチオなどが美しい断面を見せる。「オマール海老と雲丹のコンソメジュレ カリフラワーのクリーム」はオーナーシェフ上井氏のスペシャリテ。試行錯誤を重ね完成させたという黄金色に輝くコンソメジュレの上には、北海道産の生雲丹や白が鮮やかなカリフラワーのソース。コンソメジュレの中には、一口大のオマール海老が隠れており、雲丹とコンソメジュレ、オマールが口中で溶け、海の香りで満たしてくれる。メインは３品から選ぶのだが、「フランス産ウズラの詰め物のコンフィ」は、低温調理で仕上げたウズラの身の中に、粗挽き肉や肉厚の椎茸などを詰めた、ボリューム感溢れる一皿であった。フランス料理の伝統が息づく名古屋を代表するグランメゾンである。

☼：8,250円～16,500円　☾：11,000円～22,000円

ラ・ヴァガボンド

LA VAGABONDE

シェフ 岩本龍介

16/20

フランス料理

Tel: 052-253-7343

愛知県名古屋市中区
千代田2-14-24
キャノンピア鶴舞 1F

定休日：日曜、他不定休あり

☼：金・土12:00-
☾：18:00-19:00
(最終入店)

※要予約

「放浪者」を意味する隠れ家のようなレストランは、訪れる度、その進化に驚かされる。2011年の開店時、岩本氏は１人で厨房を担っていたが、今はスタッフも増え、オペレーションも改善、料理の精度も上がっている。まず、「化石の上」と題する不変の前菜は、一口サイズの７種。ある時は、鶏出汁で蒸した穴子にキャビア、イシカゲ貝に縮緬キャベツのジュレなど。またある時は、珪化木の皿にバフン雲丹、シャンパーニュでマリネしたイクラなど、その時々、多様な美味を味わわせる。変わったのは、スペシャリテをフランス語で四角を意味する「carré」と表記することをやめたことか。岩本氏は、型に当てはめるのではなく、もっと美味しくできる方法があれば、そちらを選びたいという。食材も、産地や生産者を基準にするのではなく、良いものであれば拘りなく取り入れる。この日は、長崎で揚がったクエを炭火焼きでレアに、北海道・根室半島の蝦夷鹿のロース肉はロティで、見事に仕上げていた。ここは、店名の通り、枠にとらわれず、「放浪」の中に美味を追い求める、名古屋を代表するフランス料理店の一つである。

☼：13,200円　☾：16,500円

レストラン レミニセンス

16/20

Restaurant Reminiscence

シェフ 葛原将季

フランス料理

Tel: **052-228-8337**

愛知県名古屋市中区栄
2-15-16
コンフォート栄 2F

定休日：不定休

☼ : 12:00- (L.O.)
☾ : 18:00-18:30 (L.O.)

葛原氏はフランス料理の修業を始めて間もなく、30歳で独立しようと心に決め、秘めた思いを誕生日に叶えた。その世界観は、「カンテサンス」と「HAJIME」という東西の雄での修業中に紡ぎ出され、“余韻と記憶”というコンセプトを掲げるストーリーを編み出した。第一章から第三章に及ぶコースは、余韻、記憶、安堵という道を辿る。最初のテーマを「余韻」と決めさせたのは、かつて葛原氏が鮮烈な印象を受けた、味わいが永遠に響き続けるかのような岸田周三氏の一皿。店名にも「記憶を想起する」という意味を込めた。さて、自身の料理を印象付ける仕掛けをどう作るか、閃いたのは鰻だ。老舗「あつた蓬莱軒」で研修を受け、多くのリピーターを生むスペシャリテを創り出す。ふっくらと炭火で焼かれた白焼きは、ソーテルヌの甘さを纏い、燻香を移した根セロリのピューレ、山葵、シェリービネガーのジュレ、赤ワインソースとともに幾度も表情を変えていく。白を基調としたミニマルな空間に配置された北欧風の椅子やテーブルは、飛騨高山「Kitani」に特注、器は日本各地を探して集めた作家の作品だ。綿密にスキームを構築してきた葛原氏にはまだ壮大なる夢の続きがある。そう思わせる躍動感が溢れている。

☼ : 14,850円～19,800円　☾ : 19,800円

アリーニュ

15/20

a.ligne

シェフ 高松章浩

フランス料理

Tel: **052-253-7155**

愛知県名古屋市中区新栄
2-3-12

定休日：水曜、他不定休あり

☼ : 12:00-15:00
(L.O.13:00)
☾ : 18:00-22:30
(L.O.20:00)

フランスや京都などで修業した高松氏が、四季折々の優れた食材で腕を振るう。クラシック音楽が流れる店内は、天井が高く、白や木目を基調とした落ち着いた雰囲気だ。高松氏は生産者から直接、無農薬や有機栽培の野菜や果物を取り寄せ、魚は京都・舞鶴や長崎・五島などで水揚げされたもの、牛肉は滋賀の「サカエヤ」のみと厳選している。アミューズの「名古屋コーチンのブリオッシュ」は、名古屋コーチンのつくねを包んだブリオッシュを揚げたあと焼いており、カリッとした食感と熱々の肉汁が楽しめる。軽く叩いた甘海老に、果肉をほぐした土佐文旦をのせ、蕗の薹のアイスクリームを添えた前菜は、甘海老の上品な甘みと文旦の爽やかな酸味、蕗の薹の香りが一体となって口中に溢れる。マーブル模様のソースが映える、ロワール産のホワイトアスパラガスに黒トリュフを添えた一品に、フランスの春を思う。胡麻油で揚げた桜海老をのせた甘鯛の蒸し焼きには、蒸した田芹と発酵トマトのソースを添え、甘鯛の甘みをより一層引き立てている。季節を表すコース料理の味わいに合わせ、香りをさらに引き出すワインペアリングも秀逸。日本のフランス料理の「現在」を感じさせるレストランである。

☼ : 7,700円～13,200円　☾ : 13,200円～17,600円

シケミチレストラン マツウラ

SHIKEMICHI RESTAURANT MATSUURA

シェフ 松浦仁志

15/20

フランス料理

Tel: **052-720-5631**

愛知県名古屋市西区
那古野1-36-36

定休日：月曜、第３日曜、他不定休あり

☼：11:30-14:00 (L.O.)
☾：18:00-20:30 (L.O.)

四間道という通りの名は元禄年間の大火後に道が４間（約７m）に整備されたことが由来とされ、今も風情ある町並みが残っている。松浦氏は約380年前の蔵を改装、芝のテラスに開いたパラソルと、往時を偲ばせる蔵の対比が鮮やかなレストランを創り上げた。リゾートトラストや愛知万博のフランス館内のレストランに勤務後、渡仏し、名古屋に戻った松浦氏は、シェフの傍らワインの栓で家具などを作る「リコルクプロジェクト」の発起人を務めるなど、多彩な活動で知られ、その料理も遊び心に溢れている。前菜は、的矢湾に面した鳥羽・畔蛸（あだこ）町で約２年かけて育てられた畔蛸のタグ付きの岩牡蠣。85℃で10分間低温調理した大ぶりの岩牡蠣は、ホワイトバルサミコのジュレとサワークリームが爽やかな海の香りを引き立てる。メインは大分県杵築市の「ニード牧場」で30ヵ月以上肥育する黒毛和牛のイチボを赤ワイン、バルサミコ、レモンを加えたソースで。ここに桑名の皮つき筍の炭火焼きがドンと添えられ、赤身のジューシーな美味しさと、春の香りと旨みのある筍とのハーモニーが堪らない。旬の野菜と魚介がぎゅっと詰まったテリーヌのスペシャリテもあり、地元に深く愛されるレストランだ。

☼：4,400円～11,000円　☾：11,000円～16,500円

ラ・フロレゾン・ドゥ・タケウチ

La Floraison de TAKEUCHI

シェフ 竹内正樹

15/20

フランス料理

Tel: **052-218-6738**

愛知県名古屋市中区栄
2-12-12
アーク栄白川パークビル
1F

定休日：月曜、月１回
連休あり（不定休）

☼：12:00-15:00
(L.O.12:30)
☾：18:00-22:00
(L.O.19:30)

※半個室あり（6-8名）

竹内氏はフランスの「ラ・ピラミッド」で修業後、東京・恵比寿の「タイユバン・ロブション」、「ミクニ ナゴヤ」などを経て、「グランファミーユ・シェ松尾 名古屋店」の料理長に就任。2013年にオーナーシェフとしてこの店を開いた。フランス語が飛び交うオープンキッチンでは、張り詰めた空気の中、各持ち場のスタッフがずらり並んだ美しい器にひとつひとつ丁寧に彩りよく盛り付けていく。その情景を眺めているだけでも食欲が湧いてくる。この日のメイン「LE PIGEON」はランド産の鳩。遠火の炭火や低温で、じっくり火入れした鳩の３種のローストで、ムネ肉、骨付きモモ肉、内臓の食べ比べだ。大きくジューシーなムネ肉やパリッとしたモモ肉、滋味のある旨みが詰まった内臓に、ビーツや新ごぼうを添えている。紫キャベツ、根セロリとビーツを使ったソース、発酵黒にんにくと八丁味噌のペースト、赤すぐり、ビーツのパウダーなどの「赤」が、黒い皿に鮮やかに映える。フィンガーボールを使いながら、骨付きのモモ肉にかぶりつくと香ばしさとともに優しい味わいが広がる。食材、火入れ、彩り、塩梅の良い料理が理屈抜きで美味しい、日本の本流をいくフランス料理店だ。

☼：8,250円～13,200円　☾：13,200円～17,600円

レストラン ホンジン

15/20

Restaurant HONJIN

シェフ 田島裕大

フランス料理

Tel: 0586-43-4129

愛知県一宮市神山2-4-23

定休日：月曜、第2・4火曜

☀：平日 12:00-14:00
土・日・祝
12:00-15:00

☾：平日
18:00-20:00 (L.O.)
土・日・祝
18:00-21:00 (L.O.)

古くは尾張国一之宮、真清田神社の鳥居前町として、近代は繊維業で栄えた一宮市。2021年、この町で27年続いた鉄板焼きの店がリニューアルされ、鉄板焼きとフランス料理の店「Restaurant HONJIN」として新たなスタートを切った。田島氏は、「ジョエル・ロブション」「レストラン ナベノ - イズム」で、渡辺雄一郎氏に師事し、フランスの名店でも研鑽を積んだ若手実力派だ。田島氏は地元に帰り、改めて愛知県には固有の食文化と豊富な食材があることに気づいたといい、それらを巧みに料理に取り入れている。失われかけた製油技術を受け継ぐ「ほうろく屋」杉崎学氏が、西尾市で手作りしている「ほうろく菜種油」は、料理の至るところで味の下支えとして使われ、スペシャリテの「牡蠣」に添えられた酒粕のフロマージュ・ブランは、レストラン用に特注した北設楽郡の銘酒「蓬莱泉」の酒粕。魚は神経締めに定評のある、知多半島師崎の風間水産が目利きしたものだ。田島氏は、長く地元を離れ、名店で修業を重ねる中で身につけた技術で、愛知のテロワールとそれを支える人々の熱い思いを料理に込める。ここに、愛知ならではのフランス料理が生まれようとしている。

☀：8,800円～19,800円　☾：12,100円～27,500円

アル

14.5/20

aru

シェフ 鈴木 琢

フランス料理

Tel: 0532-54-5518

愛知県豊橋市広小路2-28
吉田ビル 2F

定休日：日曜、他不定休あり

☀：12:00-

☾：18:30-

東三河の生産者が作る新鮮な野菜や果物を美味しく味わってほしいと、オーナーシェフの鈴木氏、マダムの彩ソムリエールが、2017年12月、豊橋駅近くに開いたモダンフレンチレストラン。シェフ、マダムそれぞれの出身地である豊川市、新城市など、メニューに載る東三河の地図を眺めながら8市町村の旬の味覚を愉しむ。地元農家や実家で採れたばかりの野菜、果物を中心に、食材の切り方や組み合わせにより、時間と手間を惜しまず、素材が持つ旨みを引き出している。まずは、夏の名残、とうもろこし「味来（みらい）」の冷たいスープ。透明なスープの甘みと香りが実に素晴らしい。とうもろこしの実は一切入れず、大量の芯を積み重ねて出汁をとり、砕いて入れて濾してを繰り返し、時には3日以上かけて塩と水だけで仕込み、甘みと香りを引き出すという。自家栽培のハーブや自家製調味料も用いて、優しい味わいを活かしつつ、ナチュラルな美味しさと美しさを際立たせ、東三河の大地の豊かさを料理を通して表現する。シェフの優しい料理に寄り添うマダムセレクトの日本ワインや自家製ハーブティー。地元で採れた作物に、生産者と同じ深い愛情を注ぐ2人の、何とも素敵なレストランだ。

☀：13,200円　☾：13,200円

イル アオヤマ

il AOYAMA

シェフ 青山直之

16/20

イタリア料理

Tel: 052-508-7967

愛知県名古屋市東区泉
2-8-7

定休日：不定休

☾：18:00-/20:30-

※季節や食材により価格の変動あり

※クレジットカードは VISA・Master のみ利用可

地下鉄高岳駅にほど近い、閑静な住宅街の中にあるカウンター8席中心のイタリア料理店。まず出されたのは「名古屋コーチンのコンソメジュレ 無水雲丹と茶豆」。よく冷やされた小ぶりの備前焼の地肌を感じながら、小さな木のスプーンでいただく秀逸な一品。涼味溢れる優しい味わいは、イタリア料理というより、日本料理の割烹店で味わっているような趣だ。フリットは、粉雪のようなパルミジャーノをのせた北海道のとうもろこし「ホワイトショコラ」、三河湾の鱧、伊勢湾口に位置する大山沖で獲れた鰺の3種。ふわふわのチーズ、甘み、旨み、香りが詰まったサクサクのフリットだ。穴子のリゾットは、穴子の煮汁で米を炊き、祖父江の銀杏と走りの白トリュフをあしらう。メインは熊本産馬肉のソテーを選択。添えられた蓮根とともに火入れも申し分ない。寡黙に手際よく料理を仕上げていく青山氏。「日本人にしか作れないイタリア料理を」と、料理に向き合う姿勢は常に真剣で、朝から厨房に籠もって食材と向き合い、仕込みや試作にかける時間を惜しまない。食材本来の味わいを引き出し、繊細で優しく、意外性のある和と洋の組み合わせ。一度は訪ねてみたいレストランだ。

☾：20,000 円〜 40,000 円

セッタンタ

Settanta

シェフ 水口秀介

15/20

イタリア料理

Tel: 052-228-7036

愛知県名古屋市東区泉
1-15-23 1F

定休日：日曜、月曜

☼：11:30-14:30
(L.O.12:30)
☾：18:00-22:00
(L.O.20:00)

地下鉄久屋大通駅から徒歩約5分、栄駅から徒歩約10分のところに1970年生まれのシェフとソムリエがタッグを組んで開いたこの店は、2022年に7周年を迎えた。最初の一品は、季節の味覚のアンティパスト「イタリア・ポルチーニ茸　北海道・毛蟹」。カップに入った北海道の白く甘い毛蟹の身をのせた蟹みそとポルチーニ茸のパンナコッタ仕立て。蟹みそとポルチーニ茸の香りや風味がこれほどマッチするとは驚きだ。「フランス・フォアグラ　大分・酒粕」は、フレッシュフォアグラのソテーと酒粕を使った冷たいジェラート。温かいフォアグラと冷たいジェラートを一緒にいただくと、両者が口中で溶け合い、フォアグラの香ばしさと酒粕の香り、甘さが広がり、料理とデザートが一体となった余韻が味わえる。洋と和の食材、そこに成瀬洋之氏が選ぶワイン。この店には、いつも新たな発見がある。メインの「イタリア・白トリュフ」と題された一皿は、透明なガラス容器に入った大ぶりのアルバ産白トリュフをテーブルに運んで、ドームを外し、視覚と嗅覚で楽しんだ後、極細パスタにふんだんにかけ、旬の香りと味わいで至福へと導く。いつも上質な時間が約束されたレストランだ。

☼：8,470 円　☾：16,940 円

MEI

15/20

MEI

シェフ 高畑邦暢

イタリア料理

名古屋市東区徳川町にあった「サンタキアラ」の高畑氏が、2021年5月、蔵や古い町並みが残る四間道エリアに移転オープンしたイタリア料理店。高畑氏は食材の産地選びや旬を活かすことに注力し、魚介類は主に鮮度の良い三河湾や伊勢湾産を、野菜は愛知や岐阜の生産者から直接仕入れる。時間があれば、片道2時間以上かけて岐阜や長野の山に茸を採りに行き、現地の市場でも仕入れてくるという。猟友会にも入り、猟師仲間からジビエを分けてもらい、良質なものなら店でも使うという本格派だ。1品目は「鱧 冬瓜」。伊勢湾の秋の鱧のフリットを、西尾の冬瓜と花ニラ、鱧の骨から取った出汁のスープでいただく。皮を少し焼いたカリッと香ばしい鱧と、花ニラの甘さが引き立つ優しい味わいだ。秋の味覚の「穴子 栗」は、日間賀島で獲れた穴子のチーズリゾットの上に中津川産の蒸した「ぽろたん」という栗の裏漉しをたっぷり振りかけ、酢橘の香りでいただく。メインは、京都「京中」の、アグー豚と赤豚（デュロック）を掛け合わせた島豚による「“熟成”南の島豚ロース」。高畑氏は、綺麗なピンク色に火入れし、その旨みを巧みに引き出す。四間道にまた新たな魅力が加わった。

☾：17,600円

Tel: 080-8124-0363

愛知県名古屋市西区
那古野1-23-2
四間道糸重

定休日：不定休

☾：18:30- 一斉スタート

ヴィチーノ

14.5/20

VICINO

シェフ 竹内 健

イタリア料理

吹上駅エリアは閑静な住宅地に佳店が点在するが、ここもその一つ。小路を進むと、店の前のシンボルツリーが目に入る。店内は明るく広がるホールの右手にオープンキッチンのカウンター席、反対側がテーブル席だ。竹内氏がキッチンから全体を見渡せ、交流できるように配された席の間を、マダムが朗らかに動いてサービスする。その様は、まるで友人の家へ招かれたような、心休まる雰囲気を醸し出している。料理は各地の生産者との繋がりで選ばれた良質の食材と調味料を使い、洗練されたミニマルな見た目に滋味深い味わいのものだ。特に岐阜「BON DABON」製ペルシュウをのせたトルタフリッタの食感や、イカ墨だけを衣にした旬の魚介のフリットは、誰もがこの店のスペシャリテと目する。また、この日は丁寧に出汁を取った温かい地鶏のコンソメが、富山産の黒もずくの力強い食感と海の香りと相まって素晴らしい旨みの広がりを見せていた。料理はいずれも自然に身体に馴染む旨みを感じさせ、シェフが選ぶ自然派ワインとの相性もぴったりだ。イタリア語で「近く」を意味するこの店は、上質な食材による料理とホスピタリティーをリーズナブルな価格で実現している。

☼：2,420円～9,680円　☾：8,800円～11,550円

Tel: 052-762-3986

愛知県名古屋市千種区
春岡通7-58

定休日：月曜、火曜

☼：11:30-13:30 (L.O.)
☾：18:00-22:30
(L.O.20:30)

※価格は変更の可能性あり

ル クーリュズ
Le coeuryuzu
シェフ 渡邉大佑

15/20

イノベーティブ

Tel: 0569-56-9403

愛知県常滑市熊野町
3-143-1

定休日：日曜、他月２日
不定休あり

☼：水・木・金・土
12:00-14:30
一斉スタート
☾：18:00-22:00
(L.O.20:30)

常滑駅から車で 10 分ほど。最初に出されたのは、常滑市の澤田酒造で酒造りに使われる軟水によるゴーヤと昆布出汁の優しい味わいのスープだ。野菜は知多産で、うち約２割は自家農園の採れたてのもの。この日のアミューズは、渡邉氏の母方のルーツである岩手・三陸の鮪の中トロを炙り、自家製サラミにした岩手・花巻のプラチナポーク「白金豚」と茗荷のピクルスを合わせたタルト、西尾市吉良町で作っているモッツァレラチーズのベニエに、南知多町から届いた太刀魚のフリッター、猪のベーコンをシュー生地で挟み南知多市の香りの強いすじ青海苔をのせたものなど、地元愛に岩手への思いも盛り込む。野菜は鮮度だけでなく、根菜類は３時間かけてコンフィし、より美味しくするなど手間を惜しまない。驚いたのは、水を使わず常滑牛乳のみで、最後にオリーブオイルをかけてカリッと焼いたグラハム粉入りの自家製パンの美味しさ。パウンド型のパンの外側はカリカリの食感で、中は柔らかく、しっとりとした味わいだ。デザートは、たこ焼き器で抹茶のクレープ生地を焼いた定番の茶菓子。渡邉氏は同年代や若い人たちとローカルガストロノミーやツーリズムについて研究。食で地域をリードしている。

☼：7,700 円　☾：15,400 円

ピッサヌローク
Phitsanulok
シェフ 石山公一・穂積依里

14.5/20

タイ料理

Tel: 050-3204-2928

愛知県名古屋市東区葵
2-2-22
桜通サンダイマンション
1F

定休日：日曜、他不定休
あり

☾：18:00-19:00
(最終入店)

バンコクとチェンマイの間、交通の要衝であり、世界中のバックパッカーが立ち寄る町の名前に由来するタイ料理店。石山氏は、高校卒業後、和食の道に入るが、タイ旅行を契機にタイ料理の世界に魅せられ、バンコクの屋台で働き、名店「Nahm（ナーム）」でも学んでいる。石山氏のタイ料理は素材を活かした独自のもので、自ら山へ茸類を採りに行き、生産者を訪問するという努力も重ねている。焼き茄子、刻んだ海老、烏賊、奥美濃古地鶏の和え物には、個々の食材が混然一体となった複雑な旨みがある。最近は熟成させた魚類を用いるという石山氏の料理は、味わいが重層的になり、スズキのガパオ炒めでも、新鮮な魚では出せない旨みが表現されている。また、茸と牛テールのスープは、ササクレヒトヨタケ（コプリーヌ）、アカヤマドリ、北海道ポルチーニ茸などが用いられ、７種類の茸の味が深く贅沢なスープだ。ホロホロ鳥とライチのグリーンカレーは、珍しい組み合わせながら、上品な味わいで、他のタイカレーとは一線を画す。日本の素材とタイ料理の相性の良さ、エスニック料理の繊細さを感じさせる、石山氏ならでは、オンリーワンのタイ料理店といえるだろう。

☾：13,200 円

虹霓

Kougei

シェフ 篠田昌利

15.5/20

中国料理

「明道町中国菜 一星」から、古代中国で主虹と副虹の２本の虹を雌雄の龍にたとえて表す「虹霓」（こうげい）へと屋号を変え、2022年６月、四間道に移転した。新しい店舗はオープンキッチンにＬ字型カウンター 10 席の明るくスタイリッシュな空間。店名は、辰年生まれの篠田氏と入口にある木彫りの昇龍のオブジェにヒントを得たという。篠田氏は、準備期間中、海外渡航が難しいため、関東に出向いて多くの学びを得たようだ。最初に赤い丸盆で供されるのは、名物の９種の前菜。「名古屋コーチンのピリ辛和え」、大粒で甘みのあるカンボジアのカシューナッツを用いた「怪味腰果」という四川の菓子、「蜜焼きの叉焼」などをいただくと、どこか懐かしさを覚える味わいだ。「焼きウズラ」は、身に香草を入れて、寝かせ、蒸して、焼いて、パリッとジューシーに揚げ、一口齧ると香りと香ばしさがほとばしる。炭火で焼いた「鰻」、柑橘と合わせる「松茸の春巻き」、名古屋コーチンの煮凝り、叩いた甘海老、甘いとうもろこしを合わせた「紫雲丹」など、ここでしか味わえない優しい四川の味が続く。双龍のさらなる飛躍に期待が集まる。

☾：27,500 円

Tel: **052-756-3939**

愛知県名古屋市西区
那古野1-34-16

定休日：水曜、他不定休あり

☾：18:00-

Joe's Kitchen

Joe's Kitchen

シェフ 神農 猛

15/20

中国料理

神農氏が修業した当時の横浜中華街には、本場中国の料理人の味を求め、各界の著名人が訪れていた。高級食材や手の込んだ料理法で賓客をもてなす料理人たちの中で修業する日々は苦労もありながら、幸せな経験であったという。2003 年に名古屋で開店した神農氏は、当初、修業先で身につけた徹底ぶりが理解されず苦戦するが、薬膳をベースにした自家製調味料や仕込みに時間と手間をかける姿勢が次第に評価され、今では全国からゲストが詰めかけている。２日間かけて作られる「冬瓜の蒸しスープ」、雌しか使わない「カナダ産活オマール海老のガーリック炒め」、活きの良い蟹のみをチェックして使う「陽澄湖産上海蟹コース」、常連客でも滅多にいただけない「上海蟹のオレンジ蒸し」など、季節ごとに、ここでしか味わえないスペシャリテがある。一方で、控えめなタレの甘さと八角の香りの自家製焼き立てチャーシュー、薬味や具の香りが立ち上るパラパラの炒飯、コシの強い麺による、飽きのこない香港式のシンガポール焼きビーフンなど、油を感じさせない、薄味で上品な中国料理も揃える。帰り道、ポカポカ温まる身体に、あらためて神農氏の手間を惜しまない料理の素晴らしさを実感する。

☾：17,600 円～ 24,200 円

Tel: **052-954-0225**

愛知県名古屋市中区
丸の内3-9-19
正起ビル 1F

定休日：日曜、祝日、他不定休あり

☾：18:00-/18:30-

※クレジットカードは Visa・Master のみ利用可

眞善美

15/20

Shinzenbi

シェフ 河合善行

中国料理

Tel: **052-982-8820**

愛知県名古屋市東区東桜
2-12-34
M's GARDEN 2F

定休日：月曜、月２回の日曜

☾：18:30-

※季節により価格の変動あり

近年、系列店舗からシェフの独立が相次ぐ中、「四川飯店 名古屋」で料理長を務めた河合氏が腕を振るうこの店は、真打ち登場といったところ。看板のないドアから通路を抜けると、天井が高く広々としたシンプルモダンな空間にＬ字型のカウンター 10 席。前後左右の間隔も充分で、ゆったりとした時を過ごせる。「四川飯店」といえば痺れるほどに麻辣が利いた料理をイメージするかもしれないが、河合氏の場合は、奥行きのある穏やかな旨みに、四川ならではの麻辣の刺激も忘れず、それぞれが心地好く両立する洗練されたものだ。前菜の定番「よだれ鶏」がその象徴で、自家製の麻辣ダレに胡麻が多量に入ることで辛みより旨みを感じるが、後を追う花椒が爽やかな辛みを控えめに主張、そのバランスが素晴らしい。コースの流れは、四川料理に限らず、フカヒレの煮込みや北京ダックもある中に季節の食材を活かした四川風の味付けの刺激を織り交ぜ、緩急をつけ、いずれも旨みを引き出したハイレベルな安定感を保っている。締めは、「四川飯店」ゆずりの麻婆豆腐と「特製鶏そば」の２段構え。デザートも四川発祥の「氷粉」で、全体に和を感じさせつつ四川を手放さない、河合氏の見事な手綱捌きが愉しめる。

☾：22,000 円

ゴ・エ・ミヨの歴史

ヌーヴェル・キュイジーヌ：ゴ・エ・ミヨが生んだ新しいスタイル 1

ゴ・エ・ミヨが見出したヌーヴェル・キュイジーヌは、より洗練された新しいライフスタイルと同時に生まれました。この表現を作り上げたのはゴとミヨですが、力を持つべく厨房の中で決起したのは料理人たち自身です。この気運は、30 代～ 40 代の若手料理人が、料理を近代化させ、消費者の新たな要望に応えるため巻き起こしたものでした。

1973 年に発表された記事の中で、アンリ・ゴとクリスチャン・ミヨは、ヌーヴェル・キュイジーヌにおける“十の戒律”を定義しています。これは、料理の新しい価値観を共有したい若い料理人たちに、取るべき行動指針を示すものでした。そのほとんどの基準は今でも通用するものです。

京味 もと井

15.5/20

Kyouaji Motoi
シェフ 本井将樹

日本料理

Tel: **052-750-5942**
愛知県名古屋市千種区
西山元町1-58

定休日：日曜、月曜不定休

☼：12:00-14:30
☾：18:00-22:00

愛知県出身の本井氏が、京都で修業後、名古屋・池下に構えていた店を閉め、覚王山日泰寺近くの築80年の日本家屋を改装し、2021年4月に移転した。黒塗の門にかけられた白い大きな暖簾をくぐると、石畳の打ち水や苔むした水鉢が映える庭園が、盛夏に涼しさを感じさせてくれる。白木の格子戸を開けると女将が出迎え、通された店内には13席のL字型カウンターと12席のテーブル席。オープンキッチンの奥に設えた焼き台では本井氏が大きな鰻を炭火で焼き、調理台では薬味を刻み、手際よく涼し気な器に美しく盛り付ける。一品目は、蛤と千両茄子の先付。水鉢に満たしたシャーベットのように見えるのは、よく冷えた半透明の蛤の出汁のジュレだ。その上に大きな蛤とたたきオクラと穂紫蘇を浮かべ、下には揚げた千両茄子。食感や見た目の美しさが涼味を誘い、夏の暑さを忘れさせてくれる。八寸では、トマトとじゅん菜のすり流しや、西瓜のシャーベットをのせた水ダコの湯引き、そして、三河一色産の大鰻はタレを何度も塗りながら炭火でパリッと焼きあげ、茗荷の酢漬けを添えている。気さくな主人と若手がチームで料理を作り上げる姿に、勢いを感じる日本料理店だ。

☼：9,500円　☾：18,500円

橦木町 しみず

15.5/20

Syumokuchou Shimizu
シェフ 清水陽介

日本料理

Tel: **052-890-5515**
愛知県名古屋市東区
橦木町3-24
プランドール橦木 1F

定休日：日曜、祝日

☾：18:00- 一斉スタート

※季節により価格の変動あり

名だたる料理人を輩出した大阪の「本湖月」で11年、岐阜の「たか田八祥」で6年、腕を振るった清水氏が、2022年1月、武家屋敷が並ぶ白壁に近い閑静な住宅街に店を開いた。カウンターと個室が設えられているが、手が回らないと、今は夜のみカウンター6席での営業だ。地元だけでなく、全国各地から取り寄せた美しい旬の食材を見せ、まず目で愉しませてから調理にかかる。献立は月替わりで、節句にちなんだコース料理を展開。2月の節分は、干しナマコの「鬼の金棒」、6月の氷室の節句は「氷餅」のデザート、お盆の8月は蓮の葉やほおずきで包んだ料理が並ぶ。季節の物語を感じながら味わう和食は格別だ。上質な食材を使い、名店の師匠から学んだ技を駆使し、その旨さを引き出す。料理の美しさに目を見張り、ここまで手間をかけるのかという新鮮な驚きと、良い素材を活かしきった繊細で優しい味に感じ入る。料理に合わせて女将が薦める地酒も旨い。休日は可能な限り食べ歩き、料理の勉強をしたいという清水氏。地元の料理人も店を訪れるのは、飾らない人柄と、その謙虚な姿勢に共感するからだろう。女将とともに、どんな店作りをしていくのか、名古屋に楽しみな店が現れた。

☾：24,000円

ニム

15/20

NIM

シェフ 大和紀瑛

フランス料理

Tel: **0577-70-1817**

岐阜県高山市大新町
1-39-3

定休日：火曜、水曜

☼：11:30-15:00
(L.O.13:00)
☾：17:30-21:00
(L.O.19:30)

櫻山八幡宮の大鳥居のある宮前橋近く、風情ある宮川沿いの築130年の土蔵に2022年3月、久々に灯りがともった。フランスで修業後、東京・荻窪「ヴァリノール」のシェフを務めた大和氏が店舗兼居宅にリフォームして、完全予約制のレストランを開いたのだ。蔵の間接照明に照らされながら小道を進み、白塗りの分厚い壁に囲まれた重厚な扉を開くと、吹き抜け構造で開放感のある空間に目を奪われる。左手にはオープンキッチン、正面の螺旋階段で2階に上がると、天井の太い梁の下で、シックなテーブルが灯りに浮かぶ。フランスで生雲丹とコーヒーの相性の良さを学んで創ったという「北海道産生雲丹 カリフラワー」は、オリジナル焙煎のコーヒー粉を振りかけたカリフラワーのエスプーマやピューレをつなぎに、生雲丹をいただく。クリーミーな味わいと互いの風味が広がる逸品だ。地元産の野菜や果物、食用花を使った料理は、どれも美しく、自家製パンは北海道産小麦と天然酵母で作る。良い食材を求めて、地元で手に入るものだけでなく、東京時代に使い慣れた北海道、明石、五島列島などの魚介類も取り寄せる。このレストランが高山の食に新たな風を送り込むことは間違いない。

☼：6,000円　☾：10,000円

フランス食堂 Nature

pop

Nature

シェフ 河上裕治

フランス料理

Tel: **090-7367-5663**

岐阜県高山市朝日町24
でこなる横丁

定休日：水曜、他不定休あり

☼：日・月・火
11:30-14:00
(L.O.13:30)
☾：17:30-22:00
(L.O.21:30)

奥飛騨出身の河上氏が、名古屋や高山のレストランで腕を磨き、地元食材の美味しさを知ってほしいと「でこなる横丁」に開いた「自然派フランス料理店」。店内には「Natureの生産者さん」という大きな地図に飛騨・高山から集まる食材と生産者、直売所が示されており、地元でしか味わえない鮮度抜群の野菜や果物などを使った料理やデザートがアラカルトやコースでいただける。手頃なランチから、富山湾の魚介のカルパッチョやサザエのエスカルゴバター、飛騨の猟師が獲ったジビエなど、ワインを合わせたくなる料理も並ぶ。山歩きが趣味という店主自ら採取した天然茸を使ったチーズリゾットや自家製ハーブティーを、採れた山の話を聞きながらいただくのも格別だ。

☼コース ○　☾コース ○

ラ・メール ザ クラシック

16/20

La Mer the classic

シェフ 樋口宏江

フランス料理

2016年、G7伊勢志摩サミットの舞台となった志摩観光ホテルは、改めてその存在感を示したが、開業が1951年というこのホテルは、言うまでもなく、この地を代表する観光の拠点である。レストランは、ホテルの旧館ともいえる「ザ クラシック」のメインダイニングであり、風光明媚な賢島の英虞湾に面した高台にあって、故高橋忠之総料理長の愛弟子である樋口氏が創る、伊勢志摩の幸が堪能できる特別な場所でもある。樋口氏は地元の食材を愛し、生産者とのコミュニケーションを欠かさない。「海の幸と野菜のムース」は、甲殻類からとったコンソメジュレの濃厚な味わいが伊勢真鯛、車海老、赤イカの素材の味を引き立てている。伝統の「伊勢海老クリームスープ」は、伊勢海老、うたせ海老、香味野菜、白ワイン、トマトピューレ、チキンブイヨンで仕込んだスープにコニャックの香りを加え、濃厚な海の香りと素材の旨みが口中に広がる。メインの「鮑ステーキ」は、志摩産か鳥羽産の鮑を使い、下拵えに「ラ・メール」ならではの創意が秘められている。ブール・ノワゼットとの相性も良く、鮑の柔らかさを保った火入れに感動すら覚え、賢島までの行程も歓びに変わることだろう。

☼：9,500円～22,000円　☾：18,900円～40,800円

Tel: 0599-43-1211

三重県志摩市阿児町神明731 志摩観光ホテル内

定休日：なし

☼：朝食 7:00-10:00
(L.O.9:30)
11:30-14:30
(L.O.14:00)
☾：17:30-22:30
(L.O.20:30)

ボン ヴィヴァン

15/20

Bon vivant

シェフ 河瀬 毅

フランス料理

伊勢神宮外宮前という交通至便の地、伊勢を代表するレストランが入る建物は、オレンジ色の洋瓦と白い壁のコントラストが鮮やかな大正時代の洋館だ。海や山の幸に恵まれた三重県で、河瀬氏は時間を惜しまず地元の生産者のもとを訪ね、深い信頼関係を築き、そのネットワークによって手に入れた食材を細心の注意を払い調理する。この日のアミューズは鶏のささみ燻製、生ハムムース、ケフタ、松阪牛ヒウチのローストなど、一口サイズの料理が5種類。どれも素材の良さを活かし申し分ない。オマール海老と志摩のアオリイカ、伊勢のアスパラガスと志摩の鮑、カンパチの燻製に真鰯と、次々、地元の食材が目と舌を愉しませる。金目鯛のポワレをピンク色の蕪のソースでいただき、新玉ねぎのポタージュはカプチーノ仕立てで。メインの肉はオーストラリア産仔羊の網焼きか地元の松阪牛をチョイスする。スタッフのフレンドリーでありながら程よい距離を保つサービスが心地好い。飲料の選択肢も豊富で、フランスを中心としたワインセレクションは価格も抑えられている。全国のシェフとの交流を深めながら伝統の中に新しさを求める河瀬氏の料理と行動力が、三重の料理界を牽引している。

☼：6,000円～20,000円　☾：10,000円～20,000円

Tel: 0596-26-3131

三重県伊勢市本町20-24

定休日：月曜（祝日の場合は翌日）とその前日のディナー、第3火曜

☼：12:00-15:00
(L.O.13:00)
☾：17:30-21:30
(L.O.19:00)

※車いすのまま食事が可能
※個室は4-8名まで利用可

センプレ
SEMPRE
シェフ 名和 賢

14.5/20

イタリア料理

Tel: **0594-42-2500**

三重県桑名市長島町西川619-2

定休日：火曜、第1・3月曜、金曜ランチ

☼：11:30- 一斉スタート
☾：19:00- 一斉スタート

※2023年3月に表記住所へ移転予定

木曽三川に挟まれ、水害から守るため周囲を堤防で囲った輪中の地として有名な長島町。レストランまでは、公共交通機関を使うとなると、いささか時間を要するが、それでも遠方から多くのゲストが訪れるのは、名和氏が地元産の野菜、魚、肉の良さを引き出し、イタリア料理の枠にとらわれないこの地ならではの料理を生み出しているからだ。この店のシグネチャーともいうべき「菜園」という一品は、胡瓜、瓜、茄子、コールラビ、びわ、デラウェア、蓮根、牛蒡、南瓜など30種類近い野菜や果物で構成され、それらがカラフルな一つの塊のような盛付で供される。地域の味と香りに名和氏のセンスが生かされたこの一皿を楽しみに訪れるゲストも多い。また、スペッツレには有名な地元の蛤を合わせたり、鹿肉はいなべ市の猟師が獲った新鮮なものを、牛肉は隣接する四日市市の加藤牧場、紅茶も日本一に輝いた四日市のハサマ共同製茶組合のものを用いている。四季の変化に応じて異なる表情を見せる地元の素材、そこに魔法をかけるかのような名和氏の料理を楽しみに、わざわざでも訪れたいレストランである。（2023年に移転予定、店名も「SEMPRE」となる）

☼：7,500円～15,000円　☾：15,000円

割烹 西むら
Kappou Nishimura
シェフ 西村雅也

15.5/20

日本料理

Tel: **059-355-2460**

三重県四日市市西新地12-15

定休日：日曜

☾：17:00-22:30
(L.O.20:00)

※車いすのまま食事が可能

近鉄四日市駅からほど近い西新地に数寄屋造りの風情ある割烹料理店がある。格子戸をくぐると、オープンキッチンを囲む網代天井の下にL字型の大きなカウンター席、そして木戸や障子に囲まれた趣ある和の空間にテーブル席がある。お膳に盛られた料理や酒器が、漆塗りで統一された天板に映り、華やかさを添えている。八寸は、すすきや銀杏をあしらった満月の丸盆。兎や柿の器に、愛知県の渡り蟹のきな粉酢和え、四日市の梨と胡桃の豆腐の白和えが盛られ、柿の葉に包んで香りづけされた茗荷と大葉の名残の鱧寿司、高台には鮑の肝真丈、蓑虫にちなんだ車海老の蓑揚げなど、色とりどりの旬の味わいが嬉しい。和紙に菊の被綿（きせわた）をのせた料理は、重陽の節句の前日、菊に綿を被せて香りと露をふくませ、肌にあてて清めると、寿命が延びると信じられた慣習にちなんだ遊び心だという。和紙の下には先ほどまで活きていた伊勢海老。鮮やかな黄身で彩られたお造りの美しさに目を奪われる。「神田川」グループの店舗で修業した主人の笑わせ、和ませる会話も実に楽しい。関西割烹の洗練された職人技とおもてなしの心が季節の訪れと味わいをしみじみと感じさせてくれる。

☾：19,800円～27,500円

Gault&Millau

RESTAURANTS

レストラン

アドック
ad hoc
シェフ 高山龍浩

16/20

フランス料理

Tel: **06-6225-8814**

大阪府大阪市福島区福島
1-1-48 hotarumachi

定休日：水曜

☼：12:00-12:30 (L.O.)
☾：18:00-19:00 (L.O.)

自然な凸凹が特徴の大理石を使ったテーブルに、あえて虫食いを生かしたオーク材のショープレート。風雨にさらされて生まれたような、侘びた自然に、いにしえより日本で育まれてきた美意識を見る。自然の中にいるようでありながら、荒々しさではなくどこか優しさを感じる室内。オープンキッチンで丁寧に作られていくひと皿ひと皿に、高山氏のフランス料理に対する愛情が詰まっている。子ども時代を自然の中で過ごしたというシェフは、ここでの食事が、訪れた人の心の中にある自然を、ふと思い出すようなものであってほしい、と考える。アミューズは熱々のスッポンと米澤豚のコロッケ、その直後には牡蠣のアイスクリームという温度差も楽しめる流れ。ベトナム料理のバインセオから着想を得た斬新な皿を織り込んだかと思えば、メインはオーブンと２つのフライパンを使い分けながら丁寧に火入れした鳩、そして、その骨からとったコンソメをごく薄い磁器に入れて供するなど、オーセンティックなフランス料理の技術で五感を刺激する。独立から20年を迎えたという高山氏は、季節の変わり目ごとに、数日間店を閉めてメニュー作りに集中するという。これからのクリエイションにますます期待が高まる。

☼：**11,000円**　☾：**22,000円**

ラシーム
La Cime
シェフ 高田裕介

16/20

フランス料理

Tel: **06-6222-2010**

大阪府大阪市中央区瓦町
3-2-15 瓦町ウサミビル
1F

定休日：日曜、他月１回不定休あり、年末年始、夏季休暇

☼：12:00-15:30
☾：18:00-23:00

現代の高層ビルと歴史あるビルが混在するビジネス街の一角で、存在感を放つクラシカルな店構えが、フランス語で頂点を意味するこの店だ。シンボルマークの三角形は「ゲスト」「料理」「空間」の支え合いを表す。入り口に掲げた店名のアルファベットが所々欠けているのは、山岳は登り切って終わりではなく、さらに高い頂を目指すという高田氏の意思表示である。開店以来、１つの頂を究めると次を目指し、大小の変更がインテリアにも加えられ続けている。料理は、細部に至るまで作り込まれ、美しく、驚きと遊び心に溢れている。例えば、おかわかめで団子のように包んだ岩牡蠣の一品は、別皿で運ばれてきた牡蠣の殻をサービススタッフが目の前で開けると、中には何も入っていないように見える。しかし、そこには乳白色をしたクルミのソースが仕込まれている。種を明かされ、ゲストの表情は困惑から驚きに、そして喜びへと変わるのだ。もちろん、意外性ばかりではない。クリーミーな岩牡蠣とクルミの旨みを重ね、エゴマの葉の香りで味わいを軽くし、牡蠣のヨード臭をクルミの香りが巧みに包み込んでいる。フランス料理のエスプリを忘れず、ボーダーレスに高みを目指し続ける独創のレストランである。

☼：**28,000円**　☾：**28,000円**

アニエルドール

agnel d'or

シェフ 藤田晃成

15.5/20

フランス料理

Tel: 06-4981-1974

大阪府大阪市西区西本町
2-4-4 阿波座住宅三栄ビル
1F

定休日：月曜、火曜ランチ

☼：12:00-13:15 (L.O.)
☾：18:00-19:30 (L.O.)

靭公園に程近い、日本食材を活かしたモダンなフランス料理店。藤田氏は、大阪や神戸で料理の基礎を固め、渡仏。ノルマンディー、バスク、リヨンで地域性豊かなフランス料理を体感した。帰国後、創り出したのが、和の要素をふんだんに取り入れた独創的なフランス料理だ。コースは少量多皿。まずは手長海老のマリネやイクラ、鰻のタルトレット、落花生のフラン。見た目にも美しく味わい深いアミューズだ。貝のジュで作られた泡に、広島・梶谷農園の香り高いハーブ。その下には北寄貝のタルタルなどと２種類の瓜。はやと瓜は柔らかく、冬瓜は硬く、食感の違いを愉しむ。マリネした鯖に発酵させた無花果とビーツ、紫蘇風味のクリアなジュレが添えられ、炭火で焼かれた太刀魚には海老芋とスッポンのガレット、そしてスッポンのコンソメに菊の花をちりばめている。このコンソメが味わい深い。奈良の三輪素麺を使った鱧も料理の終盤に彩りを添える。デザート、ミニャルディーズまですべてに技巧が凝らされ、五感を刺激する。ソムリエやサービススタッフの対応も心地好く、ワインはもちろんノンアルコールのドリンクにもひと工夫があり、繊細な料理を様々なマリアージュで楽しませてくれる。

☼：7,000 円～ 11,000 円　☾：13,000 円～ 16,000 円

オノウエ

ONOHOUÉ

シェフ 阪本充治

15.5/20

フランス料理

Tel: 06-6910-7123

大阪府大阪市中央区糸屋町
1-1-6 B1F

定休日：水曜、木曜・
金曜ランチ

☼：12:00-13:00 (L.O.)
☾：18:00-20:00 (L.O.)

ビジネス街のマンション地階とは思えない、高い天井と解放感。クラシックな気品に満ちたレストランだ。阪本氏は、日本での修業経験を持たず、ボルドー、オート＝サヴォア、パリの著名レストランで７年勤め上げた。その意味では、阪本氏は、フランス人シェフと同じロジックで考え、調理し、盛り付けているといえるかもしれない。入店した瞬間から、内装や調度品などの空間、矜持のある接客、そしてコース料理のすべてにフランスのエスプリが感じられる。料理は、どれも鮮烈で美味しい。アミューズのサーディンのサンドイッチは、パンの外はカリッと、中はフワッと仕上げてある。また、エンドウ豆を煮崩した料理は、豆の青々しさが香り、ニンニクが効き、塩が決まり、本来なら野性を感じるところだが、阪本氏は、見事なバランス感で完成度を高め、食べ手の心を揺さぶる。多くの店で廃棄される食材の端はコンソメスープに。丹精込めて研ぎ澄ました、その美味なる雫。メイン料理はもちろん、ガルニのキャベツの芯や食後の小菓子にも美味しさと感動がある。便利で手軽という時代の迷路に入り込んだ時、この店を訪れて本物の仕事に触れれば、何かの気付きを得られるのではないか。

☼：7,000 円～ 15,000 円　☾：15,000 円～

ラ カンロ
La Kanro
シェフ 仲嶺淳一

15.5/20

フランス料理

Tel: —

大阪府大阪市北区
天神西町3-9
NUI 南森町南側

定休日：不定休

☼：日 12:00-
☾：18:00-

※電話番号は予約サイトで予約後に通知

マンションの一角に、ひそやかに設えられた入り口。インターフォンを押すと、扉の鍵が開き、香が焚かれたテラコッタ色の回廊が美食体験へと誘う。向かうは6席のカウンター、その向こうには広々とした厨房があり、よりプライベート感が楽しめる個室も2室用意、落ち着いた照明に包まれた贅沢なひとときが約束されている。フランス料理の自由さに惹かれたという仲嶺氏は、パスカル・バルボ氏の「アストランス」で学んだ、既成概念にとらわれない料理を追求し、一口ごとに新しい驚きのある、食べ続けたくなる料理を目指している。皿の上に、地層をイメージした南瓜やビーツ、フォアグラ、鳩など4種のペーストを敷き詰めた上に、20種類もの野菜や和牛のブレザオラを配した「フォワグラ ビーツ」は、どのペーストとどの要素を合わせるかで味が異なり、食べる側はそれを自由に選びながら、新しい味覚体験に浸ることができる。コック・オ・ヴァンを一口サイズのコロッケ仕立てにしたものなど、モダンスペイン料理の趣も感じる。また、仲嶺氏は大のフランスワイン愛好家でもあり、開業時からコツコツ集めたというワインを、優雅なサービスとともに楽しめるのも魅力だ。

☼：13,200円　☾：24,200円

ラ・ベカス
La Bécasse
シェフ 渋谷圭紀

15.5/20

フランス料理

Tel: 06-4707-0070

大阪府大阪市中央区平野町
3-3-9 湯木ビル 1F

定休日：日曜、水曜ランチ、月1回不定休あり

☼：12:00-13:00 (L.O.)
☾：18:00-20:00 (L.O.)

※季節や食材により価格の変動あり

1980年に渡仏、ヌーベルキュイジーヌからキュイジーヌ・モデルヌへ、現代フランス料理の本流となる、ポール・ボキューズ、ジョエル・ロブション、アラン・シャペルという3人の巨匠のもとで、料理文化の厚みと時代の変化を肌で感じ、厳しいながらも華やかな修業の日々を過ごした渋谷氏。席数12のすべてがシェフズテーブルという心地好い店内で、自らの円熟期を讃え楽しむように腕を振るい、時空を超え、ゲストをまるでフランスにいるような感覚に誘い込んでいる。店名でもある「ベカス」（ヤマシギ）に代表されるジビエ料理、「オマール海老のサラダ」「鮎のリエット」、じゃがいも好きのロブション氏に食べさせたいとの思いから生まれた「ホタルイモ」などのスペシャリテ。中でも、開店当初から供されている「仔羊のピカタ」の真っ直ぐな美味しさは、今なお多くのファンを引き寄せている。羊肉に衣をつけ、羊と野菜からとった出汁のソースをたっぷりと吸わせた、まさに逸品である。完成形を持たない、渋谷氏が織り成すアートのような皿の数々。熟練のソムリエの薦めるワインとともに、マダムのサービスが温もりを与え、「ラ・ベカス」は今日も大阪の街で燦然と輝いている。

☼：11,000円〜　☾：22,000円〜

フナシェフ

15/20

Funachef

シェフ 船岡勇太

フランス料理

住宅街の狭い路地裏の潜り戸から店に入り、2階に上がれば、オープンキッチンを囲むようなカウンターテーブルがあり、そこには船岡氏主催のホームパーティーに招かれたような趣がある。循環型レストランを掲げる船岡氏に、ナチュラルな料理をイメージされるかもしれないが、東京の「タテル ヨシノ」やパリ「ステラマリス」、大阪「ラシーム」などで研鑽を積んだ経歴から窺えるように、スタイルはクラシック寄りの、基本に忠実なフランス料理である。サッカーの本田圭佑氏の専属料理人として数多くの国を旅した経験も活かされており、イタリア産牛タンのグリルにムール貝の出汁の泡を合わせた一皿は、スペインの、魚介類の持つ自然な塩味を取り込む料理法にヒントを得たものだという。また、旅の途上、オランダでのフードロスに対する料理界の取り組みやカンボジアの食糧不足の現状を見た経験も、今の船岡氏の生き方やレストランのあり方に大きな影響を与えている。船岡氏は料理をしながら、ユーモアを交えた話で客を楽しませ、さながら料理をライブで楽しむエンターテインメントのようでもある。味わいの良さだけでなく、そのキャラクターに惹かれてファンになるゲストも多いに違いない。

☼：8,400 円　☾：18,000 円

Tel: **06-6450-8565**

大阪府大阪市北区黒崎町6-4 2F

定休日：月曜、第 2・4 日曜

☼：木 - 日 12:00-14:00

☾：18:00-20:30

ミチノ・ル・トゥールビヨン

15/20

Michino Le Tourbillon

シェフ 道野 正

フランス料理

精力的なシェフである。断続的に営業を休止せざるを得ない状況下でも家庭で「ミチノ」の味を楽しんでもらえるよう宅配の取り組みを始め、それをバージョンアップし、料理もシェフの生き方も、「今、何ができるか」を常に考えて動いているように見える。そこで得られた情報がやがて皿の上にフィードバックされ、新たな潮流を生み出していく、それが道野氏の「トゥールビヨン（渦）」なのだろう。料理はさながらシェフが描いた設計図の解説を聞きながらいただくようだ。ウサギのコンフィでは、甘みの強い紫人参とほろ苦さのある黄色い人参、そして、キャラメリゼしたオレンジ色の人参のピューレが添えられている。味も形も調理法も異なる人参、ウサギは歯ごたえとゼラチン質を感じるモモ肉、プリッとしつつも軽快な背肉、しっとり蕩ける滑らかさと濃厚な塩気を併せ持つロニョン、とそれぞれのテクスチャーや異なった味わいが一つの皿に盛り込まれている。道野氏は料理で自身の世界を語り、ゲストはそこに込められた意図を汲み取る。ここは食材同士のハーモニーや出合いを活かしたストーリーだけでなく、シェフが巧みに描いた美食の構図を愉しく読み解くレストランでもある。

☼：6,600 円　☾：15,400 円～ 17,600 円

Tel: **06-6451-6566**

大阪府大阪市福島区福島6-9-11 神林堂ビル 1F

定休日：月曜（祝日の場合は翌火曜）、火曜（月 2 日）

☼：11:30-14:00（L.O.12:30）

☾：17:30-22:00（L.O.19:30）

ポンテベッキオ

PONTE VECCHIO

シェフ 山根大助

16/20

イタリア料理

Tel: **06-6229-7770**

大阪府大阪市中央区北浜
1-8-16
大阪証券取引所ビル 1F

定休日：不定休

☼：11:30-14:00
（最終入店）
☾：18:00-20:30
（最終入店）

阿吽のライオン像で知られる難波橋の袂。黒大理石のシックなダイニングにイタリアらしい洗練された調度品が設えられたラウンジを擁するこの店は、紛うことなき最高級リストランテだ。ダークスーツのレセプショニストに恭しく迎えられ、ダイニングへと向かえば、いやが上にも胸が高鳴る。山根氏の料理は、喩えてみれば機能美と遊び心に溢れたイタリアの高級車だ。知恵を絞り、食材を最高に美味しい料理にすることを目指しながら遊びを忘れない。スペシャリテの「温かいポテトのティンバッロとキャビア」は、劇場のステージをイメージした専用皿に名脇役の発酵バターをたっぷり使った熱々のマッシュポテトをのせ、その上に主役のイタリア産フレッシュキャビアを惜しげもなく盛り付ける。これを専用の陶製スプーンで頬張れば、口中に広がるキャビアの味わいに、さながら名演に酔いしれる観客のように瞑目し言葉を失うことだろう。山根氏自ら、キャビアをこれ以上美味しく食べる術がないという、完成度。そしてキャビアを役者に見立てる遊び心。数々のスペシャリテと洗練された空間、そつのないサービスで、大阪を代表するこの店は、訪れる人にいつでも充足した時間と口福を約束する。

☼：7,700 円～ 14,300 円　☾：16,500 円～ 22,000 円

カピ

capi

シェフ 小川大喜

15/20

イタリア料理

Tel: **050-3138-6188**

大阪府大阪市北区曽根崎
新地1-10-2
北新地PLACEビル 6F

定休日：日曜、祝日

☼：土 12:00-
☾：18:00-/20:45-

北新地のビルの６階。質感が心地好い長いカウンターを基に、シェフズテーブルのみで構成されるラグジュアリー空間だ。小川氏は、「ラ ムレーナ」や「ポンテベッキオ」などを経て、2012 年に高槻市で独立・開業。より自身の料理を追求するため、2021 年にこの店を開いた。通常のカウンター席よりも客とシェフとの距離感が近くなるような造りにしてあり、シェフとソムリエとの会話や、調理や提供シーンも含めて、食事の時間をいかに楽しんでもらえるかに気が配られている。アミューズの後、器の蓋を開けると一面に敷き詰められたキャビア。その華やかさに歓声が上がる。目の前で塊のまま焼き上げて切り分ける魚や肉、リゾットやパスタは、ゲストの様子を見ながら、また要望に応じて量を調整してくれる。興味深かったのは、鰻の炭火焼きと和牛ホホ肉の赤ワインソース煮を一皿に盛り込むコンビネーションだ。果物の甘みやスパイスの力も借りて、口の中で合わさると「蒲焼き」を想像してしまうような、小川氏ならではの一皿といえるだろう。豪華さと創造性を併せ持ったレストランである。

☼：24,000 円　☾：24,000 円

ピ・グレコ

15/20

p greco

シェフ 福本俊輔

イタリア料理

西天満の落ち着いた街並みのなかにありながら、イタリアの回廊（ロッジア）を想起させるような店構えのレストランは、すでに名店の風情を湛えている。店名の意味は“円周率”で、福本氏の「未だ辿り着くことのない答えを、これからも探し続けたい」という思いを、終わりのない“円周率”に重ねたものだという。その言葉通り、2013年の独立・開業以来、コース料理の価格帯や店の業態を少しずつ変えてきているが、それを可能にしたのも店を愛する客との良好な関係があってのことだろう。店内はシックでありながら温かみがあり、テーブル間の距離も広く取られ、居心地が良い。マダムの対応も気さくで親しみやすく、店の雰囲気ともよく調和している。日本全国の美味しい食材を求める姿勢は、すべての料理から感じられ、蝦夷鮑はトマトのコンソメのフランとともに食し、利尻のバフンウニにはトリュフを合わせたパイで、隠岐島のバチコ（ナマコの卵巣）とボタン海老は、冷製のカッペリーニとして提供している。そこに感じられるのはイタリア料理を、さらに研ぎ澄まされたメニューにしていくシェフの探究心だ。食材を活かすイタリア料理が好きな人にこそ勧めたいレストランである。

☼：22,000円～33,000円　☾：22,000円～33,000円

Tel: 06-6809-1800

大阪府大阪市北区西天満
4-1-20 リープラザ1F

定休日：日曜、他不定休あり

☼：土 12:00-
一斉スタート
☾：17:00-21:30
(L.O.19:00)

※車いすのまま食事が可能

※仕入れにより、記載価格内にて変動あり

ラチェルバ

15/20

LACERBA

シェフ 藤田政昭

イタリア料理

藤田氏はイタリアでの修業後、前身となる「タベルナ デッレ トレ ルマーケ」を南森町に開き、2015年に移転して現在の店を開いた。北新地という繁華街にありながら、新ダイビルの約1,000坪という“堂島の杜”がもたらす緑を借景にしたガラス張りの開放的なテーブル席と、天然木の親密感を覚えるカウンター席、それに洗練された調度品の数々が大人の落ち着いた雰囲気を醸し出している。藤田氏の作り出すイタリア料理は、どことなく和を感じる部分も見せるなど、この数年で幅を広げており、元々培われていたイタリア郷土料理の深い知識から更に進化を重ねたものとなっている。例えば、秋の一品である鮑と栗のリゾットは、栗に牛蒡といった和の食材が使われているだけでなく、出汁の強さを全面に出している。一方で、ポルチーニを使ったパスタや仔羊の背肉のローストなど、イタリア料理の神髄を見せるかのようなメニューからは、構想力の広さや深みが感じられる。前菜からデザートに至るまで統一感のある美意識は、食器やペアリングのワインとの相性まで考え抜かれたもので、訪れた客を満足させることは間違いない。

☾：16,500円～

Tel: 06-6136-8089

大阪府大阪市北区堂島浜
1-2-1 新ダイビル2F

定休日：日曜

☾：17:00-20:30
（最終入店）

イル・チェントリーノ

il Centrino

シェフ 北口智久

14.5/20

イタリア料理

Tel: **06-6762-5901**

大阪府大阪市中央区
瓦屋町1-2-2

定休日：日曜、他不定休あり

☼ : 12:00-14:30
(L.O.13:00)

☾ : 17:30-22:00
(L.O.20:00)

空堀商店街近くの古民家を改装し、2018年に開業したレストラン。北口氏は堺市の出身で、大学を卒業後、会社員を経て30歳で料理界に転じ、イタリアのリグーリア州やピエモンテ州などで修業、大阪に帰りイタリア料理店でシェフを務めた遅咲きの料理人だ。そんな北口氏がシニアソムリエの資格を持つ魚見洋一マネージャーとタッグを組み、大阪の下町にイタリアの風を吹きこんでいる。料理はモダンな装いだがしっかりした基礎の上に築かれたもの。水タコは、吸盤部分も軽くソテーし、パプリカソースに、ケッパー、穂紫蘇を散らした前菜に仕立て、火入れによる柔らかな食感を愉しませる。サザエのソテーでは、アーモンドやバジルを用いたトラパニペーストを合わせ、いんげんやツルムラサキとの食感の対比も鮮やかだ。メインの国産牛モモ肉のタリアータには、バルサミコソースと大阪・梶井農園の葉野菜を添え、巧みな火入れで肉の旨みを堪能させる。ドルチェは、マスカルポーネムースとエスプレッソジェラート、レモンクリームが口の中でティラミスを再構築したような味わいを出す。スタッフのサービスも心地好く、ゆったりと食事が楽しめる隠れ家的なイタリア料理店だ。

☼：4,800円～6,800円　☾：10,800円～13,800円

レストラン マイス

Restaurant MyS

シェフ 菱田雅己

14.5/20

イタリア料理

Tel: **075-285-4170**

大阪府三島郡島本町東大寺
1-10-26

定休日：木曜、月2回
不定休あり

☼ : 12:00-13:30 (L.O.)

☾ : 18:00-19:30 (L.O.)

水無瀬川沿い、前庭に花壇やハーブ園のある一軒家。木の扉を開くとホールにはゲストたちの声が弾んでいる。地元に愛される存在でありたいと、菱田氏夫妻がこの地に開店したのは2021年7月。昼は素材を重視してシンプルに。夜は1組限定でガストロノミックな料理を展開する。菱田氏は大阪・茨木市の出身。イタリアで巨匠グアルティエロ・マルケージ氏やハインツ・ベック氏のもとで腕を磨き、ハインツ・ベック氏の東京店ではスーシェフを任され、京都でシェフを務めた後、独立した。菱田氏は、夫妻で過ごしたイタリアのフランチャコルタなど地方の生活に惹かれ、家族が暮らせるだけの収益と静かな生活を求めていると言うが、その技術の高さは隠しようもない。修業中にウクライナ人から習った「ボルシチ」は独自の解釈で分解し、スープではなく鮮烈なビーツの赤いソースに変えて皿に広げ、イノベーティブな側面を見せる。ハインツ・ベック氏のスペシャリテ「ファゴテッリ」はカルボナーラソースをパスタ生地で包むものだが、菱田氏は松阪牛のラグーソースを加え、飛び切りの旨みを出している。近隣のジビエや野菜などテロワールに目を向けており、早晩、食通の島本町詣でが始まることだろう。

☼：4,000円～13,000円　☾：6,500円～13,000円

十皿

14/20

Tosara

シェフ 真野 淳

イタリア料理

リストランテでも割烹でもない、両方の良いところを融合させながら、シェフが作りたい料理を食べてもらおうという野心的な店だ。真野氏は長年イタリア料理店の料理長を務めた後、和食店でも働き、2018 年、西天満の街に、この懐の深い店を開いた。メニューは月替わりで、“ 十皿 ” の料理は、黒谷和紙のカウンターに、樂久登窯の皿など真野氏の出身地・淡路島ゆかりの食器で提供される。食材も淡路島・由良港に揚がる赤雲丹や鱧、フグといった季節の魚介類を織り込み、さらに香住ガニや鯨など、真野氏が考えるメニューのために全国から珠玉の食材も取り寄せ、アイデア溢れる料理を創り出している。品数の多さにもかかわらず、サービスのタイミングは、シェフとスタッフの阿吽の呼吸により、常に的確でスピード感がある。また、最初の一皿は酒を飲む人や体調についても考え、必ず温かいものを出すという細かい心遣いも見せている。カルパッチョやヴァポーレといったシンプルなイタリア料理の中に感じられる和のテイストに、真野氏の独創性が表れ、メインの肉料理から土鍋で炊かれたご飯へというコースの流れも、ほかでは味わえない満足感を与えてくれるだろう。

☼：11,000 円　☾：13,200 円

Tel: 06-7709-1283

大阪府大阪市北区西天満
2-7-26 徳矢ビル 1F

定休日：日曜、祝日

☼：12:00- 一斉スタート
☾：18:00- 一斉スタート

アラルデ

14.5/20

Alarde

シェフ 山本嘉嗣

バスク料理

スペイン・バスク地方の料理と文化に惹かれた山本氏のレストラン。スペイン料理ではなく、バスクと謳うところに、彼の地へ注ぐシェフの思いの深さがある。店は、ステンドグラスが施された扉が目印。カウンター席とテーブル席からなり、窯を中心に、木材や石を活かした店内は、まるでバスクのアサドールにいるような気分にさせてくれる。山本氏は日本料理の修業からはじめ、アルゼンチンやバスクの「アラメダ」で研鑽を積み帰国、2016 年にこの店を開いている。厨房は山本氏のみ。アミューズの「フォアグラのボンボンショコラ」は、バスク産の岩塩がアクセントになり、濃厚なフォアグラとヘーゼルナッツのクリームのバランスが素晴らしい。ピンチョスは、自家製のブリオッシュに、マリネした鯵と緑のタプナードソース、雲丹はバスク伝統のソース、サルサ・ビスカイーナを配す。淡路産の蛸も、山本氏自身の設計による特別注文の窯で丁寧に火を入れていく。メインを飾る圧巻の牛肉料理は、炭、薪、葡萄の枯れ葉を使い、じっくり焼き上げ、シンプルに塩だけで味わう。剣先イカの炊き込みご飯、デザートのバスクチーズケーキまで、多様な食材や調理法で最後まで飽きさせない。

☾：16,500 円

Tel: 06-6616-9825

大阪府大阪市西区阿波座
1-14-4
サインカンパニービル 1F

定休日：日曜、祝日、他
不定休あり

☾：18:30- 一斉スタート

※車いすのまま食事が可能

ハジメ

HAJIME

シェフ 米田 肇

18/20

イノベーティブ

Tel: **06-6447-6688**

大阪府大阪市西区江戸堀
1-9-11
アイプラス江戸堀 1F

定休日：不定休

☾：17:30-20:30 (L.O.)

「地球との対話」。それは「HAJIME」の料理の一貫したテーマだ。70 種類を超える野菜とハーブを使用したスペシャリテの「地球」をはじめ、「大地」や「海」と題した生命の繋がり、水の循環といった地球の営みを表現した料理が並ぶ。米田氏の緻密なデッサンとルセットに基づき、工房で職人達が美術品を作るように、選び抜いた食材に分け隔てなく丁寧に手数をかけた料理は、よく練られたプレゼンテーションも相まって、それが食べ物であることを忘れてしまうほど美しい。およそ作り込まれた料理は見た目や概念に重心が偏りがちだが、それらとは一線を画している。哲学のようなメッセージが込められた料理に舌鼓を打つと同時に、フッと心に収まるのだ。なぜなのか？ 「愛」と名付けられた苺のデザートのデッサン画に書き込まれた米田氏のメモを見た時、得心した。ゲストへの愛、食材への愛、料理への愛、地球への愛。根底に愛情があるからこそ、論理で固められたメッセージが心に響くのだ。世界的数学者・岡潔氏が数学と無関係に思われる「情緒」を大切にしたように、「地球との対話」は、米田氏の哲学を、その愛情が生み出した料理を通じて体験することなのである。

☾：**35,900 円～ 48,900 円**

Fujiya1935

Fujiya1935

シェフ 藤原哲也

16/20

イノベーティブ

Tel: **06-6941-2483**

大阪府大阪市中央区鎗屋町
2-4-14

定休日：日曜、第 1 月曜、
他不定休あり

☼：木・土・祝 12:00-
☾：18:30-

※価格は食材の仕入れに
より変動する場合あり

大阪城から程近い場所に、1935 年創業、代々受け継がれてきた洋食店は、イタリアやスペインで修業した藤原氏が、自然をイメージしたスタイリッシュなガストロノミーのレストランとして継承している。当初はスペイン料理の手法を多く用いていた藤原氏だが、今は食材の味の引き出し方や組み合わせを工夫し、素材の繊細さを損なわない、塩や油脂を控えた軽やかな料理を生み出している。筋子や銀杏、へべすなど、日本の食材も多く使い、どこかほっとする味わいだ。筋子をのせた温かいフランにアホ・ブランコのソースを用いるなど、今もスペイン料理の要素が感じられるものもあるが、基本的には和の季節感をベースに、ユニークな味の組み合わせが提案される。新銀杏のクレープで、生の鰆や青唐辛子のピクルス、木の芽を包み、タコスのように手でいただく一皿は、他では見られないものだ。鰤に薄い衣を纏わせてから揚げたカツは、中がレアに仕上がり、菊の花のソースがサフランのような甘い香りを添えている。ペアリングも、料理によってはワインではなく日本酒を薦められることもある。日本の食材への讃歌ともいうべき繊細な表情を持った料理をゆっくりと味わいたい。

☼：**15,000 円**　☾：**32,000 円**

月泉

Gessen

シェフ 岡田三四郎

15.5/20

中国料理

岡田氏は、香川県の出身。大阪で修業し、「酒中花 空心」のセカンドシェフを経て、ビストロでワインの造詣も深め、2014年、西天満で開業した。調理師学校時代、進路を決める際に、「中国料理には余白が大きく、将来性があると感じた」と話す岡田氏は、独自性を最も大切にし、他にはない中国料理を追求している。おまかせ料理というスタイルをとるが、岡田氏自らが客の好みや体調に基づいて、臨機応変にコースを組み立て、実際はほぼオーダーメイドの料理といってもいい。前菜6種類から始まるコースは、よだれ鶏が深い味わいで、紹興酒との相性も素晴らしい。すっきりと仕上げられた空芯菜炒めにはモンサンミッシェルのムール貝が加えられ、仙鳳趾産の牡蠣の炒め物はたっぷりと用いられた唐辛子の風味が心地好い。肉料理に入ると、青椒肉絲では、低温調理した和牛が炒めたピーマンの上にのせられ、口の中で青椒肉絲へと変化する過程を楽しませる。スパイスを多用したカレー炒飯や汁そば、デザートの柑橘ソースの杏仁豆腐まで、オリジナリティー溢れる料理展開だ。岡田氏の独創的な料理は、プロの料理人仲間からの評価が高いというのも頷ける。

☾：8,000円～20,000円

Tel: 06-6366-0055

大阪府大阪市北区西天満1-6-4

定休日：日曜

☾：18:00-21:00 (L.O.)

※おまかせのみ

シーフ

Chi-Fu

シェフ 藤田祐二

15/20

中国料理

西天満にある新感覚の中国料理店。レストランとしての快適な設えと優れたサービス、和洋中、様々な料理の要素を取り込みながら独自の中国料理を提供している。約70年前に開業した「台湾料理 東」の系譜を受け継ぐが、オーナーの東浩司氏は藤田シェフの世界観を尊重し、料理は藤田氏独自の感性で紡がれたものだ。方向性は「シルクロードを結ぶ料理」という通り、日本の食材も活かし、中央アジアを思わせる羊肉にクミンを合わせたり、イタリアやスペインのエッセンスまで広く解釈、フランス料理の基盤の上に、この中国料理を創り上げている。「精進北京ダック」は、烤鴨餅のようであり、南アジアのロティ文化、トルティーヤのサラダラップ、はたまた紀元前のエジプトから姿を変えながら世界中に拡がったフラットブレッドの歴史に思いを馳せる人もいるだろう。料理が民族の移動や交易を通して伝播していくように、藤田氏の料理にも国境はない。酒類は紹興酒よりワインが豊富であるのも、こうした料理の成り立ちを考えれば自然なことだ。終盤には「東」時代から続く名物の肉粽が供され、西天満で、料理人は変われど受け継がれ、進化してきたこの店の歴史を辿ることができる。

☼：6,600円～19,800円　☾：13,200円～19,800円

Tel: 06-6940-0317

大阪府大阪市北区西天満4-4-8 1F

定休日：日曜、月曜ランチ

☼：11:30-13:00 (L.O.)
☾：17:30-20:30 (L.O.)

Tel: **06-6211-0201**

大阪府大阪市中央区道頓堀
1-7-11

定休日：日曜

☾：17:00-19:00 (L.O.)

本湖月

Honkogetsu

シェフ 穴見秀生

17.5/20

日本料理

大阪らしい情緒が残る街、法善寺横丁に大阪が誇る最高峰の日本料理店はある。他の追随を許さない料理、しつらい、器…それらすべてに妥協を許さない穴見氏は 1949 年生まれ、古き良き大阪の贅沢で華やかな文化を伝える貴重な料理人だ。5月は端午の節句。じゃばら水で喉を潤し、料理は始まる。噴火湾の蟹と叩きわらび、もずくは、取り合わせの妙。鯛の昆布押ししたちまき、きくらげの胡麻和えと、料理は続く。椀物はアイナメに蓬豆腐の香りが芳しく、松露で季節を感じる。誰しも感動するであろう「本湖月」の八寸は、一つ一つに細工が施され、どれもしみじみ美味しい。鮎の塩焼きも、完璧な焼き加減で、この時季の楽しみである花山椒は、鯨と合わせて供される。最後に出されたすす竹、イタドリ、青干しぜんまい、下仁田こんにゃくの白和えも滋味深い。京都の老舗「たる源」の美しい樽に入った、菖蒲湯で温めていただくうすい豌豆の麩まんじゅうまで、息を呑む料理の連続。洗練の極み、至福の時間が約束された比類のない日本料理店といえる。この地の食文化が凝縮した、まさに大阪の宝である。

☾：48,400 円〜 60,500 円

Tel: **06-6386-2234**

大阪府吹田市千里山西
2-5-18

定休日：日曜

☼：12:00-13:00
（最終入店）
☾：18:00-19:30
（最終入店）

柏屋

Kashiwaya

シェフ 松尾英明

17/20

日本料理

大阪・千里山の住宅街にある数寄屋造りの一軒家。階段を上がる時から、すでに食体験は始まっている。三つ指をついて迎えられ、案内されるのはすべてが個室。卓上の手紙には主人である松尾氏からの言葉がしたためられ、歳時記に寄り添った献立の背景にある、季節への想いが伝わってくる。日本の風情が箱庭のように表現された料理は、中秋の名月ならば、人参と松の実のすり流しを馬上杯に満たして満月を描き、団子に見立てた栗の茶巾と枝豆のかき揚げは、三宝を模した器にのせて供されるなど、目からも季節感が愉しめる。八寸は秋の行楽をイメージさせる小さな陶製の弁当箱に入れ、まるで一幅の絵画のよう。料理はといえば、伝統的な手法のみならず、炙った車海老と帆立に日本酒を乳化させたソースを合わせ、既成概念にとらわれないアプローチで自らのスタイルを確立している。自然を映す料理を作り続ける中で、松尾氏は水産資源の枯渇をはじめとした社会問題にも目を向ける。地球への負荷が少なく、サステナブルな魚の利用が進む社会を目指し、海藻を食べ、海の環境を変える恐れのあるアイゴを食に利用しようと、クラウドファンディングを行うなど、名店は食の未来にも取り組んでいる。

☼：17,600 円〜 50,600 円　☾：22,000 円〜 50,600 円

弧柳

16/20

Koryu

シェフ 松尾慎太郎

日本料理

北新地で 12 年に亘り確たる評価を得、人気を博した店が、さらなる高みを求めて 2021 年 11 月に内淡路町へと移転した。東横堀川沿いの新築一軒家は情趣に富み、優美に弧を描く網代天井など細部にまで趣向を凝らした、数寄屋造りとも異なる独創的和モダンな空間を生み出している。大きな窓から望む川の景観もゲストに悠然たる時をもたらしてくれるだろう。松尾氏は、「浪速割烹 㐂川」で学んだ浪速料理の本質をさらに独自に咀嚼し、柔軟な発想と表現力で魅了する。「極幻」のタグが付いた能登産釣り物のノドグロは、炭焼きにして蕨とろろ醤油とコノコを合わせる。一見すると特有の風味や塩味の強いこれらの食材が、塩梅の良い調味料のように働き、極上のノドグロを更なる美味の極致へと導いている。時には活きた伊勢海老を目の前で捌き、ゲストの興味を誘う演出もある。大阪らしい素材にも配慮し、能勢黒牛や河内そうめんなど、この地ならではの食材との出合いもこの上ない歓びだ。移転に伴いより高い格式を得て、上質のサービスを提供するようになっても、松尾氏の腰の低い姿勢と笑顔は従前と変わらぬまま。奥深い「浪速料理」の世界が味わえる一軒である。

☼：33,000 円　☾：33,000 円

Tel: **06-7509-3956**

大阪府大阪市中央区
内淡路町3-3-3

定休日：日曜、他不定休あり

☼：土・祝 12:00-
☾：18:00-/21:00-

※ランチは 2 名から

老松 喜多川

15.5/20

Oimatsu Kitagawa

シェフ 喜多川 達

日本料理

打ち水をされた風情のある石畳のアプローチを抜けると、活気溢れるカウンターの景色が目に飛び込んでくる。「祇園 さゝ木」などで修業した喜多川氏は、華のある包丁さばきと話しぶりでテキパキと仕事をこなし、人を逸らさない。日本料理の真髄、お椀の利尻昆布と枕崎の本枯節を使った出汁は、昆布の旨みと京料理らしい品の良い塩加減が魅力だ。銅釜で炊き上げた沖縄産の天然塩を使うことで、一層優しい味わいに仕立てている。この日の椀種は、白甘鯛を炭で炙った後、上品な身の味を楽しんでもらいたいと、あえて皮を外し、岩手県産の松茸の香り、本茶豆を使った茶豆豆腐の甘みと合わせていた。炭で皮目をパリッと焼き上げた京都産の天然の海鰻は、ピーナッツソース、白髪葱と共に北京ダックの皮で包むなど、遊び心で楽しませ、口に運べば、しっかりその味が腑に落ちる仕立てだ。吟味され尽くした食材と味の構成、入り口に飾られた「虎視牛歩」の文字通り、未来を見据えつつ、毎日地に足のついた仕事を誠実に行いたいという思いが感じられる。酒類は、上質で希少なものを求めるゲストをも満足させるセレクション。カウンター割烹ならではの粋を感じる店だ。(2023 年 1 月移転)

☼：8,800 円～　☾：20,900 円～

Tel: —

大阪府大阪市北区西天満
4-12-27

定休日：不定休

☼：12:00- 一斉スタート
☾：18:00-24:00
(最終入店 21:00)

※クレジットカードはディナー時のみ利用可

Tel: **06-6227-8578**

大阪府大阪市中央区
東心斎橋1-16-20
心斎橋ステージア 2F

定休日：日曜

☼：水・土
12:00-13:00 (L.O.)
☾：18:00-21:00 (L.O.)

※ 2023 年 5 月に下記住所へ移転予定
大阪府大阪市北区天満
3-1-2 TS ビル 2F

翠

Sui

シェフ 大屋友和

15.5/20

日本料理

心斎橋駅から徒歩５分、「浪速の隠れ家」と呼ぶに相応しい高級割烹店。大屋氏は、「浪速割烹 㐂川」で 11 年間修業し、2011 年に開業、2016 年に現在の場所に移った。まず「旬の最高の食材を集め、手間をかけた料理がこの価格か」と驚かされる。献立はおまかせのみ、カウンター内で店主と弟子たちが手際よく料理を仕上げていく。産毛も美しい皮に巻かれているのは、春の香りが立ちのぼる焼き筍。焼き目には山椒の葉が散らされ、優しい香りの鮪節が添えられている。えぐみが少なく、あく抜きせずに使える今朝掘りの大阪・貝塚の「木積（こつみ）筍」も昼過ぎには店に届けられるという。お造りは大根おろしに行者にんにくを散らし、辛子が添えられたケンケン鰹。和歌山で春先に黒潮にのってくる鰹を釣りあげたもので、鮮やかなピンク色の身のモチモチした食感が堪らない。締めは静岡の桜海老の桜色、宮古ぜんまいの緑、木積筍の柔らかい黄色を彩り良く盛り付け、土鍋で島根・石見銀山米を炊き上げる。ライブ感溢れるカウンター越し、出される料理や器の美しさに惹きつけられる。料理に店作りに、日本画も学んだという大屋氏の審美眼が遺憾なく発揮されている。

☼：**6,600 円〜 11,000 円**　☾：**16,600 円**

Tel: **06-6120-0790**

大阪府大阪市中央区島之内
1-21-2 山本松ビル 1F

定休日：月曜

☾：17:30-22:00
（最終入店 20:00）

太庵

Taian

シェフ 高畑 均

15.5/20

日本料理

「味吉兆」で 15 年の修業を重ねた高畑氏が、生まれ育った界隈の長堀橋に 2000 年に開店、店主と女将の温かなもてなしの店である。丁寧で、味が重ならないように工夫された５品の先付は、まず、ゆっくりと杯を傾けながら愉しむ。続いて供されるお椀は、甘みのある真昆布に本枯節と、薫香のあるシビの荒節を使い、しっかりとした骨格のある力強い味わいだ。お造りは寝かせすぎず、魚本来の食感をある程度残す仕立て。炭焼きの魚と肉を中心に、メイン料理を選べるというのも面白い。炭はじわりと火が入るのが特徴の土佐の備長炭を使う。穴子やキンキなどの他に、懐石にしては珍しいクエのカマ焼きなど豪快な一皿もある。薦められたもち豚のスペアリブは、脂の旨みがしっかりと感じられ、煮汁と一緒に柔らかく蒸してから炭で焼き上げられた香ばしさが食欲をそそる。形式にとらわれず、気取らず、ただ美味しいものを食べてほしい、そんなメッセージのようにも思える。店内に掲げられた良寛の言葉は、無心になすべきことを行い、自然の摂理に従い生きることを説いている。自然からいただいた命を大切に、包丁一本の仕事に無心を貫く。そんな店主夫妻の生き方が感じられる店だ。

☾：**22,000 円**

楽心
Rakushin
シェフ 片山心太郎

15.5/20
日本料理

阪神本線福島駅から徒歩数分程のところにある正統派の日本料理店。片山氏は、大阪の「懐石料理 桝田」「とよなか桜会」で研鑽。その料理はまさに日本料理の本流をいくものだが、器、空間などすべてにおいて遊び心も感じられる。女将がソムリエも務め、日本酒だけでなく、ワインやシャンパーニュなどの品揃えも豊富で、海外からの客人も数多く訪れている。6月には入口の大きな茅の輪飾りが出迎えてくれた。カウンター席につくと、目の前にモダンアートのような中庭が広がる。先付は氷の器に盛り付けられた雲丹とじゅん菜、昆布出汁のゼリーで、蒸し暑い日に、一目見ただけで涼やかな気持ちにさせる心憎い演出だ。お凌ぎはビワマスの笹巻き寿司。こちらも竹林を吹き抜ける風のように爽やかな一品。八寸は2種で、やや濃い目の味付けの蛸と豆、それに薄味の芋茎とカラスミの取り合わせ。煮物椀は、葛打ちしたオコゼに茅の輪に見立てた柚子で、利尻昆布で引かれた出汁が滋味深い。炭焼きの太刀魚に添えられた万能味噌は、アンチョビと松の実が、いいアクセントになっている。自由な発想でのびのびと料理に取り組む片山氏の姿に、ゲストもワクワクとした気分になるに違いない。

☼：7,000 円〜　☾：28,000 円〜

Tel: **06-6451-2323**

大阪府大阪市福島区福島
1-6-14 1F

定休日：不定休

☼：11:30-14:00
(L.O.13:30)
☾：17:30-23:00
(L.O.21:00)

※クレジットカードは
ディナー時のみ利用可

お料理 山田
Oryouri Yamada
シェフ 山田晃弘

15/20
日本料理

大阪北新地、船大工通りに店を構えて2年余り。若き店主、山田氏は大阪割烹の名店「弧柳」「纐纈」「和洋遊膳 中村」などで修業を重ねた逸材。明るく爽やかで親しみやすい店主と弟子たちの接客も心地好く、洗練された空間で、大阪らしい、独創的な料理が楽しめる。先付は鱈の白子に加賀野菜「源助だいこん」のすり流し、そこに菊菜が添えられている。お凌ぎは、イクラと剣先イカの寿司。自家製のイクラは、もっといただきたくなる美味しさだ。煮物椀は、白味噌仕立ての吸い地で、スッポンのひろうす（がんもどき）が、とても贅沢な一品である。明石の鯛は、醤油もろみととろろを混ぜていただく。大分産のカマスは原木椎茸のピュレソースとともに。口直しのそうめんは、梅の風味がさっぱりと流れるようだ。山形牛の炭火焼きは、葱味噌を合わせる。それぞれに添わせたソースやたれが、どれも創意工夫を凝らされたもので、料理をより一層味わい深くしている。スペシャリテでもある野菜を使ったアイスクリームの美味しさも忘れがたい。酒類はシャンパーニュやワイン、日本酒などが揃い、山田氏の作る自由でおおらかな料理によく合っている。今後がますます楽しみな一店である。

☾：19,800 円

Tel: **080-4013-9336**

大阪府大阪市北区堂島
1-5-36 Rich K.BLDG.
2F

定休日：日曜、他不定休
あり

☾：18:00-/20:30-

Tel: **080-5638-7455**

大阪府大阪市中央区上汐
2-1-24 グレース上汐 101

定休日：不定休

☼：要問合せ
☾：18:00-

照屋

Teruya

シェフ 照屋克規

15/20

日本料理

歴史ある谷町にひっそりと店を構え、すっきりと美しい店内はカウンター７席のみの贅沢な作りだ。ここでは、京都の「祇園 丸山」や「飯田」で修業を重ねた照屋氏が作る、洗練された端正な日本料理が楽しめる。謙虚な店主と、明るく、話上手な女将のサービスで心地好い時間が流れる中、料理の端々で、その丁寧な仕事ぶりに触れることができる。先付は蒸した鮑と無花果に胡麻だれ。オーソドックスな料理ながら際立つ美味しさだ。続く椀物は、大ぶりの松茸がのった淡路の鱧に蓮根餅。清澄感のある出汁をたっぷり味わう。イクラの飯蒸しは、驚くほどの柔らかさだ。白甘鯛にノドグロ、鰆の炊き込みご飯など、旬の魚をふんだんに使いながらも、過ぎることなく、飽きさせず、献立が組み立てられている。２種盛の八寸も子持ち鮎に蟹と、無駄なものがなく、すっきりとしながら味わい深い。蕪と厚揚げと菊菜の炊き合わせには、たっぷりの振り柚子。この炊き合わせが素晴らしく、煮物椀とともに、出汁の旨みが際立つように作られている。旬の食材が次々と、惜しげもなく供されるが、シャープな味わいの中にもどこか温かみを感じるのは、店主の人柄が為せる業なのだろう。

☼：25,000 円〜　☾：25,000 円〜

Tel: **06-6341-3177**

大阪府大阪市北区
曽根崎新地1-10-2
KITASHINCHI PLACE
7F

定休日：日曜、他不定休
あり

☾：18:00-/20:45-

※季節により価格の変動
あり

料理屋 稲家

Ryouriya Inaya

シェフ 稲家敬記

15/20

日本料理

北新地の駅からほど近い繁華街に、2021 年２月、神戸の「料理屋 植むら」で二番手を４年間務めた稲家氏が、わずか８席の店を開いた。30 代中盤の若々しさ、よく目配りされた話しぶりで場を和ませ、カウンターは活気に溢れている。日本酒のみならず、ワインのラインアップも幅広く、手ごろな価格のものも揃っている。吉野檜のカウンターに、堀口切子のお猪口、作家ものの器など、若い店ながら、細部まで行き届いた設えだ。山芋をそうめんに見立てて千切りにした「山芋素麺」は、見事な包丁技が冴える。お椀は大阪らしい「喰い味」を感じる、クリアながら天然真昆布の味わいが生きたやや甘めの出汁。一本釣りの血合抜きの本枯節と鮪節を配合、まろやかさを出すために、高知の塩職人が作る鹹水を使う。和歌山の極上の備長炭で焼き上げる魚の火入れは群を抜く。刺身は朝締めのものが中心で、神経締めはするが、魚は鮮度が命と、熟成はしない。さっと炊いた明石の蛸など、香りと食感を大切にしたアプローチ。宮崎牛を軽く炒めて甘辛いタレに絡めたものや、量も含めて３種類から選べるご飯や麺など、「うまいもん」をしっかり食べたいという気持ちを満たす、充実の内容だ。

☾：22,000 円

鮨 三心

15.5/20

Sushi Sanshin

シェフ 石渕佳隆

寿司

まるで歌舞伎役者を観ているかのようだ。手の動きや物腰の一つ一つが堂に入っていて、大向こうから声を掛けたくなるほどの気風の良さである。手捌きの流麗な優美さを眺めながら、お薦めの酒や肴をいただくのは、なんとも心地好い玉響のときである。それぞれのゲストが持つリズムの緩急にも融通無碍に振る舞うその様は、時に雪代で灰白い渓流のようでもあり、またある時は滔々と流れる大河のようでもある。車海老の握りを口に運ぶ。レアであっても身崩れせず、なおかつ固くならないよう細心の火入れがなされた海老の身は、プリッと張りがありながらも咀嚼する際の歯切れは潔い。そして鼻腔へ抜ける香気はその素性の佳さを充分に証明している。そう、鮨は握り手自身に似るのだ。以前よりも種が酢飯を包み込み、これまで以上に一体感があるような仕上がりになっているのは、握り手自身の心のありようがそう変化してきているからに違いない。年に何度もこの舞台を満喫することは叶わないとしても、店主が握る端正な鮨たちを愛でるための労を惜しむべきではない。ここは旬の役者たちの魅力が存分に引き出された、歌舞伎の顔見世興行のような華やぎに満ちた鮨店なのだから。

☼：26,000 円

Tel: **06-6767-0677**

大阪府大阪市中央区
内久宝寺町2-7-14

定休日：不定休

☼：11:30-/14:00-

鮨 原正

15.5/20

Sushi Harasho

シェフ 石川 功

寿司

ここでは、「好いものと良い経験、佳いひとときをいただいた」と素直に感じられる石川氏の心尽くしの料理が楽しめる。閑静な住宅街に移転して４年、まだ新しさも感じられる落ち着いた空間で、一流の食材を用いながらも華美に走ることなく、滋味深い酒肴と同じ地平線上にある握りへと至る行程が、すこぶる心地好い。酒肴の最初に提供される蒸し鮑は、柔らかすぎず、硬すぎず、それでいて噛み締めると滲み出てくる品のよい旨みと甘みは、これから訪れる料理への期待を高めてくれる。北寄貝と、串焼きにした北寄貝のヒモなど、一つの食材の異なる部位を調理法を変えることで味わいや香り、食感の違いを対比して味わわせるのは、より深くゲストに素材の魅力を理解してもらうためであり、石川氏が、さりげなく異なる景色（料理）でそれらの魅力を伝えてくれているのだ。趣向を凝らした酒肴から握りに移っても、その穏やかな空気感は変わることがない。甘やかな味わいが口の中に広がり、鮨種と酢飯との境が感じられない烏賊であったり、プリッと程よい歯ごたえが好ましい車海老であったりと、たゆたうような心地好さは、店を後にするまで余韻長く続くのである。

☼：22,000 円　☾：22,000 円

Tel: **06-6773-5518**

大阪府大阪市天王寺区
上之宮町3-30

定休日：日曜、水曜、他
不定休あり

☼：12:00-
☾：18:00-

※クレジットカードは Visa・Master のみ利用可

Tel: **075-231-0709**

京都府京都市中京区
富小路二条下ル俵屋町
186

定休日：水曜、木曜

☼：12:00-15:00
（最終入店 13:00）
☾：18:00-22:00
（最終入店 19:00）

モトイ

MOTOÏ

シェフ 前田 元

16/20

フランス料理

前田氏が長らく温めてきた「フランス」と「中国」の chemistry（化学反応）はいよいよ「美食の聖域」に達したのかもしれない。「四種のアペリティフ」では、大根餅や葱とニラのソースが登場し、スタートから中国料理の風味が押し寄せる。「藏尾ポークの雲白肉（ウンパイロウ）」では、蒸した豚の塊肉をスライスし、韓国唐辛子のソースに自家製辣油やハーブ類とともに食す。その辛みが実に心地好く、コースとして成立してしまうのだからなんとも興味深い。他方、「賀茂茄子の冷たいポタージュ」では、秀逸な賀茂茄子の煮浸しにコンソメのジュレと雲丹を添え、濃度も絶巧で涼しげな、京都を感じ取れる料理が登場する。10 年間ホテルで中国料理を学び、渡仏、「HAJIME」で米田肇氏に師事したことも今日の前田氏に多大なる影響を与えているが、どの経歴においても誠実に学び続けたことが、その料理哲学に活かされ、一点の曇りもなく味に表現されている。支配人の田中秀和氏の精良なサービスが冴え渡り、スタッフとともに和やかな空間を構築し、前田氏渾身の一皿を輝かせている。

☼：11,000 円～ 25,300 円　☾：22,000 円～ 41,800 円

Tel: **075-256-0177**

京都府京都市上京区
東桜町49-1

定休日：不定休

☾：17:00-21:00 (L.O.)

ドロワ

Droit

シェフ 森永宣行

15.5/20

フランス料理

食材と技術に敬意を払い、ソースに重きを置く。若手シェフの間では少数派となったクラシックなスタイルでありながら、森永氏の料理には新鮮さがある。大阪や京都での修業を経て、2017 年に開業した森永氏は、この 5 年、着実にファンを増やし続けてきた。料理にはどれも新たな何かを取り入れようという意志が感じられ、それが全体の瑞々しさに繋がっている。羊肉のテリーヌでは、ほおずきの実をのせ、その上に薄いスナックを。少々不安定な形状は、建築家・竹山聖氏の建築物へのオマージュだという。羊の脂分とほおずきの過ぎない甘さ、そして上に重ねるという盛付にも工夫の跡が見える。野菜の苦さや若さで季節の始まりを表現したヴルーテや、貝類とグリーンオリーブのソースで新味を出したホワイトアスパラガスなど、どれも目指す味の方向が明確だ。そのリアリティーを感じさせる技術もまた、森永氏の持つ才だろう。京都御苑に臨むゆったりした空間で、素材を「まっすぐに」表現する森永氏の料理は、年毎にその熟度を増している。

☾：23,100 円

ミドル

middle

シェフ 藤尾康浩

15.5/20

フランス料理

鴨川沿いに建つ蔵のような日本家屋を改修し、2021年10月に開業。広い空間にダイニングテーブルだけが置かれ、客席からキッチンの気配は全く感じられない。元イタリア領事の住居ということも納得の佇まいだ。藤尾氏は15歳でイギリスに留学、パリの大学在学中に料理に目覚め、南仏の「ミラズール」などで研鑽、さらに京都の「木山」で日本料理も学んだという経歴の持ち主だ。海外を知った上で日本を見つめ直した経験が、独特の空気感をまとった空間とマッチし、料理にもその傾向が表れている。桑名の蛤には、ふわふわのスプマンテソース、とろりと焼いたズッキーニ。炭火で丁寧にローストしたマナガツオには、ピーナッツソースとパプリカ。脂の乗った青森産天然鰻には、アリッサソースと山葵を合わせる。箸休めにお粥が出されるのも新鮮だ。フランス料理、日本料理という枠にとらわれることなく、選りすぐりの旬の食材を自由な発想で掛け合わせたコース構成。客席の数を絞った丁寧なサービスからも、この時間を特別なものにしてほしいという思いが伝わってくる。これから藤尾氏が日本をどう表現するのか、楽しみでならない。

☼：24,200円　☾：24,200円

Tel: 075-744-0572

京都府京都市左京区下鴨上川原町5-3

定休日：不定休

☼：12:00-
☾：17:00-18:30 (L.O.)

※半個室あり
※車いすのまま食事が可能

レーヌデプレ

Reine des prés

シェフ 中原文隆

15.5/20

フランス料理

中原氏は、京都ブライトンホテルの滝本将博氏のもとで修業した後、フランスへ渡り、火入れの達人として名を馳せたアラン・パッサール氏の「アルページュ」で学び、帰国、自らの店を開いて10年程が経つ。師から学んだ技術や心得は、「師へのオマージュ」という名の卵料理のスペシャリテに生かされ、甘味だけでなく塩味や酸味、苦味など“五味”を感じさせる前菜からも感じ取れる。また、吟味された食材の美味しさを最大限に引き出すために施される低温調理の技術は、既に確立された名人芸といえるだろう。熊野灘の岩牡蠣に慎重に火を入れ、クリーミーな味わいを届けたかと思えば、敦賀湾の大ぶりな鮑を滑らかな口当たりにすべく火を通し、旨み溢れる一皿として提供する。熟成魚や和牛も、極めて緻密に火を入れ、料理を完成させている。冬は京都・大原の根菜や北海道の椎茸、鹿児島・出水の鴨などの食材を用いて、さらに美味しい料理を作ろうと調理法の探求に余念がない。その原動力となっているのは、中原氏の生産者に対する敬意と食材への愛に違いない。中原氏はワインを究めるためソムリエ資格も取得。こうした思いの深さはゲストにも伝わり、シェフの心尽くしの料理を味わうために何度も店を訪れることになるのだろう。

☼：10,200円～24,000円　☾：18,000円～24,000円

Tel: 075-223-2337

京都府京都市上京区
中町通丸太町下ル駒之町537-1

定休日：水曜、第2・3木曜

☼：11:30-12:00 (L.O.)
☾：18:00-19:00 (L.O.)

Tel: **075-708-5307**

京都府京都市左京区
聖護院円頓美町44-7

定休日：月曜、日曜・火曜
不定休

☼：12:00-15:00
(L.O.12:30)
☾：18:00-21:30
(L.O.19:00)

チェンチ

16/20

cenci

シェフ 坂本 健

イタリア料理

平安神宮に程近い、古い町家を改修した店内には、外観からは想像できない世界が広がっている。料理もまた客の予想を軽々と超える。メニューに書かれているのは食材のみ。「ペルシュウ 桃 リコッタ スペアミント」は、限りなく薄くスライスした「BON DABON」多田昌豊氏の生ハムで吉田牧場のリコッタチーズを包んだもの。「四葉胡瓜 枝豆 レモングラス」は、綺麗な緑色の黒枝豆のスープに全粒粉の麺、胡瓜、海老と鶏肉を和え、シンガポールのラクサを彷彿とさせる。「蓮根 七谷鴨 バナナ」は、肉厚で柔らかな京都・亀岡産の鴨胸肉を炭火でグリルし、蓮根ガレット、バナナのソースを添えた一皿だ。料理の説明の中に台湾のマーガオ、ペルーのワカタイ、ネパールの山椒、メキシコの唐辛子といった、アジアや南米などのスパイスが度々登場するのは、シェフをはじめスタッフが旅好きで、現地で出合った料理にヒントを得ているから。そこにひと手間加えることで、素材の持ち味を引き出し、ここにしかない料理を生み出している。「空間を完成させるのは、お客様の楽しまれる姿」という坂本氏の言葉通り、どのテーブルも心地好い驚きの食体験で、会食の歓びを再発見しているようだ。

☼：11,000円～16,500円　☾：16,500円

Tel: **075-255-8757**

京都府京都市中京区
鏡屋町46-3

定休日：水曜、木曜・金曜
ランチ、他不定休あり

☼：12:00-13:00 (L.O.)
☾：17:30-20:00 (L.O.)

ヴェーナ

15/20

Vena

シェフ 早川大樹

イタリア料理

外観からは、どんな店で、どのような料理が出されるのか、想像がつかないだろう。ひっそりとした住宅街にある、京町家を改装した2階建ての店舗は、1階がカウンター席、2階が個室。1階は広々としたカウンターに、ゆったりとした北欧のヴィンテージ家具が配置され、照明や店内に飾られた調度品により、統一感のある、懐の深い落ち着いた空間となっている。「ボッカ・デル・ヴィーノ」でサービスの経験を積んだソムリエ・池本洋司氏が、落ち着いた語り口ながら洒脱な応対で、店に愛蔵しているワインや料理を紹介し、イタリアワインと食事とのマリアージュを楽しませる。「イル ギオットーネ」で研鑽を積んだシェフ・早川氏が厳選した旬の食材による料理は、夏は鮑や雲丹を用いた冷たいパスタ、琵琶湖の鮎をコンフィにしてアクアパッツァ風にしたメニュー、秋は猪や鹿といったジビエ、冬はフグなどによる珠玉のイタリア料理に。さらに最高品質の生ハム「クラテッロ・ディ・ジベッロ」が使われたものや、トリュフをあしらったスープをはじめ、豪華な食材が並ぶ料理も味わうことができる。ワインも料理もサービスもすべてが上質で、何度でも訪れたくなるレストランである。

☼：12,000円　☾：24,000円

ドーディチ

DODICI

シェフ 尾本 寛

15/20

イタリア料理

2020年12月に誕生した店が奏でる音色は天上に向かい、人々の賛辞と共鳴している。イタリアの名店「リストランテ ペルベッリーニ」など4店で修業した尾本氏は、本場でイタリア料理の神髄を学び、実直な美味しさの伝道師となった。「クエ ハーブスープ」では、皮目をパリッと焼いたクエに、フュメ・ド・ポワソンと香草を加えたスープをテーブルで後がけすることで、ハーブオイルの風味をスープの熱で蒸発させ、香りも引き立たせる。また、函館産寒ブリを炭火焼きにして大根と紅玉の鬼おろしを重ね合わせ、かぼすのソースでいただく爽やかな一皿もあれば、ムニエルにした雲子とカリフラワーのふわふわのエスプーマに大徳寺納豆のソースと振り柚子が添えられた、京都の代表的な素材でまとめた和のテイストも披露する。さらに、この美食の空間を盛り上げるのは、イタリアと日本のソムリエ資格を有する支配人の中島丈晶氏。調理経験もあり、厨房の臨場感を伝える能力と誠実な接客力を兼ね備えている。そして、パティシエの表現力の高さも特筆すべきところで、料理の余韻にさらに華を添えてくれる。シェフを中心に三者が流れを作り、新しいうねりを成している。

☼：8,800円～13,200円　☾：16,500円～24,200円

Tel: **075-221-1238**

京都府京都市中京区
麩屋町通御池上ル
上白山町239 白山神社前

定休日：水曜、木曜

☼：12:00-15:00
（最終入店 13:00）
☾：18:00-22:00
（最終入店 19:00）

ビーニ

Bini

シェフ 中本敬介

15/20

イタリア料理

御所南の一軒家を大きくリノベーションした、京都らしい風情を残しながらも温もりのある設え。このひそやかな空間は夫婦二人でできる範囲のおもてなしをしたいというシェフの考えによるものだ。席についた時の心地好さは格別で、次第に心が和んでいくのを実感する。中本氏はイタリアやスイスなどで12年の長きに亘り研鑽を積み、帰国。店名の「Bini」は、トスカーナの田舎町で最もお世話になったレストランの人物の名を、敬愛の意味を込めて借りたものだという。料理の味の構成は複雑なものも多く、特に発酵を駆使した調味に驚かされる。シンプルに焼いたグリーンアスパラガスに発酵アスパラガスのエキスを乳化させたソースを添えるが、そこに一般的な卵黄は使わず、独特の酸味を生かした上でキャビアやハーブで香りと塩味を調える。炭焼きした若狭ぐじには発酵トマトに貝類のエキスを移したソースを合わせ、異なる方向性の旨みを上手くまとめ上げている。また自家製の発酵ジュースやカクテルも整った味わいで、店の独自性を感じさせるものだ。手厚いサービスも行き届いており、マダムとの会話に時を忘れ、ゆっくり過ごしたい癒しのレストランである。

☼：10,043円～　☾：18,150円～

Tel: **075-203-6668**

京都府京都市中京区
東洞院通丸太町下ル
445-1

定休日：月曜、隔週日曜のディナー、火曜ランチ

☼：12:00-15:00
☾：18:00-23:00

リストランテ ナカモト

ristorante NAKAMOTO

シェフ 仲本章宏

15/20

イタリア料理

Tel: 050-3134-3550

京都府木津川市木津
南垣外122-1

定休日：水曜中心に月６日

☼：12:00-15:00
（最終入店 12:30）
☾：18:00-23:00
（最終入店 19:00）

※コースはペアリング込み、アルコール・ノンアルコールの選択可能

フィレンツェの「エノテカ・ピンキオーリ」やニューヨーク、東京などで輝かしいキャリアを積み、仲本氏が独立の地としたのは自身の故郷である木津川市だった。集客に有利とはいえないこの地をあえて選んだのは、自分の料理を目的に都市部からわざわざ足を運んでもらえるようにという思いがあってのことだ。モダンでスタイリッシュな内装に加え、木津川や京都、周辺地域の食材が多く登場し、その世界観は、既に唯一無二の域に達している。スペシャリテ「季節の野菜の一皿」は、30 種類に及ぶ野菜をふんだんに盛り込み、土地の恵みを美しく表現した圧巻の一皿だ。味はもちろんのこと、視覚と嗅覚へのアプローチが素晴らしく、生き生きした野菜の美味しさに驚嘆する。メインで供される七谷鴨は、低温調理したのちに炭で仕上げたもの。京都が誇るこの七谷鴨の芳醇な香りと旨みは素材の良さが如実に表れており、この地で味わうべき食材のひとつといえよう。コースにはドリンクペアリングが組み込まれており、ティーペアリングが用意されているのも嬉しい配慮だ。シェフの個性が詰まったこの店は、仲本氏の願いどおり、わざわざ時間をかけて訪問するだけの価値を生み出している。

☼：13,200 円～ 22,385 円　☾：22,385 円

熙怡

Kii

シェフ 西山哲平

14.5/20

イタリア料理

Tel: 090-7098-4392

京都府京都市下京区
烏丸通仏光寺西入ル
釘隠町242

定休日：日曜、月曜

☼：12:00-15:00
☾：18:00-24:00

※ランチは４名からのみ

仏光寺通のそば、細い路地裏にひっそりと看板を掲げて３年が経つ。西山氏の料理は、自由でルールにとらわれない。フィレンツェでの修業経験もあるが、今は、イタリア料理の面影も残っているものの、イタリアをベースとしたオリジナル料理という方がしっくりくる。古い京町家をスタイリッシュに改装した店内には長いカウンターテーブルが設けられ、そこに繰り出される料理は、日本とイタリアの垣根を越えていく。ある夏の日には、コースの最初と最後に種類の異なる手打ちパスタが登場。天草の雲丹・ジュレ・胡瓜の花といった清涼感のある組み合わせがガラスの器で供され、ヤマドリダケをはじめ北海道の茸数種類とオレガノなど秋の香りが押し寄せるタヤリンで締め括られて、コース全体で夏から秋へと駆け抜ける心地がした。マナガツオの一皿にはバーニャ・カウダのソース、緑茄子、そして穂紫蘇。蝦夷鹿のカツレツには赤ワインビネガーのソースと万願寺とうがらし。組み合わせのユニークさで愉しませてくれる。前身となる京都伏見の「センプリチェ」時代からのファンも多いというのも大いに頷ける。京都らしい素材と季節を感じられるコース料理。表現の深化が楽しみなレストランだ。

☼：21,780 円～　☾：21,780 円～

ジェルモーリオ

Germoglio

シェフ 天谷彰吾

14.5/20

イタリア料理

「緻密な味変」をここまで究めたイタリア料理人が、かつていただろうか。「バターナッツ南瓜のスフォルマート」では、まず「口どけの極めて上品なスフレ」とでも表現したくなるような食感と、南瓜の風味がしっかりと伝わる力強さを感じるが、そこに添えられたパルミジャーノ・レッジャーノのクリームと合わせると、更なる美味へと誘われる。また、「白甘鯛のクロッカンテ」は、塩気を含んだ香ばしい鱗焼きを施した白甘鯛を、バジルやニンニク、シチリアのアーモンドなどをペースト状にしたトラパニペーストと一緒にいただくが、これも見事なまでに１つの料理で２度目の味の絶頂をもたらしている。ピエモンテ州やミラノ市などでの修業もさることながら、一時的にではあるが、京都の実力あるブーランジェリー「ル・プチメック」で製パン技術を学んだことも、天谷氏の料理全般における焼き加減や生地の構成に少なからず影響を与え、美味しさを導き出している。天谷氏の「１粒で２度美味しい」風味の探究は、これからも果てしなく続いていくのだろう。

☼：15,000 円　☾：15,000 円

Tel: 075-343-0690

京都府京都市下京区
東境町172
ネオヒルズビル 2F

定休日：水曜、他不定休あり

☼：土・日・祝
12:00-14:30
(L.O.13:00)
☾：18:00-23:00
(L.O.21:30)

フウド

fudo

シェフ 入江哲生

14.5/20

イタリア料理

日本の食材や調味料から生み出される「日本のイタリア料理屋」である。店名も「風土」からとられており、ドリンクメニューもワインをはじめ、ノンアルコールまで日本全国からセレクトしている。何よりも驚くのが、アラカルトメニューの豊富さ、数の多さだ。おつまみ、前菜からはじまりパスタやメイン、デザートまで約 60 種類が並んでいる。まずは「生八つ橋とフォアグラの西京みそ漬けテリーヌ」。西京味噌に漬けたフォアグラを生八つ橋で覆い、上にはくるみとバルサミコソースがかけられており、甘みと、程よく付いた西京味噌が見事に融合している。これをデザートとして、最後にコーヒーとともに頼む人もいるという。料理には海の幸を活かしたものも多く、高知県の宿毛から直送された魚はオキナヒメジで、これを焼き霜にし、オリーブオイルとドライ醤油でいただく。パスタは「鯛出汁のソース 一面のからすみ 浜名湖の青のりとネギ」。鯛の出汁とカラスミの塩味、青のりと葱の味わいがよく合う、これぞ日本のパスタと思える一皿だ。入江氏をはじめどのスタッフもにこやかで、時折交わす会話も心地好い。初めて訪れても、一人でも満足な時間を過ごすことができる良店である。

☾：8,000 円

Tel: 075-253-6290

京都府京都市中京区
御池大東町590
加納ビル B1F

定休日：火曜、月１回不定休あり

☾：17:00-24:00
(L.O.23:00)

Tel: **075-223-5055**

京都府京都市中京区
蛸薬師287 IDO 1F

定休日:月曜、日曜ディナー

☼ : 金・土・日
12:00-14:30
(L.O.12:30)
☾ : 18:00-23:00
(L.O.19:00)

レストラン コケ

restaurant koke

シェフ 中村有作

15/20

スペイン料理

厨房の奥では、薪がパチパチと爆ぜていた。京都・烏丸御池近くの奥まった場所、周囲の町家に溶け込むような店舗は、硬質で都会的な雰囲気を湛えている。神戸「カセント」で福本伸也氏の薫陶を受けた中村氏が開業の地として京都を選んだ理由は「水」だった。軟水で出汁がよく出る井戸水は店の象徴的な存在として中庭と店内に引かれ、コースの初めにも「水」と名付けられた七谷地鶏の淡いコンソメが供される。思い入れがあるというルートビアをテーマにしたスナックは、コーラに似た炭酸飲料ルートビアを煮詰めたソースをベースに、アマゾンカカオやフォアグラ、干し柿などの様々な甘みをひと口大のパーツの中に詰め込んだもの。甘さを引き立たせるモリンガの苦みが効いている。５種のタパスもそれぞれ細かく作り込まれていて、ひと口で食べられる大きさでありながら、料理の複雑さ、奥深さを感じさせる。この複数のパーツの組み合わせから独自の世界を生み出す手法が、中村氏の料理の特徴といえるだろう。メインには七谷鴨。薪焼き窯を用い、炎や熾火で巧みに火を入れていく。店のロゴマークにあしらわれた火と水もまた、「koke」の料理世界を象徴している。

☼ : 13,000 円　☾ : 19,800 円

Tel: **075-744-6865**

京都府京都市下京区
河原町通四条下ル2丁目
稲荷町318-6
GOOD NATURE STATION
2F

定休日：月曜、他不定休あり

☼ : 12:00- 一斉スタート
☾ : 18:00- 一斉スタート

※季節により価格の変動あり

タカヤマ

TAKAYAMA

シェフ 高山忠司

16/20

イノベーティブ

キャンバスの如く白き半円のカウンターでは、客人の感嘆のため息も、表情が緩むことも稀ではない。高山氏の食への探究心、そして満を持して向かったイタリアでの約６年に亘る研鑽が、その料理哲学に多大なる影響を与えたことは言うまでもない。小皿形式で披露される 40 種類を超える品数は圧倒的で、「パターテ アル フォルノ」は極薄ポテトの重ね焼きにパルミジャーノ・ジェラートをのせ、ローズマリーの風味を加えて、瞬間の美味しさを表現する。魚のメイン「ペッシェ アッラ グリッリア」は、長崎県産のイサキを炙り焼きにし、京都・大原の新鮮な野菜類を盛り付け、タプナードとパセリのソースを添えている。かつて魚市場で働いたシェフの経験が美味しさを後押しして、大地や海の旨みをダイレクトに愉しませる。興味深い点は高山氏が、プレゼンテーションにおいて、ユーモアのセンスも持ち合わせていることだ。心地好い皿の数々は、シェフが最も望む「幸せ」へ誘うひとつのトキメキの過程であり、コース全体において「美食のエンターテインメント性」を極限にまで昇華したインスピレーション溢れる料理は、見事なまでに客人の満足へと繋がっている。

☼ : 25,000 円　☾ : 25,000 円

ルーラ

LURRA°

シェフ ジェイカブ・キア

ジェネラルマネージャー 宮下拓己

15/20

イノベーティブ

Tel: 050-3196-1433

京都府京都市東山区
石泉院町396

定休日：日曜、月曜

☾ :17:30-/20:30-

「LURRA」はバスク語で「地球」、「°」は月を意味するが、まさにそのボーダーレスで自由な世界観を発酵や熟成を駆使した独創的な料理の数々によって愉しむ。コースは、まずひと口サイズのスナックが次々に登場し、メインは肉や魚ではなく、スタッフ自ら収穫するという京都・大原を中心とした色彩豊かな野菜を500℃の窯で焼いた一皿とし、日本の季節を映し出す趣向となっている。ある夏の日には、紫蘇スマックとギリシャヨーグルトが添えられ、エスニックな味わいでひと捻り。意欲的だ。店には2つの薪窯があり、L字型のカウンター12席が厨房をぐるりと囲んでいるため、どの席からも料理が仕上がっていくライブ感を堪能できる。2022年7月のリニューアルでデザートスペースの「irori」が進化。新メンバーも加わったが、多国籍なスタッフが朗らかにゲストを迎え入れ、友人宅を訪れたようなリラックスした雰囲気は変わらない。コース料理は従来の10品から12品へ。春夏秋冬の3ヵ月周期でメニューが変わるので、季節ごとに訪れドリンクペアリングと共に堪能したい。初めて体験する素材の組み合わせに驚き、料理人の果敢なチャレンジ精神に感嘆することだろう。

☾：33,000円

モンク

monk

シェフ 今井義浩

14.5/20

薪窯料理

Tel: 075-748-1154

京都府京都市左京区
浄土寺下南田町147

定休日：日曜、月曜

☾ :17:00-23:00
(最終入店 20:30)

※予約は可能な限りウェブ予約より

「哲学の道」沿いにある、小さなレストラン。店内に入ると真っ先に目を引くのが薪窯の火だ。この窯からほぼすべての料理が作り出される。今井氏は「エンボカ京都」のオープニングシェフを経て料理写真集を出版、その後フリーランスとして旅をしながら料理を作り続け、デンマークの「noma」やカリフォルニアの「Chez Panisse」など世界各地の厨房にも立つという多彩なキャリアを持つ。最初に出されたのはオリーブオイルとパルミジャーノのみのピザと、新玉ねぎのポタージュで、麦と新玉ねぎの素材の美味しさが際立っている。スナップエンドウとモッツァレラチーズの温かいサラダは、朝、畑から採ってきたセルフィーユや青いボリジの花などのハーブが味に奥行をもたらしている。その日に水揚げされた烏賊はふっくらと火が入れられ、トマトはトロッとなり、オレガノの香りが良いアクセントになっている。メインのピザは、「マルゲリータ」や「しいたけ」「ズッキーニ」「生のり」「しらす」などから2種類を選ぶのだが、どのピザにするか悩んでいる時点で、次の訪問を心に決めるほどの満足感がある。いずれもシンプルな料理だが、豊かな味わいに魅了されるレストランだ。

☾：13,200円

仁修樓

Ninshurou

シェフ 上岡 誠

15.5/20

中国料理

Tel: **075-366-8843**

京都府京都市北区
紫竹北栗栖町2-12

定休日：水曜

☾：18:00-20:00
（最終入店）

この日のスペシャリテは何だったのだろうかと思い返す。「フカヒレの冬瓜水晶巻き」「北京ダック」、それとも「鮑の地鶏白湯スープ煮込み」だろうか。８品で構成された前菜にも「毛蟹の小籠包」などがあり、どれもがスペシャリテと言ってもいいほどの圧倒的な一品群。前菜は作り置きではなく、その場で調理し、すべて最高の状態で出す。くらげの和えものは、直前に味付けをして食感を新鮮に残し、蒸し鶏も夕方に火入れして、身が締まる前に提供、鱧はその場で揚げる。それ故、一品一品が華麗かつ豪華に思えるが、味わいはどれもが繊細で、滋味深い。味覚だけでなく、視覚でも、ゲストを引きつける。文字が刻まれスープ用にくりぬいた大きな冬瓜に照明を入れたり、北京ダックは目の前で吊るして調理する。また、蒸したてのどうまん蟹はその場で捌いたりと、ゲストを味覚と視覚の両方で満足させる。これも上岡氏が、技術だけでなく、高い意識と緻密さを持ち合わせているからこそ、可能なことだろう。京都駅から車で 30 分ほど、京都で唯一無二の広東料理店である。

☾：25,000 円～ 45,000 円

ベルロオジエ

VELROSIER

シェフ 岩崎祐司

15.5/20

中国料理

Tel: **075-744-6984**

京都府京都市下京区
河原町通四条下ル2丁目
稲荷町318-6
GOOD NATURE STATION
2F

定休日：水曜、他不定休
あり

☼：12:00-15:00
（最終入店 12:30）
☾：18:00-22:00
（最終入店 19:00）

西宮・苦楽園から 2019 年、京都河原町駅にほど近い複合型商業施設に移転。日本の食文化が息づく街で、今まさに新しい中国料理を創造しているのが岩崎氏だ。黒を基調とした落ち着きと高級感のある店で、シェフは極めて手際よく調理し、スタッフは連携もスムーズに極上のサービスを提供する。様々な食材を組み合わせ、焼売の皮を使った紹興酒漬けの甘海老のタルトや、プーアル茶で燻蒸された鮭と中国の酢で漬けた南蛮漬けの鮭、紹興酒漬けのイクラでいただく中国料理風クレープ、鮑のフリットに根セロリのピュレを添えるなど、フランス料理の技法も取り入れている。さらに、フカヒレと鱧を上湯スープの土瓶蒸しにして、京都の和の部分をアピールすることも忘れない。だが、岩崎氏の根底にあるのはやはり中国料理。様々な料理から得た着想を中国料理の範疇に落とし込むことで、これまであった餃子の要素を分解・再構築した「スプーンですくう餃子」や、丁字（クローブ）の清涼感のある香りに包まれ、ほおずきのジャムでいただく「フォアグラ最中」など、驚きに満ちた新しい一皿を生み出している。岩崎氏の探究心は止まることなく、いつ訪れても最高の体験を得られるに違いない。

☼：7,700 円～ 16,500 円　☾：19,800 円～

飯田

Iida

シェフ 飯田真一

18.5/20

日本料理

季節の移ろいを、料理といにしえの名品である器の一体感で表現する抜きん出たセンス。京都屈指の日本料理店「飯田」の持ち味の一つだ。微かに秋の気配を感じるこの日は、重陽の節句を寿ぎ、要所での美しい菊の器使いが印象的であった。菊型の向付には、細かくほぐした伊勢海老、その殻とみそでとった出汁に浮かべた胡麻豆腐。胡麻豆腐を一口含むと、ふわっと消えてなくなるほど何度も裏漉しされ、滑らかに作り上げられている。この時季ならではの迫力ある丹波の松茸は、まず、大根おろしと合わせ「松茸おろし」として、迷い鰹の炙りに添えた形で登場し、驚かされる。松茸は細かく刻まれ、その香りとポン酢が馴染み、鰹の脂の味わいを更に深める。その発想と美味しさ、魯山人の素朴な風合いの器に飾り気なく溶け合う風情もよく、客席一同、逸品にため息が漏れる。炭火で焼き上げる松茸は完璧な火入れで、塩によって、しっかり引き出された甘みを感じた後、夥しい香りに包まれる。子持ち鮎の有馬煮、小蕪と京菊菜の炊き合わせなど、さり気ない料理でも、濃すぎず薄すぎず、旨さをしみじみと感じさせる。誠実で繊細な仕事が積み上げられた、懐石の心に添う、格別な風雅に出逢う至福がここにある。

Tel: —

京都府京都市中京区
姉小路富小路西入ル南側

定休日：不定休

☾：18:00-20:00

※完全予約制
※価格は季節により変動

未在

MIZAI

シェフ 石原仁司

18.5/20

日本料理

枝垂れ桜の名所でもある円山公園の緑に抱かれた懐石料理の名店は、今日も厳かに客人を迎え入れる。石原氏は、15 歳で料理の道に入り、湯木貞一氏に師事、24 歳の若さで「京都吉兆 嵐山本店」の料理長に抜擢された。静謐な空気が流れる室内は、設えや器の一つ一つに石原氏の美意識と感性が貫かれており、料理だけではない、総合芸術としての日本料理を全身で体感する異次元の世界だ。しかし、石原氏も年齢を重ね、以前の張り詰めた空気から居心地の良さが感じられる空間に変わったようにも思える。食事は、茶懐石の作法により島根県の仁多米の煮えばなと味噌汁から始まり、石原氏から日本酒が振る舞われ、大きな蓮の葉に包まれた蓮根餅が登場。また、造りは、明石の鯛、鱧、さらには、剣先イカ、クエの焼き霜、そして、3 種類の鮪と盛り沢山。醤油を固めたジュレで味わうのも「未在」ならではである。お椀は、鮑と湯葉が丁寧に引かれた出汁と合わさり、深い味わいだ。豪華な八寸、最後の焦がし湯、81 種類の果物を味わう水菓子まで、もてなしの心を感じる料理は続く。五感をフルに活用し、深遠な日本料理の神髄に触れるためにも、訪れるべき名店である。

☾：65,000 円

Tel: **075-551-3310**

京都府京都市東山区
八坂鳥居前東入ル円山町
613 円山公園内

定休日：水曜、他月 4 日の不定休あり

☾：18:00-22:00

※ 18:00 からの一斉スタート

※ 1 月・10 月は
65,000 円〜

菊乃井 本店

KIKUNOI Honten

シェフ 村田吉弘

18/20

日本料理

Tel: 075-561-0015

京都府京都市東山区
下河原通八坂鳥居前下ル
下河原町459

定休日：第１・３火曜

☼：12:00-12:30
（最終入店）
☾：17:00-19:30
（最終入店）

京都・東山、古都の歴史とともにある深い緑が由緒ある寺院や名店を包み込んでいる。高台寺に連なる木々の間、堂々たる檜皮葺き屋根を見上げ、歩を進めると、そこには日常を超えた料亭美の世界が待っている。創業は大正元年（1912年）。しかし、その歴史は古く、北政所が茶の湯に用いた「菊水の井」を守る茶坊主に家系を遡る。井戸水は現在も引き継がれ、すべての料理に生かされている。まさに「水の料理」、優しい味わいの水で出汁を引き、椀種をまろやかにする。空気まで染まるような紅葉の季節。料理は、玄猪の装いの八寸から始まり、銀杏の葉を配し、鮟肝、山葵菜、しめじなど手の込んだ品々が、秋の風情をさらに増し、鴨肝松風は特に印象に残る一品であった。香箱蟹の飯蒸し、甘鯛の栗蒸しや京野菜がふんだんに盛り込まれた旨みたっぷりのウズラの鍋、イクラご飯と、「美味しさと美しさ」を追求する料理が展開される。所作も美しい女将との会話も楽しく、格式がありながら料亭として幅広い年齢層に、慶事や仏事、接待の場を提供し、最高のホスピタリティーを約束する。伝統とは、変化を見極め、常に革新を続けることと説く村田氏の「今」を知るためにも、常に心に留めておくべき名店である。

☼：14,300円～55,000円　☾：22,000円～55,000円

祇園 さゝ木

GION SASAKI

シェフ 佐々木 浩

17.5/20

日本料理

Tel: 075-551-5000

京都府京都市東山区
八坂通大和大路東入小松町
566-27

定休日：日曜、第２・４
月曜、他不定休あり

☼：12:00-
☾：18:30-
土 カウンター席のみ
17:00-/19:30-

※土曜の営業時間と料金について、７月１日以降改定予定
※クレジットカードは
ディナー時のみ利用可

「鮑のステーキは、肝とともに３口で豪快に頬張って」「噛むほどに甘みが増す釧路の北寄貝は、塩、酢橘二、三滴のみで」「香り抜群の大間の鮪に、山葵はあえてつけないこと」。佐々木氏は、全国から選りすぐりの食材と、その最大値の旨みを満喫できる流儀を、10mのカウンターを右へ左へ、移動を繰り返しながら、ゲスト一人一人に指南する。合わせるのは、その食材のポテンシャルを上げるためだけに集めた希少な日本酒やワイン。お凌ぎに佐々木氏が握り、「すぐ口に運んで」と直接手のひらにのせられたムラサキウニの鮨は、濃厚なコクを残しながらほろほろととろけていく。折しも芋名月の頃、芋の葉に鱧を黄身揚げにした南蛮漬けや新銀杏の先付、美しい月が描かれた蒔絵に初秋を感じる幻の白甘鯛の椀。季節の巡りを感受し、器で愛で、香りや盛付を五感に染み込ませる。建仁寺を抜けてすぐ、この至福の空間で、口福を超えた、知的な遊びに魅せられる。フレキシブルな思考で京料理の可能性を広げてきた佐々木氏は、ユーモアを交えながら食材と料理の奥深さをゲストに伝える。技を伝承して、次の世代に繋げていく使命を背負いながら、“美味しい”の上にある“楽しい”味を体現していく。

☼：8,000円　☾：30,250円～

京都吉兆 嵐山本店
KYOTO KITCHO Arashiyama
シェフ 徳岡邦夫

17.5/20

日本料理

この日通されたのは、嵐山を借景に緑が美しい庭、その奥に茶室を望む「東屋」。趣向を凝らした大きな網代天井の座敷から、つくばいのせせらぎを聴いていると、時代を超えた静寂に時が経つのを忘れてしまいそうだ。最初の料理は重陽の節句にちなんで、菊の花びらの皿に盛られた「渡り蟹のお酢の物」。オクラを叩いたものと、小松菜、アワビ茸に酢のゼリーと、黄身が鮮やかな卵のソースが目を引く。出汁の効いた酢のゼリーの味わい深さと爽やかさが、渡り蟹の甘さを見事に引き立てる。淡路の名残りの鱧と長野の松茸、明石の鯛などの全国から選りすぐられた食材が続いた後に、すすきと野山の花々が活けられ、色づいた葉がちりばめられた八寸が運ばれてくる。息を呑む美しさだ。車海老にのせられた宮崎産のキャビアは、醤油と香深産利尻昆布で味付けし、無菌室で 60 日間熟成させたもの。磨き上げられた姿が美しい専用の金釜で炊かれる「吉兆米」は毎年、嵐山本店全員でブラインドテストをして決めるという潔さ。「“日本料理を通じて世界や未来の人々に必要とされる日本文化の創造”を使命と考えている」という総料理長の徳岡氏。常に「本物とは何か」考えさせてくれる名料亭である。

☼：52,800 円～　☾：66,000 円～

Tel: **075-881-1101**

京都府京都市右京区
嵯峨天龍寺芒ノ馬場町58

定休日：水曜、年末年始
(12月26日-31日/
1月4日-10日)

☼：11:30-15:00
(L.O.12:30)
☾：17:00-21:00
(L.O.18:30)

瓢亭
HYOTEI
シェフ 髙橋義弘

17.5/20

日本料理

「不易流行」、根本は変えずとも、新しいものを取り入れていくこと。創業から 400 年余り、伝統を受け継ぎながらも、革新を繰り返してきた風格の老舗。より丸みのある味を求め、鰹節の使用をやめ、鮪節を使い始めた十四代髙橋英一氏。新しい時代の旨みをと、明石鯛の刺身にトマト醤油を添える十五代義弘氏。代々受け継がれてきた器に伝統的な盛付の見た目は大きく変わらずとも、味わいへのアプローチは確実に日々進化し続けている。夏の定番、あこ麺は、アコウの炭焼きと、骨でとった出汁の温かなそうめん。器の底に黒七味を一振りしてあり、最初は滋味溢れる出汁を、最後は香りと辛みをと、食べ進めるうちに変わる味わいのグラデーションを堪能する。名物の瓢亭玉子はもちろん、夏の楽しみは火加減を究め抜いた鮎の塩焼き。頭と尾をカリッとさせつつ、身の香りを十分に活かす上品な焼き上がりが身上だ。野趣を生かした庭を望む全室が元々は茶室。創業当時からある茅葺屋根の「くずや」など、文化財としての価値も高い建物の造り、季節に合わせて掛けられた軸、茶花の意匠もゆっくりと楽しみたいところ。建物もしつらいも料理も、奥ゆかしい日本の伝統が脈々と受け継がれている。

☼：31,625 円～　☾：31,625 円～

Tel: **075-771-4116**

京都府京都市左京区
南禅寺草川町35

定休日：水曜

☼：12:00-15:00
(L.O.13:00)
☾：17:00-21:30
(L.O.19:00)

草喰 なかひがし
Soujiki NAKAHIGASHI
シェフ 中東久雄

17/20

日本料理

Tel: **075-752-3500**

京都府京都市左京区
浄土寺石橋町32-3

定休日：月曜、月末の火曜

☼：12:00-13:00（L.O.）
☾：18:00-19:00（L.O.）

開店以来四半世紀を超えた今も中東氏は、一貫して「ご馳走」の語源である駆け走る様を自ら実践し、山野や畑に通い、命ある貴重な作物を大切に美味しく卓上へ届けることに心血を注いでいる。一見、野の景色を表現した季節が感じ取れる盛付だが、仔細に眺めると歴史や文化に由来するものが多く引用されており、ひと皿から生まれる物語に会話も弾む。しかし、この店の真骨頂は、ともすると野趣が強くなりがちな摘草料理を、アイデアと技術で洗練された味わいに仕立てることであり、自然の苦みや渋みなどを最適なバランスで残すセンスにある。女将の実家が味噌屋であることから「手前みそ」と笑いながら供される白味噌のお椀も、季節による味わいの違いに感動し、暫く余韻に浸る一品となるだろう。桜が満開の頃は、草餅（よもぎ餅）に甘草を浮かべ、春を感じるお椀に仕上げているが、よもぎと甘草は共に存在感が強いため、それに負けないどころか引き立てるために出汁は強めの味とし、更に加えた溶き辛子で見事な調和をみせる。日本の四季と風土の素晴らしさを再認識し、それを美味しい料理で伝える店主に敬意を払わずにはいられない…それが「草喰 なかひがし」である。

☼：8,800 円～ 11,000 円　☾：22,000 円～ 28,600 円

浜作
HAMASAKU
シェフ 森川裕之

17/20

日本料理

Tel: **075-561-0330**

京都府京都市中京区
新町通六角下ル六角町
360

定休日：不定休

☾：17:30-

「浜作」の勝手口には「置き石」がある。2021 年、新本店の開店時に馴染みの八百屋から贈られたという。こうした古くからのしきたりも、今時の店と一線を画す。板前割烹発祥の店としての矜持を携え、全身全霊を込めて極上の出汁を引き、京都一の食材をすべて客の目の前で調理する、稀代の料理人が行き着いた先は、シンプルを究めたピュアな味だ。祇園祭の頃、小林古径の「孔雀」の絵を眺めながらいただく１皿目、２分前に完成した「胡麻豆腐」は、客の目の前で氷水につけて粗熱を取り、切りつけたものを、冷たいつゆ、山葵と振り柚子でいただく。森川氏の縁戚に当たる文豪、志賀直哉の大好物であったという、店の夏の代名詞、鱧料理。「鱧椀のすっぽん仕立て」は、一番出汁と清酒の中で鱧を一煮立ちさせた風味豊かな吸い地を、まるで淡雪のような、ほろほろと崩れる鱧に注ぐ。流れるような作業が美しい鱧寿司は、鱧のツメも甘すぎず辛すぎず、その美味しさに舌鼓を打ちながら、祇園祭に興じる人々に思いを馳せるのも京ならではの風情である。今も昔も、お歴々の贔屓筋を挙げる遑もない。その同じカウンターに身を寄せ、受け継がれる「浜作」の味を記憶に刻む贅沢を味わいたい。

☾：55,000 円～

祇園 きだ

16.5/20

Gion Kida

シェフ 木田康夫

日本料理

軒先に赤い提灯が灯る町家が立ち並ぶ祇園界隈、風情漂う一角に、「祇園 さゝ木」佐々木浩氏に師事し、各地で料理長も務めた木田氏が、2016 年に開いた「祇園 きだ」がある。8 席のカウンターに個室。見事な包丁さばきでみるみるうちに極上の食材が調理されていく様は、圧巻の一言だ。お椀は、削りたての鰹節と昆布で、品のある優しい出汁をとり、椀種と合わせるとちょうど良いバランスで完成するように調整されている。この日は、塩をしたクエの香り高い脂と、炊いてから素揚げにした海老芋の甘みや旨みが、出汁に輪郭を与えていた。蟹の季節、火の通し方と調味によって変化を楽しむ仕立ては特筆ものだ。蟹は 1.2kg 以上のもののみ、見事な黄金色に輝く活けの蟹を目の前で捌いてゆく。焼き蟹は、瞬間だけ火を通して甘みを、次は香ばしく焼き上げて旨みの凝縮感を、そのあとは蟹みそを入れた白味噌仕立ての蟹の出汁でさっと火を通したしゃぶしゃぶにして、壬生菜を添える。蟹の爪はセリとともに。やがて鍋の中の出汁は凝縮し、蟹のエキスがたっぷりと溶け込んだ出汁に、白胡椒と葱油を入れて煮麺に、頭の身は炒飯へ。蟹を余す所なくいただく、何とも贅沢なひとときだ。

☾：27,500 円～ 33,000 円

Tel: **075-551-3923**

京都府京都市東山区
祇園町南側570-192

定休日：不定休

☾：18:00-20:00
（最終入店）

※季節により価格の変動あり

富小路やま岸

16.5/20

Tominokoji Yamagishi

シェフ 山岸隆博

日本料理

京都市内を南北に走る富小路通、錦市場からもそう遠くない場所にこの店はある。外観は典型的な京都の町家だが、一歩暖簾をくぐると打ちっ放し風の粗い壁と打ち水された石畳のやや薄暗いアプローチが現れる。店内はシンプルできりりとした空気が漂い、調理台に置かれた京都・物集女の朝掘り筍が料理への期待感を高めてくれる。山岸氏は茶道・華道・書道などから得た精神をもとに調理する料理人だ。まず出された淡路・由良産の紫雲丹と涙豆がのった飯蒸しは、米の旨みと涙豆の食感、雲丹の甘みのバランスが素晴らしく、世評の高さを実感させる。ホタルイカとトマト入りの葛そうめん、福井のノドグロにコシアブラ、白魚とバチコに春野菜のお椀、刺身は明石の鯛に淡路のサヨリと、全国から仕入れた選りすぐりの旬の食材が続く。調理台にあった筍は、魯山人の皿に盛られ、蒸しと、巧みな火入れによるタレ焼きとして登場した。肉料理は佐賀牛に露地物の花山椒と、京都・綾部の木の芽を加えたしゃぶしゃぶで、口内はこの季節ならではの歓びに満たされる。全 12 皿、山岸氏の人柄に魅せられつつ、料理と響きあう銘酒やワインが流れるように展開する様は見事としか言いようがない。

☼：50,000 円～　☾：50,000 円～

Tel: **075-708-7865**

京都府京都市中京区
富小路通六角下ル骨屋之町
560

定休日：水曜、他不定休
あり

☼：12:00-
☾：18:00-

※冬期は価格の変動あり

美山荘
Miyamasou
シェフ 中東久人

16.5/20

日本料理

Tel: **075-746-0231**

京都府京都市左京区
花脊原地町375

定休日：不定休

☼：12:00-13:00 (L.O.)
☾：17:30-19:30 (L.O.)

120年ほど前に花脊の峰定寺の宿坊として建てられ、今は四代目の久人氏が料理旅館として伝統を受け継ぐ。古くから旬の野草や山菜を摘むことを「摘み草」というが、先代の頃、自らの料理を「摘草料理」と名づけた。毎朝、主人が野山に入り、季節の山菜や茸を摘み、畑で野菜を育て、アマゴや鮎の川魚、猟師が仕留めた鹿や猪、熊の獣肉を調理し、土地の滋味溢れる料理にする。夏には、上桂川で獲れる鮎を炭火焼きにしたり、寿司にしたりと、鮎の季節を存分に楽しませてくれる。花脊で生まれ育った久人氏は、家業を継ぐ前にレストランサービスを学ぶため渡仏している。店を構成する空間や空気の大切さを彼の地で習得したことが、今の主人と女将のつかずはなれずのおもてなしに生きているのだろう。日本の里山には、そこでしか食することのできない唯一無二の料理や文化が今も残り、私たちはそれに触れると安らぎを覚える。川のせせらぎを聴きながら、目と口で四季を感じ、心と体を解きほぐすことこそ真の贅沢ではないか。花脊という土地が持つ自然の豊かさを料理旅館という媒体を通して発信する「美山荘」は、そのロールモデルとして日本全国の美しい里山文化を牽引している。

☼：18,975円～30,250円　☾：18,975円～30,250円

御料理 はやし
Oryouri HAYASHI
シェフ 林 亘

16/20

日本料理

Tel: **075-213-4409**

京都府京都市上京区
河原町通今出川下ル
東入梶井町448-61

定休日：水曜

☼：11:30-13:30
（最終入店）
☾：17:30-19:30
（最終入店）

※ランチでもディナー時と同じメニューを提供可
※カウンターでの写真撮影不可

出町柳、北村美術館の向かいにあり、地元の食通が足繁く通う京料理の名店。時代に流されることなく、正統派の味が愉しめる貴重な店である。華美な演出はなく、丁寧に作られた料理は、出汁の旨みや素材の味が際立っている。静かに、伝統に則った季節の料理を目と舌で味わいたい。籠に盛られた美しい八寸は、その一つ一つに、丁寧に手がかけられた夏らしい一品。お椀は、鱧と吸い口の柚子のみの、至ってシンプルなものだが、出汁の旨みが生かされ、鱧の骨切りも素晴らしく、鱧そのものの繊細な旨みを味わうには、他に何が必要だろう。料理の味は勿論のこと、一皿のポーションもよく考えられている。鮎の塩焼きに鮑の酢のもの、美しく巻かれた粽寿司、枝豆ととうもろこしの天ぷらなどお馴染みの献立が続くが、さりげない中に、これこそ京料理と、しみじみ感じさせる品格がある。鱧の腹骨を揚げて甘辛く味付けしたものも登場し、林氏の遊び心も感じられる。締めにいただいた冷やし茶漬けは、爽やかな香りの薬味の下に忍ばせてあるエノキの佃煮も効いて、暑い夏にありがたい一品であった。ここでは、奇を衒うことなく、素材に忠実に調理され、洗練された本物の京都が感じられる。

☼：4,800円～13,200円　☾：15,600円～36,000円

祇園丸山
Gion Maruyama
シェフ 丸山嘉桜

16/20

日本料理

秋の気配を感じ始める時節、始まりの一皿である「重陽盛り」という先付には節句にちなんだ「着せ綿」があしらわれ、菊酒が振る舞われた。彩りと美味しさを兼ね備えた「海老黄身寿司」や旨み十分の「穴子八幡巻」が、語りかけるように、客人の「無病息災」を願ういにしえからのおもてなしに、ご馳走以上の喜びを感じる。京料理の重鎮、丸山氏は、「高台寺 土井」での約10年に亘る修業に始まり、木屋町「菊乃井」（現「菊乃井 露庵」）の料理長を務め、さらに多数の弟子を輩出している「高台寺 和久傳」の礎を料理長として築き上げた功績も注目すべきだ。椀物の「若狭グジ吉野うち」では、蓋を開けた瞬間に昆布と鰹の上品な香りが漂い、松茸と冬瓜を柚子のアクセントとともに頬張れば、秋の風味が立ち上る。中盤でお凌ぎとして登場する「無花果田楽」は、紅白味噌を重ね盛り焼いたもので、濃厚な果実の甘みとともにいただく良質な料理の流れは、京都の四季を食でも彩ってくれる。老舗ではあるが若手に活躍の場を提供する丸山氏の考えも特筆すべきだ。堂々たる存在感と、親しみのある店主のおもてなしの心は、趣ある数寄屋造りの精緻を極めた空間で、さらに沁みる。

☼：10,000円～50,000円　☾：20,000円～50,000円

Tel: 075-525-0009

京都府京都市東山区
祇園町南側570-171

定休日：水曜

☼：11:00-13:30 (L.O.)
☾：17:00-19:30 (L.O.)

※カウンターのみ車いすのまま食事が可能

木山
KIYAMA
シェフ 木山義朗

16/20

日本料理

軽やかな音とともに、花弁のように薄く、淡い色をした鰹節が舞う。店主自らがかいた削り節は、この店の花である。そして、その花を咲かせる命の水は、この地に湧き出る清らかな井戸水だ。出汁の基礎を成す水を味わうところから料理は始まる。白湯はほんのりと甘く滋味に満ち、自然と感覚が研ぎ澄まされてゆく。舌に残る柔らかで繊細な感覚が消えぬうちに味わう先付の茸出汁は、驚くほど香り高い。栗と伊勢海老を合わせた飯蒸しでは、甘く炊きあがった米が主役となる。白眉たる椀ものの前には、用いる鰹節や鮪節を直接口にできる。淡い琥珀色に輝く一番出汁を味わい、最後に渡り蟹の蓮根饅頭を添えてお椀をいただく。鰹節と水が徐々に形を変え、風味を高めて完成へと近づく。この変化は、淡口の先付からグラデーションのように旨みを増し、脂の乗ったノドグロの焼き物へと至る全体の流れと呼応するようだ。細やかな味覚を少しずつ重ねる様は、まさに和食の真髄を思わせる。そして、その脇を固めるのは「和久傳」仕込みの的確で丁寧な仕事である。これ程までに日本の食文化の基本を大切にし、魅せる料理人は稀有だろう。有為転変の京都に疲れたならば、「木山」で原点に立ち帰ろう。

☼：14,520円～30,250円　☾：30,250円

Tel: 075-256-4460

京都府京都市中京区
絹屋町136
ヴェルドール御所

定休日：不定休

☼：12:00-15:00
(L.O.13:00)
☾：18:00-22:00
(L.O.19:00)

Tel: **075-533-3100**

京都府京都市東山区
高台寺北門前鷲尾町512

定休日：不定休

☼：12:00-15:00
（最終入店 13:00）
☾：17:30-21:00
（最終入店 19:00）

※11月-3月
焼き蟹コース、蟹会席あり
詳細はホームページを要確認

高台寺和久傳

Kodaiji Wakuden

シェフ 鶴田信介

16/20

日本料理

高台寺の「ねねの道」から一歩入った日本家屋の入口に、すべての客が到着するまで待ち受けているのだろう、和服の仲居の姿が見える。水を打たれた石畳の階段を上り、案内されたのは、優しい灯りが落ち着いた雰囲気を醸すカウンター席だ。先付は、スッポンの出汁を使った半張り蒸し。月を象った白木の丸い盆にすすきがのせられている。丸い器の中に葛でとろみをつけた黄金色のスッポンの出汁が張られ、下に茶碗蒸しの黄色が映える、お月見の風情を味わえる一品だ。ナッツと一緒に揚げた「甘鯛の揚げ物」は、名残の枝豆や走りの銀杏とともに、旬の素材の味わいを大切にするため、米と塩を合わせた塩味の尖っていない自家製の米塩でいただく。「オオモンハタと秋の天然茸のお椀」では、天然茸ならではの食感と香りを出汁と併せ愉しむ。若い料理人が備え付けの焼き台で炭を起こし、松茸を焼き上げるとパチパチという音とともに松茸の香りが立ち上る。岩手から取り寄せた松茸を使ったすき焼きだ。目の前で調理される旬の素材を、美しい器でいただく、季節を五感で味わう幸せに浸る。蟹の季節には「和久傳」発祥の地、京丹後から受け継がれる間人蟹の炭焼きが、野趣に富んだ味で魅了する。

☼：33,000円～　☾：44,000円～

Tel: **075-551-5252**

京都府京都市東山区
祇園町南側570-265

定休日：不定休

☼：12:00-
☾：17:00-21:00

祇園 大渡

Gion Owatari

シェフ 大渡真人

15.5/20

日本料理

美食の京町屋がひしめく祇園町南側の一角。古民家を改装した風情ある空間で、大渡氏の抱腹絶倒のエンターテイナーぶりを肴に、京都の軟水に合わせ、鮪節でとった出汁をベースにした「型破りな京料理」の数々を堪能する。大渡氏は大阪「季節料理 津むら」で学んだ浪速割烹の喰い切りのごとく、コースの流れではなく、食材一品一品で勝負する。雲子の餡かけにおこげ、クエのしゃぶしゃぶ、酒粕ノドグロに金柑と潔く、一皿にのるのは余計なあしらい不要のメインの素材に最小限の添え物のみ。具が入っていない「気合と愛情だけの」茶碗蒸しのあとは、ゲストの前で調理するパフォーマンス付きの蟹づくしで、蟹しゃぶ、蟹真丈にラストは蟹雑炊。おかわりに卵かけご飯をオーダーする頃には、心がすっかり弛緩している。客あしらいも天下一品だが、尊敬する「草喰なかひがし」の中東久雄氏と同じ仕様の「おくどさん」、ディスプレイの磨き上げられた包丁が料理へのひたむきな姿勢を物語る。定番の調理法を超え、鮎をフライに、鱧はすり身に、技術を自在に取捨選択してきたからこそ到達した料理は、京都人を呆れさせつつ、だからこそ面白いと思わしめたのだろう。

☼：35,000円～　☾：35,000円～

青蓮院門跡前 月おか

15.5/20

Tsukioka

シェフ 月岡正範

日本料理

神聖で厳かな神宮道を歩いていると、青蓮院門跡前にある朴訥な趣きの看板が目に入る。店内はカウンター席の背面に月岡氏が蒐集した美術品を配し、厨房にはおくどさんが鎮座。細部にまで気配りされた和の空間は、訪れる人を徐々に「月おか」の世界へと引き込んでいく。月岡氏は、出身地である北海道で料理人を志し、京都「草喰 なかひがし」の中東久雄氏との出会いが転機となり、現在の土台を築き上げた。すなわち、自らの足で野山に入って草花を摘み、生産地へ赴き、生産者や素材と向き合う。その過程で季節の移ろいを自身の肌で感じ取り、料理に落とし込んでいくのだ。初夏の八寸には、摘んできた小紫陽花を添えて美しく季節を表現し、煮えばなに使う米は自ら田植えをするなど、山野を駆け巡っている。魚介の扱いにも定評があるが、ホルスタインの若牛や経産牛を使う食肉への見識、自ら手打ちした十割の蕎麦、そして何よりおくどさんで炊き上げた米の美味しさは記憶に残るものとなるだろう。自然に寄り添い、その恵みを享受する姿勢は普段忘れがちな食の根幹を思い出させる。2021 年４月の開店から間もないが、月岡氏の個性溢れる料理は、すでに名店の風格を携えている。

☼：15,000 円　☾：30,000 円

Tel: **075-366-4918**

京都府京都市東山区
粟田口三条坊町16-2

定休日：火曜、月末日、水曜ランチ

☼：12:00- 一斉スタート
☾：18:00- 一斉スタート

魚菜料理 縄屋

15/20

Nawaya

シェフ 吉岡幸宣

日本料理

海の京都、丹後半島は食の宝庫として知られ、海と山、両方の幸に恵まれている。京丹後市に生まれ、幼い頃から地のものを味わい育った吉岡氏は、厨房で、それぞれの食材をどう活かすかを熟考し、まるでそれらと会話するかのように向き合っている。オープンキッチンの薪火の前に立つその横顔から、食に対する真摯な姿勢が見てとれる。京都市内から車で２時間半をかけても訪れる人が絶えないという吉岡氏の料理の精髄は、「うちでしか食べられないもの」という、氏の一言に尽きる。ブダイやアカムツ、クエといった多様な海の幸は、自家製のザワークラウトや野菜を発酵させたソースが独創的なアクセントを添え、味を引き締めている。自ら山へ採りに出ることもある山菜や茸は、メインとなる魚介類にも負けない鮮烈な印象だ。吉岡氏自らがデザインにも携わった木調の美しい店内で、薪火の揺らめきを眺めて過ごす時間は贅沢そのものだ。京都「室町和久傳」での研鑽を基にした力強くも繊細な薪火の技術、豊富な地のもの、そこにシェフの創意工夫が掛け合わさり、無二の存在感を放つ。この土地を知悉する吉岡氏だからこそ引き出すことのできる京丹後の恵みには、誰しも魅了されることだろう。

☼：16,500 円　☾：16,500 円

Tel: **0772-65-2127**

京都府京丹後市弥栄町
黒部2517

定休日：火曜、水曜、他
不定休あり

☼：12:00-
☾：18:30-

※予約はウェブ予約を推奨
※松葉ガニコース（11/7-3/20）時価 39,600 円～

富山
石川
福井
静岡
愛知
岐阜
三重
大阪
京都
兵庫
奈良
滋賀
和歌山
岡山
広島
山口
島根
鳥取

なる屋
Naruya
シェフ 上嶋良太

15/20

日本料理

Tel: 075-252-1199

京都府京都市中京区
堺町通錦小路上ル
菊屋町539

定休日：月曜、他不定休あり

☾：18:00-22:00
（最終入店 20:30）

日本料理の店には食とともに季節を感じるために訪れることは言うまでもないが、その解釈は地方により、また料理人により異なる。「なる屋」は背筋のすっと伸びる凛とした季節を、料理と空間、厳選した器で表現してきた。これが京の季節の感受性かと感じ入っていたものだが、「瓢亭」や「和久傳」などの名だたる料亭を経て、ニューヨークの「Kajitsu」で精進料理を供した経験を持つ上嶋氏は、この店での９年目を迎え、いい意味で肩の力が抜け、料理にもふくよかな色気が出てきたように思われる。トリ貝に行者にんにくと雁足を添え、肝をポン酢で和えたものは、初夏の爽やかさが晩春のほろ苦さにふと振り向くような風味があり、季節物の鮎の焼き加減の妙は言うまでもなく、アスパラガスの胡麻和えや鮪の黄身酢和えは、決して重たくならない情緒があり、蓬を練り込んだ生麩の鍋仕立てで食事を終える時、五月の野の香りが身体中に染み渡っていくような心持ちになる。無駄に華やぐのではない品の良さは、さすが上嶋氏というところだが、その味の散策に確実に広がりが見える。最後は鯉のぼりの形の最中で終えるのも愛嬌があって楽しい。季節ごとに再訪したい店になった。

☾：28,250 円

日本料理 研野
Nihonryori Kenya
シェフ 酒井研野

15/20

日本料理

Tel: 075-468-9944

京都府京都市左京区
岡崎徳成町28-22
聖護院ビル 1F

定休日：日曜、月曜、火曜

☾：17:00-/20:00-

※ 12 月 -1 月は年末年始の特別価格

※ 2023 年 6 月よりコース料金を 22,000 円へ変更予定

わずか８席だけの店は、カウンター越しに酒井氏との距離も近く、それぞれの料理の温度まで伝わってくるようだ。料理と、それを象徴する BGM で、食と音楽の一体感を楽しませるのが、この店の特徴だ。この日は、サザエのつぼ焼きから始まり、音楽は、夏を象徴する昭和歌謡。明石の生海苔とサザエの磯の香りが漂い、日本の夏の海を感じさせる。料理でも、おこぜのお造りは個性的で、おこぜの皮、胃袋や卵に、くらげの甘酢漬け、塩もみした大根を合わせ、調味には、ポン酢ジュレ、ニンニク・山椒・唐辛子の香りを移したスパイスオイル、おこぜの肝をオリーブオイルでのばしたものを持ってくる。まさに、香りと食感の玉手箱だ。スペシャリテの一つ、京もち豚の焼豚は、八丁味噌に漬け込んでから焼き、蓮の葉の上にのせ、甘酢漬けにした玉葱を蓮の花びらに見立てた一品。中国料理なのだが、日本料理のコースの中に馴染み、さらりといただける。さらにもう一品、冷やし中華も、鱧と金針菜とじゅん菜のお椀の後なのだが、コースに溶け込んでいる。ここには、日本料理だけでなく、多国籍な料理の修業経験と、常に探求心を持ち続ける若き店主だからこその料理世界が待っている。

☾：19,800 円

ひがしやま 司

15/20

Higashiyama Tsukasa

シェフ 宮下 司

日本料理

Tel: 075-771-4696

京都府京都市東山区西町
127 三条白川橋ビル 2F

定休日：日曜、月曜、他
不定休あり

：土 12:30-
一斉スタート
：18:00- 一斉スタート

「祇園丸山」で6年、「祇園 さゝ木」で10年研鑽を積んだ宮下氏が2021年11月に開いた新しい形態の日本料理店。洗練された空間の中、料理は「柿・海老・キクラゲの胡桃和え」の先付から始まる。伝統的な日本料理が続くかと思いきや、次の「新銀杏のしゃり粥」は、酢飯の粥。「黒無花果の白味噌椀」「鯛のお造り」と、オーソドックスに戻ったあとは、季節の具材を包む「子持ち鮎の生春巻き」で、エスニックの要素が入ってくる。合わせるのは黒ビール。意外性の連続だ。「豚肉のほうじ茶ほうらく焼き」では、黒にんにくと黒麹を合わせたソースが、柔らかな「きなこ豚」の甘さと相まって、良い意味で、日本料理の域を超えた印象に残る一品となった。「クエと松茸とクレソンの小鍋仕立て」では、再度、本流の日本料理となる。この自由な発想によるコースの締めは、オールアジアの様相で、漬け丼やスパイスの効いたカレー、自家製XO醤を使用した白湯フォーとくる。宮下氏は、名店での16年に及ぶ学びのあと、自らは他の店にはない料理作りの道を選び、メリハリの利いたコース設定で独自の世界を切り開こうとしている。宮下氏の意気込みと、気合がひしひし感じられる好店だ。

：25,000円～　：25,000円～

凌霄

15/20

Ryō-shō

シェフ 藤原 誠

日本料理

Tel: 075-541-3557

京都府京都市東山区祇園
南側570-166

定休日：不定休

：土・日・祝
11:30-14:00
：17:00-23:00

2022年1月、名店が軒を連ねる祇園町南側に新たな日本料理店が登場した。藤原氏はお茶屋だった町家を欅のカウンターや聚楽壁の風合いが美しい設えに改装、絵画や骨董を配し、非日常を贅沢に演出しながらも、さりげない品の良さのある空間を創り出している。藤原氏は、「祇園丸山」で研鑽を積み、「高台寺 十牛庵」の料理長を務めた実力の持ち主。料理は季節感に富み、表現は至ってシンプル、丁寧かつ適切な素材への手の加え方で魅せ、日本料理の奥深さを再認識させてくれる。初手のカラスミの飯蒸しは、米の湯気とともに舞い上がるカラスミの香りが堪らなく食欲をそそり、ふんわりした塩味の着地点が優しく舌に溶けこんでくる。淡路産の型の良い鱧は、軽い吸い地と共鳴し合い、どこまでも伸びやかでホッとする妙味に安らぎを覚える。器の余白と色合いを上手く使った盛付は気品に溢れ、料理が静かに存在感を発揮する様も見事だ。派手さや時代を先取りするものはなくとも、しみじみとした一皿に、ゲストは日本料理の醍醐味を感じるに違いない。飾らない店主との会話も実に穏やかで心も和む。空間、料理、居心地、すべてを兼ね備え、祇園で早くも存在感を示している。

：25,000円～40,000円　：25,000円～40,000円

Tel: **075-744-0808**

京都府京都市下京区
難波町405

定休日：日曜、月曜、他
不定休あり

☾：18:30-22:00

料理屋 まえかわ

Ryoriya Maekawa

シェフ 前川浩一

15/20

日本料理

「祇園 さゝ木」出身の前川氏が、2020年、清水五条駅近くに開店。夜のみの営業で、カウンター10席の一斉スタート。「料理屋」と謳っているように、所謂、かっちりとした日本料理の流れではなく、フュージョンとは言わないまでも、中国料理や洋食のテイストをアクセントとして組み入れた、自由度の高いコースとなっている。また、高級食材ばかりでなく、旬のものを生かすように、料理の形態や分野を巧みに変えている。12品前後と、品数も多く、美しい器に料理が映え、華やかさが食欲をそそる。この日は、鰺・小芋・無花果の胡麻酢和えの先付から始まった。2品目で中国料理テイストの太刀魚と潰したとうもろこし餡の春巻きが出されるが、違和感は全くない。その後、椀物や雲丹と烏賊の一口寿司、鰻たれ焼きへ。そして、「宮崎和牛ロースの夏野菜餡かけ」。しゃぶしゃぶにした牛肉に、トマトやズッキーニなど5種類の野菜の入った熱々の餡がかけられている。上には白髪葱とパプリカの千切りがのり、アクセントに黒七味。野菜の歯ごたえに、出汁の効いた色鮮やかな餡かけと、牛肉の甘さとの調和が忘れられない。定期的に訪れたい、贅沢な「料理屋」だ。

☾：20,000円

Tel: **075-366-6666**

京都府京都市下京区高辻
猪熊町367

定休日：不定休

☾：17:00-22:30 (L.O.)

こぴゑ

COPPIE

シェフ 上田大樹

pop

無国籍料理

京都の一軒家を改築し、品書きには値段の記載がないと聞くと身構えてしまうかもしれないが、この店は初めての客でも心地好く過ごせる雰囲気づくりがなされている。「焼トリッパ　ズッキーニ　ミント」「水ナス　パルミジャーノ和え」「酒粕カタラーナ」など、個性的な組み合わせのメニューから数品を選び、好みの飲み物を伝えれば、ぴたりとペアリングされつつ、驚きもあるチョイスをしてくれる。飲み物を先に決め、それに合う料理を薦めてもらうのもいい。こういったフリースタイルは、スタッフに深い知識と正確なペアリング能力がないと難しいが、いとも自然にそれを成功させている。様々な意味でのバランスの良さを感じさせる刺激的な店だ。

☾コース ○

セッタン
SETTAN

シェフ 吉田繁雄

15/20

フランス料理

稲穂が頭を垂れ、曼珠沙華が鮮やかな里山風景の中にスタイリッシュな建物が現れる。フランスで訪れたオーベルジュに感銘を受けた吉田氏が、大阪の「リュミエール」で統括料理長などを務めた後、2021 年に出身地である神戸市北区に居を構えた。モットーは摂津丹波のテロワールを表現した「地の料理」。和のエッセンスを織り交ぜ、自然と向き合いながら素材の本質を見極める。シェフ自らが手がける庭園と、スタッフ全員で関わる田園が広がる景色の中で、「六甲」と名付けられた一皿からコースが始まる。異なる風味や食感を掛け合わせ、まるで六甲山系を散策しているかのように五感が刺激される。遊び心に溢れた演出は、藁焼き料理でも楽しめる。コースの途中で庭先へいざなわれ、ロースターから立ち上る香りに胸躍らせる。香ばしく焼き上がった翡翠のような青茄子は、この土地の豊かさを饒舌に語り、モダンな立杭焼に盛り付けられた品々は、この地の伝統と恵み、これからの可能性を象徴するかのようだ。吉田氏は培ってきたフランス料理の技巧を重ね、「一意専心」の精神をもって地方の食文化の発展を目指す。摂津丹波の新しい風に心ゆくまで癒されたい。

☼：5,500 円～ 16,500 円　☾：5,500 円～ 16,500 円

Tel: **078-224-5013**

兵庫県神戸市北区八多町
屏風965

定休日：月曜（祝日の場合は翌日）

☼：11:00-12:30（L.O.）
☾：17:00-18:30（L.O.）

※完全予約制

北野坂 木下
Kitanozaka Kinoshita

シェフ 木下憲幸

15.5/20

イタリア料理

神戸の地で、今、最も注目を集めるレストランの一つだ。カウンターのみの小さな空間で繰り広げられる料理はライブ感に富み、シェフの卓越した調味感覚が発揮されている。木下氏は、イタリアの数々の名店で経験を重ねたのち、神戸市の「リストランテ ドゥエ」では、最先端の調理法を駆使し、多くのゲストを引き寄せた。現在は大きく方向転換し、火入れには炭や薪を用い、シンプルに素材の本質を追求するスタイルへ姿を変えている。中には素材の味を重ねた料理もあるが、それでも各々の食材が個性を発揮し、持ち味を損ねていないのは、シェフが素材の個性や本質を理解しているからに他ならない。型の良い鮑は肝の中で炊いて芯まで味を浸透させ、鮑の本来的な美味しさが表現され、驚愕の一品に仕上がっている。甘みの強い白イカは山葵やアンチョビを利かせてカルパッチョ風に仕立て、官能的な甘さへと着地する。雲丹や白イカを贅沢に使った米のサラダや釣りの甘鯛など、厳選された食材をさらに美味しく調理するセンスには、ただただ驚かされるばかり。市場を通さず直接仕入れる素材も多く、生産者との信頼関係が木下氏の料理を後押ししている。関西屈指のイタリア料理店である。

☼：16,280 円　☾：24,200 円

Tel: **078-221-2261**

兵庫県神戸市中央区
中山手通1-24-14
ペンシルビル 2F

定休日:日曜、月曜ランチ、月 2 回不定休あり

☼：12:00- 一斉スタート
☾：18:00- 一斉スタート

リストランテ ダ ルーポ322

Ristorante da'lupo322

シェフ 森 良之

15/20

イタリア料理

Tel: **0798-22-9744**

兵庫県西宮市産所町
3-22

定休日：月曜、第１日曜

☾：18:00-22:00

※季節により価格の変動あり

料理が好き、ワインが好き、イタリアが好き。森の中の一軒家のように柔らかな明かりが灯るこの店には、そんな森氏の思いが溢れている。炭火の香りのなか、その日の食材やワインについての軽快な会話が飛び交い、息の合った夫妻のサービスも心地好い。大きなポルチーニを目を細めて見つめるシェフの姿からは、食材に対する愛情がにじみ出ている。葡萄や無花果の葉、可憐な花々を用いた鮮やかな盛付が食欲をそそる。しかし一転、赤々と燃える焼き台に向かえば、シェフの目は変わる。焼き上がりまでに４時間を要する蝦夷鹿は、ルビーのように輝き、はち切れんばかりの生命力を宿している。決して気どらないイタリアらしさを大切にしながらも、その仕事は実に丁寧で細やかである。コースは仔羊、仔山羊、山鳥など季節ごとにメインとなる食材を中心に、緻密に構成される。秋のコースでは、様々な種類の茸をふんだんに用い、白トリュフの季節はたちまち席が埋まる。森氏はそれぞれの香りと個性を最大限に生かし、繊細な味付けを施していく。「ダ ルーポ」の小さな扉を開けば、移りゆく四季を、食の歓びとともに存分に感じることができるだろう。食通たちが集う、とっておきの隠れ家だ。

☾：**16,500円～**

カセント

Cá sento

シェフ 福本伸也

16.5/20

スペイン料理

Tel: **078-272-6882**

兵庫県神戸市中央区
中山手通4-16-14

定休日：月曜、火曜

☾：18:00-19:30 (L.O.)

神戸の街は多様な文化を受け入れ、それらにオリジナリティーを加え育んできた。独自の進化を遂げる福本氏の料理もその意味において極めて神戸的だ。氏の独創的な発想を縦糸に、修業時代を過ごしたバレンシアをはじめとする世界各地の佳肴を横糸として織り成す複雑かつ優美なタペストリーのような料理は、今やこの街を代表するガストロノミーだ。しかし、複雑とはいえ、その持ち味は奇抜なモダニズムではない。福本氏は、兵庫県産を中心とした国内の食材と向き合い、探究を重ね、徹底して手を加える。料理に一貫して流れる美食に対する姿勢は、むしろ普遍的なものといえるだろう。例えば、日本のおじやのような米料理「オジャ」は、初めて口にする人にも不思議な懐かしさを与える、まさに不易流行の一品だ。日本とスペイン、遠い二つの国が地域の食材を通して手を結ぶ。その触媒となるのが福本氏の卓越した感性である。淡路の鱧はイベリコ豚のハムを添え、米のソースで仕上げる。馴染みのある食材が合わさり、作り出される新しい顔に思わずハッとさせられる。地に足がついていながら、常に驚きと楽しみを与えてくれる。それが、人々が「カセント」に通い続ける理由だろう。

☾：**31,000円**

料理屋 植むら

17/20

Ryouriya Uemura

シェフ **植村良輔**

日本料理

三ノ宮駅から徒歩で10分程、北野坂にあるビルの4階、インターフォンで承認を受けて中に入る。エレベーターを降りて、まず目にするのが、親交のある「日本料理 龍吟」山本征治氏から贈られた額入りの松葉蟹の甲羅。冬の蟹料理の季節、最盛期には、浜坂漁港で水揚げされる松葉蟹の中でも最高クラスといわれる1.6kgの活け蟹がカウンターに登場する。蟹には店の名前が入ったタグが付き、浜坂漁港で植村氏が特別な存在であることを物語っている。蟹は客の目の前で締められ、すぐに料理が始まる。その一連の動作に、劇場の舞台のように見入り、調理された蟹を口にすると、これが日本一の松葉蟹ではないかと思ってしまうほどの美味しさだ。サーブされる日本酒は搾りたての新酒。店内の設えや器も最も上質なもので整えられており、長い銀杏の一枚板のカウンターや見事な蒔絵のお椀、柿右衛門をはじめとする骨董、オーダーメイドの鮑を模した大鉢など、魅了されるのは料理だけではない。植村氏は、こうした完璧さを少し崩して遊んでいるのだろう、カウンターの天井にはシールが貼られ、ゲストに冗談も飛ばす。すべてが植村氏の掌の上、その圧倒的な世界観は、唯一無二のものである。

☼：33,000円〜　☾：33,000円〜

Tel: 078-221-0631

兵庫県神戸市中央区
中山手通1-24-14
ペンシルビル 4F

定休日：不定休

☼：土・日・祝
12:00- 一斉スタート
☾：18:00-/21:00-

※完全予約制
※季節により価格の変動あり

日本料理 淡流

15/20

Nihonryori Tanryu

シェフ **中江悠文**

日本料理

姫路駅の程近く、2019年に開業した日本料理の新鋭だ。数寄屋造りの店内は簡素にして静穏に時を刻み、網代天井や無垢の白木のカウンターなどの設えも秀麗で、心の落ち着きを覚える。中江氏は海外で腕を磨いたほか、「銀座小十」では料理長を任された実力派。地元の兵庫で独立し、そのチャレンジは新たなステージに入った。食材のほとんどが兵庫県産で、特に西部の産物にスポットを当てる。日本酒は県内産のみとする姿勢も潔い。すでに地域の生産者と信頼関係を築き、出来る限り自ら収穫するなど地域に根を下ろしたスタイルを確立している。料理に特別な仕掛けやこれ見よがしなものは存在しない。しかし、すべての料理が洗練されており、無駄がなく、しみじみと美味しいものばかりだ。坦々とひたむきに素材に向き合い、素材の持つ力を引き出すことに注力する姿勢に感嘆する。料理から垣間見られる店主の実直な姿は、そのままゲストの心に響くに違いない。大の器好きで、修業時代からコツコツ蒐集してきた器はバラエティーに富み、料理に華を添えている。地域の優れた食材を得て、姫路から全国へと発信する中江氏の挑戦がどのような実を結ぶのか、期待せずにはいられない。

☼：20,900円〜　☾：20,900円〜

Tel: 079-240-8872

兵庫県姫路市朝日町58
メゾンソレイユ 1F

定休日：不定休

☼：12:00-12:30
（最終入店）
☾：18:00-20:00
（最終入店）

Tel: **078-515-6655**

兵庫県神戸市中央区
中山手通3-2-1
トア山手ザ神戸タワー112

定休日：不定休

☼：12:00-
☾：18:00-

すし うえだ

Sushi Ueda

シェフ 植田将道

16/20

寿司

2018年の開業だが、植田氏が未だ20代であることに驚く。最上級の地元食材の、旨み、香り、食感、温度を重視し、メリハリのあるダイナミックな鮨を握る植田氏。所作は、より品格を増し華麗になり、個性に一層磨きがかかっている。鮨前から始まるスタイル。特に碗で酢飯に合わせる仕立ての、淡路島のフグの白子と炙ったノドグロの２品が印象に残る。握りは定番の生穴子から。ハリイカは「トロッと」感で、石鯛は「歯がサクッと入る」食感で魅了する。アイナメ、鰆から、鮪、海老の流れでは温度による味や香りの立たせ方を味わわせ、山あり谷ありの行程にワクワクする。この間、酢飯も交換。後半は時間経過により酢飯の食感がより柔らかく変化し、同じように香りや歯ごたえを重視した鮨種と合わせても、異なる印象が楽しめる。鮪の赤身、大トロ、背トロ、トリ貝、フグと贅沢な鮨種の連続に圧倒される。「いずれは鮨のみで勝負したい」と語る植田氏。現在を変化の過程とするならば、これからどう進化していくのだろう。西の名匠と呼ばれる日を楽しみに、今は、若さ溢れる鮨を堪能したい。

☼：25,000円　☾：25,000円

5	全てに卓越したレストラン	19～20点
4	非常に素晴らしいレストラン	17～18.5点
3	素晴らしいレストラン	15～16.5点
2	料理人の個性を感じるレストラン	13～14.5点
1	良いレストラン	11～12.5点
トックなし	美味しいレストラン	10～10.5点

クレジットカード

個室あり

バリアフリー

ラ・トラース

LA TRACE

シェフ 佐藤 了

15/20

フランス料理

JR 奈良駅から徒歩数分という恵まれた立地に 2016 年に開業。フランス・ブルゴーニュで修業後、都内でシェフを務めた佐藤氏が、故郷の新潟ではなく、この地で店を開いたのは、奈良の自然と歴史ある食材の多さに魅せられたからだ。大和肉鶏、大和当帰、ひもとうがらしなどの様々な奈良食材。佐藤氏は料理の方向性を食材そのものの力にゆだね、時に野趣を感じさせるラフな仕上げもいとわない。たとえば素朴な見た目の前菜、バターナッツかぼちゃを縦割りにしてローストした一皿は、ロックフォールの塩味や乳成分とかぼちゃの甘みのバランスが素晴らしいが、ロックフォールを薄く切ってかぼちゃの表面に張り付け、意表を突く。その不均一感こそが、また美点でもあるのだ。シンプルに、手をかけすぎず、食材の力を培ってきた技術によって更に魅力的にする。塩味と甘みの組み合わせは佐藤氏の得意とするところか、そのセンスの良さが、料理の随所に窺える。店名の意味する「足跡」とは、料理を支える魅力的な食材の来歴をたどり、尊重するということ。そして生産者が素材を生み出すためにかけた時間への敬意を、時計の文字盤をあしらった店のロゴマークにも込めている。

☾：14,300 円

Tel: **0742-33-4000**

奈良県奈良市大宮町
2-1-5 カーサヤマグチ 1F

定休日：日曜、他月 2 回ほど不定休あり

☾：18:00-22:00
(L.O.20:00)

コムニコ

communico

シェフ 堀田大樹

14/20

イタリア料理

東生駒という決して立地的な優位性があるとは言い難いこの地で、地元はもちろん県外のゲストをも魅了するイタリアンレストランだ。店名の「コムニコ」とは、ラテン語で分かち合うことを意味する。その名の通り、県内の優れた生産者と手を組み、思いを料理に込めてゲストと共有するべく心を砕く。表現するのは堀田氏の感性を駆使した奈良を中心とするテロワール。そのインスピレーションの赴くままに繰り広げられる料理は、唯一無二といえよう。堀田氏は国内外で精力的に腕を磨き、「アコルドゥ」川島宙氏から現店舗を引き継いで独立した。洗練された料理に対し、店内はアットホームで寛げる空間だ。三輪の手延べそうめんの製法で作られたというパスタは、不思議な食感がクセになる。合わせるソースはパプリカや赤万願寺とうがらしをベースに、蛸の塩味やケッパーなどの薬味が調和し、親しみやすい中にもエッジの効いた味の構成が面白い。メインの倭鴨のローストは、巧みな火入れによって皮目の香ばしさを引き出し、繊細な鴨の味わいを緻密に突き詰めたひと皿となっている。堀田氏が追求する奈良のローカルガストロノミーが、いかなる進化を遂げるのか、目が離せない存在だ。

☼：7,700 円～ 14,300 円　☾：14,300 円

Tel: **0743-85-6491**

奈良県生駒市東生駒
2-207-1-111

定休日：月曜、他不定休あり

☼：12:00-15:00
(最終入店 13:00)
☾：18:00-22:00
(最終入店 19:30)

アコルドゥ

akordu

シェフ 川島 宙

16.5/20

スペイン料理

Tel: **0742-77-2525**

奈良県奈良市水門町
70-1-3-1

定休日：月曜、他不定休
あり

☼ : 12:00-13:00 (L.O.)
☾ : 18:00-21:30
(L.O.18:30)

※ 2023 年価格変更予定

東大寺の旧境内跡地、目にも鮮やかな白壁の奥には、ガラス張りのモダンな異空間。東京、スペイン、そして辿り着いた奈良の地で、川島氏は悠久の時を超え、食への思いを皿の上に描き続けている。謎かけのようなメニューカードを１枚ずつめくってもらいながら、束の間、料理へ思いを馳せる。書かれているのは、食材、調理法、料理名、はたまた万葉集の和歌。「鯛を食べたい」という趣旨の歌が記されたカードで登場するのは、醤酢と蒜の代用の葱で和えた金目鯛。これに大和肉鶏のレバーコンフィと苺のソルベを合わせるという、驚きの一皿だが、苺の甘みが全体を優しく包み、味覚、色彩ですべての食材を引き立て、見事な調和と美味を生んでいる。奇を衒った派手な料理は一切なく、ガスパチョ、ジェノヴェーゼ、大和牛のアサードなど、馴染みのあるメニューに季節を盛り込み、厳選した奈良の食材を用い、センスと技で記憶に残る上質な料理へと昇華している。「ホテル西洋 銀座」「ホテルオークラ」、スペインの「ムガリッツ」など、最高峰での経験をベースに、果敢に挑戦を続ける川島氏。「記憶」を意味するレストランは、訪れる人々に料理を通して古都・奈良を深く刻み込んでいる。

☼：8,250 円～　☾：15,950 円～

白

Tsukumo

シェフ 西原理人

15.5/20

日本料理

Tel: **0742-22-9707**

奈良県奈良市紀寺町968

定休日:月曜、毎月最終日、火曜・金曜・毎月１日ランチ、他不定休あり

☼ : 12:00-
☾ : 18:00-19:00

※仕入れにより価格の変動あり

※クレジットカードはVISA、Master、Amexのみ使用可

「京都吉兆 嵐山本店」で研鑽を積み、ニューヨーク、ロンドンと活躍の場を広げてきた西原氏が帰国後、2015 年に奈良で開店、2021 年に風情あるならまちエリアへ移転した。シンプルでモダンな店内、カウンターの向こうには辻村史朗氏の作品が飾られ、佇まいに品格を加えている。桜井市の談山神社本殿に映える紫陽花をイメージした「鱧と生麩のお椀」は、少し強めの塩味が椀種の輪郭をはっきりさせ、その上に叩いたオクラで紫陽花の花弁を、三つ葉で葉を表現し、鰹節の香り漂う湯気の中に、紫陽花を浮かび上がらせる。色鮮やかな「お造りの盛り合わせ」は、鮪、金目鯛、アコウ、シマアジ、湯引きした新イカ。西原氏がピンセットで隙間に、木の芽、花、蓮根、自家製カラスミを埋め、注射器で辛子やタレをのせていく。皿の上の絵画のように美しく、山葵、塩、カラスミ、ちり酢と、様々な味で楽しめるお造りである。締めはトマトウォーターで炊き上げた「トマトご飯」に焼きトマトと大和牛を添える。仄かなトマトの甘みと大和牛の旨みがバランスよく、西原氏の実力のほどが窺える。繊細で美しい料理から、国籍を問わず旅人がダイレクトに奈良の魅力を感じられる店である。

☼：20,000 円～　☾：20,000 円～

奈良 而今

15.5/20

Nara Nikon

シェフ 清水唱二郎

日本料理

清水氏は、奈良と京都の名店で修業を重ね、2016年、33歳の若さで故郷の奈良に店を構えた。基本に忠実な料理に、豊かな感性で創意工夫を凝らし、メリハリの利いた流れのあるコース料理は客を飽きさせない。とりわけ旬の食材を盛り込んだ八寸には心を奪われる。涼しげなうちわを象った平皿に、色鮮やかな10種類以上の料理が並んでいる。稚鮎の塩焼き、「京都舞コーン」という銘柄のとうもろこしと枝豆の寄せ揚げは熱々で供され、青い切子細工の器に入った冷たい青梅の蜜煮、鯖寿司、蛸の柔らか煮などの馴染み深い料理は、どれも美味しく箸が進む。さらに記憶に残るのは、胡麻そうめんだ。胡麻を練り込んだ三輪そうめんは独特の食感とコクのある味わいで、大和牛とフルーツトマト、胡麻クリームとの相性がとてもいい。つゆの出汁も素晴らしく、定期的にいただきたいと思わせる一品である。お造りは、鳥取県境港の本鮪、舞鶴のトリ貝、北海道の雲丹。口に入れ咀嚼した瞬間、その品質と鮮度、美味しさに驚く。数寄屋造りの店構えは、清らかで威風堂々たる佇まい。その中にどこか懐かしいホッとするような空気が流れているのは、清水氏の柔らかな人柄のなせる業なのだろう。

☼：18,400円　☾：18,400円

Tel: 0742-31-4276

奈良県奈良市鍋屋町3

定休日：日曜、月曜

☼：土12:00-
一斉スタート

☾：17:00-21:00
土17:30-/20:30-

玄

14.5/20

Gen

シェフ 島﨑宏之

蕎麦懐石

繊細な木管楽器のリード作りから蕎麦打ちに転身という異色の経歴を持つ島﨑氏。濃やかな神経と高度な技が要求される蕎麦打ちでも、毎朝、様子の違う粉と対話しながら手挽きの石臼で蕎麦を挽き、十割蕎麦を打っている。十割蕎麦は秒単位で味が変化するため、一人前ずつ湯がき、その都度席に運ぶ。極細にした蕎麦の茹で時間は、5秒というから驚きだ。昼は蕎麦のみ、夜は様々な蕎麦のコース料理が堪能できる。「梅たたきの水蕎麦」は、鬼皮を外し、実だけを挽いた「せいろ蕎麦」を、まずは軟水にくぐらせ、続いて藻塩、叩いた梅と、味の変化を楽しむ。皮ごと挽く「田舎蕎麦」は、コシと歯ごたえがあり、つゆ、辛味大根、ネパールの岩塩がとてもよく合う。蕎麦だけでなく、更科粉と水のみで作った淡い味わいの「蕎麦豆腐」、柔らかな弾力の「蕎麦がき」、蕎麦粉を炊いた濃度の高い「蕎麦湯」と、どれも名品揃いだ。蕎麦粉をまぶして焼いた「鯛の蕎麦粉焼き」は、カリッとした食感と風味が面白く、旬の甘いとうもろこしのソースも見事な出来栄えである。遠くからゲストが訪れる蕎麦の名店となった今も、女将とともに最高の蕎麦を食べさせたいという島﨑氏の真摯な姿勢は変わらない。

☼：1,210円～　☾：13,200円

Tel: 0742-27-6868

奈良県奈良市福智院町23-2

定休日：日曜、月曜、土曜ディナー

☼：11:30-13:00
（最終入店）

☾：18:00-21:00
（最終入店18:00）

※ランチはアラカルト、要予約

※ディナーは1日2組完全予約制

※個室はディナー時のみ利用可

Tel: **0749-89-1888**

滋賀県長浜市西浅井町
大浦2064
ロテル・デュ・ラク内

定休日：火曜、水曜、
他不定休あり

☾：17:30-

※半個室あり

ソウアー

SOWER

シェフ コールマン・グリフィン

15.5/20

イノベーティブ

透き通った奥琵琶湖の湖面を望むオーベルジュのレストランが、2022年4月、信楽焼タイルや土壁に石造のオープンキッチンなど、風土を感じさせるインテリアにリニューアル、新たなスタートを切った。コールマン氏はアメリカの名店で修業した後、東京「INUA」のスーシェフを務め、サービスマネージャーのキャシー・ジオン氏も元同僚だ。二人は新天地となった滋賀で、地元の産物を中心とした旬の食材を取り入れ、最先端の厨房での経験を活かした斬新なメニュー構成を見せている。滋賀の名産・そうめん南瓜は、アカイカと水キムチを合わせて冷麺のような一皿に。敦賀の甘鯛には甘いとうもろこしソースを添えて、鱗焼きのイメージを一新。一方、マキノ町で獲れた鹿肉のローストには、野草とブルーベリーを添えオーソドックスに仕上げる。締めは炭火でパリッと焼き上げたビワマスを土鍋ご飯でいただく。メニューとともに配られる生産者のリストには、農家、漁師に猟師、酒蔵やワイナリーだけでなく、器やカトラリーの職人も紹介されている。カテゴリーにとらわれず自由な発想で料理を楽しみ、土地と生産者を慈しむ。「種を撒く人」という店名の通り、撒かれた種は湖北に新たな風を巻き起こしている。

☾：16,500円〜

ゴ・エ・ミヨの歴史

ヌーヴェル・キュイジーヌ：ゴ・エ・ミヨが生んだ新しいスタイル 2

この戒律の中で最も重視しているのが、正確な火入れ、前日に準備されたソースのベースを使わずマルシェの新鮮な食材を使うこと、そして、メニューの選択肢を減らすことです。ゴ・エ・ミヨは、重くて、カロリーの高いソースを一掃し、食餌療法学の原理と、付け合わせの素材におけるシェフの創造性を高く評価しました。当時の雑誌には、この新たなガストロノミーの輪郭が明記されています。軽く、シンプルでありながら常に洗練されていること、これらは現在でも変わらず実践されている原則です。

徳山鮓

Tokuyamazushi

シェフ 徳山浩明

16/20

日本料理

羽柴秀吉と柴田勝家が雌雄を決した戦いで有名な賤ヶ岳に抱かれた余呉湖は、鏡のような湖面に戦国の世と変わらぬ四季の風景を映し出している。この湖畔にある「徳山鮓」では、店主・徳山氏を中心に家族がそれぞれの専門分野を活かして店を盛り立てている。ここで使われる食材のほとんどは店に関わる人々による狩猟、採取や農作業で自給自足される。春の山菜、夏の鮎や鰻、秋の茸、冬のジビエ。遠来の客に振る舞われる料理はどれも湖北の自然の恵みと人間の知恵によって紡ぎ出されたものだ。スペシャリテは店名にも入っている「鮓」。保存食として親しまれている近江の郷土料理「鮒鮓」を独自の発酵技術で作り出した「熟鮓」は、誰にでも食べやすいようにと独特の臭みが取り除かれ、穏やかな酸味と発酵による旨みが加わり味わい深い。また、製造方法の特許も取得している､「熟鮓」の発酵過程でできる発酵米「飯（いい）」を用いたアイスクリームの繊細な甘みと酸味は、医食同源に相応しい、満腹の胃を労わる滋味である。20 年近くに亘り、余呉湖周辺の自然の恵みとそこで暮らす人々の営みを体現する「徳山鮓」は、里山ガストロノミーのパイオニアなのである。

☼：16,500 円～　☾：22,000 円～

Tel: **0749-86-4045**

滋賀県長浜市余呉町川並 1408

定休日：不定休

☼：12:00-14:30

☾：18:00-21:00

比良山荘

HIRASANSOU

シェフ 伊藤剛治

16/20

日本料理

京都駅から電車で約 20 分の堅田駅。そこからさらに車で 30 分程の場所に、全国から食通が馳せ参じるこの山荘がある。三代目伊藤剛治氏の祖父が若狭と京都を結ぶ鯖街道沿いに 1959 年に創業。京都で修業した二代目の鮎料理が有名になり、剛治氏が月の輪熊をしゃぶしゃぶでいただく「月鍋」をメニューに加え、比良の四季の味でもてなす「山の辺料理」として脚光を浴びることになった。春は熊肉と花山椒と山菜の香りや食感を楽しむ「花山椒鍋」。熊肉と、クレソン、カタクリ、セリ、セリの根、ワラビ、筍、真っ白な山ウドを鍋に入れ、散らした花山椒とともに軽く炊く。山菜の鼻腔を抜けるような香りが堪らない。夏は琵琶湖の小鮎をふんだんに「鮎食べ」。秋は茸や松茸をいただく「山の辺会席」で山の幸の香りが座敷に溢れる。名物の冬の「月鍋」は、大皿にびっしり敷き詰められた月の輪熊の真っ白な脂が映え、見事な照りに見入り、昆布と鰹、隠し味にハチミツを使った品の良い甘めの出汁でいただく。目利きと手当てにより臭みなど一切ない熊の脂の滋味深い味わいに感嘆の声が上がる。京都の粋人たちにも磨かれた野趣豊かな四季の味は、人々を惹きつけてやまない。

☼：27,500 円～ 77,000 円　☾：27,500 円～ 77,000 円

Tel: **077-599-2058**

滋賀県大津市葛川坊村町 94

定休日：火曜、水曜

☼：11:30-13:00
（最終入店）

☾：17:00-19:00
（最終入店）

※季節により価格の変動あり

湖里庵
Korian
シェフ 左嵜謙祐

15/20

日本料理

Tel: **0740-28-1010**

滋賀県高島市マキノ町
海津2307

定休日：火曜、第1・3
水曜

☼：12:00- 一斉スタート
☾：17:00- 一斉スタート

この店の味は江戸時代の「魚屋 治右衛門」に遡る。奥琵琶湖の海津に天明4年（1784年）から続く鮒寿しの名店が供する「鮒寿し懐石」は、その歴史と独創性において稀有な存在だ。味を決める蔵持ちの菌を守るため、蔵には当主しか入ることが許されず、夏の仕込みの時期には、当主は食事も制限し、家族もそれを支える。伝統を守り抜く徹底した覚悟があるからこそ、新しい風を吹かせることができるのだ。「京都吉兆 嵐山本店」で修練を積んだ七代目の左嵜謙祐氏は、琵琶湖の食材を知悉し、伝統と革新の匙加減を心得ている。鮒寿しの「飯（いい）」を使ったパスタでは発酵食品の可能性で新鮮な驚きを与え、締めの鮒寿し茶漬けでは、郷土料理の香りと出汁を心ゆくまで愉しませる。しかし、伝統にも危機が到来。2018年には台風による甚大な被害を受け、建物が全壊。2021年、逆境を乗り越えて再建した建物は、かつての面影を残しながらもモダンな姿に生まれ変わりグッドデザイン賞を受賞している。春には対岸の海津大崎からの花筏が湖面を染める。鮒寿し、鮎、琵琶鱒、川海老、うぐい、ごり…湖国の珍羞を守り伝える「湖里庵」の新たな歴史が始まっている。

☼：16,500円　☾：16,500円

炭火割烹 蔓ききょう
Tsuru Kikyou
シェフ 西澤芽久美

15/20

日本料理

Tel: **077-545-7837**

滋賀県大津市瀬田2-2-1

定休日：第1・3・5火曜・
水曜、木曜ランチ

☼：11:30-14:00
(L.O.13:00)
☾：17:30-22:00
(L.O.20:30)

瀬田唐橋の近く、炭火を活かした割烹店。まず滋賀に限らず全国の貴重な食材が並ぶメニューに驚かされる。西澤氏は、地元の猟師と雪が残る山に猟に出て、ジビエを仕留めると自ら捌き、獲物や部位に合わせた料理を作る。禁猟期間には生産者のもとに足を運び、希少な天然の素材が手に入れば、数量限定のメニューを作る。その行動力があるからこそ、全国の珍しい食材が揃うのだろう。この日のお刺身は天然琵琶マス、京丹後・魚政のイサキ、剣先イカ、皮目を炙ったノドグロ。魚も、添えられた季節の野菜も新鮮さは群を抜き、見た目も美しい。「肝パテ」は、一口で肝の鮮度の良さがわかる鹿などの肝で作る自家製パテだ。人気の「焼き野菜盛合せ」は極太のホワイトアスパラガス、イタリア原産の黒キャベツ、上賀茂・田鶴農園の千両茄子、京いんげんなど10種類。低温でじっくり焼いた黒キャベツは海苔のように真っ黒だが、香ばしさと甘みが格別だ。琵琶湖の天然鰻の白焼きは驚くほど肉厚で、あとを引く旨みが心地好い。ご飯のお供は「鹿のそぼろ」。個体差のある天然の獲物を活かした煮込み料理だ。西澤氏が厳選する「自然の恵み」を余すところなく味わいたい。

☼：1,980円～6,600円　☾：6,600円～16,500円

淡海料理 Tovin

Tankai Ryori Tovin

シェフ 大西正紀

13.5/20

日本料理

昭和９年（1934年）に建設された旧大津公会堂は、４つの飲食店が入るグルメスポットとなっており、陽光射しこむ半地下にあるのがこの店だ。すべての料理に滋賀県産の食材を使い、飲み物は日本ワインのほか、日本酒は滋賀県の地酒のみという地産地消を旨とする。オーナーシェフは甲賀市の元焼き鳥店の店主で、ホテルで７年間フランス料理の修業経験も持つ。前職で出合った日本ワインと食事の相性に触発され、ジャンルにとらわれないコース料理の店をと2020年に、この店を開いた。厳しい状況下でのスタートだったが、地産地消をコンセプトとする美味しい料理と酒が評判を呼び、知る人ぞ知る店として今に至る。コース料理の「TORIあわせ」は、朝挽きの淡海地鶏のタタキとつまみ料理の盛り合わせの二段重、メイン料理は淡海地鶏を炭火で焼いた焼き鳥スタイルだ。締めの麺「淡海拉麺」は、淡海地鶏の骨ガラでとった美しく澄んだダブルコンソメのスープが滋味深い。魚介は「琵琶湖八珍」と呼ばれる産物８種やタテボシ貝など、地元漁師との交流がなければ手に入らないものも揃える。日本ワインも種類豊富で、ペアリングも楽しめる。レトロな建物で滋賀の食と酒を味わいたい。

☼：4,500円～6,500円　☾：6,500円～9,000円

Tel: 077-572-6356

滋賀県大津市浜大津
1-4-1

定休日：水曜、他不定休あり

☼：土・日 12:00-14:30
☾：18:00-22:00

※完全予約制

ゴ・エ・ミヨの歴史

ヌーヴェル・キュイジーヌの十の戒律

1. 火を入れすぎない
2. 新鮮で品質の良い食材を使う
3. メニューを軽くする
4. 必ずしもモダニストである必要はない
5. それでも、新しい技術で何ができるかを研究する
6. マリネ、熟成、発酵などは避ける
7. 重いソースは無くす
8. 食餌療法を無視しない
9. プレゼンテーションでごまかさない
10. 独創的であれ

オテル・ド・ヨシノ

hôtel de yoshino

シェフ 松本真平

15.5/20

フランス料理

Tel: **073-422-0001**

和歌山県和歌山市手平
2-1-2
和歌山ビッグ愛 12F

定休日：月曜、火曜

☼：11:30-14:00
☾：17:30-21:00

2022年7月、15年間「オテル・ド・ヨシノ」のキッチンを守ってきた手島純也氏のシェフ退任のニュースは日本のフランス料理界に大きな波紋を呼んだ。同時に手島氏が去った「オテル・ド・ヨシノ」の今後は、業界のみならず食通にとっても関心事の一つとなった。在任15年の間に、手島氏が独自に深化させたクラシックフレンチで存在感を示したことは食の世界では誰もが知るところである。その一方で、手島氏は後進に伝統と技術を伝え育成することにも余念がなかった。新たにシェフに抜擢された松本氏は手島氏の下で料理人として研鑽を積んだ一人、奇しくも手島氏がシェフとなった年齢と同じ32歳での就任である。2022年8月からシェフを継いだ松本氏は、目下、手島氏の師匠であるグランシェフ吉野建氏のサポートを受けながら基礎固めを進めている。手島氏、そして吉野氏から受け継いだエスプリと技術、「ジビエのトゥルト」や「スープ・ド・ポワソン」に代表されるレシピの数々、和歌山のテロワールを大切にする生産者とのネットワークを活かし、「オテル・ド・ヨシノ」という舞台でどう発展させ自身の料理を構築していくのか、松本氏にかかる期待は大きい。

☼：**4,400円〜23,100円**　☾：**12,100円〜23,100円**

ヴィラ アイーダ

villa aida

シェフ 小林寛司

16.5/20

アグリガストロノミー

Tel: —

和歌山県岩出市川尻71-5

定休日：不定休

12:00-

※2名〜6名まで、3日前までの予約制

ローカルガストロノミーの先駆者ともいえる小林氏だが、和歌山での野菜栽培を20年前から続けていることは忘れてはならない。日々100種類以上の野菜と向き合うことで初めて選択される調理法、味があり、それは個性などというありきたりな表現に収まるものではない。素材と料理の両方について考え抜く料理人にのみ現れるロジックに従って料理が作られているのだ。5月の季節感は数々の豆で表現されていた。名残の涙豆のはかなさに心打たれることから始まった食事が、烏賊、木の芽、こごみと蛤などと組み合わされて三度供され、その度に違う顔を見せるそら豆の輪舞を経て、最後にはデザート仕立てにした、蕗の薹とパースニップを組み合わせたそら豆がカゲロウのような甘みを舌に残して消えていく。その時、豆という存在と別れを告げることにほとんどノスタルジアさえ感じる。料理を扉として知らない世界に足を踏み入れる、子供時代に読んだファンタジーのような奇跡は、ごく限られた料理人のもとにしか訪れないものであり、実はローカルガストロノミーの醍醐味もそこにこそあるのではと理解する。ここでの体験は、一日ゆっくり時間をかけて行う価値が十分にあるものだ。

☼：**24,200円**　☾：**24,200円**

RESTAURANTS
レストラン

レオーニ

Lionni

シェフ 小野淳一

14.5/20

フランス料理

Tel: 086-255-7772

岡山県岡山市北区絵図町 9-40

定休日：月曜

☼：11:30-14:00 (L.O.)
☾：18:00-22:00 (L.O.)

レストランは旧陸軍将校の社交場として建てられた旧岡山偕行社が残る岡山県総合グラウンドのすぐ南側の一角にある。庭にはオリーブやハーブが茂り、コート・ダジュールの別荘を思わせるオレンジ色の屋根。建物の中に足を踏み入れると、天井が高く広々とした空間が広がっている。３種のアミューズがのせられたカッティングボードの竹細工の格子模様が清々しい。最初の皿は、徳島産の岩牡蠣が水茄子、洋梨、タピオカとともにジュレの中に浮いている。あしらわれたナスタチウムの葉が目にも鮮やかで、岩牡蠣の甘みがとても上品に感じられる。続いて剣先イカとアーティチョーク。道明寺粉を焼いた薄いピンクのチップスとアーティチョークの茶色のコントラスト、皿の左半分には根セロリを使った白いソースが２ヵ所、さらに白いエディブルフラワーもちりばめられており、絵画のようなプレゼンテーションで、剣先イカを使ったフランス料理の可能性が感じられる。締めの魚介類の焼きそうめんには、ベイカの旨みがギュッと詰まっており、エスニックのニュアンスもある。ハーブと野菜で魚介の新しい味覚を発見できるレストランである。

☼：3,900 円～ 7,800 円　☾：11,000 円

ミザンセーヌ

Mise-en-scène

シェフ 山田侑欣

14/20

フランス料理

Tel: 086-289-6194

岡山県岡山市北区錦町 8-11 フェリス錦町 3-A

定休日：水曜、他不定休あり

☼：12:00-14:30
☾：18:00-22:00

2020 年８月に開店した比較的若い店だ。困難な状況下でのスタートで、「普通という状態がよくわからない」と語る山田氏だが、料理は極めて華やかで鮮やかな輝きを見せている。街中でありながら自然を感じさせる西川緑道公園を借景に、大きな窓と高い天井がもたらす開放感のある店内は、「ミザンセーヌ（舞台演出）」の名の通り、ある種の高揚感、祝祭感に満ちている。レストランで修業後、調理師学校の講師を務めていたという山田氏は、アミューズからデザートに至るまで、緻密で手の込んだ色彩豊かな世界を展開する。ラングスティーヌのカダイフ包み揚げは発酵ブルーベリーソースの紫色をアクセントに、真鱈の白子には和栗のヴルーテで色合いの異なる白色の重なりを美しく見せる。また精巧な火入れがなされた宮崎の和牛のフォー・フィレの赤色には、黄色のバターナッツかぼちゃのピューレを合わせるなど、色映えと味の両方を満足させる見事な“演出”で楽しませてくれる。県北の肉や乳製品、瀬戸内の魚介類やフルーツといった岡山の地の食材を活かしつつ、さらに美味しさを求めて産地を巡る仕入に向けた探究心は、新たな“作品”に繋がっていくに違いない。

☼：7,700 円　☾：13,500 円

レ ピエール プレシューズ

les pierres précieuses

シェフ 藤田三四郎

14/20

フランス料理

岡山駅から車で約10分、名物ストリート、オランダ通りに店を構えるフランス料理店。藤田夫妻は、席を最大3テーブルに絞り、ホスピタリティー溢れるアットホームな空間を創り出している。京都のホテルに8年間勤め、パリの「abri」でも研鑽を積んだ藤田氏は、岡山のフランス料理界におけるニュージェネレーションの一人である。料理メニューには、3つの食材の名前が記され、それをどのように皿の中で組み合わせるかを楽しむ。ワインペアリングが推奨されるのも、そこに4つ目のコンビネーションを加えることを意図してのことだ。「蛍烏賊 ホワイトアスパラガス じゃが芋」と記された一皿では、じゃがいもはピュレとニョッキに形を変えて、特にニョッキの焼いた香ばしさが土の香りを連想させ、蛍烏賊とホワイトアスパラガスの春らしさをより引き立てている。そこに4つ目の要素として南フランスのオレンジワインが、更にその味わいを膨らませるというわけだ。藤田氏は、ジビエが苦手な人のために根菜を使った基本のソースに加えて、スパイスの効いた甘酸っぱいソースを用意して食べやすくしたりと、フランス料理がより身近なものになるよう様々な試みも行っている。

☼：4,500円～10,000円　☾：9,500円～12,000円

Tel: **086-207-2270**

岡山県岡山市北区表町
2-6-64 1F

定休日：月曜

☼：12:00-14:30
(L.O.12:30)
☾：18:00-21:30
(L.O.19:30)

※クレジットカードは
ディナー時のみ使用可

エッセレ

essere

シェフ 岡﨑浩一

14/20

イタリア料理

夕刻のひととき、「和」をコンセプトとしたライトアップを眺めながら西川用水に沿って桃太郎大通りから南へ向かうと、公園沿いのビル2階にヨーロッパの家に迷い込んだかのような空間が広がる。ドアを開けると、カラーグラデーションを活かした上品な色合いのフラワーアレンジメント。白を基調としたインテリアも上質で、心地好い時間を過ごせる。スタートはイタリアのソーセージ、サルシッチャのパイ包み。手でつかんでいただくと、じゅわっと肉汁が口中に広がる。キリリと冷えた辛口ロゼのシャンパーニュとハーブの風味も感じられるサルシッチャとのマリアージュは、空腹の身体にエネルギーがみなぎるようだ。続くダイス状の仔牛の軟骨を使った煮凝りと白いんげん豆をサルサ・ヴェルデで和えた一皿は、刻んだ茹で卵が見え隠れしてどこか懐かしいホッとする味わい。メインの仔羊に添えられた岡山県牛窓産の有機野菜は、トリュフソースの濃厚さにも負けないくらい濃く、北イタリアの家庭料理と岡山野菜の相性の良さを感じる。シェフとソムリエのコンビネーションが光る北イタリア料理を、現地の裕福な家庭に招かれたような雰囲気で味わえる店である。

☼：6,050円～9,350円　☾：14,850円～19,800円

Tel: **086-206-1575**

岡山県岡山市北区田町
2-13-1 SWISS西川 2F-B

定休日：火曜

☼：12:00-15:00
☾：18:00-22:00

ブリコール

Bricole

シェフ 矢長謙三

14/20

日本料理

Tel: **086-425-6611**

岡山県倉敷市中央1-6-8
2F

定休日：月曜

☾：18:00-22:00

岡山県を訪れるならば、まず足を運びたいのが倉敷美観地区だ。JR 山陽本線で岡山駅から 20 分弱、倉敷駅に着き、15 分ほど歩くと、日本最初の西洋美術を中心とした私立美術館である大原美術館を含む倉敷美観地区に着く。パルテノン神殿風の美術館を右手に、倉敷川畔の白壁土蔵を左手に見ながら美術館の角を曲がると目に入るコンクリート打ちっぱなしのビル。2 階への階段が「Bricole」への入り口だ。最初の皿は、たたき鱧のジュレがけ。山芋のすりおろしが鱧の下に敷かれている。上にのせられた刻み茗荷の冴えた香りとジュレの酸味が、たたき鱧の微かな甘さとよく馴染む。まるでガラス細工のようなじゅん菜が食感のアクセントだ。いただいた日本酒は寄島町の「嘉美心」。備中杜氏の醸す旨口の純米酒は、瀬戸内の山海の幸が彩る皿の中でも、鰆の白子やベイカという主役の繊細な味わいを邪魔しない存在感のある名脇役である。中盤の鱧と米茄子の鍋仕立ての出汁も、流石、出汁に関する著書もある矢長氏、米茄子の甘みと鱧の繊細な味わいを上手く繋げる役割を果たしている。今後はどのような食材のペアリングで、出汁という触媒による化学反応を起こしてくれるのだろうか。

☾：7,500 円～ 13,500 円

鮨 縁

Sushi En

シェフ 佐藤克明

15.5/20

寿司

Tel: —

岡山県岡山市北区平和町
3-11 つるべマンション 1F

定休日：月曜、他不定休あり

☾：18:00- 一斉スタート

※予約はウェブ予約のみ

岡山駅から車で 5 分ほどの繁華街にある店は、カウンター 8 席のゆったりとした造りで、営業は一回転のみ、丁寧な仕事によって引き出された瀬戸内食材の美味しさを心ゆくまで味わわせてくれる。佐藤氏は、1976 年生まれ。地元の鮨店で 14 年間修業した後、2008 年に独立を果たし、40 代半ばを過ぎた今も進化を続けている。鮨飯は以前よりアルデンテな食感を出しているように感じられ、地元の朝日米と富士酢 3 種類をブレンドした鮨酢により、口中で酢飯がはらりとほどける。始まりは、ふっくらした牡蠣のオイル漬け、続いて、天然のシマアジを炭火で軽く炙ってハーブをのせたり、地物のナマコ、吉井川河口で獲れた青鰻を炙り、ポン酢仕立ての餡をかけた一品など、佳肴が備前焼の器に盛られ、次々に供される。その途中に、岡山名物の鰆の鮨も挟み、スモークされた鰆には塩胡椒の風味が効いている。後半の握りでは、サヨリを丁寧に酢締めして、皮を引き、贅沢に腹身の部分だけを握ったり、シラサエビや穴子など、この地ならではの魚介の味を満喫させ、黄韮の味噌汁や甘さを抑えた玉子焼きに至るまで、調理にも工夫が凝らされている。訪れるべき、岡山を代表する鮨店のひとつである。

☾：25,000 円～

魚正 山本淳

Uosho Yamamoto Jun

シェフ 山本 淳

15/20

寿司

Tel: **086-222-3505**

岡山県岡山市北区中央町
7-5

定休日：日曜、祝日

☼ : 12:00-14:00
☾ : 18:00-21:30

岡山市内で「山もと」を営んでいた店主が2022年に生家に戻り、創業70年を超える老舗を継いだ。山本氏は寡黙である。しかし、その料理や鮨は「主役である魚介の味を、しっかり味わってほしい」と雄弁に語っている。シンプルに魚介の良さを引き出した酒肴もそうだが、特に握りにそれを感じる。スペシャリテの一本穴子をはじめ、どれも鮨種の切りつけは大きめだ。これに従うのは、酸を控え目に塩を効かせた白い酢飯で、種は酢飯をスッポリと覆うようにくるんでいる。あえて喩えるなら、新鮮な魚介を前面に出した漁師寿司を、きちんと現代的な鮨に昇華させたような握り。まるで地方の海辺の店の一つの模範解答に出合えたような、これぞまさに「瀬戸内の鮨」と言いたくなるものだ。もちろん、光ものを酢締めにしたり、大きめの鮨種でも口に残らないように身を柔らかく仕立てたりと、技術は随所に発揮されている。湯気が立つ熱々の酢飯を何度も用意していることも印象に残る。こうした近海魚介を中心に据え抑えた価格帯の鮨を、全国の特級魚介を勢揃いさせる店と比較してはならない。ここは山本氏の握りの中に込められたポリシーやその思いも併せて味わいに訪れるべき場所なのだ。

☼ : 8,500円　☾ : 16,500円

すし晴

Sushiharu

シェフ 小野晴利

14/20

寿司

Tel: **086-230-2556**

岡山県岡山市北区
野田屋町1-10-26
乗金ビル1F

定休日：日曜、祝日

☾ : 18:00-23:00
(最終入店22:00)

※21:00以降お好みも可

岡山駅から徒歩10分のところにある「他産地消」の鮨店だ。小野氏は、東京で修業中、築地の卸にも足繁く通い、知識に磨きをかけた。岡山で開店するにあたり、自身の鮨店の在り方を考え、地産地消という選択肢をあえて外した。同じコンセプトでは既にこの地に名声を得た鮨店が存在するからだ。自ら「地元の客が、岡山にない味を愉しみに訪れる鮨店」と位置付け、岡山の地酒も一種しか置かない。営業は二部制にして、後半の部では気軽にアラカルトが楽しめるスタイルをとるのも、地元の常連客への配慮ゆえ。「旅行者が岡山の味を求めるなら、『すし晴』でなくても良い」、その割り切りと潔さが、店のポジションを確かなものにしている。この日は高知県産のキンメモドキやオジサンをはじめ、全国から取り揃えた魚介を、複数の酢飯によるコンビネーションと全国の銘酒で堪能させてくれた。もちろん地産品でも良いと思うものがあれば用いており、岡山のタイラギなども味わえる。地元の人が毎月でも来られるようにと値段も考慮し、鮨前が8品、鮨が13貫ほどと、品数も豊富。価格以上の満足感が得られるよう心掛けている。こういう鮨店が身近に存在するというのは幸せなことだ。

☾ : 15,400円

Tel: **082-576-2414**

広島県広島市南区京橋町
4-14 ソル高松 1F

定休日：火曜、他不定休あり

☾：18:00-21:00
（最終入店）

エピュレ

ÉPURÉ

シェフ 浅田浩司

15.5/20

フランス料理

派手さを抑えた上品な設えと接客による落ち着いた空間。すべてが浅田氏の美学を体現している。それはフランス料理の文脈であり、エスプリ、そして料理に取り組むシェフとしての姿勢の表れである。経営していた店を閉め、1年間フランスで研鑽し、2017 年に「エピュレ」を開いた浅田氏は、年齢も 50 代となり、積み重ねた経験の集大成が、今、静かに花開いているように見える。浅田氏の料理は、一見すると他のフランス料理と同じように見える。オマール海老のポシェであったり、牛肉のローストなのだが、ひとたび口にすると、何故か、奥行きのある、しみじみ美味しいと思える味になっている。浅田氏と言葉を交わすが、その秘密は窺い知れない。おそらく、長年シェフの中に蓄積されてきた経験や勘、微細な技術が、その決定的な美味の差を生んでいるのだろう。「日本でどうフランス料理に取り組むか」は、日本人シェフが常に自身に問いかけるテーマだが、浅田氏は、それをすでに昇華し、実に自然体だ。マダムのワインの提案も、料理との幸せな時間を作り上げている。浅田氏の慎ましやかでありながら、内にある研ぎ澄まされた味覚世界は、他では味わえないものだ。

☾：**14,300 円〜**

Tel: **082-274-4010**

広島県広島市西区
古江東町11-35

定休日：火曜、水曜

☼：12:00-15:00
☾：18:00-22:30

ル・ジャルダン グルマン

LE JARDIN GOURMAND

シェフ 小山賢一

15.5/20

フランス料理

広島駅から電車で 30 分ほどの古江東町にある自家菜園を併せ持つ一軒家レストラン。店名の通り、「美食家の庭」を体現した広島を代表するグランメゾンである。小山氏は、1986 年から 3 年間、スイスの「レストラン ピュネー」、フランスでは「オーベルジュ ドゥ レリダン」「ル・ジャルダン グルマン」「サンジェームスクラブ」などで研鑽を積み、1990 年、故郷の広島市で開業した。料理は、欧州仕込みの技術と、小山氏の感性や豊富な経験から導き出されたもの。晩秋には、地物のキスの前菜に始まり、自家菜園のサラダには、マッシュルームのムースを詰めた椎茸を添える。活オマール海老のソテーは無農薬ビーツのソースでいただくのだが、プリプリとした食感が秀逸だ。広島県産の松茸を細かく刻んだフランは、濃厚な秋の香りが立ち込める。鳴門の漁師・村公一氏のスズキには冬瓜が添えられ、ほうれん草とパセリのスープが爽快なアクセントとなっている。メインの広島県産榊山牛のローストには、茄子や牛蒡などの野菜の香りが花を添える。東広島市「すざわ果樹園」の 4 種類の葡萄のパフェに至るまで、菜園の野菜を活かした、小山氏の滋味溢れる料理が堪能できる。

☼：**5,500 円〜 13,200 円**　☾：**7,700 円〜 13,200 円**

中土

NAKADO

シェフ 中土征爾

15/20

フランス料理

2020年1月、現在の場所に移り、中土氏の思い描く世界観はより深みを増し、輝きを放っている。日本料理やイタリア料理など様々なジャンルを経験し、貪欲に吸収してきたシェフが織り成す料理は趣向に富み、時に果敢なチャレンジ精神を見せる。中でも素材のオリジナリティーは、広島随一と言っていいだろう。通常はほぼ廃棄される県内産鹿のタンや、東広島市で養殖されているナマズ、日本原種の「竹の谷蔓牛」を親に持つ「いぶさな牛」など、希少な食材は数えればキリがない。その上で決して奇を衒うのではなく、素材の個性を理解し、フランス料理の技法やモダンガストロノミーの技術・器具を用いて仕上げている。炭で焼き上げたナマズは、予めガストロバックでナマズの骨の出汁を浸透させ、文字通り骨の髄までナマズを表現している。鹿のタンには鹿のコンソメ・ドゥーブルを合わせて深みのある統一感を演出し、タンらしい旨さを失っていない。シェフの飽くなき探求心がどう実を結び、いかに料理として表現されるのか、興味を掻き立てられる。中土氏の「今」を味わいたい、そう思わせてくれるフレンチレストランだ。

☼：16,500円～　☾：19,800円～

Tel: 080-5919-8148

広島県広島市中区堀川町
4-18 胡子GRIT 5F

定休日：不定休

☼：12:00-14:30
(L.O.12:30)

☾：18:00-22:00
(L.O.20:00)

※予約はウェブ予約のみ

ヒロト

Hiroto

シェフ 廣戸良幸

15/20

フランス料理

素晴らしい食材を美味しく食べてほしい、という廣戸氏の熱い思いに満ち溢れた店だ。店内は木が醸し出す落ち着いた雰囲気で、シェフの目が行き届くコンパクトな空間。ブルゴーニュ好きで知られる廣戸氏のワインの品揃えも素晴らしく、料理に合わせたペアリングでより深く料理を味わうことができる。ここではテーブル席でゆったり楽しむのも良いが、カウンター越しに調理する姿を見るのも最高の先味といえるだろう。料理は少量多皿のスタイルで、食材も多岐にわたり、パイに使うトマトは火を入れた際の美味しさを求めて品種を厳選する。広島名物でもある牡蠣も「本当に美味しくなるのは1月末から2月」と、旬を見極める姿勢を崩さない。広島が誇るブランド牛となった榊山牛もロースやイチボ、肩コブ肉など様々な部位の美味しさを存分に引き出すため、緻密な、計算された料理を提供する。じゃがいものパンケーキや野菜のソテーなど、時にシンプルな皿もある一方で、複雑で多層的な味わいをもたらす料理もあり、熟練の域に達した技巧でその食材の真の味を追い求めている。今も新しい調理器具を導入し、食材をさらに活かそうとする廣戸氏の向上心には感動すら覚える。

☾：14,500円～

Tel: 082-247-9889

広島県広島市中区
富士見町4-17

定休日：月曜

☾：18:00-24:00
(L.O.22:00)

※クレジットカードはVisa・Masterのみ利用可
※ランチは貸切営業のみ

Tel: **0823-88-0992**

広島県呉市西中央5-10-17

定休日：不定休

☼：11:30-13:00 (L.O.)
☾：18:00-20:00 (L.O.)

アミラル

Amiral

シェフ 永島茂明

14.5/20

フランス料理

在モロッコ日本国大使館公邸料理人として３年半をモロッコで過ごした永島氏は、2013 年にこの店を開き、昼夜１組のゲストに、地元の食材を駆使したキレのある料理を提供している。コースは３種類のフィンガーフードから。蒲刈産蛸のフリット、三良坂フロマージュのスカモルツァチーズ、鯖のリエットと鰯の煎餅は、いずれもシャンパーニュとの相性も良い。永島氏は、内本養鶏場の温泉玉子に、ほぐした渡り蟹の身を入れ、江田島産のオリーブオイルですっきりとした味わいを出したかと思えば、香り豊かな東広島産のアワビタケや舞茸のスープには秋トリュフを添えて、極上の秋の香りを堪能させる。メインのマナガツオは、安芸津産じゃがいものピューレ、バイ貝と茶豆を煮込んだソースでいただく。また、火入れをして最後に軽く燻製をかけた榊山牛のザブトンも、軽やかに仕上がっている。デザートは、東広島産の葡萄「藤稔」のグラニテ、ポポーとシナモンや八角、クローブなどのスパイスのソース、さらには、雪化粧南瓜のモンブランまで、地元の食材を見事に活かしきったものだ。すべての料理で、味の着地点が的確であり、もてなしの心に溢れた、わざわざでも訪れたいレストランである。

☼：11,000 円～ 17,600 円　☾：17,600 円～ 22,000 円

Tel: **082-221-2077**

広島県広島市中区幟町
12-5 幟パークハイツ 1F

定休日：水曜、他不定休あり

☼：12:00-15:00
(L.O.13:30)
☾：18:00-22:00
(L.O.19:30)

キヨ コラージュ

Kiyo Courage

シェフ 住田聖和

14/20

フランス料理

広島市の中心部、広島電鉄・胡町から徒歩２分の好立地にある2008 年開業のフランス料理店。広島県出身の住田氏はフランスや東京の「ヌキテパ」などで研鑽を重ね、広島の料理界で確たる地位を築いている。その料理の特徴は、山口県美祢市の野菜や山口県の漁港に揚がる魚介類、広島県安芸太田町の見浦牛など、極上の食材をシンプルに仕上げるところにある。20 年以上付き合いのある農家から届けられる野菜は、そのまま生で食べても美味しいくらい新鮮だが、住田氏はほんの少しの味つけで味わいをさらに深めている。スープ・ド・ポワソンは鯛や小さな地魚を叩いて裏漉ししたもので、野性味とも呼べそうな味の濃厚さを引き出す。天然鮎の塩焼きにはシャンパーニュとローズマリーのソースに栗のリゾットが添えられ、秋の深まりを感じさせる仕上がりだ。見浦牛のランプステーキはクラシックな趣で、柔らかく肉の旨みを堪能できる焼き上がりにしてコースの締めを華麗に飾る。自家製の天然酵母のパンやパンに合わせるサワークリーム、食後のミントティーや煎茶も、口にするだけでその上質さが伝わってくる。熟練の技術は変わることなく、これからも訪れる客を満足させてくれるだろう。

☼：3,900 円～ 7,700 円　☾：7,700 円～ 16,500 円

ディレット

DIRETTO

シェフ 杉野貴政

15/20 イタリア料理

裏道沿いを歩いていると忽然と姿を現すセンス溢れる建物。足を踏み入れると、薪火が燃える空間は、静謐ですらある。イタリア語で「まっすぐ」を意味する店は、素材を生かしシンプルで美味しい料理を提供するという杉野氏の姿勢をそのまま表している。始まりはスッポンの餡をのせた茶碗蒸し。餡の塩梅が良く、その後の料理を期待させる完成度の高さだ。広島らしい小粒の牡蠣のリゾット、さらに岐阜「BON DABON」の 24 ヵ月熟成のペルシュウ、千葉・木更津「クルックフィールズ」の水牛のモッツァレラチーズと続く。瑞々しいチーズと旨みが凝縮した生ハムとの相性は群を抜く。また、愛媛県産赤雲丹のパスタは、仄かな赤雲丹の苦みとレモンが美味のバランスを示し、ノドグロと甘長とうがらしのリゾットでは、薪火で上から表面を炙ったノドグロの皮目とふわふわな身との対比を味わわせる。メインの青首鴨の薪焼きは、杉野氏の丁寧な捌きによりロースとささみに分けられ、焼いた皮目の食感と薪の香りが素晴らしい一皿となる。デザートの、オリーブオイルをかけたヨーグルトアイスまで、杉野氏の厨房に招かれ、薪火を眺めながら料理とワインを楽しむような、上質の空間である。

☼：14,300 円　☾：14,300 円

Tel: 070-8338-4140

広島県広島市中区
富士見町5-16

定休日：不定休

☼：12:00-13:00 (L.O.)
☾：18:00-20:30 (L.O.)

レルミタ

L'Ermita

シェフ 浦上 昌

15/20 スペイン料理

広島電鉄・中電前で降り、中電病院に向かう途上にある隠れ家のような趣のレストラン。階段を上がり、店に入ると、カウンターの向こうで料理の準備をしている浦上氏が迎えてくれる。企業に勤めた後、ヨーロッパに渡った浦上氏は、料理の世界に入り、名店でも研鑽を積んでおり、特にカタルーニャ地方のマル・イ・モンターニャ（海のものと山のもの）、甘いものと辛いものといった伝統的な味の組み合わせを得意とする。と同時に、常に遊び心、自由な発想も忘れない。地中海を思わせる鮮やかな色彩と、意外性があり鮮烈な味わいの料理は、スペインやポルトガルのワインにぴったりだ。メロンのガスパチョは、仄かな甘みとピリッとした辛みを湛え、上にのったハーブの泡は微かに、だが印象深い風味を残し、底にあるオリーブオイルのアイスクリームからコクを感じさせるなど、何層にも重なった味に魅せられる。他にも広島の新鮮な魚介類を使ったアサード（焼き物）やボカディーリョ（サンドイッチ）、アロス・カルドソ（スペイン風のおじや）といった、料理名には馴染みがありながら初めて味わう本格料理に、ゲストは食の楽しさを改めて認識するはずだ。

☼：15,400 円　☾：15,400 円

Tel: 050-3176-1368

広島県広島市中区大手町
3-3-17 佐伯ビル 2F

定休日：火曜、水曜、
他不定休あり

☼：12:00-15:00
☾：18:30-22:00

Tel: **082-261-0608**

広島県広島市南区京橋町
6-8 藤多ビル 2F

定休日：月曜、他不定休
あり

☼：木 - 土 12:00-
☾：火 - 土 18:30-
日 18:00-

中国料理 MASUKI

Masuki
シェフ 増木利兆

14.5/20

中国料理

路面電車の稲荷町駅から５分ほどのビルの２階にある中国料理店。広東や北京、四川といったジャンルにとらわれない、非常に懐の深い店だ。横浜中華街で修業した増木氏の料理は中国料理の本流をいくものだが、同時に日本人が美味しいと思う繊細さと親しみやすさも兼ね備えている。ワンタンや春巻きといった馴染みのある料理も、慣れ親しんでいるからこそ、質の高さが伝わってくる。じっくり火入れされたチャーシューやよだれ鶏は、食材の旨みを存分に引き出すため余計なものが一切加えられておらず、完成度の高い味わいだ。中でも味の濃い餡を纏った、繊維質のしっかりとしたフカヒレの仕上げは見事で、次の来訪時にも必ずいただきたくなるほどの出来栄えだ。上湯スープや締めの青海苔ラーメンの鶏と昆布のスープも純度が高く、手間暇を掛けて作られており、身体にスッと染み渡る。カウンター席に座れば、チャーシューの焼き上がる香りや葱に油をかける音など、中国料理ならではの先味も堪能できる。酒類はワインもあり、紹興酒だけでも様々な味わい方を提案してくれる。中国茶の品揃えも豊富で、どんなシチュエーションでも満足度の高いレストランだ。

☼：**15,000 円**　☾：**15,000 円**

5	全てに卓越したレストラン	19 ～ 20 点
4	非常に素晴らしいレストラン	17 ～ 18.5 点
3	素晴らしいレストラン	15 ～ 16.5 点
2	料理人の個性を感じるレストラン	13 ～ 14.5 点
1	良いレストラン	11 ～ 12.5 点
トックなし	美味しいレストラン	10 ～ 10.5 点

クレジットカード

個室あり

バリアフリー

季節料理 なかしま

16.5/20

Nakashima

シェフ 中島徹夫

日本料理

Tel: **082-225-3977**

広島県広島市中区
東白島町10-4 1F

定休日：日曜、祝日

☾：18:00-22:00
（18:30 一斉スタート）

広島で圧倒的な存在感を放つ日本料理店だ。吉野檜の分厚い一枚板のカウンターや豪壮な欅のテーブル、欄間や土壁など堂々たる構えでゲストを迎える。中国地方を中心に一級食材を用い、料理全体から窺えるのは素材への感謝の念。その季節、その時の素材に抗うことなく、店主が美味しいと思うポイントへとしなやかに導く。その過程における膨大な手間は言わずもがな、当たり前のことを当たり前以上にやってのける凄みと、素材への忠実なアプローチが皿を通して伝わってくる。焼き方や温度、切りつけ、タイミングや見せ方に至るまで、違和感なくスッと馴染み、ひたすら美味しいと思えるものばかりだ。広島大学の研究によって生まれたという「広大鶏」など、この土地ならではの食材も興味深い。シンプルな塩焼きでこそ引き出せる味の濃さに加え、甘くキレのある脂は、鶏の旨さの一つの到達点といえよう。締めのマナガツオの土鍋ご飯は、上質な米と極上の魚の直球勝負が気持ち良い。洗練された空間美の中で、溌溂とした女将の笑顔に心を溶かされ、最初に感じた僅かな緊張感もいつの間にか寛ぎへと変わっている。それがまたこの店の暖簾をくぐる日を心待ちにさせる魅力の一つだろう。

☾：20,790 円

永山

16/20

Eizan

シェフ 舛永高太郎

日本料理

Tel: **070-4352-4891**

広島県広島市中区幟町
10-3

定休日：月曜

☼：水・金・土・日
12:00-14:30
☾：18:00-22:00

広島駅から車で５分ほどのところに気鋭の料理人・舛永氏の店はある。「神楽坂 石かわ」で料理の道に入り、「日本料理 晴山」で山本晴彦氏に仕え、2019 年、30 代半ばで広島に帰り開業、以来、全国からも注目を浴び続けている。打ち水がされた清らかな玄関をくぐると、若さ溢れる朗らかな接客が待っている。カウンターでは店主が、個室でも弟子が、きちんと料理や酒の説明をする。この店で特徴的なのは、都の味と広島の味、そのハイブリッドともいうべき味わいだ。それは、椀物の吸い地に顕著である。舛永氏は、「広島の味に寄せている」といい、意図して、昆布や鰹節も強め、更に鮪節で旨みを増している。料理によっては甘さを意識した調味も見受けられ、これを自身の味としている。活き活きとした食材の個性は、それらの調味の中でハッキリと輪郭がわかり、そのコントラストが興味深い。強い味に食材の個性が上書きされていないのだ。しかし、それだけではなく、同じコースの中に、シンプルに４時間蒸しただけという鮑の澄んだ美味しさを盛り込み、唸らせもする。鰻料理には定評があり、全国の優れた食材も舛永流に仕立てあげる。その手腕に期待は高まるばかりだ。

☼：19,000 円　☾：19,000 円

料理屋そうびき

16/20

Soubiki

シェフ 惣引保允

日本料理

Tel: 080-1645-3185

広島県東広島市西条岡町
10-24 内海ビル 3F

定休日:月曜、日曜ディナー

☼:土・日
12:00-14:30
☾:18:00-22:00

2017 年の開業以来、着実に実績を積み上げる日本料理店だ。店内は清廉な空気に包まれ、品格ある調度を配して非日常を演出しながらも、どこか素朴で柔らかく寛げる空間に仕上がっている。素材は全国からより良いものを集め、惜しげもなく供する。昆布や山葵、塩や水に至るまで、細部に惣引氏の思いをのせた一皿一皿は、まごうことなき逸品ばかりだ。自身のニュアンスを巧みに取り入れながら、季節感や節句を重んじ、日本料理の伝統と真心を伝えている。全体を通して感じるおもてなしの心は、ゲスト一人一人に寄り添ったもの。今やこの店の代名詞ともいえる八寸は、色彩豊かで美しく、箸をつけるのがもったいないと思えるほど趣向に富んでいる。コロナ禍でも食材を買い、生産者を支えたという店主の心意気も見逃せない。長崎産の極上甘鯛のお椀は 7 年物の昆布を用い、どこまでも優しく、限りなく深い吸い地が甘鯛と調和する。何気なく使われる器は、永樂、明染付、魯山人など骨董レベルのものも数多登場するが、決してそれが一人歩きすることなく料理に馴染んでいる。「風情」を尊び、あくなき探究心で突き詰める惣引氏の世界観は、日ごとに魅力を増し、輝きを放っている。

☼:16,500 円～ 22,000 円　☾:16,500 円～ 22,000 円

ゴ・エ・ミヨの歴史

1978 年、『SPECIAL VINS (スペシャル・ヴァン)』初版

ワイン特別号の雑誌を思いついたのはクリスチャン・ミヨでした。葡萄の収穫時期に料理評論家を葡萄畑に集め、フランスのワインをアピールするというアイデアが浮かんだのです。

「SPECIAL (特別号)」と書かれた雑誌は 1978 年 9 月に発行され、価格は 5 フランでした。その見出しは、現在まで引き継がれている「パリ、様々な値段のレストラン」と「全 80 ページで紹介するワインのすべてとワイン通が薦める 500 軒」です。

エヌ トロワ

N-3 trois

シェフ 野村公貴

14.5/20

フランス料理

Tel: **0836-51-9006**

山口県宇部市西岐波
2076-1

定休日：不定休

☼：11:30-15:00
(L.O.13:30)
☾：18:00-21:30
(L.O.20:00)

※完全予約制
※半個室あり

まさかこんな場所にレストランがあるとは、という宇部市の郊外、雑踏から隔絶された長閑な住宅地にある一軒家レストランだ。カジュアルかつモダンな造りには、肩肘張らずに料理を楽しんでほしいという野村氏の思いが表れている。サービスから料理人に転じた野村氏は、軽井沢・大阪・東京などで腕を磨き、故郷の宇部市で 2016 年に独立開業した。山口県を中心に独自性の高い食材を集め、特に自家栽培する多彩なハーブの使い方が巧みだ。それは息を呑むほど色彩豊かで、香りやアクセントとしてゲストの五感を揺さぶる。サーモン・フュメにパール柑やフランス産フレッシュキャビアを合わせた一皿には、自家製のディルやミントブッシュの花を添え、各々の香りがマリアージュ、シェフのセンスが溢れる。1ヵ月間自家熟成させた宇部牛サガリのローストは、葡萄の枝で香り付けし、ラタフィアソースを合わせる。レア目に焼き上げた肉の強い旨みと濃厚な味わいが鮮烈に記憶に残る逸品だ。オープンから時を経るごとに料理はより独自性の高いものになっている。地元食材との新たな出合いがシェフのインスピレーションを刺激し、更なる飛躍を後押しすることだろう。

☼：4,500 円～ 6,500 円　☾：8,800 円～ 13,200 円

レストラン 高津

RESTAURANT TAKATSU

シェフ 高津健一

15/20

イノベーティブ

Tel: **083-234-2299**

山口県下関市岬之町13-7

定休日：水曜

☼：土・日 12:00-
☾：19:00-

下関市で孤高の存在として注目を集めるレストランだ。市の中心部、国の登録有形文化財に指定された大正期の洋館という個性的なロケーション。だが、店内はその歴史的外観からは想像がつかないほど大きくリノベーションされている。むき出しの天井や柱は無骨に往時を偲ばせつつ、壁やカウンターなどはセンスに溢れ、この新旧の融合がシェフの自由な料理と共鳴し合う。高津氏の修業先は国内外に及び、福岡市の「ラ メゾン ドゥ ラ ナチュール ゴウ」を経て地元の下関市で独立。2021 年の価格改定で、より表現の幅が広がり、シェフのポテンシャルが活性化されている。サクラマスを香ばしく焼き上げ、ココナッツオイルと橙のソースやハーブでまとめた一皿は、サクラマスの脂を生かしながら香りと酸味でバランスを取り、組み合わせの妙をみせる。レタスにブルーチーズソースとキウイを合わせるなど、見た目のインパクトだけでなく、予想だにしない味わいが的を外さない。高津氏が考える「美味しい」のベクトルは全方位に向けられ、縦横無尽に追求する姿が爽快だ。そのキャラクターも魅力的で、会話は人を逸らさない。下関に行くなら是非とも訪問しておきたいレストランだ。

☼：16,500 円　☾：16,500 円

Tel: **0852-78-2720**

島根県松江市東朝日町
216-8 1F

定休日：日曜、月曜

☾：18:45-23:00
（19:00- 一斉スタート）

オマッジオ ダ コニシ

Omaggio da Konishi

シェフ 小西達也

15/20

イタリア料理

島根県には出雲大社や足立美術館など、訪れることでその奥深さに感銘を受ける名所が数多くある。食の分野で、島根のポテンシャルがより深く理解できるようになるのが松江市にあるこの店だろう。小西氏は、イタリアや、スペインの「エル・ブジ」での修業を経て、東京の有名店でシェフを務めた後、地元に帰り、2019年２月、自身の店をオープンした。島根の風土と食材を愛するシェフの思いは料理に溢れんばかりに表現されている。「フェデリーニ 白バイ貝 十六島海苔」は、隠岐の島の白バイ貝と出雲市十六島（うっぷるい）町の海岸で採れる十六島海苔が使われ、こりこりとした食感と上品な旨みの白バイ貝にざっくりとした歯ざわりの十六島海苔がちりばめられ、酸味を感じるソースが全体をまとめている。フェデリーニにすべてを絡め、塩気と旨み、香りとともに口にすると、豊穣な島根の海が眼前に広がるようだ。同じ食材でも、この地でいただくことで、風味がより引き立つのは、そこに小西氏の島根の自然への敬意とイタリア郷土料理への尊敬の念があるからだろう。ここは島根食材のスペシャリストであり、水先案内人でもあるシェフが営むレストランである。

☾：9,350 円

Tel: **090-1684-8770**

島根県浜田市内田町
435-2

定休日：不定休

☼：12:00-13:00 (L.O.)
☾：18:00-19:00 (L.O.)

リストランテ ミア・パエーゼ

Ristorante Mia paese

シェフ 竹中厚志

14.5/20

イタリア料理

海から近い山中に建つ、一軒家のギャラリーのようなリストランテだ。アクセスには厳しい立地だが、竹中氏の、創り手の思想が表れた感性豊かな料理を味わえば、ここまで訪ねて良かったと納得できるに違いない。竹中氏は極力浜田の食材を用い、味噌や木の芽など和の要素もあるが、いわゆる「和イタリアン」にはならず、「浜田のイタリア料理」として成立させている。その上で、テロワールの伝え手として物語を読み聞かせるように、料理に素朴なストーリーを添えている。新じゃがいもは裏の畑で掘ったものであるとか、ビスコッティはイタリアのホームステイ先のマンマのレシピであるとか、食材や修業先の話を聞くと、味わいがより深く感じられる。竹中氏はコース料理に、２つの対照的な要素を込めているのではないか。１つは、シンプルだがインパクトのある美味しさ。もう１つは、手の込んだ多層的な美味しさだ。象徴的なのはデザートで、蜂蜜の魅力をシンプルに表現したジェラートで感動させ、次に、メロンやアーモンドなどを複層的に構成したスープを供している。竹中氏の締め括りの挨拶にも感服。伝えたいメッセージを持つ、志あるリストランテだ。

☼：13,800 円　☾：13,800 円

島根 美加登家

Shimane Mikadoya

シェフ 山根一朗

16/20

日本料理

悠々と時を刻む清流、高津川。島根県西部の山々に囲まれたこの川のすぐそばにある店は、元は旅館業を営んでいたが、今は往時の個室を使用し、料理のみを提供、三代目山根一朗氏が老舗の暖簾を守っている。スッポンやフグコースのほか、季節に応じた会席料理などを提供して通年営業し、いずれも高いレベルを誇るが、やはりこの店の真骨頂は夏にある。高津川の恵みを背景に、鮎に特化した料理を求め、多くの人が繰り返し全国から足を運んでいる。極上の鮎をベースとし、塩焼きに見られる目利きや高度な焼きの技術は言うまでもないが、山根氏の類稀な調味センスが料理に幅と奥深さを与えている。「うるか茄子」や「うるか味噌揚げ」では、うるか特有の苦みと香りをうまく制御し、鮎らしさを発揮させながら、ただただ美味しく、芳醇な味わいに仕上げている。鮎の特性と個性を熟知し、その都度変わる個体を見極め、熟練した技術に裏打ちされた料理は、どこをとってもブレや隙がなく、高い満足度で訪れる人を虜にする。鮎のみで、これほど奥深く、気品に溢れる料理が展開できることは驚きでしかない。その味を求め、どんなに遠くとも足を運びたいと思わせてくれる稀有な料理店である。

☼：16,500 円～ 38,500 円　☾：16,500 円～ 38,500 円

Tel: **0856-74-0341**

島根県鹿足郡津和野町日原221-2

定休日：月曜

☼：12:00-13:00（最終入店）

☾：17:00-19:00（最終入店）

ファロ トラットリア

FARO trattoria

シェフ 山内智紀

13.5/20

イタリア料理

JR 鳥取駅から５分ほど歩くと、南欧の通りで見かける小さなレストランのような黄色の壁が目に入る。「ファロ」とはイタリア語で灯台という意味だが、その名の通り、街並みに灯りを点すかのような佇まいだ。店内は山荘を思わせるインテリアで、食事の前から寛いだ雰囲気が味わえる。山内氏はイタリア・モデナの名店「オステリア・フランチェスカーナ」などで修業を重ねた後、2020 年４月､生まれ育った鳥取に店を構えた。難しい時期のオープンではあったが、境港で獲れる新鮮な魚介類、鳥取の味わい深い野菜や果物、蒜山のジャージー牛乳といった地元や近郊の食材を使った四季折々の料理を目当てに、鳥取だけでなく県外からも訪れる客が多いという。山内氏の料理は一見シンプルでオーソドックスに思えるが、定番料理の生ハムとメロンに高糖度の「ペルルメロン」を用いることで、よく知っているはずの味がこんなにも変わるのかと驚かせ、カルボナーラの原形のようなチーズと胡椒だけのカチョ・エ・ペペでもイタリア修業の成果を存分に見せてくれる。どの皿からもイタリア料理らしい楽しさと郷土への愛情が感じられ、鳥取の食に新たな光を当てている。

☾：7,700 円～ 13,750 円

Tel: **0857-30-7766**

鳥取県鳥取市瓦町521

定休日：日曜、月曜

☾：18:00-22:00 (L.O.)

富山
石川
福井
静岡
愛知
岐阜
三重
大阪
京都
兵庫
奈良
滋賀
和歌山
岡山
広島
山口
島根
鳥取

みつき

Mitsuki

シェフ 光井祐樹

15/20

日本料理

Tel: **0857-23-2637**

鳥取県鳥取市末広温泉町
110 110ビル 2F

定休日：不定休

☼：12:00-
☾：18:00-21:00 (L.O.)

※季節により価格の変動あり

鳥取市の中心部にある、山陰を代表する日本料理店だ。扱う食材のレベルが高く、訪れる人は間違いなく価格以上の満足感が得られるだろう。地元産の松茸は、全国に名の通ったブランド松茸に勝るとも劣らない品質を誇り、さらには地の利を生かした状態の良さも突出している。この松茸の軸を千切りにし、鳥取が誇る和牛「万葉牛」で包み、出汁に浸した一皿は、この地の最高レベルの味覚を贅沢に詰め込んだ究極の一品だ。シンプルな松茸の炭焼きや締めの松茸ご飯でもその質は保たれ、多様な味わいを提供してくれる。また、素材を生かしたストレートな料理ばかりでないところも、店主の実力の証だ。例えば、季節の野菜の煮炊きものなど、非常に手間のかかる仕事も見事にやり遂げる。さらに、山陰の上質な甘鯛を使った天ぷらには揚げた銀杏を添え、栗を削って秋を香らせている。折々の食材を巧みに用いて季節を表現し、日本料理らしさを忘れない。日本料理に携わる者としての矜持が、そこにはある。気さくな店主との会話も楽しく、美味しい物をひたすら食す幸せに満たされる。そんなひとときを求め、わざわざ遠方からでも訪れたい。

☼：14,300円～19,800円　☾：14,300円～19,800円

酒菜 桔梗屋

SHUSAI KIKYOUYA

シェフ 細木晋治

14/20

日本料理

Tel: **0859-37-2366**

鳥取県米子市角盤町
2-63-2 1F

定休日：日曜、他不定休あり

☾：18:00-21:00
（最終入店）

※季節により価格の変動あり

まず目に飛び込んでくる数々の日本酒の瓶からも、酒を美味しく飲むことを大切にする店であることがわかる。細木氏は日本酒の純米燗酒に並々ならぬ愛情を抱いており、「久米桜」「辨天娘」「日置桜」「山陰東郷」といった銘酒を並べ、山陰は燗酒にして旨い酒の宝庫だと語る。日本酒だけではない。焼酎やビール、ワインについても造詣が深く、料理に合わせて日本酒以外の飲み物を提案する懐の深さもある。ここでは気の置けない相手と座敷で酒を酌み交わすのもいいが、カウンター席に座り、境港で揚がった新鮮な魚や滋味溢れる山陰の野菜を調理する店主の手捌きを見ながら、料理と酒を味わいたい。温度を変えて愉しめる世界でも稀な酒、日本酒の魅力を究める細木氏が推奨する燗酒をいただけば、「この酒こそが“主食”なのではないか」と思えるほどの満足感がある。もちろん料理の腕も滋賀の「招福楼」仕込み。確かな技術による正統な椀物や焼き物が出たかと思えば、ピーマンの葉を煮たり、倉吉特産「大原トマト」をシャーベットにしたりと、驚きのメニューもある。すべての料理と酒が味わいと温度のバランスを保たれ、盃も箸も止まらない。再訪を重ねる客が多いのも頷ける。

☾：6,050円～13,200円

Gault&Millau

RESTAURANTS

レストラン

Tel: **0884-77-3755**

徳島県海部郡美波町
山河内字なか26

定休日：不定休

☼：11:30-15:00
☾：17:00-21:00

※完全予約制

ラトリエあべ

L'atelier ABE

シェフ 阿部節夫

14.5/20

フランス料理

鮑や伊勢海老など魚介類の豊富な漁場と、山菜や果物が穫れる山に囲まれた美波町にある古民家レストランは、地元の食材を愛情と優しさをもって調理した料理を驚きのコストパフォーマンスで提供している。コースはデザート３皿を含めた計12～13皿ほどからなり、まずは伊勢海老に雲丹を添え、さらに雲丹のソースをかけた一皿。続いて、さっと火を通した鮑と柔らかい肝のテリーヌは、乾燥させた肝とヒモの２種類のパウダーで旨みを加え、柚子で食べやすくした肝のピュレをかけて美波町の産物を料理を通して表現する。インパクトのある前菜の後は、ハタやクエで出汁をとった優しい味わいのロワイヤルで癒されながらメインの２皿を待つ。魚料理は甲浦で獲れたノドグロのスープ仕立て。あっさり仕上げたスープには、後から出されるブイヤベースのリゾットを加え、完成させる。この地ならでは、魚の活きの良さが愉しめる。肉料理は、阿波牛のステーキ。カイノミを、これ以上ないほど柔らかく火入れし、フォン・ド・ヴォーと野菜のブイヨンや数種類のアルコールを煮詰めた少し甘口のソースでいただく。交通至便とはいかないが、この料理のためだけでも出かける価値のあるレストランである。

☼：10,000円　☾：10,000円

Tel: **080-3165-7153**

徳島県勝浦郡上勝町福原
字平間62

定休日：月曜、火曜

☼：12:00-15:00
(L.O.14:00)
☾：18:00-22:00
(最終入店 21:30)

※前日までの完全予約制

ペルトナーレ

PERTORNARE

シェフ 表原 平

14/20

イタリア料理

徳島市から車で約１時間、レストランは美しい棚田の残る上勝町の山深い集落にある。清流、勝浦川のほとりは、「アル・ケッチァーノ」で修業時代を過ごした表原氏が地産地消の精神を生かすには理想の土地だろう。ここでは徳島の山の恵みを存分に味わうことができる。香ばしいとうもろこしのスープや、都会ではなかなか見られないシオデを使ったサラダから、ほんのりと土の香りがする。自慢の天然鰻はしっかりとした歯ごたえが愉しく、木芽の香りのクリームリゾットとの組み合わせでは、和洋の巧みな融合を見せる。県内で獲れた猪はラグーソースでパスタに、メインでは塩を利かせたローストにしてたっぷりと野趣を味わわせる。口直しのイタドリのジェラートは野の香りが鼻に抜け、地元名産の乳酸発酵茶を食後に出す流れも心憎い。この地でしか味わうことのできない食材がふんだんに使われ、テロワールに十二分に触れることができるひととき。金継ぎをして大切に使い込まれた器や、古いながらも丁寧に補修された店内には、町が提唱するゴミを出さない「ゼロ・ウェイスト」の理念が反映されている。地の利を活かし、上勝の魅力を発信する気鋭の表原氏に期待の目が注がれている。

☼：4,950円　☾：11,000円

虎屋 壺中庵

Toraya Kochuan

シェフ 岩本光治

16/20 日本料理

徳島市から車で約30分、佐那河内村には美しい里山の風景が広がる。趣のある扁額が掲げられた門をくぐれば、周囲の長閑さとは打って変わって風趣に富んだ空間が待っている。小作りながらよく整えられた日本庭園は、自然を愛する主人の粋な演出である。「京都吉兆 嵐山本店」で創始者・湯木貞一氏の薫陶を受けた岩本氏の料理は、郷里での歳月を経て、華やかさを残しながらも淡麗なものへ推移し、枯淡の中に洗練がある。繊細な味覚の扉を開くかのように、宴は佐那河内村の棚田で収穫された無農薬米の食前酒から始まり、川のせせらぎを聞きながらいただく鮎寿司には格別の清涼感がある。白眉は椀物だ。過度な味付けはせず、淡白に仕上げた出汁に上品な鱧の脂がきらめく、岩本氏の引き算の美学が光る逸品だ。産地を限定した鮎の塩焼きは、笹の香りを移していただく。淡竹と海老、空豆の炊き合わせは滋味深く、素材の豊かさが引き出されている。小メロンの酢の物や新生姜の炊き込みご飯まで、いずれも丁寧で実直な手業である。里山と清流の恵み、四季の移ろいを五感で感じながら外に出ると、そばを流れる園瀬川には、まるで降りそそぐ雪のように蛍が舞い、幽玄の世界に誘われた。

☼：11,000円〜　☾：16,500円〜

Tel: **088-679-2305**

徳島県名東郡佐那河内村上字井開1

定休日：不定休

☼：12:00- 一斉スタート
☾：18:00- 一斉スタート

5	全てに卓越したレストラン	19〜20点	クレジットカード
4	非常に素晴らしいレストラン	17〜18.5点	
3	素晴らしいレストラン	15〜16.5点	個室あり
2	料理人の個性を感じるレストラン	13〜14.5点	
1	良いレストラン	11〜12.5点	バリアフリー
トックなし	美味しいレストラン	10〜10.5点	

両忘
Ryobo

シェフ 中川暁友

14.5/20

イタリア料理

Tel: **087-873-2991**

香川県高松市今新町
6-2-1

定休日：水曜、他不定休あり

☼：土・日
12:00- 一斉スタート

☾：18:00- 一斉スタート

※仕入れにより価格の変動あり

ストレートに素材の持つ美点が伝わる料理だ。クロスティーニにはスモークをかけたバターの上に薄くスライスした生のマッシュルーム、ホワイトアスパラガスと卵に纏わせた独特の薫香がある生ハム・スペック、軽やかに揚げてパルマ産の熟成した生ハムに包んだヤングコーン、いずれも何を食べさせたいかが明確でシンプルを旨とし、余計なものを加えない。サクラマスも炭火で柔らかく微かに燻し、高知県産の茗荷を細く切ってのせている。この茗荷のシャキシャキ感と旨さが秀逸だ。「これはもう和食だ」と呟けば、店名の「両忘」とは、両者どちらにもとらわれない自由な境地をいう禅の言葉であることを思い出す。京都で割烹を学び、イタリア料理に転じた中川氏にとって、これこそ目指す料理世界なのだろう。メインはフランス産の仔羊肉。炭火で脂分を焦がし、オーブンも併せ、見事な火入れの技をみせる。開業以来７年、食材を国内外から取り寄せ、ひたすら美味しさを追求してきたという中川氏は 40 代に入り、地域性にも目を向け始めた。ソムリエ資格も持つ爽やかなマダムと厨房の求道者然としたシェフ。旅の途上に訪れれば、想像を超える美味に出合うことになるだろう。

☼：11,000 円〜 13,200 円　☾：11,000 円〜 13,200 円

長江 SORAE
Choko SORAE

シェフ 長坂松夫

16/20

中国料理

Tel: **087-843-2567**

香川県高松市屋島東町
32-12

定休日：火曜

☼：12:00-14:30

☾：17:30-

屋島の緑を背に源平の古戦場、そして瀬戸内海を望む緩やかな傾斜地に長坂氏がモダンなレストランを構えて 12 年になる。愛知県に生まれ、四川料理を学び、高松で独立し、東京にも進出、西麻布の「麻布長江」は食通や同業の間で今も語り継がれる名店であった。皿の上には、その人の人生が描かれる。まず、料理の姿が端正だ。それは店作りにも見られ、一切の無駄がない。窓外の景観と自然が何よりの設えであることを知るからだ。味わいは優しく、胃に負担をかけない調理を心がけていることが窺える。それでいて深い。「香川県産オリーブ牛の四川風炒め」は、酢を使うことで辛みを抑え、甘酒を合わせ、穏やかな酸味と甘みを生み出している。「地鶏の黒胡椒オーブン焼き」は、スパイシーでクミンの香りが立つ。140℃ほどの低い温度で 40 分から 50 分じわじわ焼いて得られたパリッとした皮目とジューシーな身は、熟練の技としか言いようがない。生チョコかと思いきやコカパウダーをまぶしたコンニャクであったり、抹茶の底に白玉を忍ばせる遊び心も健在だ。年齢に抗するのではなく、身体の声に耳を傾けながら調理する。ここでは風のそよぎ、潮騒までもが料理の一部となる。

☼：6,050 円〜 11,000 円　☾：9,350 円〜 16,500 円

ノッキングキッチン

pop

Knocking kitchen

シェフ 小川 翼

イタリア料理

高松市内でシェフを務めていた北海道出身の小川氏が四国の食材に惚れ込み、2021 年 7 月に独立。家族で楽しめる店作りと食の発信基地としての役割を軽やかにこなしている。薪によるピザや肉の焼き台を備え、ふっくら仕上げる火入れは本格レストラン仕様。しかし、何より熱いのは小川氏の地元食材への思いかもしれない。パスタ生地は香川県で開発された小麦粉「さぬきの夢 2000」を用い、「香川本鷹」唐辛子でピリッと締める。この地で開業したのは、幻となりつつあった在来種「香川本鷹」との出合いからだと言い、農家の指導を受けながら栽培にも取り組んでいる。豪放な人柄で食材と人を引き寄せ、美味しい情報として発信する。香川は得難い人材を手に入れた。

☼コース ○　☾コース ○

Tel: 087-837-8181

香川県高松市藤塚町
3-5-19 ミカサビル 1F

定休日：火曜

☼ : 11:00-14:00
(L.O.13:30)
☾ : 17:00-22:00
(L.O.21:00)
日 17:00-21:00
(L.O.20:00)

※昼のコースは日曜のみ

リュシオル

15/20

Luciole

シェフ 藤原弘輝

フランス料理

川のせせらぎに虫たちの小さなざわめきが呼応する心地好さ。近くの棚田では初夏には蛍が舞うという。築 150 年程になる民家の風情を残しつつ大きくリノベーションし、2022 年 6 月に開業。生花を配し、レストランとして整った内装でありながら、随所に漂う古民家の空気感がどこか懐かしく郷愁を誘う。藤原氏は、東京の「クレッセント」で研鑽を積んだ実力の持ち主。グランメゾンの技術と精神は遺憾なく発揮され、全体的にクラシカルな表現を用いながら、地元の食材をふんだんに織り込んだ料理に、シェフの個性が光っている。鮑のグラチネは、柔らかい食感を残した鮑の旨みにアオサを付加し焼き上げることで、香ばしさが相乗的に香りを醸し、食欲を掻き立てる。すぐそばの棚田で作られた「穂田琉（ほたる）米」を使ったアイスクリームは、生き生きとした米の甘さが印象的だ。この米が育まれた棚田を思いながらいただく幸せと余韻は何物にも代えがたく、コースの締めに相応しい風趣に富んだデザートだ。サービスに立つマダムの朗らかで親しみやすい対応も安らぎを覚え、いつまでも寛げる雰囲気を醸し出している。愛媛に地域性を盛り込んだ本格フランス料理店が誕生した。

☼：6,600 円～ 14,300 円　☾：14,300 円

Tel: 050-8884-2640

愛媛県東温市河之内
4960-1

定休日：水曜

☼ : 土・日・月
11:00-15:00
(L.O.13:00)
☾ : 火・木・金
17:00-22:00
(L.O.20:00)
土・日・月
18:00-22:00
(L.O.20:00)

Tel: **089-916-3088**

愛媛県伊予市上三谷甲
2209-13

定休日：日曜、他不定休
あり

☼：12:00-12:30 (L.O.)
☾：18:00-19:30 (L.O.)

ラピ

L'API

シェフ 宮川圭輔

14.5/20

イタリア料理

長閑な田園に囲まれた高台のレストラン。ここへ至る道のりは少々ハードルが高いかもしれないが、到着してみれば得難いホスピタリティーに驚くことになる。木を基調とした内装は和らぎと安らぎを与え、大きな窓から見える草花も身近に感じられる。茜色に染まる空と暮れなずむ夕景を楽しめるのは、この地を訪れる人のみに与えられる特権だろう。ここは大阪で開業、松山市へ移転後、この地にたどり着いた宮川氏夫妻の思いがぎっしり詰まった空間だ。個性あふれる料理も期待を裏切らない。地元の食材を多く使用しながら、時に柔軟に県外からも取り寄せ、斬新な組み合わせが面白い。オレキエッテにオクラや地元産の雲丹を合わせた一皿は、オクラのとろみを生かしたソースに雲丹の塩味と風味が味わいを引き立て、実に見事なバランスで成り立っている。西瓜の果汁をスポンジに染み込ませた「スイカのティラミス」は、西瓜の軽やかな甘みが幾重にも押し寄せ、ティラミスを媒体として素材の本質をより際立たせる不思議な美味しさだ。伊予市に店を構えて３年、その個性は明確で、道すがら目にする光景、料理や雰囲気、それらすべてが訪れる人に貴重な食体験を与えてくれるに違いない。

☼：5,500 円〜 11,000 円　☾：11,000 円

Tel: **0898-35-5695**

愛媛県今治市共栄町
2-2-51 フォルテ今治 2F

定休日：不定休

☼：月 - 金
11:30-13:00 (L.O.)
☾：18:00-20:00 (L.O.)

リストランテ ソウ

Ristorante So

シェフ 相原 総

14.5/20

イタリア料理

瀬戸内海に面し、四国山脈を背にする愛媛の海と山の幸を上質なイタリア料理として提供する店だ。シンプルでスタイリッシュな店内は清潔感があり、ゆったりと料理やワインが楽しめる。相原氏は東京・恵比寿の「ダルマット」などで腕を磨き、京都「イルギオットーネ」の料理長を経て、2019 年に今治市で独立した。地元の食材をふんだんに使いつつもイタリア料理の枠からはみ出ることのない料理が、確たる実力を感じさせる。夏の前菜の一品は、とうもろこしをムース状に仕上げパンナコッタと合わせたもので、両者の異なる甘みが上手く調和し、トリュフの香りで効果的にまとめ上げている。メインの肉料理、愛媛県産の「いしづち牛」の炭火焼きは、ややレア目の仕上がりで、炭の香ばしさにも負けない肉の香りと官能的な甘さが堪らない。サルサ・ヴェルデのソースとの相性も良く、肉の旨みを鋭角的に増幅させる手腕は見事だ。開店以来、地元の生産者とも繋がり、地の利を最大限に生かしながら、シェフのフィルターを通して料理に無理なく落とし込んでいる。都会仕込みの技術をベースに、この地で育まれる感性が交差し、若きシェフの更なる進化を予感させるレストランだ。

☼：6,600 円〜 13,200 円　☾：13,200 円

道後 海舟

Dogo Kaishū

シェフ 坂本紀征

16/20

日本料理

Tel: **089-915-6600**

愛媛県松山市道後湯之町
15-27

定休日：無休

☼：土・日
12:00-15:00

☾：18:00-23:00

愛媛という土地の可能性が感じられる店だ。2020年に道後の地に移転して以来、県外からの客足もさらに増えることとなった。坂本氏の料理は以前にも増して冴え渡り、カウンター席ではその緻密な仕上げを先味として愉しめるなど、期待して訪れた客を満足させる技量､包容力ともに申し分ない。予約した人の名前が入ったお品書きには、料理の食材、生産者の名前が記されており、久万高原町のスッポンや愛南町で獲れた40kgのクエ、時には庭で採れたレモンも料理に織り交ぜ、海、山、川の豊かな恵みを最大限に活かした料理を振る舞っている。そうした珠玉の献立の中にも、クエをジャンキーな唐揚げにしてみるなど、時折見せる遊び心に、坂本氏の料理の円熟を感じることができる。料理に合わせる酒も地元の銘酒をはじめ、愛媛の料理人と酒蔵が共同で造りあげた純米大吟醸も揃えており、ビールも地元のクラフトビールを推奨し、郷土愛を存分に発揮している。いずれは山葵なども含めすべての食材を愛媛のもので統一したいという坂本氏には、日本だけでなく世界に愛媛の素晴らしさを伝えるフラッグシップとしての期待がかかっている。

☼：11,000円～16,500円　☾：13,200円～20,900円

しの田

Shinoda

シェフ 篠田悠介

15/20

日本料理

Tel: —

愛媛県今治市松本町
2-2-4

定休日：不定休

☼：12:30-

☾：18:30-

今治駅からタクシーで10分ほど、商店街と今治城の中間辺りにある松本町の一画に、全国の食通からも注目される日本料理店がある。篠田氏の料理に向かう姿勢は極めてストイックだ。地元の食材への愛情には並々ならぬものがあり、なかでも今治市宮窪町の漁師・藤本純一氏から仕入れる瀬戸内の激しい潮流に揉まれた極上の魚について、「すべては藤本さんのおかげです」と最大限の感謝を示す。もちろん、素材の良さだけではない。アコウのお造りに油をかけて締めたり、鰆を食べる前に軽く漬けにして提供するなど、店主自らが魚介をさらに美味しくするため、様々な工夫を凝らしている。子持ちの鮎を繊細にふっくらと焼き上げていく心配りや、ご飯に使う自家製のちりめん山椒の仕込み、締めのデザートを一つ一つその場で作り上げる丁寧な仕事にも、料理への愛が感じられる。また、寿司のように海苔で巻いたマナガツオの揚げ物の後にキスの酢の物が出されるが、こうした緩急にも、それぞれの料理をどうすればもっと味わってもらえるかという、篠田氏の探求心が表れている。料理全体の構成を練り、伝統的な懐石の流れからも、あえて外してみせる、革新の気概に満ちた料理人の店である。

☼：25,000円　☾：25,000円

Tel: **089-932-3689**

愛媛県松山市一番町
1-6-9

定休日：水曜、他不定休あり

☾：18:00-/20:30-
日・祝
17:00-/19:30-

くるますし

kuruma sushi

シェフ 高平康司

16/20

寿司

裏路地の角の暗がりの中、黄金色に木製の扉が浮かび上がっている。ここは、全国の鮨好きにとっての黄金郷。「始めさせていただきます」の挨拶と共に、愛媛の海の幸の、そのエネルギーや、研ぎ澄まされた滋味が、味蕾を通して伝わってくる。すべてが至上と思えるが、ウツボの炭火焼きには度肝を抜かれる。野趣に満ちながら洗練されているのだ。愛媛食材の潜在力に圧倒されながら鮨へ。高平氏の握りは舞いを観ているように美しい。何気ない鮨に見えるが、咀嚼すると、飲み込むまでに味わいが変化していく。そして、飲み込んだ後の余韻のたなびきが長く、そこで二度驚く。白身魚には高知の塩、と魚種により塩を変えたり、ほんの１滴だけの酢橘使いであったり、小さな工夫の総計が一貫の完成度を高めている。鰆は漁獲後すぐに船上で冷やし込み、海老や雲丹は２日寝かせて香りを出す。食材で目を引いたのがチャイロマルハタや渡り蟹。ここでは松葉蟹や毛蟹よりも、この土地の渡り蟹をいただきたい。高平氏の傍らでは、若女将が初々しくサービスを手伝い、よりアットホームな温かい雰囲気が増した。この空間の中で、料理と鮨と美酒に浸れるのは、幸せ以外の何物でもない。

☾：22,000 円

Tel: **089-948-9986**

愛媛県松山市二番町
1-10-9
MITSUWA320 3F

定休日：不定休

☼：12:00-14:00
☾：18:00-/21:00-

鮨いの

SUSHI INO

シェフ 猪野祐介

15.5/20

寿司

松山市の繁華街、二番町通りのビル３階にある鮨店。猪野氏が、この地で一番の鮨店を目指し、開業して８年、その思いは実りつつあり、今では四国を代表する店の一つとなっている。また、猪野氏のもとで修業した職人が独立し、地元で名を馳せつつあることも、猪野氏と「鮨いの」の存在がいかに大きいかを示している。鮨種は、かつては東京と変わらない鮨を食べてもらいたいと、全国の最上級の食材を取り寄せていたが、現在は、地物の魚介との両軸で、おまかせコースを組み立てている。名物の二神島の赤雲丹をはじめ、高浜や伊予から八幡浜、愛南まで、海に臨む愛媛の広いエリアから様々な魚介を揃え、水揚げされた場所による印象の違いを楽しめることも鮨好きの心をくすぐる。鮨の顔ともいえる鮪は、青森・大間の一級品で通し、鮪といえば「鮨いの」と、地元の鮨好きからも評価され続けている。これだけの鮪が揃うのも、しっかり強気の仕入れを続けてきたからこそ。赤酢の酢飯と相まって、愛媛にいながら江戸前鮨の鮪を体感できる贅沢さだ。猪野氏はまだ 30 代後半、年齢以上の貫禄や風格が、料理や鮨、店内の空気に漂っている。

☼：8,800 円～ 18,700 円　☾：13,200 円～ 18,700 円

MIKI ドゥーブル

14/20

MIKI Double

シェフ 三木竜太

フランス料理

ランチ時はハンバーグやカツレツ、キッシュなどが提供され、家族連れや学生で賑わう洋食店。一転、ディナー時にはクラシカルで本格的なフランス料理が楽しめ、高知のワイン愛好家が集うという、２つの顔を持つレストラン。まず自家製「四万十ポーク」のハム、枝豆、アボカドをコンソメのジュレでからめたアミューズ。アタックのコンソメの塩加減がとても良く、アフターにハムの味わいが長く残る。弾力のある食感の中に顔を出す枝豆が、味わいに心地好さをもたらしている。前菜の、岩塩と砂糖を使い、24 時間かけて水抜きしてミネラルを加えたノルウェーサーモンのマリネは、ヴィネグレットとディルで和えた小夏と赤玉ねぎ「足摺レッド」のサラダ仕立てにしている。メインはタスマニア産の仔羊で、身はシンプルにローストし、ニンニクと黒オリーブのソースでいただき、骨の部分はマスタードを使ったペルシヤードにする。仔羊肉の旨みを堪能したあと、味の濃い骨の周りをサクサク感とスパイシーさのペルシヤードでまとめ、２つの味と食感を愉しませる。「皿ごとの印象が鮮明に残ることを心がける」という三木氏の料理は、高知を代表するフランス料理店と呼ぶに相応しいものだ。

☼：1,400 円～　☾：7,000 円～

Tel: 088-872-5002

高知県高知市帯屋町
1-14-15

定休日：月曜、他不定休あり

☼：11:00-15:00
(L.O.14:30)
☾：18:00-22:00
(L.O.21:30)

ラ・プリマヴォルタ

14.5/20

la Primavorta

シェフ 諏訪恵治

イタリア料理

この店は２名のソムリエを擁し、ゲストを迎えている。テーブルには諏訪氏からのメッセージが置かれ、灯されたキャンドルとともに温かさが伝わってくる。この日は、夏から秋へ食材が変わるタイミングを表す「名残り」がテーマ。前菜は室戸で獲れた真クエで、煎り酒を現代風にアレンジし、梅干しと赤紫蘇を加え、和のテイストを感じるカルパッチョに。土佐沖で獲れた金目鯛はソテーし、夏らしい赤ピーマンのソース、イカスミと高知特産の茄子によるタプナードソース、そしてメキシコのサルサの３種類のソースで味わう。窪川ポークのソテーには、ローストした茄子と塩でマリネした水茄子、玉葱のピクルス、そしてシェフが摘んできたというスベリヒユを添える。ロゼに仕上げたポークに、自家製の粒マスタードを加えた朱色の無花果のソースが色合いも良く、豚肉の脂身と無花果の甘み、軽い酸味も心地好い。パスタは、今季最後のサマートリュフと旬を迎える数種類の茸、高知の若鶏が味わいに深みを、高知特産の柚子が爽やかさを加え、赤ワインにも白ワインにも合わせやすい仕上がりになっている。高知の四季を感じながら、丁寧に作られた料理をゆったりと楽しめるレストランだ。

☾：8,000 円～ 12,000 円

Tel: 088-885-7041

高知県高知市はりまや町
2-10-1

定休日：日曜、第3月曜

☾：17:00-23:00
(L.O.22:00)

ローグ

logue

シェフ 北村友和

14.5/20

イタリア料理

Tel: **088-856-0007**

高知県土佐市宇佐町竜
599-6

定休日：不定休

☼：12:00-14:30
☾：18:00-21:30

テーブルに着き、まずギリシャビールで喉を潤しながら「よさこいキャビア」をいただくのが、ここならではの楽しみ方だ。明るい太平洋を一望できるレストランでの乾杯は開放感に溢れ、日常を忘れさせてくれる。北村氏は2021年にシェフに就任。１皿目は新鮮な鰹を贅沢にエシャロットとマスタードとともにタルタルにし、茄子やトマトを使ったカポナータにのせる。合わせる葱のオイルによる緑のソースで、食べ終えた皿までが美しい見事な演出を見せる。次の２皿は、川の料理。川海老を使い、濃厚に仕上げたブイヤベースと、石を敷きつめて河原をイメージさせる器にアメゴと川海老のフリットを盛り付け、仏手柑の皮でアクセントをつけた、まさに四万十づくしの料理だ。コースの終盤を迎える頃には太平洋が夜の帳に包まれ、鏡面のようになった窓にオープンキッチンが映え、新しい「ローグ」の姿が浮かび上がる。メインは土佐あかうしフィレ肉のロースト。土佐備長炭と薪による火入れは、この店の定番で、土佐あかうしの出汁を使ったソースに鰹節も加え、さらに高知らしさを表現している。県産食材を活用し、五感を震わせる北村氏の料理は、高知の食に新たな魅力を加えている。

☼：7,700円　☾：16,500円

ダ ゼロ

da zero

シェフ 的場篤志

13.5/20

イタリア料理

Tel: **0889-20-9603**

高知県高岡郡佐川町丙
3051

定休日：火曜、水曜、
他不定休あり

☼：11:00-15:00
（最終入店 13:00）
☾：17:00-21:00
（最終入店 19:00）

※２日前までの予約制

佐川町は、旧城下町の町並みが残り、春は桜の名所としても有名だが、ここに、近年、県内外にその名を知られるようになったレストランがある。店舗は、マダムの祖母が住んだ家を改装したもの。メニューには、「白木果樹園（柑橘類）」や「猪鹿工房おおとよ（ジビエ）」などの食材生産者と並んで、「うちのおばあちゃん（野菜）」と書かれている。シェフの家族に対する思いに心が温かくなる。関西やイタリアで修業した的場氏の１皿目は、バターナッツかぼちゃのムースとアオリイカのタルタル。甘いかぼちゃに、少しの酸味と塩味のあるアオリイカの口当たりが心地好い。シマアジのタリアータは、シマアジの脂、焼き茄子の苦み、新生姜のアクセントが完璧なマリアージュをみせる。３つの要素のいずれかを意識することで、その食材がメインであると感じさせるシェフの技量に驚く。的場氏は、地産地消を心がけ、地元食材をふんだんに使用、アニョロッティの中身には低脂肪高タンパク質のいの町産「手箱きじ」を詰め、健康にも気を配る。地球と身体に優しい持続可能な店作りを意識し、「暮らすように働く」シェフとマダム。美味しい料理と温かいサービスが多くのゲストに愛されている。

☼：4,400円～ 6,600円　☾：6,600円～ 11,000円

イハラ

IHARA

シェフ 井原尚徳

15/20

イノベーティブ

Tel: 090-3782-2173

高知県高知市はりまや町2-10-1 アルコビル B1F

定休日：日曜、月曜

☾：18:00-

高知県内で修業後、「ローグ」の料理長に就任し、イタリアやフランスでも研鑽を積んだ井原氏が2022年に独立開業したレストラン。半地下のひっそりとした入口から導かれる店内は、個室もあるが、基本はカウンター6席、シェフが目の前で料理を完成させ、自らサービスもする。ジャンルにとらわれないスタイルで、高知を中心とした食材に最適な調理を施す。メイン料理の「土佐あかうし」は井原氏も以前から扱い慣れた食材だが、注目は「四万十ポーク」だ。豚足・肩肉・バラ肉を豚の出汁で湯がいたキャベツでミルフィーユ状にし、マルサラ酒と出汁を煮詰めたソースでいただく、豚の旨みが凝縮した出汁を多く含む逸品だ。内臓は豚のコンソメに本枯節や鯖節を加え2日間煮込んだ沖縄の中身汁をイメージしたスープで提供し、豚のすべてをこの2皿で楽しむことができる。また地元で揚がる魚の鱗焼きもスペシャリテとし、一枚一枚ピンセットで鱗を起こし、水分を含ませた後、オリーブオイルで揚げるように焼いていく。豆腐とサワークリームのピュレを添え、肝のソースの泡と魚のコンソメを注いで仕上がりだ。自由な発想に基づく井原氏の料理が、今、全国の目を高知に引き寄せている。

☾：16,500円

将人

Masahito

シェフ 岡添将人

14/20

日本料理

Tel: 088-824-1308

高知県高知市廿代町2-8 1F

定休日：不定休

☾：18:00-20:00 (L.O.)

2002年に高知で「座屋」を開き、神戸と銀座、更にスペインにと店舗を増やす岡添氏が、8年ぶりに高知に重心を移し、高知滞在時のみ「座屋」の1階に開いているのが、この店だ。岡添氏は、すべてのゲストと接することができるようにカウンターのみの営業としている。まずは、毛蟹の殻でとった出汁の茶碗蒸しから。その日届いた筋子を茶碗蒸しが見えないくらい敷き詰め、その上に毛蟹の身をのせる。鮮やかに輝く朱色にテンションが上がる。そして、茸と鱧の土瓶蒸し、厳選した塩でいただく鰹の塩タタキ、カマスで巻いて揚げた松茸、鰻の蒲焼で酢飯を挟んで海苔で巻く鰻のサンド、オリーブ牛のフィレとサーロインとモモを粗く刻んで作ったハンバーグなど、8種類の料理を酒と愉しむ。食事の締め括りは、この店の名物、土鍋で炊いたご飯を7種類の食べ方で楽しむもので、今回の米は、四万十川の源流域、中土佐町大野見で育てられたヒノヒカリ。1杯目はそのまま白飯を、次に、卵かけご飯、鰹の漬け、鯛の塩焼き、土佐鴨の葱味噌、毛蟹の蟹みそと続き、7杯目におこげをいただき、飯屋「将人」の完成となる。世界を知る岡添氏が、故郷の食への貢献も意図する注目店だ。

☾：18,000円

Tel: **088-856-6335**

高知県高知市はりまや町
3-5-16 ROCOビル 1F

定休日：火曜、他不定休あり

☼：土・日
12:00-13:30 (L.O.)
☾：18:00-22:00 (L.O.)

Brasserie 一柳

pop

Brasserie Ichiryu

シェフ 一柳博正

フランス料理

県内のイタリア料理店やフランス料理店で料理とサービスの修業を積んだシェフが、８年前にオープンした。ガストロノミーで提供されるような料理もあるが、特に人気があるのはアヒージョやグラタンといった家庭料理に近いものである。フライドポテトもあり、家族連れでも入りやすく、平日も多くの客で賑わっている。お薦めはブーダン・ノワール。通常のソーセージの形状からはじまり、テリーヌ、タルトと改良を重ね、現在は、パイ生地の上にタルト・タタンをイメージしたリンゴを敷き詰め、その上にブーダン・ノワールをのせ、焼き上げたものに落ち着いた。付け合わせのクミンの効いた紫キャベツのシュークルートが、香りでも色合いでも、皿のクオリティーを高めている。
☼コース ○

ゴ・エ・ミヨの歴史

1984年、ワインガイドブックの誕生

1984年９月、ゴ・エ・ミヨがワインガイドブック初版を発行しました。タイトルは『フランスワインのガイドブック 初の実用的なガイド ― 品質と価格のバランスが優秀な1500種類のワイン』。アンリ・ゴとクリスチャン・ミヨの責任のもと、試飲メンバーとしてフェルナン・ウーターズ、ジョゼフ・グラン、フィリップ・デ・ロワ・デュ・ルーヴルが選ばれました。

その評判は高まり、沢山のテイスターやジャーナリストがゴ・エ・ミヨへ、そのノウハウを学びに訪れました。

やがて、報道、経済、金融、政治を扱う雑誌でもページに彩りを添えるため、ワインの記事が掲載され始めました。それが、毎年、葡萄の収穫時期にワインの特集号がフランス中のキオスクに並ぶようになった理由です。

Gault&Millau

RESTAURANTS

レストラン

メゾン ラフィット

Maison Lafite

シェフ 工藤 健

15.5/20

フランス料理

Tel: 092-953-2161

福岡県那珂川市大字西畑941

定休日：不定休

☼：12:00-

☾：18:30-

福岡市内から車で小一時間ほど。山の中腹の少し開けた土地に設けられたレストランからは、緑豊かな田園風景が一望できる。アクセス良好とは言えない場所ながら、ここでしか味わえない繊細な料理と非日常的な時間を求めて、全国から足を運ぶゲストが絶えない。工藤氏は、福岡市内のホテルやレストランなどで研鑽を積み、フランスのロレーヌ地方で修業を終えた後、2008年に故郷の那珂川市に戻り、この店を開いた。食材は、地元や九州各地を中心に厳選する。最初の一皿は、対馬の鮑と唐津の雲丹を使ったヴィシソワーズ、繊細で軽やかなテイストからのスタートだ。糸島の一皿は、フルーツトマト、モッツァレラチーズ、生ハムと、すべて糸島産。玄海産のヤリイカは、白蕪や八朔と合わせた爽やかな味わいだ。豊前海で獲れるヨシエビに那珂川産の朝採れとうもろこしとホワイトアスパラガスを使った一品や、鐘崎産の甘鯛からとった出汁でいただくポワレなど、工藤氏の地産地消への姿勢が一皿ごとに感じ取れる。見た目も美しく、思いが凝縮した九州の海と里山の恵みをふんだんに盛り込む滋味深いコース。昼夜２組のみが、この穏やかな時間と空間に身も心も委ねることができる。

☼：22,000円　☾：22,000円

レストラン アレナ

Restaurant Aréna

シェフ 有馬 亮

15/20

フランス料理

Tel: 092-406-4437

福岡県福岡市中央区西中洲10-3 Nビル 1F

定休日：不定休

☾：18:00-23:00（L.O.22:00）

※半個室あり

※車いすのまま食事が可能

有馬氏は、福岡のホテルやフランス料理店での経験を経て渡仏、パリの「パッサージュ53」やブルゴーニュの「メゾン・ラムロワーズ」など、名店で研鑽を積み帰国。天神から程近い西中洲の一角に、2016年、自身の店を開いた。店内はキャンバスのように真っ白で上質な空間。ここを訪れることができるのは１日２組のみという贅沢さだ。季節の素材とシェフのインスピレーションが織り成すモダンなフランス料理は、10皿のコースからなり、そのひと皿ひと皿にテーマや物語が潜んでいる。まずは「ラム レザン」。フォアグラのアイスにフランボワーズの甘酸っぱいソースを組み合わせた有馬氏のシグネチャーだ。黄金人参の美しい色合いで秋を印象づけ、猪やカカオで、やがて来る晩秋を表現するなど、コースを通して季節の移ろいやストーリーで愉しませる。エンディングを飾るのは、絵画からの発想だという、リンゴとキャラメルのデザート。オーダーメイドの純白の皿に描かれる芸術作品のような料理には誰もが魅了されるだろう。約1,000種類というワインのラインアップも充実。フランス料理の伝統を踏まえ、日々の進化を追求するレストランである。

☾：20,000円

レストラン ソラ

15/20

Restaurant Sola

シェフ 吉武広樹

フランス料理

佐賀県出身の吉武氏は、東京の「ラ・ロシェル」やパリの「アストランス」で研鑽を積んだ後、2011 年パリで「Sola」をオープン、フランス国内で高い評価を得た。帰国後の 2018 年、福岡の海の玄関口である博多港に、このレストランを開業。天井が高く、広々とした店内は木の温もりと開放感が心地好い。博多湾を望む広いデッキでは野菜やハーブも育てる。吉武氏は、フランス料理に和を融合させた独創的な料理を得意とし、コースは季節を通して全 11 ～ 12 品ほど。海のそばであることを活かし、地元糸島のサザエや烏賊、鰹など魚介を主体にメニューを構成。奇を衒わず、身近な食材を用いて素材の良さを引き出すスタイルをとっている。玉手箱をイメージした前菜には鰹の藁焼きに桜のチップス、フグにはリンゴと蕪を合わせるなど、色鮮やかな料理は、一皿ごとに食材への思いやストーリーが詰まっている。肉や魚、野菜の火入れで燃やす薪に九州北部豪雨による流木や倒木を活用するなど、サステナブルな取り組みにも力を入れてきた。海に向かって開かれたライブ感溢れるキッチン。ここを拠点に発信する、海外にも名を知られる吉武氏の動きは、いつも注目の的だ。

☼：8,800 円　☾：13,200 円

Tel: 092-409-0830

福岡県福岡市博多区
築港本町13-6
ベイサイドプレイス博多
C館 2F

定休日：日曜、他不定休あり

☼：12:00-12:30 (L.O.)
☾：18:00-20:00
(最終入店)

※季節により価格の変動あり

ローブランシュ

15/20

L'eau Blanche

シェフ 白水鉄平

フランス料理

皿の上で九州を表現し、発信している…白水氏のコース料理を味わうと改めてそう思う。聞けば、シェフは九州を中心とする産地に自ら赴き、生産者との交流を深めているという。素材の持つ生命力を引き出し、生産者の思いを料理にのせることを信条としている。西中洲のビルの２階、店はそれほど広くないが大きな窓の外に那珂川が広がり、光揺らめく中洲の夜景が一望できるロマンティックな空間だ。スペシャリテはブーダン・ノワールならぬ「ブーダン・ヴィオレ」。腸詰にせずふわっとした口当たりのブーダンに鹿児島産の紫芋とカシスパウダーを纏わせ、リンゴとビーツのピュレとアイスクリームを添えた美しい一皿だ。じっくりローストして藁で香り豊かに仕上げた「ひなもりポーク」には島オクラ、島ラッキョウ、島バナナが添えられ、沖縄の夏を舌で感じることができる。デザートは「オーグードゥジュール メルヴェイユ」時代からの名物で、韃靼そば茶のブランマンジェに塩のアイスクリーム、フレッシュなシチリア産オリーブオイルが甘みと塩味を巧みにまとめる逸品だ。また、シェフと息がぴったりのソムリエが一皿ごとに提案するペアリングも、この店の楽しみのひとつである。

☾：11,000 円～ 16,500 円

Tel: 092-752-2122

福岡県福岡市中央区
西中洲4-4
RIN FIRST 2F

定休日：日曜、他月２日不定休あり

☾：17:00-23:00
(L.O20:00)

ル・シュッド

le-sud

シェフ 手塚卓良

14.5/20

フランス料理

Tel: 092-791-4450

福岡県福岡市中央区薬院
1-6-25 ルネスキューブ 1F

定休日：日曜、水曜ディナー

☼：12:00-15:00
(最終入店 13:30)
☾：18:00-22:00
(最終入店 20:00)

魚介類に特化したフランス料理店として2020年3月に開業。肉料理を出さず、魚介でコースを構成するのは、魚種豊富な九州の海の産物を通して、この地の季節を表現できるから。手塚氏は東京・西麻布「ル・ブルギニオン」を経て渡仏、南フランスでの修業ののち、福岡「レザン・ドール」のシェフを8年間務めた。「黄色い食材が好き」という手塚氏。アミューズのズワイガニと合わせたバターナッツかぼちゃの一品や、スペシャリテの「スープ ド ポワソン」も黄色の色調だ。黄色は、その色味の明るさと暖かさが南仏のイメージに通じるようだ。「スープ ド ポワソン」は、ハタ類やオコゼなど長崎・平戸の根魚を用いる。魚をいったん焼くことにより、甲殻類のような香りを引き出し、トマトとサフランで香り付けされたスープは、ヘルシーで余韻も軽やかだ。特筆すべきは昌美マダムによるサービス。ソムリエールとして料理を、また、朗らかに店全体を支えている。店名「ル・シュッド（＝南）」でイメージされる南仏は、シェフが修業した地であり、マダムと出会った思い出の場所でもあるという。そんなエピソードを聞くと、店の温かな空気感も、また格別なものにみえてくる。

☼：4,500円　☾：10,800円

ル マルシャン ド ボヌール

Le marchand de bonheur

シェフ 森 英昭

14.5/20

フランス料理

Tel: 092-406-6982

福岡県福岡市中央区警固
2-2-23
ウイングコート警固 2F

定休日：水曜、第3火曜

☼：12:00-15:30
(L.O.13:30)
☾：18:30-23:00
(L.O.20:00)

※前日までに要予約

コースはスペシャリテのアミューズから始まる。有明海で採れた珍味イソギンチャクのフリットと佐賀海苔を使ったケークサレ。小さくて気の利いた佇まいに心が和む。森氏は「ラ・ターブル・ド・コンマ」小峰敏宏氏に師事、「野菜フレンチ」の第一人者といわれた氏の薫陶を受け、自然と同じスタイルに寄る。種類が多く旬が明確である野菜は、森氏が料理を考えるときのインスピレーションの源となっているようだ。料理はソースを主体とした、穏やかで懐かしさを感じる味わい。「北海道 薫香を纏った秋刀魚のタルト」は、燻製香の秋刀魚と福岡・糸島の無花果を蕎麦粉のキッシュの上に美しくあしらっている。色鮮やかな野菜は、師と仰ぐミシェル・ブラス氏のスペシャリテ、ガルグイユを思い起こさせる。秋刀魚は北海道から、他にも縁のある京都の食材も取り入れている。森氏の料理から感じられるのは、店を支える人々との温かい繋がりだ。料理人であることは「幸せを与える商人（マルシャン・ド・ボヌール）」であること。ブラス氏から贈られた森氏へのメッセージが店の壁に掲げられている。また、開業に際して小峰氏から贈られたという銀製の燭台も、森氏の精神的支柱となっているようだ。

☼：4,950円～16,500円　☾：12,100円～16,500円

レストラン スノゥ

Restaurant SNOW

シェフ 海野元気

14.5/20

ニューノルディック・フレンチ

九州の食材を、福岡県出身の海野氏が、フランス・ベルギー・デンマークなどでの修業を通して得た知見・技術で解釈、独自の料理世界を展開する。食材のみならず食器類も可能な限り地元産のものを揃えている。海野氏は、自身に課題を課すように、コースの中に「一つの食材を多角的に表現するデンマーク料理の考え方」と「九州各地の郷土料理を欧風にアレンジした一皿」を組み込んでいる。この日は、パプリカを４種の異なる調理法で、そして、志賀島の郷土料理のサザエ飯をヒントにしたリゾットで、その答えを出していた。これらの料理を盛り付けるのが、自身のルーツの一つである東峰村で作られる小石原焼の器だ。ペアリングはワインの他に、大分・四ッ谷酒造の「兼八」を始め、九州の地酒も提案する。海野氏は、パンやデザートも豊富に取り揃え、特にランチでは約 15 種ものデザートを振る舞い、多様な顧客のニーズに応えている。店内はテーブル席とカウンター席に分かれるが、特にカウンターでは海野氏の食材や料理に対する解説を聞くことができる。開店して２年余り、故郷に戻った海野氏が自身を地元にどうフュージョンさせていくのか、様々な可能性を模索する実験的なレストランだ。

☼：3,850 円　☾：9,900 円～ 13,200 円

Tel: 092-707-2184

福岡県福岡市中央区高砂
1-16-17
エスペランサ天神南 1F

定休日：火曜、水曜

☼ : 12:00-14:00
☾ : 18:00-23:00

5	全てに卓越したレストラン	19 ～ 20 点
4	非常に素晴らしいレストラン	17 ～ 18.5 点
3	素晴らしいレストラン	15 ～ 16.5 点
2	料理人の個性を感じるレストラン	13 ～ 14.5 点
1	良いレストラン	11 ～ 12.5 点
トックなし	美味しいレストラン	10 ～ 10.5 点

クレジットカード

個室あり

バリアフリー

ベッキ

bekki

シェフ 別城健太郎

14.5/20

イタリア料理

Tel: **092-517-2219**

福岡県福岡市中央区警固2-2-11 シャンボール警固1F

定休日：日曜

☼：12:00-13:30
(L.O.12:00)
☾：18:00-21:00
(L.O.19:00)

気鋭のシェフが2021年にオープンしたイタリアンレストラン。別城氏は熊本市で人気を博す「イル カジーノ」のオーナーシェフであったが、現在は弟子に任せ、自らは福岡へ進出して新境地を切り開いている。美しい銀杏のカウンターの温もりある店内は、席に着いた瞬間から居心地の良さを感じる。カウンターのみのオープンキッチンで織り成す料理は、主題が明確で、時に刺激的なほどシェフの感性が溢れ出ている。グリンピースを少量の水だけでムースに仕立てた一品は、鮮やかな翠色。ひと口含めば鮮烈な香りが鼻腔をくすぐり、どこまでも優しい甘みが心地好い。ストラッチャテッラの泡を合わせることで、よりナチュラルに味に奥行きを与えるテクニックも見事だ。近江牛のランプで見せる火入れは、肉のポテンシャルを余すところなく味わわせてくれる妙技といえよう。表面を香ばしく焼き、噛み締めるごとに肉の繊維から溢れ出す肉汁の旨さは格別だ。坦々とした動きの中に滲み出る料理への情熱は、すでに感度の高い福岡のゲストを魅了しつつあり、別城氏は着実に歩みを進めている。

☼：8,800円　☾：16,500円

なかがわ

NAKAGAWA

シェフ 中川英樹

14/20

イタリア料理

Tel: **092-707-3934**

福岡県福岡市中央区渡辺通2-1-82
電気ビル北館 B1F

定休日：不定休

☼：11:45-15:00
(L.O.13:30)
☾：18:00-22:30
(L.O.20:30)

イタリア・東京・福岡で修業した中川氏は、「なかがわ流のイタリア料理」で、世界中の料理ジャンルを越えた料理を追求している。確かに、この店の料理はボーダーレスな要素が強い。前菜のコンソメジュレと焼き茄子のピュレの一皿は、焼き霜を彷彿とさせるイサキに、本山葵を混ぜたコンソメジュレ、穂紫蘇や茗荷を香草として用い、口に運ぶと日本のお造りを感じさせる。和牛の炭火焼きは、マルサラソースにもろみ味噌と実山椒が合わせてあり、日本人のDNAが刺激される。店内を見渡すと、記念日なのだろうか、親子と思しき客が、幸せそうに時間を過ごしている。家族揃って、という中川氏の基本姿勢が窺える光景だ。料理は、和の要素だけでなく、トムヤムクンのソースを用いた魚料理に、ゲヴュルツトラミネールのワインを合わせ、マリアージュを試みるような遊び心もある。この店では、「チームで作る料理」が完成しており、中川氏が不在でも、7人前後のスタッフがそれぞれ活き活きと動いて料理が出来上がる。中川氏の経営者・指導者としての優れた一面だ。地元の幅広い層から多くの支持を得ており、地域になくてはならないレストランである。

☼：3,500円～14,300円　☾：7,700円～14,300円

トアヒス

TTOAHISU

シェフ 山下泰史

15/20

イノベーティブ

レゲエの流れる店内にDJブースのようなキッチン、モダンな内装から生まれる料理は、フランス料理の基本を押さえながら、新しいセンスを感じさせる。山下氏は愛媛県出身、「ジョエル・ロブション」や「アムール」での研鑽を経て、2016年、妻の実家に近い福岡市に店を開いた。コースの始まりは、スペシャリテである地鶏と和牛のダブルコンソメ。ほっとする味わいは、最初の一品として最適だ。続いて、山葵とカボスを用いた賀茂なすのフランと、へべすをアクセントにした鮑と松茸のスープの２皿が供されるが、いずれも日本料理を思わせるような滋味深さがあり、「和」のテイストを窺わせる山下氏らしい仕上がりになっている。メインのあか牛のロティは、１時間半の火入れで、パルミジャーノのリゾット、黒トリュフソースとの相性が良い。３種類のデザートもうっとりさせるもので、ラム酒とレモンのチーズケーキは、宮崎産マンゴーのソースとの相乗効果が新鮮な味覚を生んでいる。山下氏は、自らの個性は控え目に、さりげなく素材に寄り添う。家族の名前の頭文字を店名にした、シェフの優しさ溢れるレストランだ。

☼：8,800円　☾：16,500円

Tel: **092-733-4600**

福岡県福岡市中央区
大手門3-12-12
BLDG64 1F

定休日：火曜

☼：12:00-15:00
☾：18:00-23:00

※車いすのまま食事が可能

奈良屋町 青

Ao

シェフ 金田英之

15/20

フュージョン

福岡市の繁華街、中洲から徒歩10分程、昔ながらの風情が残る奈良屋町の路地裏にある古い民家を改装した創作料理店。金田氏は、下関市生まれ。音楽から料理の世界へ飛び込み、福岡「メゾン・ド・ヨシダ」、神戸「北野ホテル」で修業を重ね、バンコクの「ガガン」へ。帰国後は、東京の「日本料理 龍吟」で経験を積み、妻の実家がある福岡市へ戻り、「ラ・メゾン・ドゥ・ラ・ナチュール・ゴウ」を経て、2019年に開業した。店名は金田氏の娘さんの名前からという家族思いの父でもある。コース料理は、名物である豚足とフォアグラ、トリュフ餡の饅頭から始まり、その後は、新イクラ、海老真丈を包み込んだ菊花蕪、表面だけを炙った対馬の穴子を梅だれで、葱と醤油、胡麻油を塗った鰹のタタキ…と日本料理のような皿が続く。さらには、鮟肝の茶碗蒸し、松茸クリームコロッケが魯山人の皿で提供され、鱧出汁の松茸という伝統的な組み合わせもある。デザートには、洋梨のムースを詰め、洋梨を象った飴細工も登場、見た目にも楽しい。ライブ感溢れるカウンター８席では、誠実に料理に向き合うシェフと間近に接することができる。福岡の新たな食の動きを象徴する一店だ。

☾：22,000円

Tel: **092-272-2400**

福岡県福岡市博多区
奈良屋町4-11-3

定休日：不定休

☾：18:00-23:00

一本木 石橋

Ippongi Ishibashi

シェフ 石橋康孝

15.5/20

日本料理

Tel: **092-534-7560**

福岡県福岡市中央区平尾1-9-13

定休日：不定休

☼：12:00-15:00（L.O.13:30）
☾：18:00-22:00（L.O.20:00）

薬院からほど近い住宅街の路地裏にある数寄屋造りの一軒家。石橋氏は、京都「高台寺 和久傳」と東京の鮨店「海味」でそれぞれ５年、伊勢の「懐石 かみむら」で２年半と、名だたる店で修業を積んで帰郷。実家が営む老舗鮨店「玉庄」をしばらく手伝った後、2018 年に現在地に店を構えた。一階は厨房を見渡せるカウンター６席。鱧や刺身を引く技や鰹節を削る姿を間近に見ることができる特等席だ。昼夜ともにおまかせコースのみ。京都で日本料理を基礎から習得し、東京では江戸前鮨を学んだ店主、中盤で鮨を出すのが「一本木 石橋」流だ。赤酢と米酢を合わせた酢飯は、料理の流れを妨げないよう控えめな味わいとなっている。琵琶湖の子持ち鮎は万願寺とうがらしと山椒醤油で口どけ良く上品に仕上げ、鱧と松茸を使った秋巻きも逸品である。最後は名物の蓮根粥と炊き上がりのご飯に削りたての鰹節。派手さはないが一つ一つ丁寧な仕事が施された滋味深い料理の数々に心が癒される。しかし、この店で何より魅力なのは石橋氏の人柄かもしれない。場をそっと和ませる朗らかで謙虚な姿に惹かれる客も多い。大将から素材や調理への思いを聞きながら舌鼓を打ち、ゆったりと流れる時を満喫したい。

☼：7,000 円～ 22,000 円　☾：18,000 円～ 22,000 円

井本

Imoto

シェフ 井本達也

15.5/20

日本料理

Tel: **092-753-7125**

福岡県福岡市中央区薬院4-15-29 香ビル1-2

定休日：無休

☼：12:00-15:00（最終入店 13:30）
☾：17:00-23:00（最終入店 20:30）

井本氏は、京都の「はな邑」や「祇園川上」などで京料理の研鑽を積んだのち、29 歳という若さで地元・福岡で開業、薬院大通駅から程近い閑静な住宅地に店を構えている。余分なものを削ぎ落とした洗練された空間で、カウンター越し、店主が食材と向き合う姿を見ることができる時間は貴重で、わくわくする。料理は10 品ほど、井本氏が自ら目利きした九州産の選りすぐりの旬の素材を中心に、修業先の京都からも取り寄せ、組み立てている。夏には鱧や鰻、秋冬には蟹や松茸など、四季折々の食材をシンプルでありながら丁寧な仕事によって素材の良さを引き立てる。出汁は、鮪節と利尻昆布からとった一番出汁を使用。透明感があり、上品に仕上がった出汁で作る季節のお椀や野菜の炊き合わせは、その持ち味を存分に活かした極上の逸品だ。からりと揚がった琵琶湖の子持ち鮎の甘露煮も印象深い。料理に合わせる日本酒は、福岡や佐賀を中心に全国から辛口の銘酒を取り揃え、京都時代から集めた酒器や皿など骨董品の数々も料理に華を添える。井本氏の実直な人柄が表れる真摯な仕事ぶりに魅了されるのはもちろんのこと、福岡にいながら、端麗であり華もある京料理を堪能できる得難い店である。

☼：27,500 円　☾：27,500 円

お料理 佐藤

15.5/20

Oryouri Sato

シェフ 佐藤好美

日本料理

佐藤氏はこの道40年以上、長くキャリアを積み重ねてきたことが、料理からも窺える。「量で伝える美味しさの表現」とでも呼べるようなものが、感じられるのだ。料理のコースは、九州という土地柄に似合う豪快さで、たっぷりの雲丹、1人1本の松茸を丸ごとフライに、1人半尾の伊勢海老をシンプルに焼き、頭部はご飯の際の味噌汁に、と清々しいまでの気風の良さ。同時に繊細さも併せ持ち、椀物の生姜のきんつばにそれが表れている。また、走りのものを多く用い、8月初旬には、松茸、新銀杏をたっぷり贅沢に味わわせてくれた。器や盛付にも気が配られており、昔からの日本料理文化の考え方と美意識をきちんと体現している。食材やしっかりした味付けにも北九州らしさがあり、また接客も九州の旅情を感じさせてくれるものだ。山で切ってきた青竹で酒器を作り、竹酒を合わせて楽しむと、より一層の野趣が感じられる。佐藤氏は、奥の厨房をハブとして、コの字型カウンターの客室とL字型カウンターの個室の2部屋を切り盛りし、弟子と共にチームワークでコースを演出していく。その姿は、この地を代表する料理人としての風格を感じさせる。

☼：24,000円　☾：24,000円

Tel: 050-3183-7677

福岡県北九州市小倉北区京町3-5-7 KSKコアビル1F

定休日：日曜

☼：12:00-14:00
（最終入店 12:00）
☾：17:00-22:00
（最終入店 19:30）

御料理 まつ山

15.5/20

Oryori Matsuyama

シェフ 松山照三

日本料理

黒崎駅から徒歩約10分のところにある日本料理店。訪れる人への、松山氏と女将の心のこもったもてなしが、迎えから見送りまで終始、気持ち良い。コース料理は、北九州のテロワールというよりも、九州と中国地方の全域から、これぞと思った食材を取り寄せて構成しているようだ。そうした各地の産物について松山氏が丁寧に説明しながら調理していく。料理では、オープンキッチンに設えた炭焼台でシンプルに焼き上げた食材をそのまま盛り付けて出すのではなく、そこからさらに手を加えるところが興味深い。八寸に盛り込む鰻は、焼き上げ、切り分けて胡瓜と合わせて鰻冊にしたり、焼き物では、じっくり火入れした鹿児島の「のざき牛」に、冷たいポン酢をたっぷりかけ、薬味と鬼おろしを合わせたりする。またコースの中に郷土料理のエッセンスをそっと忍ばせ、あえて甘め濃いめの味付けにした炒り豆腐には、地元の人は郷愁を、県外の客は旅情をかき立てられるだろう。用いる器や酒器も品良く、五節句を表した料理を盛りたてる。食材の紹介や料理のパフォーマンス、並べたバカラの招き猫や土産のバターサンドにも、松山氏の遊び心と現代性が見受けられる。

☼：27,500円～　☾：27,500円～

Tel: 093-642-2278

福岡県北九州市八幡西区藤田2-1-10

定休日:水曜、木曜、祝日、金曜ランチ

☼：12:00-
☾：18:00-

白金 にし田

Shirogane Nishida

シェフ 西田慎吾

15.5/20

日本料理

Tel: **092-522-8525**

福岡県福岡市中央区春吉
3-24-10
アーバンテム春吉 1F

定休日：日曜、月曜、
火曜ランチ

☼：12:00-14:30
(L.O.14:00)
☾：17:00-23:00
(L.O.22:30)

※ 2023 年 4 月 1 日より
電話番号を下記に変更予定
092-982-8525

※ 11 月 11 日 -3 月 20 日
蟹コース 55,000 円あり

西田氏は、地元福岡の調理師学校を卒業後、東京・福岡の和食店で研鑽を続け、2014 年に独立。2022 年 10 月、白金から春吉に移転した。外路地を抜け暖簾をくぐると目の前に現れる銀杏の無垢材のカウンターや網代天井、洞床など、随所に茶の湯の世界を感じる。広々とした個室も 3 部屋あり、贅沢な造りとなっている。客人とのコミュニケーションの中にある「間」を大切にする西田氏の美意識を反映した空間といえる。料理は、昼夜共におまかせと冬季限定の蟹尽くしのコース。「にし田」の料理の始まりといえば、家紋入りの器で供される北海道産の昆布と鹿児島県産の鰹節のみでとった一番出汁。上品な口当たりに、ほっと和む。食材は全国から選りすぐりのものを吟味し、奇を衒わない素材と季節感を重視した丁寧な日本料理で、全国から足を運ぶ客も多い。カウンター越しに、鮑、松茸、フカヒレなどの高級食材を調理する西田氏の見事な手捌きは、その音・香りで、待つ間も楽しませてくれる。特に 11 月に解禁される松葉蟹の蟹みそ炊きは、冬の時期の醍醐味だ。四季折々の料理と店主の心意気やもてなしに、日本料理の真髄を味わい、特別な時間が過ごせる店である。

☼：**44,000 円**　☾：**44,000 円**

やちよ 只管

Yachiyo Shikan

シェフ 堤 康輔

15.5/20

日本料理

Tel: **092-645-0007**

福岡県福岡市博多区千代
4-30-8 1F

定休日：不定休

☼：12:00-15:00
(最終入店 13:00)
☾：18:00-24:00
(最終入店 21:00)

堤氏は、京都で修業した本格日本料理を福岡の地に浸透させたいと、茶の湯から生まれた懐石料理に取り組んでいる。限られた席数の客を、女将とともに心をこめてもてなす。ここは、高級食材を過度に盛り付けたりはしない「足るを知る」の模範のような、控えめで上品な塩梅の中に、作り手の繊細な感性や機微を味わいにいく店といっていいだろう。前後の文脈という言葉があるが、「やちよ 只管」の料理は、コースの中の一品を切り取って語るべきではない。通して食べ終わった時、心の中が清々しい満足感で充たされるような、一連のストーリーが膳の中に組み込まれている。初夏のある日は、涼しげな青梅の蜜煮から始まり、綺麗な梅肉の色を活かしたそうめんを目でも愉しみ、蝉の鳴き声が聞こえてくるような古染付に向付、蓋を開ければ見事な菊の大花が咲き誇る蒔絵の椀物の鱧と冬瓜と、美しい流れを丁寧に運んでくれる。自らの舌をすすぐような食体験であり、舌の感度を上げていった最後にいただく「福岡みやま米」の白いご飯は、純粋に米の美味しさが味わえる。堤氏からは、今の時代に失われつつある日本料理の守り人のような、強い魂と気概を感じるのだ。

☼：**15,000 円**　☾：**20,000 円**

嗣味

Tsugumi

シェフ 井上長嗣

15/20

日本料理

久留米市で生まれ育ち、京都で修業を重ねた井上氏は、2018 年に実兄の店である東京・新橋「味享」の立ち上げを手伝い、2020 年、福岡市に念願の店を構えた。メニューは全 11 品ほどのおまかせコースのみ。九州の食材に徹し、安心院のスッポン、天草のコハダ、熊本の赤茄子、対馬の鯖、玄海のカマスなど、自らが目利きした四季折々の素材を一品一品丁寧に調理する。玄海のカマスと松茸のお椀は、蓋を開けるとふわっと松茸の香りが広がり、出汁の美味しさが沁み渡る、秋の始まりを感じる一品だ。五島のクエは、熊本産の新銀杏の餡とともにいただき、柔らかく煮た対馬の穴子の鳴門煮は、付け合わせのアスパラガスが彩りを添える。料理の最後は大分の竹炭米と温泉豆腐の味噌汁でいただき、締め括りには、無花果のぜんざいと八女の水出し玉露だ。決して派手さはないが、滋味深く繊細な味わいに全国から足を運ぶ客も多い。京都や「京味」門下であった兄のもとで養った確かな技で、選び抜いた九州の素材を調理し、有田や唐津などの九州の器に盛り付ける端正な日本料理。福岡でしか味わえない唯一無二の味、井上氏独自の感性による新たな料理世界に全国から目が向けられている。

☾：18,000 円

Tel: 092-401-1819

福岡県福岡市中央区高砂 1-6-6 サンクス高砂 1F

定休日：水曜、他不定休あり

☾ : 18:00- 一斉スタート

明珠ひら緒

Myoju Hirao

シェフ 平尾卓也

15/20

日本料理

大濠公園近くの住宅街にあり、ドアチャイムを鳴らし許可された客だけが入店できるという密やかな料理店。店内はカウンター 6 席ほどで、店主の平尾氏が一人でもてなす静謐な空間である。料理は全体として創作性の強いもので、まずは、餡かけの蒸し鮑で、日本料理の調理法に則りスタンダードな料理が供されるが、次第に平尾氏の「遊び」が料理の中に顔を覗かせ始め、何らかのかたちで、ひと工夫やふた工夫、手間暇やアイデアを盛り込んでくる。例えば、鮑の肝をパテにしたカナッペには、ペアリングでマデイラワインを供するというような自由さだ。また、椀物の冬瓜と鱧は、鱧を揚げて新味を出し、八幡巻きも揚げて、油の要素を巧みに用い、現代的な味覚にフィットした食べごたえや濃厚さを演出する。手巻き寿司を挟み、とうもろこしの蓮根饅頭にはトリュフをあしらい、液体窒素を使ったデザートで締める。こうした料理群と合わせる酒の提案も特徴的で、日本酒やワインのみならず、様々な飲料の情報を集め、酒と肴の両者の取り合わせを前提とした料理設計を図っているようだ。内装、器の選択、盛付も素晴らしく、平尾氏の独創的な料理世界が愉しめる。

☼：22,000 円～　☾：22,000 円～

Tel: 092-707-3967

福岡県福岡市中央区鳥飼 1-2-33 1F

定休日：火曜、他不定休あり

☼ : 12:00- 一斉スタート

☾ : 18:00- 一斉スタート

鮨 さかい

Sushi Sakai

シェフ 堺 大悟

17/20

寿司

Tel: **092-726-6289**

福岡県福岡市中央区
西中洲3-20
LANEラウンドビル 2F

定休日：日曜、月曜、祝日、火曜ランチ

☼：11:00- / 13:30-
☾：18:00- /20:30-
土 17:00- /19:30-

堺氏が福岡に店を開いたのは９年前。福岡の老舗鮨店で３年、東京「海味」で７年の研鑽を積み独立した。京都の北山杉で作られた白木のカウンター12席からなる端正な数寄屋造りの店内には、中洲の喧騒とは無縁の大人の空間が広がる。おまかせは、酒の肴から握りへという流れで、堺氏が厳選した最高の素材のみ、全国から集まる鮮魚を中心に九州の近海で獲れるものも用いる。鰹出汁で炊いた余市産の鮟肝は、きめ細かで上品な炊き地が味わい深い。鮪に焦点を当てた酢飯は２種類の赤酢を主体に塩のみで仕込む。「やま幸」から仕入れた最上級の天然本鮪と徹底的に温度管理された酢飯の握りは、程よく脂が乗った鮪の旨みと酸味のバランスに、カウンターの其処彼処から感嘆の声が漏れる。鮨に合わせ、ソムリエが選ぶワインや日本酒のペアリングも極上の時を紡ぎ出している。多くの客を魅了する堺氏の丁寧かつ真摯で優しい人柄に加え、チームワークの良さを感じさせるスタッフやソムリエのサービス。靴を脱ぎ、一歩足を踏み入れた瞬間から始まる堺氏によるおもてなしの劇場に、開店以来、全国各地から客が通い詰めるのも頷ける。まさに江戸前の最高峰と呼べる名店が、ここ福岡にある。

☼：38,500 円　☾：38,500 円

天寿し 京町店

Tenzushi Kyomachi

シェフ 天野 功

17/20

寿司

Tel: **093-521-5540**

福岡県北九州市小倉北区
京町3-11-9

定休日：月曜、火曜

☼：12:00-13:30
/14:00-15:30
☾：17:30-19:00
/19:30-21:00

魚介に様々な素材を組み合わせて旨みを追求する「小倉前」の鮨を究める店である。主人の天野氏は、昭和 14 年（1939 年）に父・時夫氏が創業した「天寿し」を兄弟で受け継ぎ、兄も小倉北区魚町で同名の店を営んでいる。暖簾をくぐり足を踏み入れると、カウンターに５席（６席の場合も）の椅子が配され、目の前には、「天寿し」と金色で彫られた大きな扁額が存在感を示している。この店はつまみがなく、酒も一切出さない、握りのみの真剣勝負。だが、話題豊富な大将が独特の雰囲気を醸し出し、ゆったりとした時間を過ごすことができる。コースは代名詞である赤イカの握りから始まる。雲丹ととびこ、そして錦胡麻がちりばめられ、旨みの相乗効果が印象に残る逸品だ。その後は、中心部がレアな食感の車海老、萩の赤雲丹と北海道の塩水雲丹を併せることで甘みを際立たせた軍艦、軽く火を入れて葱と生姜を散らした鰹、炙ったサザエにオクラの薄切り、真鯛に肝をのせてカボスを振ったものなど、味わいを重ねた握りが供され、ふわふわの炙った煮穴子に至るまで、旨みと食感の多様性が愉しめる。ここでなければ出合えない鮨を求め、わざわざでも訪れるべき名店である。

☼：49,500 円　☾：49,500 円

江戸前鮨 二鶴

16/20

Edo-Mae Sushi NIKAKU

シェフ 船橋節男

寿司

小倉駅から車で15分ほどの住宅街にある創業60年の老舗は、品のある設えで、居心地の良い空間を成す。三代目の船橋節男氏は、東京「二葉鮨」での修業を発展させ、関門海峡をはじめとした九州産の魚介と食材、調味料を用い、「この地ならではの鮨の味」を究めようとしている。この店で特に素晴らしいのは、調和だ。砂糖を一切使わない塩と酢のみの酢飯と、種との温度調整に気を配り、本手返しで握られた鮨は、魚介と米の甘みと旨みを、酢飯との対比で舌の上に感じさせる名人芸だ。同じ酢飯で握られているのに、種ごとに酢飯の甘みを強く感じたり感じなかったりする、この感覚は感動的だ。また、鮮度の良い魚を使うことを信条とし、水揚げされた魚介を一秒でも早く捌いて用いる。つまみは鮨の合間に挟んでいくスタイルで、魚卵のプチプチ感や野菜の歯ごたえなどを意識し、口を飽きさせないための工夫がなされている。酒は日本酒とワインを厳選、八女茶は淹れ方、温度も適切だ。器は現代作家のもの、消毒用アルコールは度数を高めた泡盛を用い、食後には鮨の余韻が残るよう丁寧に作られた菓子など、細部にまで気配りが利いており、すべてにおいて「追求の姿勢」が見受けられる鮨店だ。

☼：22,000円～27,500円　☾：22,000円～27,500円

Tel: 093-531-2442

福岡県北九州市小倉北区足立1-4-31

定休日：水曜、第1火曜

☼：12:00-14:00
☾：17:30-22:00

鮨 行天

16/20

Sushi Gyoten

シェフ 行天健二

寿司

行天氏が修業したのは東京・世田谷にあった「あら輝」。祖父が鮨職人という家に生まれ、家業を継ぐ決意をしての上京であった。2009年に故郷の下関市で開業、2012年に福岡市に店を移し、2019年に開かれた「G20福岡財務大臣・中央銀行総裁会議」のレセプションで鮨を披露するなど、今では福岡を代表する鮨店の一つとなっている。食材は全国に求め、岩手・大船渡の定置網で獲れた鮪の中トロ2貫、大分県産の春子、佐賀県産の小肌、明石のヒラメや鰆、釧路と根室のイクラ、北海道産15kgの鰤と、最高のものを揃える。特に、有明産の大きな車海老は、真水に浸けてから茹で上げて殻を剥き、真ん中の僅かな部分のみを握り、頭部と尻尾は塩焼きで供するという、贅沢で手間のかかったものだ。行天氏は40代に入り、以前より握りの割合を増やしたといい、鮨は「龍の瞳」という大粒の米に、ヨコ井の3種類の赤酢を季節によって割合を変え、温度にも気を配り、鮨種とのバランスを追求している。器は古九谷や魯山人の名品をさりげなく用い、椅子も行天氏自身がデザインし、見事な空間を創り出している。日本のみならず海外から訪れる客が多いのも頷ける、福岡の名店である。

☼：42,000円～　☾：42,000円～

Tel: 092-521-2200

福岡県福岡市中央区平尾1-2-12 井上ビル 1F

定休日：不定休

☼：土・日 11:45-
☾：18:00-

※完全予約制

※クレジットカードはディナー時のみ利用可

菊鮨

Kikuzushi

シェフ 瀬口祐介

15.5/20

寿司

Tel: **092-575-0718**

福岡県春日市春日公園
3-51-3

定休日：日曜、他不定休あり

☼：12:00- /14:00-
☾：18:00-22:00

※季節により価格の変動あり

福岡市のベッドタウンとして発展する春日市。ここに全国から鮨好きが足を運ぶ一軒の鮨店がある。店主は二代目の瀬口祐介氏。福岡市の老舗鮨店「高玉」での10年間の修業を経て、モナコ公国のホテル「メトロポール モンテカルロ」で副料理長や鮨の指導者を務めた後、2012年より父親の店を継承、現在に至る。鮨飯は最上の状態でと、目の前で土鍋で炊き上げたばかりの米と酢を素早く合わせる。米は佐賀の契約農家から仕入れた特別栽培米。旨みを引き立たせるため、砂糖は使わずブレンドした赤酢と塩のみ。店内には食欲を掻き立てる香りがふわっと広がる。魚介類は九州のものを中心に、全国から選りすぐりを航空便で取り寄せる。マナガツオの竜田揚げを海苔で巻いたもの、焼いたカマスに燻製のカラスミ、新物のイクラの茶碗蒸しなど、握りの前に供される肴はどれも酒が進む。素材選びと仕込みはもちろんのこと、瀬口氏の人柄を投影したような上質な握りは、季節の素材を生かしつつ、一品ずつ丁寧な仕事がなされている。カウンター10席のみのゆったりとした空間で、江戸前の確かな技術と礼節ある穏やかな接客、この時間を楽しみに、何度でも足を運びたくなる店である。

☼：22,000円　☾：22,000円

鮨 唐島

Sushi Karashima

シェフ 唐島 裕

15.5/20

寿司

Tel: **080-6661-3999**

福岡県福岡市中央区赤坂
3-1-2 大東ビルII 1F

定休日：不定休

☾：18:00- /20:30-

※価格は変動あり
※車いすのまま食事が可能

料理界に彗星の如く現れた唐島氏は、神戸の「紀茂登」や福岡の人気鮨店などで修業を重ね、同じく鮨職人である父親とともに2018年、開業を果たした。まずは魚介の出汁を生かした茶碗蒸し。そして、佐賀県産さがびよりを使った出来たての酢飯と卵黄、削りたての鰹節を合わせた卵かけご飯で、唐島氏の日本料理に対する基本姿勢が示される。さらに調理技術の高さを窺わせるつまみの数々。太刀魚を軽く干して藁で燻した焼物、魚卵をコラトゥーラ（カタクチイワシの魚醤）で明太子風に仕上げた一品も、その塩梅が見事だ。また、真鯛の白子も酸味のある出汁との相性が良く、穴子の肝も、大ぶりの穴子を用いるからこその深い味わいである。握りに入っても、低めの温度で供される小肌は、鮪で口中に広がった脂をスッキリとさせ、細かく包丁を入れたヤリイカも食感と甘みのバランスが際立つ。旨みがのったヒラスズキ、チダイの酢おぼろ締めなど、地元の魚を中心とした握りを楽しみ、すべての魚の骨からとった味噌汁、お菓子のような味わいの玉子で締め括る。どの鮨種も秀逸で、追加に何かと聞かれると大いに悩む。創意を凝らす店主はまだ30代半ば、その成長、進化から目が離せない。

☾：27,500円～

安春計

15/20

Asuke

シェフ 高崎正彦

寿司

薬院駅から程近い、暖簾も看板も掲げず、知る人ぞ知る鮨店。「安春計（あすけ）」とは、「あそこ」を意味する唐津の方言で、陶芸家・中里隆氏が名付け親だという。高崎氏に銀座「きよ田」での修業を勧めたのも中里氏。唐津焼の名匠にとって、ここは「あすけ」で通じる我が家のような店なのだろう。店内はカウンター６席のみで、高崎氏と女将が切り盛りする。鮨米は１年ほど寝かせた古米を使用し、砂糖は一切使わず塩と赤酢のみで仕上げる。温度帯にも気を配り、人肌ほどに温もりを持たせることで魚との相性をより深いものとする。鰹のたたきには、自家製の柚子胡椒を配し、香ばしく焼かれた皮目に柚子胡椒の塩味が程よい。余市の鮟肝は、きめ細かで上品な味わいだ。口直しにつまの海苔巻きを出すのも面白い。ねっとりとした食感の真イカは赤酢の酢飯とよく合う。日本酒は修業先と同じく、岐阜・多治見の「三千盛」純米大吟醸１種類のみ、唐津焼の酒器で味わう。実直な店主の人柄が表れる丁寧な江戸前の仕事を施した鮨に魅了される。「春夏冬二升五合（商いますます繁盛）」と書かれた木板のごとく、長きに亘って全国から多くの人が足を運ぶ鮨店だ。

☾：22,000 円

Tel: **092-716-6688**

福岡県福岡市中央区薬院
1-6-28

定休日：日曜、月曜、
祝日

☾：18:00-21:00
(L.O.19:00)

枯淡

15/20

Kotan

シェフ 野口和暉

寿司

名店ひしめく福岡の鮨界に期待の新星が誕生した。2021 年 11 月に店を開くや、時を経ずして県外の鮨好きからも注目を集める。野口氏は、東京の名店「鮨 水谷」、「鮨 はしもと」で研鑽を積み、地元福岡で独立。その佇まいは若いながら既に貫禄と風格を備えている。数種類の酒肴の後、握りへ移行するスタイルで、素材は必要に応じて取り寄せもするが、九州のものを多く使用し、名店仕込みの江戸前の技術で仕上げる。鮨店らしいシンプルな酒肴も店主の実力と仕入れ力を感じるには十分だが、やはり真骨頂は握りにある。落ち着いた所作で繰り出す握りは、精確で安定感も群を抜く。わずかに赤酢を使用した酢飯の酸と塩は穏やかで、硬めに炊き上げた米の存在感をしっかりと感じ、酢飯の美味しさが際立つ。種との相性も白眉の出来栄えで、鮪や光り物の他、白身魚との相性が突出している。鯛やメイチダイなど、熟成や脱水など細やかな仕事を施した種は、酢飯と口内で溶け合い、いつまでも続く香りと旨みの余韻が堪らない。一貫でも口に運べば、素材へのアプローチ、握りの技術ともに高い次元に達していることがわかるだろう。福岡に新風を吹き込む若き職人に期待がかかる。

☼：20,900 円　☾：20,900 円

Tel: **092-600-9478**

福岡県福岡市中央区桜坂
1-5-15

定休日：火曜、水曜

☼：11:30-
☾：17:30-

Tel: **093-953-8282**

福岡県北九州市小倉北区魚町3-3-24 新米谷ビル2F

定休日：水曜、木曜ランチ

☼ : 12:00-15:00
☾ : 18:00-22:00

寿司つばさ

Sushi Tsubasa

シェフ **黄丹 翼**

14.5/20

寿司

2022年10月に開店10周年を迎えた「小倉前」の鮨店。黄丹氏が師事したのが「寿司 もり田」の故・森田順夫氏。その森田氏が修業したのが「天寿し」だ。森田氏の入院時には、「寿司 もり田」「天寿し」「寿司つばさ」の３店舗で寿司弁当を差し入れていたという、まさに小倉前の名店の流れを汲む店である。まず、４～６品の小鉢や一品料理を愉しみ、握りへ続くスタイルは師匠と変わらない。最初の一品は軽く炙った帆立貝。帆立の香ばしさと甘さを焼き茄子ソースの風味が引き立て、添えられた紫蘇の花が美しい。大きな宮崎産の活伊勢海老を捌いて、伊勢海老の身とみそに萩の赤雲丹をのせた贅沢な小鉢、塩昆布で即成の昆布締めを施した関門海峡のクエなど、貴重な食材にひと手間をかけた一品料理が続く。握りは、小倉前を代表する雲丹ととびこと木の芽をのせ、白さが際立つ赤烏賊を柑橘で仕上げた美しい鮨。また、締めの魚のすり身と山芋を練り込んで２日寝かせた伊達巻など、師匠から受け継いだ技法を守り、炙る、蒸す、寝かせる、塩や柑橘で締めるなどのひと手間を加えて旨さを引き出す。飾らず気さくな主人と会話を楽しみながら、小倉前の鮨種と技をしっかり味わいたい。

☼：22,000円　☾：22,000円

ゴ・エ・ミヨの歴史

ゴ・エ・ミヨのたゆまぬ努力

優れた才能の発見者であり、トレンドの創出者であるゴ・エ・ミヨのエキスパートたちは、約50年、常に強い信念で努力を重ね続けています。

調査チームは、１年を通してフランス中の道を歩き回り、既に紹介したレストランの追跡調査を行い、新たなレストランを探しています。地方のオーベルジュや街のビストロ、民宿、お洒落なホテル、創造性あふれる料理、気軽に飲めるワイン、感動する有名なワインや地ワイン…ゴ・エ・ミヨは、読者のために、最高の食材や最高の店、味と喜びをもたらす最高のものを常に探し求めているのです。

カテクオーレ

kate cuore

シェフ **湊 純也**

15/20

イタリア料理

シェフ自ら牛を育て、コース料理に最低４時間！　そんな唯一無二のスタイルが評判を呼び、カウンター４席に全国からゲストが駆け付ける。湊氏夫妻が伊万里市に移住し、牛を育てながら店を開いたのは 2015 年のこと。余計な仕込みを一切せず、客の目の前で作り上げていくという今のスタイルに行き着いて３年ほどになる。１皿目の「塩とミルク」からラストのパンナコッタまで、一貫しているのは、素材と向き合い、素材が持つ香りや味が頂点に達する瞬間を見極め、出来立てを供すること。黒毛和牛の経産牛とジャージー種の未経産牛をまずはタルタルでいただいた。燻した肉の香りとキビナゴ魚醤による深い味わいに感動する。パンツェロッティは提供する時間から逆算して生地を捏ね、具材に発酵させた伊万里産パプリカ、塩茹でした佐賀産豚のトリッパ、漬けあみ、チーズと、旨みのオンパレードで、真蛸の吸盤で食感を、伊万里産ブルーベリーで酸味を加えている。主役のステーキは焼いたり休ませたりを繰り返し、じっくりと火を入れる。この日はフレッシュなサーロインとエイジングを加えた外モモ肉の食べ比べ。調理過程はまるで舞台を観ているようで、それもここでのご馳走のひとつである。

☼：24,200 円　☾：24,200 円

Tel: **0955-23-1110**

佐賀県伊万里市立花町 3997-4

定休日：不定休

☼：12:30- 一斉スタート

☾：19:00- 一斉スタート

※季節により価格の変動あり

カジシナジーレストラン

Kaji synergy restaurant

シェフ **梶原大輔**

14.5/20

イタリア料理

最初はバリスタになるつもりで、修業のためイタリアに渡ったという梶原氏は、料理人に方向転換。その理由は、地元に帰って働く意義を考えたとき、佐賀らしさを表現するのに、より相応しいのは料理であると思い至ったからだ。その言葉通り、このレストランは料理を通して、武雄の、また佐賀の食材の豊かさを伝えている。梶原氏は自ら漁にも出る。この日の「真鯛のブイヤベース」は、自身が釣り上げた鯛で、フレッシュな風味を生かしていた。スープは少量で淡く、真鯛そのものの味が愉しめる。梶原氏は近隣の海水温や潮流までよく知っている。そんな自分が調理し提供することで、ありのままの自然をゲストに伝えることができると考えるのだ。店は、武雄のシンボル御船山の麓にある。御船山には武雄の領主・鍋島茂義によって江戸時代に開かれた広大な池泉回遊式庭園「御船山楽園」があり、庭園の大楠やつつじなどがゲストの目を楽しませる。ここで、食材から薪焼きの薪に至るまで地元のものを使い、近隣の有田焼の窯元が作る器との相乗効果（シナジー）で地域に貢献していきたい、その思いが梶原氏を支えている。

☼：5,500 円～ 16,500 円　☾：8,800 円～ 16,500 円

Tel: **0954-38-9007**

佐賀県武雄市武雄町武雄 4239-1

定休日：月曜、他不定休あり

☼：11:30-

☾：18:00-

Tel: **080-6426-4170**

佐賀県佐賀市大和町川上475

定休日：木曜、金曜

☼：12:30-
☾：19:00-

※完全予約制

カレーのアキンボ

Curry Akimbo

シェフ 川岸真人

14/20

カレー料理

古民家を改装した完全予約制の料理店。店名から、一般的なカレーを想像して訪問すると、その違いに驚かされる。川岸氏は、東京で５年間、同名のカレー店を経営していたが、2015年、故郷に帰り、地元の食材、特に野菜の美味しさに感動。この地で開業し、スパイスと地域の素材を融合させた料理店へと変貌を遂げた。料理はコースのみで、菊芋などの焼き野菜には焼きみかんと生姜のソースが添えられ、白石牛のキーマカレーは、黒大根の味わいと食感が心地好い。メイン料理である野菜のカレーは、レンズ豆を鰹節で炊いた、すっきりとした味わいのカレーが、コロッとした形に切られた野菜と素晴らしい調和をみせている。カレーは、一般的に多くのスパイスを使い複雑な味を追求するものだが、ここでは、素材の力を前面に出し、余分なものを削ぎ落とした引き算のカレーとなっている。それを可能にするのも、素材が持つポテンシャルの高さだ。川岸氏は、スパイスを一般的なカレーより極めて抑制的かつ効果的に用いており、スパイス料理とも言うべき、独特な料理へと昇華させている。この店では、川岸氏の控えめな性格とも相まって、食べ疲れしない、心が洗われるような料理が味わえる。

☼：6,000円　☾：6,000円

Tel: **0955-56-6926**

佐賀県唐津市浜玉町五反田1058-2

定休日：火曜、他不定休あり

11:00-21:00 (L.O.19:00)

※営業時間は変更になる場合あり

飴源

Amegen

シェフ 田中三好

15.5/20

日本料理

福岡県と境を接する唐津市浜玉町。『万葉集』にも鮎の産地と歌われている玉島川の川魚と摘草料理で知られる老舗である。創業は天保９年（1838年）にまで遡る。この店の名物は、ツガニ（モクズガニ）。出し汁で茹でた姿煮、蟹ご飯、蟹寄せ汁を一年中味わうことができる唯一無二の店である。晩秋に訪れると、鮎のうるか、鯉こく、鯉の洗い、鮎の背越し、山女魚の塩焼きと飴焼き、鰻の蒲焼きなどが供され、いずれも専門店ならではの完成度の高さを示し、素材の新鮮さを堪能することができる。ただ素材のみに頼るのではない。酢味噌や柚子胡椒も自家製であり、山女魚は塩焼きしたものを橙ポン酢で爽やかに食べさせ、飴焼きは秘伝のたれでつけ焼きにすることで骨まで味わわせるなど、創意工夫が重ねられている。メインのツガニ料理は、旨みの濃さが同属異種である上海蟹以上であり、雲丹のような味わいの卵も絶品だ。潰したツガニを炊き込んだ蟹ご飯も他所にはない、この店の名物料理である。座敷で玉島川を眺めながら川魚料理をいただく穏やかな時間は、仲居のきめ細かなサービスも心地好く、都会の喧騒を忘れることができる貴重な体験。わざわざ訪れるべき老舗である。

☼：7,700円～15,000円　☾：7,700円～15,000円

あるところ

Arutokoro

シェフ 平河 直

15/20

日本料理

唐津市の中心地から少し離れたところにある鏡山の麓に、まるで昔話に出てくるような築130年以上の民家がある。この地ならではの食と器が楽しめる「あるところ」だ。聞けば“むかしむかしあるところに…”が店名の由来なのだという。福岡で生まれた店主は、富山の大学で工芸を学んだ後、フィンランドに留学する。そこで様々な国の人々と食卓を囲んだ経験が、料理の道に進むきっかけとなった。東京、福岡の懐石料理や割烹の店で研鑽を積みながら、縁のない唐津に店を構えたのは、ゆったりとした田舎ならではの環境と新鮮で豊富な食材、そして、この家屋との出合いがあったから。この日は地蛸の酢の物、鯵の胡麻和えと、いずれも奇を衒わず丁寧な仕事が光る料理で始まった。この時期にしか獲れない新イカは、握りで楽しませてくれる。炭火で焼くカマスの一夜干しは、皮目がパリッと、身はふっくらとしていて忘れられない一皿だ。実際に使われていたという竈で、杉の薪をくべて羽釜で炊き上げるご飯は、米粒一つ一つが輝いており、それをふわっと握る名物のおにぎりには、シンプルだからこそ伝わる、何か心に染み入る、わざわざ唐津まで足を運びたくなる美味しさがある。

☼：12,000円　☾：12,000円

Tel: **0955-58-8898**

佐賀県唐津市鏡732

定休日：不定休

☼：11:00-15:00

☾：17:00-22:00

※予約は2名から、前日までに要予約

日本料理 会席 かわしま

Kawashima

シェフ 川島広史

14.5/20

日本料理

創業は江戸時代に遡り、唐津市で200年余り、脈々と伝統が受け継がれてきた「川島豆腐店」。ここでは豆腐など大豆料理を主体とした朝食が楽しめるほか、夜には屋号を変え、本格的な会席料理を提供している。川島氏は、東京「重よし」で研鑽を重ねて帰郷し、家業を継ぐとともに地域では貴重な会席料理に心血を注いでいる。魅力は何といっても唐津を中心とした佐賀の食材を多く使用している点だ。地元の豊富な魚種を県内外のゲストに紹介し、佐賀の魅力を発信している。夏の料理では、雲丹や太刀魚、マナガツオ、鱧など魚介が旬の彩りを見せる。中でもマナガツオの西京焼きは、程よく身が凝縮し、魚本来の旨みを損なうことなく、味噌とちょうど良い塩梅で成り立っている。締めのご飯のお供で供される佐賀牛のフィレ肉も素晴らしい脂と肉質であり、佐賀の魅力が魚介だけではないことを再認識させる。豆腐が入った味噌汁や豆腐のプリンなど、家業の持つ強みも生かしており、独自の会席料理を確立している。気さくな店主との会話も弾み、歴史を感じさせる逸話が聞けるのも老舗ならではの楽しみだ。佐賀が誇る食材を余すことなく堪能するためにも、季節を変えて訪れたい。

☾：14,300円～22,000円

Tel: **090-1083-8823**

佐賀県唐津市京町1775

定休日：日曜

☾：18:30-

鮨処 つく田

15.5/20

Sushidokoro Tsukuta

シェフ 松尾雄二

寿司

Tel: 0955-74-6665

佐賀県唐津市中町
1879-1

定休日：月曜

☼：12:00-14:00
（最終入店 13:30）
☾：18:00-22:00
（最終入店 19:30）

松尾氏は、鮨店の次男として生まれ、陶芸家・中里隆氏との出会いから、「砂糖を使わないキリッとした鮨を」という名匠の要求に応えたいと試行錯誤を重ねた。中里氏に連れられ訪問した銀座「きよ田」新津武昭氏の穴子に衝撃を覚え、その後、新津氏からも手ほどきを受け、開店30年になる。今でも、赤酢と塩だけで酢飯を整え、素材は地元のものを中心としながら、北海道から鮭を入れたり、オリーブオイルも用いたりと、融通無碍。東京での研修を経た息子の文平氏との二枚看板で店を切り盛りしている。秋には、子持ち鮎の内臓や卵をペースト状にした「鮎みそ」や、牡蠣に塩、唐辛子、オリーブオイルを用いた塩辛「牡蠣のロザマリーナ」という酒肴から始まり、鮨に入ると、鯛、鰆、アオリイカ、足赤海老と、地元の魚が江戸前の仕事で供される。佐賀・竹崎の小肌は、巧みな締め加減であり、赤酢の酢飯と香り高い大分・杵築の赤貝との相性も良い。そこに、時鮭の漬けという北海道産の隠れた逸品も登場する。ふっくらとした穴子は、「きよ田」には敵わないと謙遜するが、松尾氏ならではの一貫になっている。客への対応も柔らかく、「唐津前」の素材に江戸前の精神を受け継ぐ粋な鮨店である。

☼：6,600 円～ 9,900 円　☾：25,300 円～

ゴ・エ・ミヨの歴史

ゴ・エ・ミヨと世界

『ゴ・エ・ミヨ』のガイドと雑誌の成功により、アンリ・ゴとクリスチャン・ミヨは、1980年、アメリカの『タイム』誌の表紙を飾りました。1923年の発刊から今日まで、『タイム』誌の表紙に登場したフランス人は数少なく、大変名誉なことです。

ゴ・エ・ミヨは、2012年にハンガリーでレストランガイドを出版。2013年にはオーストラリア、さらに2014年にはポーランド、2015年にはカナダで出版が始まりました。

そして2016年、日本でゴ・エ・ミヨの新しい歴史が幕を開けました。

ゴ・エ・ミヨ ジャポンは、先人たちが築き上げてきた豊かな食文化のもと、最高のレストランと新たな才能を探し続けています。

プルミエ・クリュ

1er cru

シェフ 深田伸治

14.5/20

フランス料理

思想のあるフランス料理店だ。兵庫県出身の深田氏は異業種から料理人へと転身。まだフランス料理が根付いていなかった長崎市に店を構え、20年以上、地域を牽引し続けている。その信念は至極純粋なものだ。扱う食材に求めるのは、品質はもちろんのこと、その個体がいかにストレスのない環境で育ち、自然の循環に寄り添う形で生産されているか。さらにその思いを共有できる生産者であるかどうかだ。単なる「食材」ではなく「いのち」と捉え、動植物に優しく、自然環境や人間の体に良い物を提供したいという考え方。その集大成ともいえるのがメインディッシュのソーセージである。放し飼いで育てられた鴨など、数が限られた個体の各部位をミンチにして集め、もう一度ひとつに戻す。部位に分けられた食材を無駄なく使うことで、「いのち」をいただくことに感謝を込めた一皿へ昇華する。料理の説明の際に登場する「循環」「自然」「いのち」という言葉が単なる飾りでないことが、料理を通して明確に伝わってくる。ナチュラルな素材を使った料理はどれも美味しく、スッと体に染み込む優しい味わいだ。食材のストーリーにシェフの深い思いが込められた、唯一無二のレストランである。

☾：16,500円

Tel: 095-829-1061

長崎県長崎市鍛冶屋町
6-28 1F

定休日：日曜

☾：18:00- /19:00- /
20:00-

ヴィッラ デル ニード

villa del nido

シェフ 吉田貴文

15.5/20

イタリア料理

雲仙市の長閑な風景の中に、ひと際スタイリッシュなレストランがある。2019年にリニューアルした店内は、森の中を思わせる木の温もりでいっぱいだ。吉田氏は、福岡やピエモンテで研鑽を積み独立。この地に根を張り、生産者とタッグを組んだ島原半島の素材を駆使する料理は、ここでしか味わえないものばかりだ。モリ突き海中神経締めのクエは、1年間麹発酵させたじゃがいものペーストを塗ってフリットにし、衣はサクッと軽やかに、身はふっくらと仕上げ、麹とクエの旨みを上手く融合させている。「タワラアルタイル彦星」という地元で生まれた希少なじゃがいもは、自家製フレッシュチーズを合わせてラビオリにする。上品な滑らかさともっちりしたパスタの食感を生かしながら、手作りバターを合わせ、さらに自家製の猪節を削り、風味と塩味の調和を図っている。他にも、地元生産者と試行錯誤を繰り返しながら育てているラム肉、自家製発酵調味料、在来種の野菜など極めて独自性が高く、この地域で展開される進化と深化が興味深い。にこやかで余裕を感じさせるシェフ夫妻のサービスも心地好く、寛ぎと楽しさに満ち溢れている。吉田氏がこの地で紡ぎ、一皿一皿に込める島原の魅力を味わい尽くしたい。

☼：16,500円　☾：16,500円

Tel: 0957-73-9713

長崎県雲仙市国見町
多比良甲313-2

定休日：火曜、水曜

☼：12:00-
☾：19:00-

ペシコ

pesceco

シェフ 井上稔浩

15.5/20

ジオ・ガストロノミー

Tel: 0957-73-9014

長崎県島原市新馬場町
223-1

定休日：日曜、月曜、
他不定休あり

☼：火 - 金 12:00-
☾：土 19:00-

※季節により価格の変動
あり

有明海の潮風が心地好い海沿いの一軒家レストラン。席に着くと大きな窓に海と空を切り取ったような情景が心を癒してくれる。島原の地でしかできないローカルガストロノミーを体現すべく、井上氏が行き着いたのは「里浜ガストロノミー」という概念だ。単なる地産地消に留まらず、地域の伝統や文化を継承する一翼を担いたいと、用いる素材は島原半島を中心に県内や有明海を主とする。その上で井上氏が大切にするのは、優れた地元生産者との「出会い」だ。食材提供者の名前や人となりを笑顔で語るシェフの姿にも、その思いが溢れている。地元の渡り蟹「多比良ガネ」の身や内子を合わせた麺は一見するとパスタだが、実は島原名産の手延べそうめん。これに渡り蟹のみそや出汁が複雑に絡み合い、地域の食の豊かさを強烈に印象づける。締めのおじやはこの日に使用したすべての魚介の出汁を用い、サフランやハーブで味と香りを整えたもの。海のエキスを芳醇に含み、「ペシコ」を締め括るに相応しい一品となっている。自ら湧水を汲み、野菜を収穫する。足を使い、手間をかけ、訪れる人のために尽くす。この小さな町から発信するシェフの純粋な思いは、全国のゲストを惹きつけてやまない。

☼：23,100 円～　☾：23,100 円～

小料理 藤緒

Fujio

シェフ 伊藤洋人

14.5/20

日本料理

Tel: 095-825-3676

長崎県長崎市鍛冶屋町
6-1 六番館ビル4F

定休日：日曜、第 1・2・4
火曜

☼：第 3 週を除く金・土
12:00-
☾：18:00-22:30
（最終入店 20:00）

※第 3 週は、1 週間限定で
鮨コース（13,200 円）
18:30 一斉スタートのみの
営業

※ランチはカウンター 4 席
の天ぷらコース

伝統的な卓袱料理などの料亭文化が根付く長崎市。その中にあって伊藤氏は自他ともに認める創作性の高い料理でゲストを唸らせている。元は店主の母親が営んでいた小料理屋から代替わりしたのち、10 年以上暖簾を守りながら徐々に現在のスタイルへと変化させてきた。伊藤氏は特定の修業先を持たないという。それゆえに自由な発想と独創的な調味が、他に類を見ない味わいを生み出し、それでいてその料理センスは決して奇を衒わず、味の「勘どころ」を押さえたものだ。カワハギのお造りにはアオサの香りを移した甘酸っぱい肝ソースを添え、旨みと香りが幾重にも押し寄せる。キジハタとズッキーニの天ぷらに合わせたソースは、トマト・イカスミ・甲殻類の出汁をまとめたもの。甲殻類特有の香りを上手く制御し、トマトの酸味をバランスよく利かせることで、深い味わいの中にも軽やかさが見え隠れする技ありの一品となっている。魚種が豊富な長崎らしい素材の使い方もこなれており、仕上がる料理はどれも斬新で純粋に美味しい。自らの料理は日本ワインの方がしっくりくると、ラインアップを充実させ、日本酒も通好みのものを置いている。一閃の存在感を放つ長崎を代表する和食店である。

☼：6,600 円　☾：9,350 円～ 13,200 円

アンティカ・ロカンダ・ミヤモト

antica locanda MIYAMOTO

シェフ 宮本けんしん

14.5/20

イタリア料理

阿蘇地域「世界農業遺産」認定の立役者としても知られる宮本氏が、一貫して発信し続けるのは、千年以上も続く野焼きに守られた阿蘇の草原と、そこで育つあか牛の美味しさだ。導かれるように閑静な住宅地・新屋敷地区に移転したのは2021年のこと。きっかけは熊本地震だったという。自身も被災しながら復興活動に尽力するなかで、野菜やあか牛などの生命力に衝撃を受け、「自然の炎」を使い「焼く」というプリミティブでシンプルな調理法に行き着いた。現在は緑豊かな街の一角で、イタリア料理の枠にとらわれない新しいスタイルの料理を確立させている。店内に足を踏み入れると、まず窓の外に広がる庭園の美しさに目を奪われる。どの席に座ってもその庭を愛でながら食事を楽しむことができるのも、この店のもてなしの一つだ。自然の炎を使った料理の中で特筆すべきは、やはりメインのあか牛だろう。この日は滋賀「サカエヤ」で40日間熟成させた完全放牧のあか牛を、薪ならではの火加減で焼き上げた。表面は何とも香ばしく、噛むと肉の旨みがじゅわっと口の中にあふれ出す。熊本の自然をふんだんに取り入れた、心安らぐ空間で、唯一無二の熊本テロワールを堪能したい。

☼：9,680円　☾：9,680円～14,300円

Tel: 096-342-4469

熊本県熊本市中央区
新屋敷1-9-15
濫觴ビル102

定休日：月曜

☼：土・日 11:30-
☾：18:00-22:00

イル カジーノ

IL CASINO

シェフ 松本興治

14.5/20

イタリア料理

熊本市役所の裏手、小道を少し入ったところに、一見バーを思わせるカウンター8席のイタリア料理店がある。オーナーの別城健太郎氏が福岡に店を出して以降は、スーシェフであった松本氏が店を切り盛りしている。小さな厨房がカウンターの中にあり、食事をしながらシェフの手際の良さやきびきびした動きを間近に見ることができ、鍋を振る音や炭火の香りが楽しめるのも、この店の魅力の一つだ。食材は熊本県産の他、季節の食材を全国から厳選しており、山形の佐藤錦を使ったさくらんぼの冷製パスタに始まり、富山産白海老とバターのブルスケッタと続いたりする。メインの豚肉は、イタリアで絶滅しかけたサドルバック種の国内肥育を実現させた鹿児島「ふくどめ小牧場」から。この日最も印象に残ったのは、冷製パスタに添えられたモッツァレラチーズの美味しさだ。イタリア産水牛のミルクを使い、目の前で作り上げてくれた。また、蜂蜜をかけていただくピッツァ、クワトロ・フォルマッジにインスパイアされたというデザートは、2種のゴルゴンゾーラチーズのジェラートをオーク樽熟成の貴醸酒とともにいただくという趣向。随所にサプライズな一皿を体験することができる店である。

☾：11,000円

Tel: 096-355-8305

熊本県熊本市中央区
手取本町3-7

定休日：日曜

☾：18:00-22:00
(L.O.20:00)

Tel: **096-201-2041**

熊本県熊本市中央区
西阿弥陀寺町6
商工クラブ 1F

定休日：日曜、水曜

☾：18:00-20:00
（最終入店）

ノウ

.Know

シェフ 鍬本 峻

15/20

イノベーティブ

かつては城下町として栄え、今も古い町並みが残る熊本市・西阿弥陀寺町。2021 年に開業した「商工クラブ」は、代々、肥後細川家の料理番を務めた料理谷家の建物をリノベーションした複合施設だ。薄暗い謎めいた雰囲気の建物の中を進むと、奥のほうに重厚な扉と小さな明かりに照らされた「.know」の文字が見えてくる。ここが今、熊本でイノベーティブフュージョンが楽しめると話題の店だ。店内にはインパクトのある広いカウンターテーブル、そして大きな窓の外にはまるで絵画のような庭園が広がる。オープンキッチンの中央に囲炉裏が設置され、炭、薪とその熾火、藁で全ての料理を創り上げていく。カウンターを使ってゲストの目の前で仕上げを行うというプレゼンテーションも興をそそる。熊本の甘い醤油で作った小さなカップにイクラを盛り付けるなど、最初に出されるおつまみから楽しい。「熊本の食材をおもしろおかしく表現したい」という鍬本氏は、オープン後 1 年も経たないうちに休業し、ニューヨークへ。2 ヵ月半に亘って見聞を広め、2022 年夏、再開してからの料理は若い感性と柔軟な姿勢がさらに光り、築 130 年の歴史ある町屋に新たな風を吹き込んでいる。

☾：**11,000 円**

Tel: **096-272-3789**

熊本県熊本市北区植木町
岩野266-22

定休日：火曜、水曜、
木曜

☼：11:30-12:30 (L.O.)
☾：18:00-19:30 (L.O.)

花小町

HanaKomachi

シェフ 本田広之

14.5/20

ガストロリジョン

店に足を踏み入れた瞬間、何とも言えない心地好さに包まれる。迎え入れるマダムの笑顔、県産木材がふんだんに使われた熊本の自然を感じる店内は、初めて店を訪れるゲストにも温かい。熊本市街地から北へ車で約 30 分、本田氏が西瓜の名産地として知られる植木町に店を開いたのは 2004 年のこと。「熊本の大地が育む食材を選りすぐり、風土と自然を生かした土地独自の料理を追求する」というシェフは、自ら積極的に畑や牧場に足を運び、生産者からの信頼も厚い。野菜や魚、肉、乳製品、果物、米などの食材はもちろん、ソースや調味料もすべて熊本産のもので、手作りである。パスタの小麦粉に至っては、自ら小麦を栽培するという徹底ぶりで、その名も“自家栽培ホンダノカオリ”と洒落が効いている。フランス料理の枠にとらわれない唯一無二の“ホンダの熊本料理”を、ヴァン・ナチュールや熊本の地ワインが一層引き立てる。また、はじめにテーブルに用意されている熊本の地図には、使用する食材の生産者や、器・箸・アートの作家の名前がマッピングされており、一皿ごとに熊本各地を旅しているような贅沢な気分が味わえるのも、この店の魅力の一つである。

☼：**6,600 円**　☾：**11,000 円～ 16,500 円**

鮨 仙八

15/20

Sushi Senpachi

シェフ 中原貴志

寿司

熊本市の中心街にあるビルの地階、隠れ家を思わせる木の扉をそっと開けると、白衣を纏った丸刈りの弟子が出迎えてくれる。きびきびとした動きが実に清々しく心地好い。店主の中原氏は熊本で四代続く鮨職人の家に生まれ、福岡や東京の名だたる店で10年間修業した後、2012年にこの店を開いた。毎朝、田崎市場に出向き、三角や天草、有明海を中心に九州の海で獲れた魚介を自分の目で見極め、仕入れている。品質と鮮度の高さが自慢の素材には、修業先で身に付けた江戸前の技法が加わり、「守るべきものは守り、破るべきものは破る」という店主の信念が込められる。酢飯は存在感があり、赤酢を利かせてあるのが特徴で、以前に比べると塩味がやや控えめに感じられる。最も印象に残ったのは生鯖の握りで、身が柔らかく口の中でとろけていった。スペシャリテともいえる締めのトコブシのリゾットは、ねっとりクリーミーな肝ソースが酢飯と合わさり、つい“最後にもう一杯”となる逸品である。整然と並ぶ鮨種には日本人の美意識を感じ、また真っ黒に日焼けした店主の所作の美しさとのギャップも微笑ましい。進化を見続けたい、熊本を代表する鮨店である。

☼：11,000円〜　☾：20,000円〜

Tel: **096-322-9955**

熊本県熊本市中央区
花畑町13-24
花畑ビルBF

定休日：日曜、祝日

☼：12:00-13:30
☾：月 - 木 18:00-22:00
金・土
18:00- /20:20-
一斉スタート

むら上

15/20

Murakami

シェフ 村上正臣・村上拓也

寿司

熊本市中心地のバスターミナルから西に向かって歩いてすぐ、スタイリッシュなビルの2階に2020年1月､天草の名店「奴寿司」の大将の子息2人が店を構えた。兄の正臣氏は日本料理を学び、弟の拓也氏は父親のもとで修業を積んだ。店に入ると少し暗めに落とした照明に、さりげなく生けられた花など、しつらえの細部にまでセンスの良さが光る。目を引くのは銀杏の木のカウンターで、ここに兄弟2人が大将として立ち、10席を5席ずつに分かれて担当し、握りを同時に提供していくというユニークなスタイルをとっている。まずは魚のアラからとった出汁で胃を温める。すり流しにした蕪が優しい味わいで、次のつまみへの期待が高まる。イクラをのせた茶わん蒸しは、海苔のソースで磯の香りと旨みをプラスしたものだ。握りは天草･五和産の赤雲丹にはじまり、アオリイカ、小肌と、種の大半が天草の食材だ。鰆は藁でいぶし、鰯は柚子胡椒と葱を合わせるなど巧みを凝らしている。酢飯はふわっと握られ、小ぶりで女性にも食べやすい大きさだ。器は江戸末期に開窯した天草の「丸尾焼」を使っており、ヤッコブラザーズの天草愛と父親へのリスペクトに満ちた気鋭の鮨店である。

☼：16,500円　☾：16,500円

Tel: **096-288-5210**

熊本県熊本市中央区桜町
5-17
SAKURA TERRACE 2F

定休日：不定休

☼：12:00-
☾：19:00-

味 あら井

Aji Arai

シェフ 荒井寛義

15.5/20

日本料理

Tel: **0979-23-5550**

大分県中津市上博多町
2001

定休日：日曜

☾：16:00-/19:00-23:00

大分県北西部の城下町・中津市にある、食材から器まで地産地消を中心に据える料理店。荒井氏は、中津市近隣の出身で、福岡市の「喜家」などで修業を重ね、2011 年に独立した。中津駅から徒歩 10 分程、商店街を抜けた先にある店は、カウンターと個室の落ち着いた佇まい。料理は季節感に溢れたもので、初夏には、吉富町のとうもろこしのすり流しに宮崎キャビアが添えられた涼しげな一品からコースが始まる。その後、シロシタガレイ、地物のアオリイカ、シマアジ、イサキの炙り、巨大な伊勢海老に軽く火を通して海ぶどうのとろろと玉葱を合わせて出汁を加えたもの、杵築の赤雲丹などが少量ずつ提供される。名物の鱧は、鰹節と昆布におこげを加えた出汁の中で軽く火通しされ、優しい食感から素材の良さがストレートに伝わってくる。海の幸に加え、鮎の投網漁の許可証を持つという荒井氏が山国川で入手した鮎は、見事に骨抜きされており、頭と尾ひれ、骨の部分は軽く素揚げし、そのすべてを余すことなく味わえる。料理には、生産者を訪ねることが日課だという荒井氏の素材に対する深い愛情が感じられ、大分や九州の自然の恵みを求めに、わざわざでも足を運びたい一店だ。

☾：19,800 円

御料理 はた野

Oryori Hatano

シェフ 波多野 茂

15.5/20

日本料理

Tel: **0977-85-8859**

大分県別府市南立石二区
1組

定休日：不定休

☼：12:00-15:00
（最終入店 12:30）
☾：18:00-22:00
（最終入店 19:00）

※クレジットカードは
ディナー時のみ利用可

広大な南立石公園のほとりに居を構える本格日本料理店。築 50 年以上の日本家屋を、なるべく手を加えず、建てられた当時の趣きをそのままに店舗としている。風雅な日本庭園も備え、庭を眺めながら食事が楽しめることは、この上ない贅沢だ。波多野夫妻は揃って大分や京都で経験を重ね、この地に理想の料理を提供できる場を求め、2014 年に開業した。夫妻だけで営んでおり、昼夜各 2 組までの客をもてなす。空間や雰囲気に調和する料理を心がけ、季節や行事、日本料理の伝統を大切にし、器や盛付にも気を配っている。特に椀物は、単に味わいだけでなく、蒔絵の風格にも心を奪われ、「日本料理は目でも味わうもの」という思いを新たにする。魚介は主に大分の地物を用いてテロワールを表し、野菜類は全国から選りすぐりを取り寄せ、県内外の客がともに楽しめるような構成に仕立ててある。同様に日本酒も各地の銘酒を揃える。特に感銘を受けたのはノドグロの焼き物。皮目にあしらったライスパフにノドグロの脂を吸わせながら焼き上げた味わい深い逸品だ。2 つある個室はそれぞれ設えや風情も異なり、季節や時間帯を変えて再訪することで、新たな風景と味が堪能できるだろう。

☼：18,700 円～ 22,000 円　☾：18,700 円～ 22,000 円

日本料理 別府 廣門

Nihonryori Beppu Hirokado

シェフ 廣門泰三

15.5/20

日本料理

Tel: 050-3647-3123

大分県別府市堀田4組-2

定休日：不定休

☼：12:00- 一斉スタート

☾：18:00- 一斉スタート

※予約はウェブ予約のみ

※完全予約制

別府インターチェンジを降りてすぐ、鶴見岳の麓にある一軒家の日本料理店だ。廣門氏は「柏屋」「達磨 雪花山房」「銀座しのはら」など各地の名店で腕を磨き、帰郷。2021 年６月、この地に店を構え、今では県外からもゲストを呼び寄せている。廣門氏の料理の大きな特徴は、食材から調味料に至るまで、ほぼすべてを大分県と九州各地の産物とし、徹底してテロワールを追求していることだ。産地を限定するという縛りの中で、最上の美味を追求するのは並大抵のことではないが、そこに挑戦している。青果に至っては、すべて生産者の名前を挙げながら供することで、地域の食の振興や認知度の向上に努める。特に感動的なのは椀物だ。豪華絢爛なお椀の蓋を開けてみると、吸い地の中には一切れの国東産賀茂なす。その対比と潔さと勇気を美しいと思う。味わいも、濃い目の味が評価されがちな九州地方において、返り味を意識した綺麗なものだ。七瀬川の天然鮎は焼き物とご飯でいただくが、それぞれ工夫が凝らされたもので、独自性も感じられる。開業からまだ２年に満たない中で洗練され、飛躍を続けており、違い鷹の羽の家紋が入る大きな暖簾に全国の目が注がれる日も遠くないだろう。

☼：23,000 円　☾：23,000 円

おおいた花山椒

Oita Hana-sansho

シェフ 川並孝昌

14.5/20

日本料理

Tel: 097-538-2085

大分県大分市都町3-2-30 1F

定休日：水曜

☾：17:30-
(最終入店 22:00)

※ 7,000 円以上のコースは要相談

大分駅から徒歩で 15 分余り、繁華街のビル１階にある日本料理店。川並氏は「ゆふいん 山椒郎」で修業を重ね、６年前に独立。屋久島の千年杉をはじめとした一枚板をふんだんに用いた内装や、骨董品クラスの器使いに、川並氏の趣味の良さが窺える。料理は地産地消を重視し、１万円未満のコース料理とは思えないほど満足度の高いものだ。必ずしも高級食材に頼らず、先付のおかひじきのお浸しや牛蒡豆腐の旨さ、魚のアラを利活用した真丈など、身近な食材に手をかけることで上質な料理に昇華させる腕前には確かなものがある。また、地元で長年培った仕入れ力を活かした、湯布院の天然鮎、国東の巨大黒鮑は、この価格帯でいただけるのが信じられないほど高品質のものだ。これら食材価格のバランスを取りながら、コースを組み立てることは並大抵の努力では叶わない。料理には揚げ物にチーズを用い、鱧は春巻きにするなど、日本料理の枠にとらわれない自由な流れを作っている。メインには、割り下に漬けこんだ牛肉の焼き物。締めの山椒カレーは、店のイニシャルで、これをいただかなければ終われないという人も多い。改めて、この価格でまとめ上げる川並氏の力量に感服だ。

☾：5,500 円～ 7,000 円

サカエ

sakaé

シェフ 請関祐希

15/20

フランス料理

Tel: **0982-20-9111**

宮崎県延岡市本町1-1-2
パレ・ブランカ 1F 奥

定休日：不定休

☾ : 19:00- 一斉スタート

※予約制

延岡市の繁華街にありながら、店内は、森を通り抜けた先に見つけた秘密の空間のようなスタイリッシュな佇まいだ。手前には特等席ともいうべきシェフズテーブル４席と、奥のテーブル８席があり、シェフ１人のオペレーションながら丁寧な仕込みと段取りによってスムーズに料理が提供される。請関氏は 1987 年宮崎県に生まれ、辻調理師専門学校を卒業し、都内のレストランを経て渡仏。「La Pyramide」などで修業し帰国、2020 年に開業した。料理はフランスの名店で得た確かなセンスを感じさせる。天然酵母のパン・ド・カンパーニュは客の来店時間に焼き上がるように計算され、高千穂発酵バターでいただくと美味しさに笑みがこぼれる。料理はどれも訪れる人が嬉しくなるような工夫が凝らされ、「セルヴェル・ド・カニュ」は、人参エキス入りのシートに包まれ、見た目も美しく、中には桃が仕込まれている。また「宮崎交雑牛」はサーロインの上にホホ肉の赤ワイン煮がのせられるなど、プラスの喜びといったものがある。デザート後の酒粕入りのチョコレート菓子まで絶品だ。発信力のある請関氏の存在は、美食好きの目を延岡に向けさせるに違いない。

☾：13,200 円

チェルカ トローヴァ

CERCA TROVA

シェフ 横山恵春

15/20

イタリア料理

Tel: **0982-33-0169**

宮崎県延岡市博労町4-14

定休日：日曜

☾ : 19:00-

延岡駅から徒歩７、８分ほどの住宅街にあるこの店には看板がない。ただ洒落た建物の明るく照らされた大きな扉だけが、ここがレストランであることを教えてくれる。まるで友人宅に招かれたかのような室内にはシャンソンが軽やかに流れ、アンティーク家具などセンスの良いインテリアと、マダムやサービススタッフの笑顔と親しみやすさが、レストランの魅力のひとつになっている。料理は地産地消を中心に、都市圏でもなかなか出合えないほどレベルの高いものだ。脂ののった天然鰻の料理は、身を少し蒸してから炭火で焼き、表面はパリッと焼き上げつつ、中身をふわっと仕上げており、その技術は鰻専門店に匹敵するものがある。さらに、合わせたイタリア品種の甘い茄子には、少しピリッとするトマトソースがかかり、旨み、酸味、甘みが融合し、まさに三位一体の味覚を生み出している。黒竹とヤリイカの一皿は、黒竹の食感とヤリイカの素材の旨さの他に自家製カラスミの味わいや、江戸時代から戦前まで栽培され、2000 年代に復活した「佐土原なす」の柔らかな食感と美味しさが溶け込んで極上のパスタになっている。この店のために延岡を訪れる人がいるというのも納得のレストランだ。

☾：16,500 円～ 22,000 円

熾火 kawaguchi ∴

15/20

Okibi kawaguchi

シェフ 川口雅由

イノベーティブ

ナポリピッツァで定評のある「PILAW ∴」のオーナー川口氏が、2018年に同じ建屋内に設けた熾火料理を中心としたシェフズキッチン。祖父、父親とも農業と漁業に従事し、自らも稲作や野菜栽培をする川口氏は、食材の作り手の顔が見える料理を追求。「黒岩土鶏」や「尾崎牛」の生産者からの信頼も厚く、希少な部位の提供を受け、熾火ならではの、熱がゆっくりと素材に伝わる、ふっくらと旨みが溢れる料理を作り上げている。メインの「尾崎牛」フィレ肉も、レアな仕上がりでありながら、その中心部は遠赤外線により程よく脂が融け、旨みと肉の甘みが口いっぱいに広がる。スペシャリテである「青ネギを練り込んだカッペリーニ」は、青臭さのない爽やかな風味で、添えられた食材との相性も良く、散らした穂紫蘇のアクセントが利いている。リゾットなどに使われる米は自家栽培したもので、甘みもたっぷり、チーズなどを加えなくとも十分な旨さがある。食材の大切さを肌で感じながら育った川口氏は、素材に対し謙虚に、独自の工夫を凝らしながら、記憶に残る料理を6席のみのカウンターで展開する。熾火を使った創造性溢れる料理は、宮崎の食の豊かさを改めて全国に知らしめている。

☾：18,150円～30,800円

Tel: 0985-69-2821

宮崎県宮崎市阿波岐原町
前浜4276-1255

定休日：不定休

☾：18:30-

きたうら善漁。

15/20

KITAURA ZENRYOMARU

シェフ 吉田善兵衛

料理屋

延岡駅から徒歩20分ほど、モダンな2階家に木をあしらったエントランスの趣ある建物がこの店だ。カウンター席に着くと店主・吉田氏からの思いをしたためたメッセージが。挨拶が済むと吉田氏は料理に集中、食材との真剣勝負に臨み、コースの終わりまで語りかけることはない。ゲストも話を控え、供される料理を真摯にいただく。ほとんどの皿はまず素材そのものを、その後に様々な薬味、調味料、ソースで味わう。店主と客、食材との一期一会。そこには漁師から料理人に転身した経歴であるからこその、食材の命を見つめる視線があり、吉田氏ならではのストーリーがある。ここでは口頭での食材や料理の説明はなく、すべて折に触れ渡される紙片に記されている。ゲストには先入観を持たず、素材をそのまま受け入れる感性が求められるのだ。「料理の主役は米」と考える吉田氏の締めは、煮えばなの米の旨さを味わうことから始まり、洋風の極上リゾット、卵かけご飯、おこげと形を変えて米の素晴らしさを表現する。吉田氏は自然と人との関わりから生まれた食材の「素」の魅力を追求し、それを料理の流れの中でプロデュースする能力に長けている。自然の味とはどういうものか、吉田氏の問いかけに耳を傾けたい。

☾：11,000円～15,000円

Tel: 0982-31-0051

宮崎県延岡市本町1-3-14

定休日：日曜

☾：18:00-19:00
（一斉スタートの時間は予約により変動）

※予約受付 13:00-17:00
※価格は変動制

Tel: **0985-60-5005**

宮崎県宮崎市昭和町21

定休日：水曜、第１火曜、木曜ランチ

☼：12:00-14:00
(L.O.13:00)
土・日・祝
11:30-14:00
(L.O.13:00)
☾：17:00-22:00
(L.O.20:00)

※車いすのまま食事が可能

一心鮨 光洋

Isshinzushi Kouyou

シェフ 空久保晴義

14.5/20

寿司

宮崎駅東口からタクシーで５分、徒歩なら 15 分ほど、店名が彫られた石標のある店構えが見えてくる。先代から引き継いだ店を鮨職人として牽引してきた長男・木宮一洋氏が独立のため店を離れてからは、ソムリエとして鮨とのマリアージュを追求してきた四男の木宮一光氏が空久保氏をはじめとする鮨職人とのチームワークで、一心に鮨を握り提供するという精神を見事に受け継いでいる。この店の持ち味であるパフォーマンス、ホスピタリティーと、常に顧客目線で考えられた料理は、ゲストに喜びを与えてくれる。例えば、前菜に添えられるキャビアは、チョウザメを一尾仕入れた自家製であったり、茶碗蒸しの出汁はスッポンのスープを使うなど、驚きがあるのだ。握りも鮨の本流を外れることなく更に進化させる試みがあり、鰹は、身そのものは炭火で、醤油自体に藁焼きの風味をつけるなどの工夫をしている。また鮪は同じ身で、風を当てたものと冷たくしたものとの違いを食べ比べさせるなど、常に新鮮な発見がある。そして、この店の声価をさらに高めているのが木宮氏によるアルコールペアリングの素晴らしさだ。宮崎の鮨を代表する店を率いる木宮氏は、兄弟で九州の料理界を盛り上げている。

☼：8,085 円～ 28,875 円　☾：23,100 円～ 28,875 円

ゴ・エ・ミヨの歴史

各国でのゴ・エ・ミヨの展開

現在ゴ・エ・ミヨは、スイス、ベルギー、オランダ、ルクセンブルク、オーストリア、ギリシャ、ポーランド、クロアチア、スロベニア、ルーマニア、ジョージア、オーストラリア等で展開されています。

毎年発行されるガイドブックに加え、フランスでは『109』（ソン・ヌフ、数字の 109 と「新しい血」を意味する）という新しい才能に注目したガイドブック、また、各国においてはシャンパーニュやワイン、ラム酒、チョコレートといった食文化全般にまつわるガイドブックも刊行されています。

ゴ氏が 2000 年に、ミヨ氏は 2017 年にこの世を去りましたが、本当に美味しいものとは何かを探求し、新しい価値を見出していく「ゴ・エ・ミヨ」の精神は変わることなく受け継がれています。

エ ヌゥ
et NOU
シェフ 大滝直人

14/20

フランス料理

天文館のほど近くにあるモダンな店構えのフレンチレストラン。シンプルで真っ白な空間の店内には、温かみのある木製のインテリア。店名は、日本語の「縫う」とフランス語で「新しい」を意味する Nouveau の「ヌゥ」をイメージした造語だ。東京出身の大滝氏が、この地で生産者と消費者を糸で縫い合わせるように優しく繋いでいきたいという思いを込め、2016 年にオープンした。カウンター席と個室の調理とサービスすべてを 1 人で切り盛りし、メニュー表には各皿のメイン食材名と絵文字だけが載っており、次にどんな料理が来るのか期待を高めてくれる。最初のアミューズは、冷たいとうもろこしのスープ。種子島のとうもろこしに種子島の塩と種子島の水だけで作る極めてミニマルな味わいだ。夏のメインの肉料理は、「出水の夏鹿」と、肌理の細かさに定評がある「さつま福永牛」のいずれかを選択。県外のゲストには鹿児島の食材が喜ばれるが、地元の人には各地の優れた産物も知ってもらいたいと、全国に素材を求めている。大滝氏は、東京・五本木「ボンシュマン」などで修業した経験を活かし、食で地域と人を繋ぎ縫い合わせる理想の料理を追い求めている。

☼：9,000 円　☾：10,000 円～ 14,000 円

Tel: 099-295-3937

鹿児島県鹿児島市千日町
9-19

定休日：不定休

☼：12:00-13:00 (L.O.)
☾：18:30-21:00 (L.O.)

センティウ
Senti.U
シェフ 内田康彦

15/20

イタリア料理

大隅半島の食材をふんだんに使い、それらを主役にしながら、繊細な苦みや渋み、豊かな香りや食感の調和を楽しませてくれるレストランだ。どれも小ぶりなポーションで供され、和食のような軽やかさがある。特に、志布志や内之浦などの漁港から届く新鮮な魚介と、地元や自家菜園の野菜やハーブとの一体感のある組み合わせが印象的だ。例えば、志布志の雲丹・鱧の出汁・モロヘイヤの印象深いタヤリン。芋茎のシャキシャキ感が爽やかな鮑のリゾット。ポレンタをまぶした鮎のグリルに、パッションフルーツ・とうもろこし・おかひじき。甘鯛には落花生のソースとラルド。デザートの、バジルとまくわ瓜のスープ、レモンバームの葛餅、タイムのジェラートが組み合わせられた爽快な香りと美しいグリーンの一皿は、オリジナリティーが光る。佐賀県出身の内田氏は、イタリアや関西で研鑽を積んだのちに、マダムの実家のある鹿屋市で独立。「季節の素材の本質を引き出し、素材にストレートに、また繊細に調和させること」を大切にしながら、2022 年 8 月で 10 周年を迎えている。田畑に囲まれた住宅地にある居心地の良い一軒家レストランでは、夫妻が温かみのあるサービスで出迎えてくれる。

☼：7,700 円～ 15,400 円　☾：11,000 円～ 15,400 円

Tel: 0994-44-6820

鹿児島県鹿屋市新川町
587

定休日：月曜、他不定休
あり

☼：12:00-13:30
（最終入店）
☾：18:00-20:00
（最終入店）

ザ・ひらまつ ホテルズ&リゾーツ 宜野座

THE HIRAMATSU HOTELS & RESORTS GINOZA

シェフ 木下喜信

15.5/20

フランス料理

Tel: **098-968-5600**

沖縄県国頭郡宜野座村
字松田1425

定休日：不定休（ホテルの休館に準ずる）

☾：17:30-20:00（L.O.）

クラシックなフランス料理の基本とモダンなテクニックを融合、シェフが沖縄の風土や食文化に柔軟に寄り添いながら提案するコースは、しみじみと心に響く内容だ。厳選する食材は、生産者との細やかなコミュニケーションのもと、吟味されたものである。印象的な皿は、クルミの木のスモークを纏って登場した「宜野座産青パパイヤと燻製サーモン」。根セロリを青パパイヤに置き換えた“レムラード”と燻製サーモンのタルタルというシンプルな構成に、レモンクリーム、キャビア、県産パッションフルーツの果汁・果肉を重ね合わせ、香り・風味・食感のそれぞれに驚きと感動を覚える。また、「鼈のロワイヤル」と共に供されたパートブリック包みでは、県産ハイケイの出汁とポルチーニ茸を組み合わせ、奥深いコンソメとフカヒレの精妙なハーモニーを表現。「石垣島美崎牛フィレ肉のロースト」では、経産牛の凝縮された赤身肉の旨みを見事に引き出している。生産者や食材へ敬意を込めて、至福の美食へと昇華させた料理には、「サプライズ」とは異なる心に沁みる感動が宿っている。きめ細かなサービス、泡盛マイスターによる琉球文化に倣ったペアリングの提案にも注目したい。

☾：18,980円〜27,830円

シス

6 SIX

シェフ 小杉浩之

15/20

イノベーティブ

Tel: **0980-56-3733**

沖縄県国頭郡今帰仁村
古宇利499-1

定休日：不定休

☾：16:00- /19:00-

モノトーンに色調を抑えたホールには、沖縄の植物を用い、小杉氏が自ら創作したというオブジェが息を吹き込む。目の前には古宇利島ならではの絶景が広がり、洗練された空間に身を委ね、小杉氏とスタッフの温かなもてなしとともに、この土地ならではの空気感に心が解放される。そして、意外性に富んだ演出で続々と登場するアミューズブーシュ。島らっきょう、おかひじき、島豆腐といった旬菜や県産食材を駆使し、ビジュアルでも心を捉えるアミューズの演出は唯一無二、とにかく圧巻だ。沖縄の土地や季節を感じさせる食材を縦横に使い提案する料理の中には、「県産島豚・今帰仁アグーと魚の出汁のスープ」のように、土地で育まれる食文化・琉球料理への敬意を感じさせる皿も織り込まれている。シグネチャーの「1時間ローストのカリフラワー」は、器やカトラリーの演出も含め、食べ手を大いに楽しませてくれる一品と言えるだろう。メインの「ドライエイジング石垣牛の炭火焼き」に到達するまで、幾皿を重ねているだろうか。「店での体験を心ゆくまで楽しんでいただきたい」というシェフのもてなしの心には、サプライズに満ちたデセールに至るまで、感動を覚えずにはいられない。

☾：22,000円

島 cuisine あーすん

14.5/20

earthen

シェフ 小林拓真

島キュイジーヌ

東京・六本木の会員制日本料理店を経てシドニーに渡り、モダンジャパニーズレストランの料理長として腕を振るい、帰国後は「星のや竹富島」へ。2020年に現在の店でシェフに就任して以降、小林氏がこれまで得た密度の高い経験や、独自に構築した生産者とのネットワークを存分に生かして表現する料理は、文字通り沖縄食材を軸に提案された、価値ある「島キュイジーヌ」といえる。小林氏は、沖縄本島で最初に移住したという北部やんばるエリアはもとより、中部、南部、各地域の優れた生産者のもとに精力的に足を運ぶなど、新しい食材開拓に余念がない。また、バターやオリーブオイルといった基本的なものを除けば、調味料はすべて県産のものを使用。塩を除いて、そのほとんどがシェフの手作りである。そうした丁寧な仕事ぶりはもちろん、生産者や食材への敬意を感じさせる料理には、一皿ごとに心地好い感動が宿る。なかでも、3ヵ月熟成で極限まで糖度を高めた「やんばる産金夢人参」で提案する冷製スープや、地元でも希少な「今帰仁産小那覇牛」のステーキなど、皿の端々に県産食材を駆使するメニューから、小林氏の真摯な調理スタイルと個性を感じ取ることができる。

☼：2,970円～4,500円　☾：8,000円

Tel: 098-851-5360

沖縄県那覇市金城5-13-5

定休日：火曜、日曜

☼：月・水・木
11:00-16:00
（最終入店 14:30）
金・土 12:00-15:00
（最終入店 13:30）

☾：金・土 18:00-23:00
（最終入店 20:00）

※ディナー営業日は増える予定

オステリア ドゥエ

pop

osteria due

シェフ 西江正諭

イタリア料理

北部・本部町「ペスケリア ドゥエ」を営む西江氏が2022年7月、那覇市内に開店。看板食材はシェフが研鑽を重ねたサローネグループと浅草開化楼のレシピを軸に、県内で製麺する「低加水パスタフレスカ」だ。パスタメニューが充実しており、中でも、ペコリーノ・ロマーノを絡めたトンナレッリに、シークヮーサーの皮と果汁、島胡椒・ピパーチで香りを重ねた「シークヮーサーのカチョエペペ」は、沖縄の風景が広がる印象的な一品。県産の厳選食材を積極的に採り入れ、オリーブオイル、与那国海塩や島産生胡椒などで調味する炭火焼き料理もお薦めだ。厨房が見渡せる居心地の良いカウンターで、宮城正幸氏や本田星陶所による、料理を引き立てる美しいやちむんの器を愛でながら楽しみたい。

☼コース ○　☾コース ○

Tel: 098-975-7554

沖縄県那覇市泊1-8-12

定休日：月曜（祝日の場合は翌日）、他不定休あり

☼：11:30-14:30
☾：17:00-23:00

バカール

pop

BACAR

シェフ 仲村大輔

イタリア料理

Tel: **098-863-5678**

沖縄県那覇市久茂地
3-16-15

定休日：火曜、水曜

☾：17:00-22:15
(L.O.20:30)

扉の向こうで待ち構えるのは、イタリアの名ピッツェリアを彷彿とさせるクラシカルな空間。薪窯の前に立つピッツァイオーロとサービススタッフ、アラカルトを担当する元「アルドール」の厨房スタッフとの心地好い連携に、思わず背筋が伸びる。グルマンたちの胃袋を引きつけてきたピッツァは、創業時から追求するマルゲリータとマリナーラの２種類のみ。生地の配合はもとより、焼成前の成形にも繊細な仲村氏の職人技が光る。あえて不均一に成形された生地は、１枚で様々な食感を味わうためのもの。焼きたての生地に極上のソースのごとくオリーブオイルを纏わせたピッツァは、ザクッ、サクッ、とろり、と脳幹にも響くかのような至福の食感・食味をもたらしてくれる。

ピッツァ ダ トゥッティ

pop

pizza da tutti

シェフ 丹治智規

イタリア料理

Tel: **0980-82-6030**

沖縄県石垣市字登野城
518

定休日：火曜、水曜

☾：17:30-22:00
(L.O.21:30)

本場ナポリをはじめ、東京「ピッツェリア・イル・タンブレッロ」など、様々な店で研鑽を重ねたピッツァイオーロ・丹治氏が2019年春､石垣島に開店。店内に築かれた薪窯で焼き上げるピッツァは、ロッサとビアンカを合わせて二十数種。挽き方の異なる九州産の２種の粉をブレンドした生地は、もっちりとした食感と歯切れの良さを実現し、窯の香りを移した耳まであとを引く味わいがある。島の畑人（ハルサー）から直接仕入れる食材で提案するオリジナルメニューも多く、希少な旬菜の入荷に合わせ登場する｢本日のピッツァ｣も見逃せない。気軽な値段も魅力のアンティパストやフリットのメニューも充実し、ワインを片手にゆったりと流れる島の時間を味わいたい。

☾コース ○

ロクショウ

pop

rokusyo.

シェフ 倉島恵悟

フランス料理

Tel: **0980-87-7777**

沖縄県石垣市字大川289
2F

定休日：日曜

☾：18:00-23:00
(L.O.22:00)

元「ガッジョディーロ」の倉島氏による待望の独立店として、2020年２月にオープン。特にヴァン・ナチュールのラインアップが素晴らしく、島内外から通う常連客も多い。前店からのシグネチャー「テビチ、ミミガー、豚舌のテリーヌ」や「アグー豚肩ロースハム」といった自家製シャルキュトリーをはじめ、アッシェ・パルマンティエ、クブシミイカの墨煮など、島食材を駆使したワインの供や前菜メニューが充実している。さらに、シェフの腕が冴えるのが「美崎牛のステーキ｣､｢近海魚一本白ワイン煮」など豪快なメイン料理だ。力強い火入れで燻し香も感じさせる肉に､甘みとまろやかさが印象的な大粒の与那国海塩を添えるなど、大胆さの中にも繊細な食味への徹底ぶりが感じられる。

Gault&Millau

INDEX

索引

Index

東 京 Tokyo

ドロワ（京都）©TAKAHIRO TAKAMI

イザ（神奈川）

ヴィラ アイーダ（和歌山）©Kanji Kobayashi

ソウアー（滋賀）Photo by Max Houtzager

鮨 三心（大阪）

ラ・クロシェット（石川）©Masato Shiga

RENEE CLINIC
ルネクリニック

ルネクリニック東京院　東京都千代田区大手町1-1-3 大手センタービル14階 TEL：03-6810-2295
ルネクリニック札幌院　北海道札幌市中央区北4条西18丁目8番地1 プレミアムガーデン北円山2階 TEL：011-215-7619
https://renee-clinic.jp/

Gault&Millau

ゴ・エ・ミヨ 2023

2023年3月15日　初版発行

発行　株式会社ONODERA GROUP

ゴ・エ・ミヨ ジャポン編集部
〒107-0062 東京都港区南青山3-4-4
カサビアンカ 302
電話 03-6721-1520
jp.gaultmillau.com

発売　株式会社 幻冬舎
〒151-0051 東京都渋谷区千駄ヶ谷4-9-7
電話 03-5411-6222（営業）

印刷・製本所　図書印刷株式会社

制作・編集　ゴ・エ・ミヨ ジャポン編集部

©2023 ONODERA GROUP Co.,Ltd.
Printed in Japan
ISBN 978-4-344-95454-0 C2026 ¥2727E

※本書の一部あるいは全部を無断で複写複製することは、法律で認められた場合を除き、著作権の侵害となります。
※価格は表紙に表示してあります。
※本ガイドに記載されているトック帽、テキスト、画像等は著作権法および知的所有権に関する法律・条約によって保護されています。株式会社ONODERA GROUPの同意なく無断で使用することは法律で固く禁じられています。

2023年、ONODERA GROUPは40周年。
新たな一歩を踏み出します。
ともに力を合わせて、これからも、
人々に喜びと感動を生み出していきます。

ONODERA GROUP
40th

YEAR OF
UNITY